Ekkehard Jost
Sozialgeschichte des Jazz

Ekkehard Jost

Sozialgeschichte des Jazz

Zweitausendeins

Die Originalausgabe dieses Buches erschien 1982 unter dem Titel
»Sozialgeschichte des Jazz in den USA« im Fischer Taschenbuch Verlag.
Sie wurde für diese Ausgabe durchgesehen und um das Vorwort sowie
das 9. Kapitel erweitert.

1. Auflage der erweiterten Neuausgabe, Februar 2003.

Lektorat: Klaus Gabbert (Büro W), Wiesbaden.
Korrektorat: Thomas Döring, Berlin.
Einband- und Umschlaggestaltung: Sabine Kauf, Plön.
Satz und Herstellung: Johannes Paus,
Dieter Kohler GmbH, Nördlingen.
Druck: Gutmann+Co, Talheim.
Einband: G. Lachenmaier, Reutlingen.
Printed in Germany.

Dieses Buch gibt es nur bei Zweitausendeins im Versand, Postfach,
D-60381 Frankfurt am Main, Telefon 069-420 8000, Fax 069-415 003.
Internet www.Zweitausendeins.de, E-Mail info@Zweitausendeins.de.
Oder in den Zweitausendeins-Läden in Berlin, Düsseldorf,
Essen, Frankfurt am Main, Freiburg, 2× in Hamburg, in Hannover,
Köln, Mannheim, München, Nürnberg, Stuttgart.

In der Schweiz über buch 2000, Postfach 89, CH-8910 Affoltern a.A.

ISBN 3-86150-472-3

Dem Andenken Wilhelm E. Lieflands gewidmet

Inhalt

New Orleans . . . wo denn sonst? Vermutungen, Indizien und Fakten zum »Geburtsort« des Jazz *25* / La Nouvelle Orléans: Zur Sozialgeschichte der Stadt im 18. und 19. Jahrhundert *29* / Schwarze Sklaven und *gens de couleur libres:* Soziale und kulturelle Differenzierung in der afroamerikanischen Bevölkerung *31* / Die Emanzipation und ihre Folgen *35* / Oper, Konzert, Bälle und Blasmusik: Musikleben und Unterhaltung in New Orleans während des 19. Jahrhunderts *35* / Die Entstehung des Jazz als Resultat eines musikalischen Verschmelzungsprozesses und ihre Ursachen in der Gesellschaftsstruktur *39* / Die Überlagerung »schwarzer« und kreolischer Musikalität und Konflikte zwischen beiden *42* / Brassbands als Lehrwerkstätten für musikalisches Handwerk *45* / Storyville *46* / Jazzmusiker in New Orleans: Amateure, Professionals und »Professoren« *47* / Ökonomische Situation des frühen Jazz *49* / »Folkloristische« und »zivilisierte« Musiktraditionen: Ursprünge eines jazzhistorischen Kontinuums *51*

Die Storyville-Legende und die Ausbreitung des Jazz *53* / Die Große Wanderung: Bevölkerungsentwicklung und »Black Belt« *54* / »Flüsterkneipen« und Al Capone: Chicagoer Nachtleben während der Prohibition *56* / New Orleans Jazzer in der Chicagoer Diaspora *56* / Schwarzes Establishment: Bürgerliche Frak-

Vorwort zur Neuausgabe

Dem Versuch, sich im Rahmen einer historischen Abhandlung der Gegenwart zu nähern, sind Grenzen gesetzt. Probleme bereitet nicht allein der vielfach beklagte Mangel an historischer Distanz, nicht nur das ungute Gefühl, noch viel zu direkt in das aktuelle Geschehen verwickelt zu sein, um sich ein klares Bild davon und ein unparteiisches Urteil darüber machen zu können. Probleme bereitet auch der unaufhaltsame Fluß der Ereignisse und die damit verbundene Möglichkeit, daß bereits zwischen dem Abfassen der letzten Zeile eines Manuskripts und seiner Veröffentlichung sich etwas ereignen wird, von dessen mittel- oder langfristiger Bedeutung wir zum gegebenen Zeitpunkt nicht die geringste Ahnung haben.

Nehmen wir ein Beispiel. Zu Anfang des neuen Jahrhunderts präsentierte uns die Schallplattenbranche mit atemberaubendem Werbeaufwand Diana Krall als neuen Superstar des Jazz: eine blonde Sängerin, die so singt, wie man als blonde Sängerin schon in den späten 50er Jahren zu singen pflegte, bloß daß sie in jener lange zurückliegenden Zeit neben ihren ebenfalls blonden Kolleginnen June Christie, Hellen Merrill, Chris Connor oder Julie London kaum aufgefallen wäre. Ist nun dieser nur scheinbar überraschende Welterfolg einer vor kurzem noch völlig unbekannten Sängerin ein belangloses Ereignis, das man am Rande zur Kenntnis nimmt? Oder handelt es sich hierbei nicht vielmehr um ein bedeutungsvolles Indiz dafür, daß sich die Geschichte des Jazz nicht länger durch ihre interne Entwicklung definiert, sondern statt dessen durch die marktbeherrschenden Konzerne planvoll in Szene gesetzt wird? Über den Fall (nicht über die Sängerin) wird man vermutlich – aus gehöriger historischer Distanz – noch ausführlich nachzudenken haben.

Dem geringen zeitlichen Abstand zu den aktuellen Tendenzen jazzhistorischer Entwicklung gegenüber steht eine gewisse mentale Distanz zum geschriebenen Text von einst, zu bestimmten Formulierungen, Argu-

mentationen und Beweisführungen. Würde man dies alles heute noch
genauso sehen und genauso sagen wie damals vor rund 20 Jahren, als die
Erstausgabe dieses Buches erschien? Könnte es sein, daß Erkenntnisse, die
seinerzeit als Aha-Effekte aufleuchteten, mittlerweile zu den Selbstver-
ständlichkeiten jazzhistorischer Reflexion gehören? Die partielle Zeitge-
bundenheit eines Texte wie des vorliegenden steht außer Frage. Besonders
deutlich wird sie im Einleitungskapitel des Buches, das durch die wissen-
schaftstheoretische Diskussion jener Jahre um 1980 geprägt ist, insbesondere durch die Frage nach der Notwendigkeit und den Dimensionen eines
sozialgeschichtlichen Ansatzes, wie wir ihn seinerzeit in Opposition zu
dem in der Musikwissenschaft im allgemeinen und in der Jazzforschung
im besonderen dominierenden Hang zur Stil- oder Heldengeschichtsschreibung durchzusetzen versuchten. Überholt scheint diese Einleitung
heute – trotz ihrer Verankerung im Methodenstreit der 70er Jahre – jedoch
keineswegs. An der Abstinenz der musikwissenschaftlichen Arbeit im
Hinblick auf soziomusikalische Fragestellungen hat sich in all den Jahren
kaum etwas geändert. Im Gegenteil – sie ist eher noch umfassender geworden. Und nach wie vor rangiert auch in der Jazzliteratur der stil-
geschichtliche und am Typus der genialen Musikerpersönlichkeit ausge-
richtete Ansatz an erster Stelle, während sozialgeschichtlich fundierte
Arbeiten die Ausnahme von der Regel bilden. Kein Grund also, sich von
diesem Kapitel zu trennen. Es ist durchaus so aktuell »wie einst im Mai«.
     Mangel an historischer Distanz und Frequenz der Ereignisfolge … Es
gibt noch einen weiteren Faktor, der eine »Aktualisierung« der Sozialgeschichte des Jazz in den USA problematisch erscheinen läßt. Er besteht
in der Tatsache, daß bereits seit längerer Zeit diese Geschichte des Jazz in
den USA nicht mehr isoliert von jener in Europa gesehen werden kann.
Europa bietet insbesondere für die gegenwartsbezogenen Erscheinungsformen des amerikanischen Jazz mittlerweile nicht nur den wichtigsten
Markt, es fungiert zugleich als ein bedeutender musikalischer Ideen-
lieferant. Über die Geschichte des Jazz in den USA nachzudenken, ohne
dabei – in soziologischer wie musikalischer Hinsicht – die Rolle Europas
zu reflektieren, ist kaum noch möglich.
     Als ich 1980 die Arbeit an meiner *Sozialgeschichte des Jazz in den USA*
(vorläufig) abschloß, blickte ich einigermaßen skeptisch in die Zukunft
und beklagte – im Rückblick auf die 70er Jahre – eine gesellschaftliche

und geistige Situation, die für die innovativen Entwicklungen des Jazz nur noch wenig Raum bot. Inzwischen sind rund zwanzig Jahre vergangen – und mit ihnen eine extrem unübersichtliche Phase des jazzhistorischen Prozesses; eine Phase, die zwar vor allem durch konservative Tendenzen geprägt war, in der jedoch gleichzeitig eine Vielzahl divergierender stilistischer Erscheinungsformen miteinander konkurrierten und dabei das Jazz-Idiom an seinen Rändern gehörig in Frage stellten.

Der Widerstreit zwischen den zeitgenössischen und den retrospektiv orientierten jazzmusikalischen Strömungen bildet das Leitmotiv meines Versuches, die Geschichte des Jazz in den USA in die Gegenwart hinein fortzuschreiben – und zwar unter soziologischem Aspekt. Es besteht jedoch in der Musiksoziologie, die ihrem Gegenstand gerecht werden will, keine Chance zur Trennung der soziologischen von der ästhetischen Aussage. Die Idee der Wertfreiheit bleibt dabei ebenso auf der Strecke wie die Ausklammerung des Subjektiven. Es gibt nun einmal, bezogen auf die Hervorbringungen des menschlichen Geistes, keine Neutralität. Bereits die Entscheidung, worüber man schreibt und worüber nicht, beinhaltet ein Werturteil.

Die Tatsache, daß ich mich in dem neu hinzugefügten Schlußkapitel dieser Arbeit ausführlicher über musikalische Details verbreite als in den vorangegangenen Kapiteln, hängt erstens damit zusammen, daß ich mich selbst streckenweise auf musikalischem Terrain bewegte, das mir wenig vertraut war, ich mich selbst also meiner eigenen musikalischen Wahrnehmung vergewissern wollte; und zweitens damit, daß ich angesichts des aktuellen Stilpluralismus und aufgrund der Segmentierung der Musikszenen und -märkte mich auch nicht darauf verlassen mochte, daß all meinen Leserinnen und Lesern die diversen musikalischen Idiome, von denen die Rede sein wird, gleichermaßen bekannt sein werden, wie es – sagen wir – Swing oder Bebop sind. Insofern fällt dieses letzte Kapitel meiner Sozialgeschichte des Jazz deutlich »musikalischer« aus als die anderen.

Gießen, den 22.12.2002

Einleitung

Was eine Sozialgeschichte des Jazz zu leisten vermag, hängt nicht nur davon ab, wie tief sie gräbt und welche Fülle von Fakten sie dabei zutage fördert, sondern vielmehr davon, worauf sie ihre Fragestellungen richtet und welchen Geltungsanspruch sie an sich selbst stellt.

Begnügt sie sich damit, die historische Entwicklung der *Jazzszene* (auf den Begriff ist zurückzukommen) in einer Art Ereignisgeschichte des Außermusikalischen nachzuweisen, so gibt sie nicht nur ihren Anspruch, eine Sozialgeschichte des *Jazz* zu sein, preis, sondern wird zugleich als *Sozialgeschichte* fragwürdig.

Geschichtsschreibung besteht, wenn sie als solche ernst genommen werden will, niemals nur in der chronologischen Aneinanderreihung von einzelnen Fakten, sondern in deren *sinnvoller* Verknüpfung. Erst in den Zusammenhängen zwischen den Einzelphänomenen wird Geschichte sichtbar.

Verstehen wir unter Jazzszene die historisch veränderliche Gesamtheit der Organisationsformen jazzmusikalischer Produktion, Distribution und Rezeption einschließlich der an den verschiedenen Stufen des Prozesses beteiligten sozialen Gruppen, so besteht eine der grundlegenden Aufgaben sozialgeschichtlicher Jazzforschung in der Analyse dieses Beziehungsgefüges in seiner historischen Dynamik. Eine solche Analyse ist notwendiger Bestandteil, wenn nicht gar Voraussetzung für eine Sozialgeschichte des Jazz, jedoch nicht mit dieser zu verwechseln. Denn die letztere ist, auch bei einer deutlichen Akzentuierung des Sozialen, keineswegs im gleichen Maße von der Musik selbst emanzipierbar wie die erstere.

Die Sozialgeschichte des Jazz verlangt damit, beim Worte genommen, nach einer Verknüpfung von drei Dimensionen: der historischen, der sozialen und der musikalischen oder ästhetischen. Das klingt, auch ohne daß zunächst geklärt ist, wie diese Dimensionen aufeinander bezogen

werden können, sehr anspruchsvoll. Impliziert es doch eine Integration
oder zumindest Kooperation von Teildisziplinen, die im allgemeinen eher
beziehungslos nebeneinander stehen: Jazzgeschichtsschreibung, Jazzsoziologie und jazzmusikalische Analyse.

Damit ist freilich noch nicht das *ganze* Terrain abgesteckt und jede
relevante Relation unter Kontrolle. Denn natürlich enthält auch dieses
relativ aufwendige Begriffsgebilde *Sozialgeschichte des Jazz* immer noch
einen Grad an Abstraktion, der schwer zu ertragen ist. Denn nicht nur ist
eine soziale Konfiguration wie die Jazzszene, losgelöst von den allgemeinen gesellschaftlichen Verhältnissen, deren Teil sie ist, kaum angemessen
zu analysieren; auch die musikalischen Konfigurationen hängen, soweit
sie durch Außermusikalisches überhaupt erklärbar sind, keineswegs nur
mit der inneren Dynamik der Jazzszene zusammen, sondern ebenso mit
den gesamtgesellschaftlichen Bewegungen. Woraus folgt, daß eine Sozialgeschichte des Jazz immer auch aus der Perspektive und im Zusammenhang mit *der* Geschichte – in diesem Fall der amerikanischen Geschichte – gesehen werden muß.

Da es nicht Sinn dieser Vorbemerkungen sein kann, eine ausführlich
ausgearbeitete Methodologie einer Sozialgeschichte des Jazz zu entwer-
fen, möchte ich nur versuchen, in der gebotenen Kürze einige grundsätz-
liche Probleme meiner Arbeit zu erörtern und insbesondere einige Begriffe zu klären.

Geht man davon aus, daß das hinter historiographischer Arbeit stehende Erkenntnisinteresse im wesentlichen nicht auf die Sachen selbst
gerichtet ist (das heißt für uns: den Jazz, die Musiker, die Schallplattenindustrie, die amerikanische Gesellschaft usw.), sondern vielmehr auf die
Relationen zwischen ihnen, und zwar in ihrer historischen Dynamik, so
ist es zunächst einmal wichtig, sich über die Art des Beziehungsgefüges
Klarheit zu verschaffen, das wir vor uns haben.

In seinem Vorwort *Zur Kritik der politischen Ökonomie* schreibt Marx:

> »In der gesellschaftlichen Produktion ihres Lebens gehen die Menschen
> bestimmte, notwendige, von ihrem Willen unabhängige Verhältnisse ein,
> Produktionsverhältnisse, die einer bestimmten Entwicklungsstufe ihrer
> materiellen Produktivkräfte entsprechen. Die Gesamtheit dieser Produk-
> tionsverhältnisse bildet die ökonomische Struktur der Gesellschaft, die
> reale Basis, worauf sich ein juristischer und politischer Überbau erhebt,

und welcher bestimmte gesellschaftliche Bewußtseinsformen entsprechen. Die Produktionsweise des materiellen Lebens bedingt den sozialen,
politischen und geistigen Lebensprozeß überhaupt. Es ist nicht das Bewußtsein der Menschen, das ihr Sein, sondern umgekehrt ihr gesellschaftliches Sein, das ihr Bewußtsein bestimmt. Auf einer gewissen Stufe
ihrer Entwicklung geraten die materiellen Produktivkräfte der Gesellschaft in Widerspruch mit den vorhandenen Produktionsverhältnissen
oder, was nur ein juristischer Ausdruck dafür ist, mit den Eigentums-
verhältnissen, innerhalb deren sie sich bisher bewegt hatten ... In der
Betrachtung solcher Umwälzungen muß man stets unterscheiden zwischen der materiellen, naturwissenschaftlich treu zu konstantierenden
Umwälzung in den ökonomischen Produktionsbedingungen und den
juristischen, politischen, religiösen, künstlerischen oder philosophischen,
kurz ideologischen Formen, worin sich die Menschen dieses Konflikts
bewußt werden und ihn anfechten.«[1]

Die Anschaulichkeit und scheinbare Einfachheit des Basis-Überbau-
Modells, das für die musiksoziologische Reflexion – wie auch immer –
von großer Bedeutung war und ist, verhinderte nicht, sondern provozierte
eher, daß dieses Modell häufig zur Begründung eines abstrakten Kausali-
tätsprinzips herangezogen wurde, nach welchem die Ursache jeder künstlerischen Äußerung in einer letzten ökonomischen Instanz zu finden sei.

Jedoch die Beziehungen zwischen Wirtschaft und Gesellschaft, Pro-
duktionsweisen und Bewußtseinsformen sind äußerst komplex, und man
darf sich nicht darüber hinwegtäuschen, daß ein so anschauliches Be-
griffspaar wie Basis-Überbau nur ein vereinfachendes Bild für die in der
Komplexität historischer Prozesse wirkende Dialektik ist.

Als Produkt menschlichen Bewußtseins gehört der Jazz dem (ideologischen) Überbau an, der freilich – wie Georg Lukács deutlich machte –
nicht nur passiv auf die ökonomischen Zwänge reagiert, sondern selbst
wiederum an der »Erzeugung« gesellschaftlicher Wirklichkeit beteiligt
ist.[2] Marx spricht davon, daß die Musik im Menschen den Sinn für Musik
schaffe. Das bedeutet: Die Musik ist nicht nur – und wie zu zeigen sein
wird, niemals gänzlich – Funktion von etwas, sondern erfüllt zugleich
selbst auch immer Funktionen.

Akzeptiert man als Grundaussage, daß in der Beziehung von Unter-
bau und Überbau, Gesellschaft und Kunst kein starres Kausalitätsprinzip
am Werke ist, sondern daß ein kompliziertes Geflecht von Wechsel-

wirkungen besteht, so gilt es, die Perspektiven zu finden, von denen aus dieses Geflecht zu betrachten ist. Versuchen wir analytisch auseinanderzuhalten, was in der Realität ineinandergreift, so gelangen wir zu drei Aspekten, die uns als Leitlinien unseres Erkenntnisinteresses nützlich zu sein versprechen:

1. Die Frage nach den Konstitutionsbedingungen: Wie greifen gesellschaftliche Tendenzen in die jazzmusikalische Produktion ein?
2. Die Frage nach dem Widerspiegelungsverhältnis: Was sagt eine bestimmte jazzmusikalische Erscheinungsform über die gesellschaftlichen Tendenzen der Zeit aus?
3. Die Frage nach der gesellschaftlichen Funktion: Welchen Zweck und welche Aufgaben erfüllt Jazz in einer bestimmten gesellschaftlichen Konstellation?

Die Herausarbeitung dieser drei Aspekte soll nicht nahelegen, daß es sich dabei um alternative methodologische Ansätze handelt. Sie bezeichnen vielmehr *eine* dreiseitige Fragestellung, in der freilich ein Wechsel der Perspektive von Fall zu Fall durchaus legitim sein dürfte.

Die über eine im plattesten Sinne materialistische Basis-Überbau-Schematik hinausführende Erkenntnis, daß Kunst, Literatur und Musik als Produkte geistiger Arbeit mehr sind als nur passiver Reflex der an der Basis ablaufenden ökonomischen Bewegungen, daß sie vielmehr als Teilmomente im gesamtgesellschaftlichen Prozeß selbst aktiv sind, ist für unser Beziehungsgefüge »Sozialgeschichte des Jazz« von grundlegender Bedeutung. Aus ihr folgt eine zweite, nicht weniger wichtige. Lukács schreibt:

»Die geistige Tätigkeit des Menschen hat also auf jedem ihrer Gebiete eine bestimmte relative Selbständigkeit; dies bezieht sich vor allem auf die Kunst und die Literatur. Ein jedes solches Tätigkeitsgebiet, eine jede Sphäre entwickelt sich – durch das schaffende Subjekt hindurch – selbst, knüpft unmittelbar an die eigenen früheren Schöpfungen an, entwickelt sich weiter, wenn auch kritisch und polemisch. – Wir haben schon darauf hingewiesen, daß diese Selbständigkeit relativ ist, daß sie keineswegs das Leugnen der Priorität des wirtschaftlichen Unterbaus bedeutet. Daraus folgt aber bei weitem nicht, daß jene subjektive Überzeugung, eine jede Sphäre des geistigen Lebens entwickle sich selbst weiter, eine bloße Illusion sei. Diese Selbständigkeit ist im Wesen der Entwicklung, in der gesellschaftlichen Arbeitsteilung objektiv fundiert.«[3]

Der »relativen Selbständigkeit« oder auch »relativen Eigengesetzlichkeit«[4] künstlerischer Produktion, die sich in einer – wie Dahlhaus es nannte – »internen Problemgeschichte« (beispielsweise des Komponierens) manifestiert[5], kommt in den verschiedenen künstlerischen Disziplinen eine unterschiedliche Geltung zu. Dies hängt nicht nur mit den Besonderheiten des jeweiligen künstlerischen Materials zusammen, sondern auch mit dem Grad der Traditionsbindung und vor allem mit dem Maß der direkt funktionellen Verklammerung des jeweiligen Genres mit dem gesellschaftlichen Kontext, mit seiner Abhängigkeit oder Unabhängigkeit von den Verwertungsinteressen der Kulturindustrie. In dieser Hinsicht ist es durchaus naheliegend, daß der Spielraum relativer Eigengesetzlichkeit im Jazz – als einer in starkem Maße von den Gesetzmäßigkeiten des Marktes abhängigen Musik – vergleichsweise geringer ist als in der unter dem Anspruch des Autonomieprinzips auftretenden Sinfonik des 19. Jahrhunderts. Was wiederum nicht heißt, daß im Jazz – selbst noch in seinen funktionalisiertesten Erscheinungsformen – nicht autogene Momente auffindbar sind, die sich einer sozialgeschichtlichen Interpretation verschließen.

Die relative musikalische Eigengesetzlichkeit, die gesellschaftlichen Konstitutionsbedingungen, der dokumentarische (die Widerspiegelungsverhältnisse betreffende) Aspekt und die Frage nach der gesellschaftlichen Funktion – jeweils in ihrem historischen Wandel – bezeichnen die Perspektiven, unter denen wir das Beziehungsgefüge einer Sozialgeschichte des Jazz anpeilen.

Was aber betrachten wir konkret? Ohne Frage kann weder *die* Gesellschaft Fixpunkt unserer analytischen Bemühungen sein, noch scheint es angemessen, von *dem* Jazz zu sprechen, so als gäbe es diesen einen Jazz.

Beginnen wir mit dem letzteren und fragen uns: In welcher Form tritt Jazz im Rahmen einer sozialhistorischen Untersuchung sinnvollerweise in Erscheinung? Ich greife in diesem Zusammenhang einen Vorschlag Tibor Kneifs auf, wonach »musiksoziologische Aussagen sich nicht primär auf die Analyse der Einzelkomposition oder des Lebenswerkes eines Tonsetzers stützen« können, sondern »sich vielmehr auf die Beobachtung von möglichst vielen Belegen musikalischer Formung« zu gründen haben.

Eine Zusammenfassung dieser Vielzahl von Beobachtungen findet Kneif
unter anderem im musikalischen Stil, der – wie er ausführt – eine Brücke
zwischen sozialer Welt und musikalischer Form, zwischen allgemeiner
Sozialgeschichte und Musikgeschichte schlägt[6].

Der Stilbegriff bildet für die Auseinandersetzung mit der Jazzgeschichte eine zwar nicht unproblematische, aber dennoch zentrale Kategorie. Verstanden im Sinne des von Max Weber eingeführten Begriffs
des Idealtypus, bezeichnet er eine Konstruktion, die dazu dient, »einen
Komplex von Zusammenhängen in der geschichtlichen Wirklichkeit …
begrifflich zu einem Ganzen zusammenzuschließen«[7] und damit eine unübersichtliche Realität überhaupt erst beschreibbar zu machen.

Ein Idealtypus »wird gewonnen durch einseitige *Steigerung eines* oder
einiger Gesichtspunkte und durch Zusammenschluß einer Fülle von diffus
und diskret, hier mehr, dort weniger, stellenweise gar nicht vorhandenen
*Einzel*erscheinungen, die sich jenen einseitig herausgehobenen Gesichtspunkten fügen, zu einem in sich einheitlichen *Gedanken*gebilde«[8]. Die Stilbereiche des Jazz, Swing, Bebop, Free Jazz usw. sind solche Gedankengebilde, die in der Totalität der sie konstituierenden Merkmale nirgendwo
real auffindbar sind und die dennoch eindeutig auf Reales sich beziehen.

Für die sozialgeschichtliche Arbeit bedeutet die Konstruktion von
Idealtypen auf der Basis von musikalischen Strukturanalysen nicht das
Ziel, sondern die Grundlage. Das heißt, die Analyse musikalischer Gestaltungsprinzipien und Ausdrucksmittel, die einen Stilbereich des Jazz
konstituieren, ist der Sozialgeschichte vorgelagert, ist immer schon erfolgt,
bevor die sozialhistorische Reflexion einzusetzen vermag. Insofern steht
die Sozialgeschichte des Jazz der Analyse eines einzelnen Musikstückes
oder des Personalstils eines einzelnen Musikers keineswegs desinteressiert
gegenüber, vielmehr setzt sie diese voraus.

Weder *der* Jazz im Sinne eines einheitlichen Ganzen noch seine im
einzelnen Musikstück sich darstellenden Konkretionen taugen also als
Gegenstände sozialgeschichtlicher Analyse, sondern Stilbereiche als idealtypische Repräsentanten bestimmter musikalischer Merkmalskonfigura-
tionen. Einzelne Werke, das heißt in unserem Fall z.B. bestimmte Schallplatteneinspielungen, können dabei insoweit bedeutsam werden, als sie
exemplarisch für einen Stil zu stehen vermögen, als ihnen Modellcharakter
zukommt.

Was für die ästhetische Seite unserer Fragestellung gilt, gilt entsprechend für die Analyse des materiellen Unterbaus und der ideologischen Zwischenbereiche. Auch hier haben wir es weder abstrakt mit *der* Gesellschaft zu tun noch mit einzelnen Individuen, sondern mit bestimmten, *typischen* Strukturen und Bewegungen, mit kollektiven Verhaltens- und Denkweisen, die als idealtypische Zuspitzungen von keinem konkreten Individuum erschöpfend und abschließend repräsentiert werden und die dennoch Realität bezeichnen.

Um ein Beispiel anzuführen: *Den* Jazzclub der 50er Jahre gab es in diesem Sinne nie, sondern nur Jazzclubs. Dennoch ist es durchaus nicht illegitim, von *dem* Jazzclub als einer für die Ökonomie und Aufführungspraxis des Jazz bedeutsamen Institution zu sprechen, solange man sich dessen bewußt ist, daß es sich dabei um eine methodisch notwendige Konstruktion handelt. Einzelne Phänomene, *eine* Schallplattenfirma oder *ein* individueller Musiker, können in diesem Zusammenhang allerdings nicht nur – analog zur musikalischen Seite der Fragestellung – insofern bedeutsam für die Argumentation werden, als sie als symptomatisch für eine allgemeine, gesellschaftlich relevante Tendenz anzusehen sind, sondern auch dadurch, daß sie innerhalb eines bestimmten gesellschaftlichen Prozesses *de facto* eine ausschlaggebende Rolle spielen.

Die am Anfang meiner Überlegungen aufgestellte These, daß eine Sozialgeschichte des Jazz niemals nur aus der inneren Dynamik der Jazzszene ableitbar sei, sondern immer auch aus der Perspektive und im Zusammenhang mit *der* Geschichte der amerikanischen Gesellschaft gesehen werden muß, bedarf hier allerdings einiger Modifikationen.

So unwiderlegbar der in der marxistischen Geschichtsphilosophie beheimatete Satz »Es gibt nur *eine* Geschichte« prinzipiell ist, so steht es andererseits außer Frage, daß historiographische Praxis niemals *die* Geschichte als Ganzes zum Gegenstand haben kann, sondern immer nur Teilzusammenhänge innerhalb eines Gesamtzusammenhanges. »Der Historiker hat«, wie Dahlhaus pointiert formuliert, »die ›Geschichte als Ganzes‹ ... gleichsam immer im Rücken, statt sie vor sich hinstellen zu können.«[9]

Bei der durch die Erfordernisse historiographischer Praxis vorgegebenen Segmentierung *der* Geschichte und *der* Gesellschaft sowie der damit verbundenen Selektion von Teilzusammenhängen hat man Gewichtungen vorzunehmen, die aus der relativen Bedeutung einzelner Phänomene und Zusammenhänge, innerhalb des Ganzen einerseits und bezogen auf den Untersuchungsgegenstand andererseits, resultieren. So kann man beispielsweise davon ausgehen, daß für eine Musik wie dem Jazz, deren Vermittlung in so starkem Maße durch die Gesetzmäßigkeiten des Marktes reguliert wird, die Wirtschaftsgeschichte der USA in einem direkteren Verhältnis bedeutsam ist als – sagen wir – jene der Außenpolitik, obwohl beide natürlich wiederum miteinander zusammenhängen.

Auf die gleiche Weise leuchtet es ein, daß für den Jazz als einer im wesentlichen afroamerikanischen Musik proletarischer Herkunft die ideologischen Tendenzen innerhalb der schwarzen Bevölkerung von größerer Relevanz sind als – sagen wir – die Normen und Wertvorstellungen der weißen angloamerikanischen Oberschicht. Die Beispiele ließen sich fortsetzen.

Die relative Bedeutung der verschiedenen gesellschaftlichen Teilsysteme für unsere Fragestellung, die nicht mit einer Hierarchie der Ursachen zu verwechseln ist, bestimmt die forschungspraktische Arbeit wie die Darstellungsweise. *Die* Geschichte der Vereinigten Staaten »als Ganzes im Rücken« haben wir uns auf Teilmomente von ihr zu konzentrieren, um nicht den Boden unter den Füßen zu verlieren. Einige grundlegende Tendenzen der nordamerikanischen Gesellschaft dienen uns dabei als Orientierungshilfe, als potentielles Fundament für den Entwurf einer Theorie der Stilgeschichte des Jazz.

Ausgangspunkt unserer Überlegungen ist dabei die Feststellung, daß der Jazz *im wesentlichen* musikalischer Ausdruck einer unterdrückten gesellschaftlichen Minderheit innerhalb der Bevölkerung der USA ist. Jazz ist – trotz aller konstruktiven Beiträge, die weiße Musiker im Laufe der Jahrzehnte leisteten – ein *schwarzes* musikalisches Idiom; was nicht ausschließt, sondern sogar bedingt, daß es bestimmte *weiße* Dialekte gibt.

Von entscheidender Bedeutung ist in diesem Zusammenhang, daß es sich hierbei nicht – wie es vordergründig scheinen mag – primär um eine Rassenfrage handelt, sondern vielmehr um eine von dieser überlagerten Problematik von Klassengegensätzen. Dies ist einer der Gründe dafür, daß beispielsweise das afroamerikanische Bürgertum, die *black bourgeoisie*, als eine aufsteigende und dabei zu euroamerikanischen Wertvorstellungen

»aufblickende« soziale Gruppe während langer Phasen der Geschichte (und zum Teil noch heute) den Jazz, wie übrigens auch den Blues, als eine minderwertige Musik betrachtete, als eine Musik, die unliebsame Erinnerungen an die als minderwertig empfundene afroamerikanisch-proletarische Vergangenheit hervorrief.

Der zweite entscheidende Punkt besteht darin, daß die Distributionsmittel dieser im wesentlichen afroamerikanischen und proletarischen Teilkultur fast ausnahmslos in den Händen einer durch angloamerikanisches Kapital beherrschten Kulturindustrie lagen und liegen, genauer gesagt, in den Händen von Großunternehmen in der Schallplattenbranche und Mittel- und Kleinunternehmen im Agentur- und Jazzclub-Geschäft. Was bedeutet, daß die kulturellen Hervorbringungen einer machtlosen Minderheit durch die Institutionen der herrschenden Mehrheit kontrolliert, vermarktet und – nach Maßgabe der Marktinteressen – zum Teil unterdrückt und zum Teil deformiert werden. Aus dem Widerspruch zwischen subkultureller (afroamerikanischer) Kreativität und kulturindustriellem (euroamerikanischem) Verwertungsinteresse resultiert die Dynamik der stilistischen Entwicklung des Jazz – zumindest zum Teil.

All dies ist zunächst einmal ziemlich allgemein und auch – ich denke an LeRoi Jones – nicht ganz neu. Aber es ist wichtig, es sich in seiner Allgemeinheit vor Augen zu führen, bevor wir uns den Details zuwenden.

1 New Orleans

New Orleans ... wo denn sonst?
Vermutungen, Indizien und Fakten
zum »Geburtsort« des Jazz

Die Legende von New Orleans als der Geburtsstadt des Jazz hat vielen anderen Legenden gegenüber eines voraus: Sie stimmt – jedenfalls in großen Zügen.

Bis zur Mitte der 50er Jahre gab es kaum eine Abhandlung über die afroamerikanische Musik, in der diese New Orleans-Legende nicht mit einem gleichsam axiomatischen Charakter versehen gewesen wäre. Danach wurde sie allenthalben in Frage gestellt, wobei die Fragenden sich im allgemeinen weniger auf gesicherte historische Fakten stützen konnten, sondern vielmehr von Indizien auszugehen hatten, was bei einer nicht reproduzierbaren, da weder schriftlich noch akustisch fixierten Musik wie dem frühen Jazz nur selbstverständlich war. Die Indizien und der klare Menschenverstand schienen es nahezulegen, daß der komplexe und viele Jahrzehnte umspannende akkulturative Prozeß, der den Jazz hervorbrachte, nicht auf einen Ausgangspunkt zurückgeführt werden könne, und daß sich infolgedessen Jazz oder jazzähnliche Musik auch anderenorts, wo schwarze Musiker auftraten, nachweisen lassen müsse.

Zweifellos spielte – wie Alfons Dauer wiederholt hervorhob[1] – insbesondere der gesamte ländliche Süden und Südosten der USA seit der Mitte des 19. Jahrhunderts eine entscheidende Rolle bei der Hervorbringung des Jazz. Ebenso sprechen eine Reihe von zeitgenössischen Berichten dafür, daß es in den urbanen Zentren des Nordens schon lange vor 1900 eine von schwarzen Musikern gespielte Form von Tanzmusik gab, die – vorsichtig ausgedrückt – gewisse jazzähnliche Nuancen aufwies.

In einem Bericht über das New Yorker Tanzlokal Dickens' Place aus dem Jahre 1850 heißt es:

»An einer Seite des Raumes ist in der Mitte eine Art Plattform mit einem wackligen Geländer aufgestellt und dort befindet sich das ›Orchester‹. Manchmal erfüllt ein einziger schwarzer Fiedler diesen Zweck; aber Samstag abends wird die Musik verstärkt, und das Haus engagiert zusätzlich einen Trompeter und einen Baßtrommler. Sie können sich vorstellen, daß mit diesen Instrumenten die Musik in Dickens' Place nicht von gewöhnlicher Art ist. Aber Sie können es sich einfach nicht vorstellen, *was* das für eine Musik ist. Sie können nicht die glühend heißen *(red hot)* Stricknadeln *sehen*, die dieser rotgesichtige Trompeter, der aussieht wie einer, der Glas bläst, ausspuckt: Nadeln, die das Trommelfell durchdringen und unbarmherzig wieder und wieder das Gehirn durchstoßen. Ebenso wenig können Sie die furchterregenden, mechanischen Verrenkungen des Baßtrommlers sehen, wie er schwitzt und wie er seine Schläge auf die beiden Seiten der Trommel austeilt und dabei jedes rhythmische Gesetz mißachtet, wie einer, der ein störrisches Maultier schlägt und seine Hiebe auf das unglückliche Tier einprasseln läßt, einmal auf diese Seite und dann auf die andere. Wenn Sie das sehen könnten, wäre es unnötig, darüber zu schreiben.«[2]

So wenig aus dieser Schilderung über die strukturelle Beschaffenheit dieser Musik zu erfahren ist, so offenkundig wird es, wie stark und – vor allem auch – wodurch sie mit den ästhetischen Normen eines an die europäische Musik gewöhnten Hörers kollidierte: durch die Klangfarbe der Trompete, die bezeichnenderweise *red hot* genannt wird, und durch die als extrem unordentlich empfundene Rhythmik des Trommlers. Kuhnke, Miller und Schulze, denen ich den Hinweis auf den zitierten Bericht verdanke, schließen aus diesem und ähnlichen Beispielen, daß, verglichen mit den weißen Bands der Zeit, die städtischen Tanzkapellen der Afroamerikaner zwar das gleiche Repertoire spielten, dieses jedoch hinsichtlich Timbre, rhythmischer Gestaltung, Intonation und freier Variation auf afrikanische Musizierprinzipien hin umdeuteten. »Und das«, so das leicht euphorische Fazit des Bremer Autorenteams, »eben keineswegs nur in New Orleans.«[3]

Nun gab es unbestreitbar bereits vor 1900 in vielen Teilen der USA – im ländlichen Süden *und* im städtischen Norden – afroamerikanische Musizierweisen, welche Elemente enthielten, die für den Jazz konstitutiv wurden. Dennoch dürfte es nach allem, was in den letzten Jahren zwischen den Verfechtern und den Gegnern der New Orleans-

Legende an Argumenten hin und her gereicht wurde, außer Frage stehen,
daß sich in New Orleans und Umgebung, und nicht in New York oder
Kansas City, jener Verschmelzungsprozeß vollzog, der erstmals das hervorbrachte, was man sich später als Jazz zu bezeichnen angewöhnte, und
daß die erste als Jazzszene identifizierbare soziale Konfiguration sich in
New Orleans formierte und nicht in Los Angeles oder Chicago. Die
wichtigsten Indizien, die uns zu dieser Schlußfolgerung führen, liegen
erstens in den Aussagen älterer Musiker, zweitens in den frühesten Jazz-
schallplatten und drittens – und dies dürfte der wesentlichste Punkt sein
– in der Geschichte der Stadt New Orleans selbst.

Zum ersten: Offenbar mit dem Ziel, die New Orleans-Legende aus
den Angeln zu heben, publizierte Leonard Feather 1957 einige Interviews
mit älteren Musikern[4], die nahelegen sollten, daß New Orleans bei der
Entstehung des Jazz keineswegs eine besondere Rolle gespielt hätte, die
jedoch genau genommen lediglich zeigen, daß Feather und die von ihm
Interviewten Jazz und Ragtime nicht auseinanderhielten. Demgegenüber
findet sich in der Literatur eine ganze Reihe von Musikeraussagen, die
gerade aus dieser Differenz eines der entscheidenden Indizien für die
Priorität des amerikanischen Südens und insbesondere New Orleans bei
der Hervorbringung des Jazz ableiten. Der Bassist Pops Foster bemerkt in
seiner durchaus vertrauenswürdigen Autobiographie lapidar: »Nachdem
die Jungs aus New Orleans erst einmal im Lande herumgekommen
waren, versuchte man überall im Osten und im Westen so zu spielen wie
sie.«[5] Nun stammt Pops Foster aus New Orleans, war also selbst einer von
diesen »Jungs« und könnte des Lokalpatriotismus verdächtigt werden.
Jedoch waren es in erster Linie Musiker, die nicht aus New Orleans oder
den Südstaaten stammten, die immer wieder die Unterschiede zwischen
ihrer eigenen Musik und jener ihrer Kollegen aus dem Süden hervor-
hoben. Zum Beispiel der aus Memphis stammende Klarinettist Buster
Bailey: »Wir machten unsere Musik in Memphis zur selben Zeit wie die
in Storyville in New Orleans. Der Unterschied war, daß die New Or-
leans-Bands mehr improvisierten. Wir spielten mehr nach Noten.«[6] Ein
anderer Veteran, der 1902 in Springfield, Ohio, geborene Klarinettist
Garvin Bushell, berichtet in einem Interview mit Nat Hentoff[7], wie die
Musiker im Norden der USA von denen aus den Südstaaten das Jazz-
spielen lernten: »Das, was man in New York als Jazz bezeichnete, lag

näher am Ragtime und hatte weniger Blues. Es gab keinen Musiker im
Osten, der wirklich den Blues spielen konnte. Wir lernten das erst später
von den Musikern aus dem Süden, aber bei uns war's ursprünglich nicht
vorhanden. Wir hatten in unserer Musik nicht diese Viertelton-Into-
nation wie die aus dem Süden. Wir im Norden tendierten mehr zu einer
Ragtime-Konzeption – mit vielen Noten.« Über St. Louis, wo er um
1920 arbeitete, sagte Bushell im gleichen Interview: »Es gab damals in
St. Louis großartige Musik. Die Einflüsse aus New Orleans waren den
Fluß herauf gelangt, besonders das Bluesspielen.«

Der berühmte Pianist James P. Johnson sagte auf die Frage, ob man in
den Jahren vor dem Ersten Weltkrieg in New York »viel Jazz oder Ragtime« gespielt habe: »Es gab keine Jazzband von der Art, wie sie in New
Orleans oder auf den Mississippi-Dampfern anzutreffen waren, sondern
überall wurde Ragtime gespielt, in den Bars, in den Varietétheatern und in
den Bordellen.«[8]

Aussagen wie die zitierten machen deutlich, daß – während Hunderte
von Ragtimebands das Land durchzogen und in den städtischen Vergnü-
gungszentren des Ostens und Mittelwestens für Unterhaltung sorgten –
Jazz in seinen frühen Phasen stets eindeutig mit New Orleans bzw. dem
Süden assoziiert wurde. Die Musiker aus dem Süden wirkten vorbildhaft:
Sie improvisierten und sie spielten mit Bluesfeeling.

Zum zweiten: James Lincoln Collier weist darauf hin, daß praktisch
jede Jazzplatte, die vor 1925 aufgenommen wurde und diesen Namen
verdient, von weißen und schwarzen Musikern eingespielt wurde, die entweder aus New Orleans und Umgebung stammten, oder aber von solchen, die den New Orleans-Stil bzw. einzelne Vorbilder offenkundig
imitierten. Das letztere veranschaulicht Collier am Beispiel der frühen
Gruppen von Benny Moten, die – wenn sie nicht Ragtime spielten – einzelne Musiker der *Original Dixieland Jazz Band (ODJB)* oder Joe »King«
Olivers *Creole Jazz Band* zu kopieren versuchten[9].

La Nouvelle Orléans:
Zur Sozialgeschichte der Stadt
im 18. und 19. Jahrhundert

Die stichhaltigsten *für* die New Orleans-Legende sprechenden Argumente liegen in der Geschichte, der Kultur und dem sozialen Flechtwerk der Stadt New Orleans selbst. Die Vergangenheit von New Orleans erscheint – selbst vor dem Hintergrund der insgesamt nicht gerade eintönigen Geschichte der USA – besonders bunt. Zu Anfang des 18. Jahrhunderts am Unterlauf des Mississippi in einer Biegung des Flusses von Franzosen gegründet, avancierte La Nouvelle Orléans 1722 zur Hauptstadt der nach Louis XIV. benannten Kolonie Louisiana und entwickelte sich in den folgenden Jahrzehnten zu einem der bedeutendsten Handelsplätze an der Küste des Golfs von Mexiko. Die Besiedlung der Stadt ging freilich recht langsam und auch nicht ganz reibungslos vonstatten. 1721 ergaben sich bei einer ersten Volkszählung 145 Männer, 65 Frauen, 38 Kinder, 39 weiße Diener, 172 schwarze Sklaven und 21 indianische Sklaven; insgesamt also 480 Einwohner[10]. Eine andere Zählung, die ein Jahr später und offenbar nach anderen Kriterien erfolgte, nennt 72 Zivilisten, 44 Soldaten, 11 Offiziere, 22 Schiffskapitäne und Seeleute, 28 europäische Arbeiter, 177 Negersklaven und 22 Indianer. 65 der Zivilisten, Offiziere und Kapitäne waren verheiratet, und es gab 38 Kinder. Eine offizielle Zählung von 1726 nennt eine Bevölkerungszahl von 880, darunter 65 Diener und 129 Sklaven[11]. Auffällig in allen drei Fällen ist der bereits zu diesem Zeitpunkt sehr hohe Anteil von Afrikanern, wobei der Rückgang von 177 Sklaven im Jahre 1722 auf 129 im Jahre 1726 zumindest zum Teil auf die inzwischen erfolgte Freilassung einzelner schwarzer Sklaven zurückzuführen sein dürfte. Eine Zählung von 1769 ergab bereits 99 freie schwarze Einwohner[12], eine Bevölkerungsgruppe, der später als *gens de couleur* oder *creoles of colour* im Musikleben der Stadt eine starke Bedeutung zukommen sollte. Wer aber waren jene anderen, unter Zivilisten aufsummierten Einwohner?

Von Anfang an hatte man Schwierigkeiten bei der Kolonisation von Louisiana gehabt. Es fehlte an Leuten, für die die fiebrigen Sümpfe um New Orleans mit ihrem Überfluß an Fröschen, Schlangen und Alligatoren attraktiv genug waren, ihre Heimat in Frankreich zu verlassen. Die französische Regierung behalf sich anfangs damit, in Paris »unerwünschte Elemente«, d.h. Insassen von Gefängnissen, Besserungsanstalten und Bordellen, notfalls gegen deren Willen nach New Orleans zu verfrachten. Das ging so weit, bis Jean Baptiste le Moyne, Sieur de Bienville, der Gründer von New Orleans, es mit der Angst bekam und den König ersuchte, diesen überwiegend aus Ganoven und Prostituierten zusammengesetzten Einwanderungsstrom zu stoppen, worauf man versuchte, deutsche Siedler für Louisiana zu gewinnen.

Man kann also wohl davon ausgehen, daß es sich bei den ersten, vor allem aus Franzosen bestehenden Einwohnern von New Orleans um recht lebenslustige und von moralischen Normen nur wenig belastete Zeitgenossen handelte, ganz und gar andersartig als jene protestantisch-puritanischen Einwanderer, die zur gleichen Zeit den amerikanischen Norden besiedelten.

An dem von mittelmeerländischer Libertinage geprägten sozialen Klima der Stadt änderte sich kaum etwas, als 1769 das im Siebenjährigen Krieg geschwächte Frankreich das östliche Louisiana und damit auch New Orleans an Spanien abtrat. Die neuen Gouverneure beschränkten sich darauf, die Stadt zu verwalten, führten eine Straßenbeleuchtung ein, gründeten das erste Theater und gaben nach zwei Brandkatastrophen der bis dahin französischen Architektur das spanische Gepräge, welche das Vieux Carré noch heute auszeichnet. Ansonsten vermieden sie es, in die Sozialstruktur der Stadt einzugreifen. 1803, nach einem dreijährigen Intermezzo, in dem in New Orleans niemand ganz sicher war, ob die Stadt von den Franzosen oder den Spaniern regiert wurde[13] (es waren die Franzosen), verkaufte Napoleon Louisiana samt New Orleans für 15 Millionen Dollar an die Amerikaner. Diese übernahmen ein Gemeinwesen, das von dem französischen Reisenden C. C. Robin, der sich zur Zeit des Louisiana Purchase in New Orleans aufhielt, wie folgt beschrieben wird:

»Es gab viel Trägheit, Liederlichkeit und eine einmalige Gleichgültigkeit gegenüber Gesetz und Ordnung. Der Einfluß der Kirche war – wenn man vom alltäglichen Verhalten der Gemeindemitglieder ausgeht – äußerst gering. Glücksspiele waren bei Männern aller Schichten eine verbreitete Unsitte; und es gab auch diese berüchtigten und verrufenen ›Quadroon‹-Bälle, über die schon so viel geschrieben wurde. Ehrbare weiße Frauen hatten wenig Gelegenheit zu einer gesellschaftlichen und geistigen Entwicklung, ihr Leben verlief in einem eintönigen Kreislauf häuslicher Pflichten. Bildung wurde vernachlässigt und Möglichkeiten zur eigenen Vervollkommnung standen nicht hoch im Kurs. Schmuggeln war so verbreitet, daß es fast als Beruf angesehen werden konnte.«[14]

Mit dem Einzug der »Amerikaner« in die Stadt wurde die zwanglose Mentalität der romanischen Kultur überlagert durch den nüchternen Erwerbssinn angelsächsischer Geschäftsleute und die handfeste Fröhlichkeit irischer Proletarier. Die Amerikaner, von denen die wohlhabenderen sich *uptown*, westlich des Vieux Carré, in pompösen Villen klassizistischen Stils niederließen, verhalfen der Stadt zu einem gewaltigen wirtschaftlichen Aufschwung und damit verbunden zu rapide wachsenden Einwohnerzahlen.

1803, zum Zeitpunkt des Besitzerwechsels, hatte New Orleans etwa 10 000 Einwohner[15]. 1840 waren es bereits 41 000[16], und die Zählung von 1860 schließlich ergab eine Einwohnerzahl von 168 675. Zirka 40 Prozent davon waren im Ausland geboren, wobei die Iren mit 24 000 und die Deutschen mit 14 000 die größten nationalen Minderheiten stellten[17].

Schwarze Sklaven und *gens de couleur libres*: Soziale und kulturelle Differenzierung in der afroamerikanischen Bevölkerung

Eine Bevölkerungsgruppe besonderer Art, die ich bisher nur am Rande erwähnt habe, die aber für unser Problem von entscheidender Bedeutung ist, bildeten die schwarzen Einwohner von New Orleans. Dauer[18] gibt an, daß 1803 etwa die Hälfte der Bevölkerung von New Orleans aus Afrikanern bestand; das wären also rund 5000. 1860, unmittelbar vor Ausbruch des Bürgerkrieges, betrug diese Zahl 24 000[19], womit sich zwar der relative Anteil von farbigen Einwohnern an der Gesamtbevölkerung verringert, die absolute Zahl jedoch nahezu verfünffacht hatte. Nun war diese Bevölkerungsgruppe afrikanischer Herkunft keineswegs homogen, sondern vielfältig differenziert sowohl in sozialer wie auch in kultureller Hinsicht. Die für die Betroffenen folgenschwerste Unterscheidung war natürlich jene zwischen Sklaven einerseits und Freien andererseits.

Die Sklaven – sie stellten um 1860 mit 13000 Personen noch immer das Hauptkontingent innerhalb der nicht-weißen Bevölkerung – bildeten in dem ihnen allen gemeinsamen Zustand der Unfreiheit und Unterdrückung eine relativ einheitliche Gruppe. Lediglich die schon seit Generationen in New Orleans lebenden und mit europäisch-urbaner Lebensweise vertrauten Schwarzen hatten ihren neu aus Afrika eingeschleppten oder vom Lande in die Stadt verkauften Leidensgenossen einige Statusvorteile voraus.

Eine wesentlich stärkere, teilweise bis ins Absurde feiner Helligkeitsunterschiede der Hautfarbe gehende Differenzierung kennzeichnete die Gruppe der freien Farbigen, die in New Orleans in den Jahren von 1810 bis 1860 von 5700 auf 11000 angewachsen war[20]. Auf der untersten Sprosse der sozialen Leiter standen hier die Schwarzen, insbesondere jene vom Lande, die in New Orleans, ungebildet und vom städtischen Leben irritiert, vor allem Hilfsarbeiten als Kutscher, Schornsteinfeger, Schauerleute, Kellner usw. wahrnahmen und dabei vielfach in Konkurrenz zu den irischen Neueinwanderern gerieten[21]. Den freien Schwarzen gegenüber und deutlich von ihnen abgegrenzt, standen die farbigen Nachfahren aus den Verbindungen zwischen weißen – d.h. in der Regel französischen – Männern und schwarzen Frauen. »Viele reiche Pflanzer und Geschäftsleute wie auch Aristokraten hatten Sklavinnen als Konkubinen, deren Nachkommen sie wie ihre eigenen Kinder hielten, sie erzogen, auf die sie ihr Vermögen vererbten und so zu einer neuen bedeutsamen Bevölkerungsschicht beitrugen.«[22] Die Angehörigen dieser Schicht – die ungefähr 80 Prozent aller freien Farbigen ausmachten[23] – nannten sich *créoles*, eine Bezeichnung, die insofern für Verwirrung sorgte, als sich die weißen Nachfahren der frühen frankospanischen Siedler als die eigentlichen Kreolen verstanden und daher – soweit sie überhaupt bereit waren, die Existenz farbiger Kreolen zu akzeptieren – auf sprachlicher Differenzierung bestanden: *créoles de couleur*. (Der Einfachheit halber sollen jedoch im folgenden als Kreolen nur die farbigen unter ihnen bezeichnet werden.) Die Kreolen bildeten – wie Sterkx in seiner Geschichte der freien Schwarzen in Lousiana anmerkt[24] – eine »anomale Klasse«: Zu stolz, um sich mit den Sklaven zu identifizieren, und durch die Weißen als Neger stigmatisiert, besaßen sie den Status von Quasibürgern. Zwar waren sie mit bestimmten zivilen und ökonomischen Rechten ausgestattet, durften Grundbesitz erwerben, vor Gericht als Zeugen auftreten, Testamente aufsetzen usw. Jedoch wurden sie den Weißen gegenüber niemals als gleichberechtigt angesehen und bildeten so eine gesellschaftliche Gruppe für sich – mit streng eingehaltenen internen Schichtengrenzen, in denen sich ökonomische und rassische Motive überlagerten.

An der Spitze stand eine Oberschicht von Pflanzern und Sklavenhaltern, eine extrem kultivierte und konservative Gruppe, die bis zu einem gewissen Grade auch von den Weißen akzeptiert wurde und die sich 1861 bereitwillig der Südstaatenarmee zur Verfügung stellte, um *gegen* die Abschaffung der Sklaverei zukämpfen. In New Orleans gab es 1830 allein 753 *gens de couleur libres*, die selbst Sklaven besaßen – zum Teil zehn und mehr[25].

Die überwiegende Mehrheit der städtischen Kreolen – man könnte sagen: die Mittelschicht – bildeten die Handwerker und Kleinunternehmer, darunter besonders viele Zimmerleute und Zigarrenmacher. Unterschichtsberufe wurden vor allem von Frauen wahrgenommen, die sich als Dienerinnen, Wäscherinnen usw. verdingten.

Quer zu dieser ökonomisch bedingten Schichtung lag eine andere, die auf der Hautfarbe basierte. So wenig der wohlhabende Plantagenbesitzer mit dem Klarinette spielenden Zigarrenmacher gleicher Hautfarbe gemeinsam hatte, so hoch waren die Barrieren zwischen den hellhäutigen *quadroons* und den dunkelhäutigen *griffes*. Die außerordentliche Bedeutung, die innerhalb der kreolischen Bevölkerungsgruppe dem rassischen Mischungsverhältnis bzw. dem Anteil »weißen Blutes« beigemessen wurde, schlug sich nämlich in einem komplizierten Begriffssystem nieder: *mulattoes* für Kinder von weißen und schwarzen Eltern, *griffes* für solche von Mulatten und Schwarzen; *quadroons* besaßen weiße und mulattische Elternteile, und *octoroons* stammten von Weißen und *quadroons*. In dieser Gesellschaft, in der die Helligkeit der Hautfarbe die soziale Position (mit-)definierte, sah der Griffe auf den Schwarzen herab, der Mulatte betrachtete den Griffe als minderwertig und wurde seinerseits vom Quadroon mißachtet, während der Octoroon jeden sozialen Kontakt mit jemandem vermied, den er als in ethnischer Hinsicht unter sich stehend empfand[26].

Daß sich die interne Rassendiskriminierung in der nicht-weißen Bevölkerung von New Orleans bis ins 20. Jahrhundert hinein hielt, bezeugt der schwarze Bassist Pops Foster in seiner Autobiographie:

»Die schlimmste Jim Crow-Diskriminierung taten sich die Farbigen
selbst an. Die Clubs und Gesellschaften *uptown* (d.h. außerhalb des
French Quarters, d.V.) nahmen es am genauesten. Man mußte schon ein
Arzt oder Rechtsanwalt oder sonst irgendein hohes Tier sein, um da rein-
gelassen zu werden. Je heller man war, für um so besser hielten sie einen.
So war's zum Beispiel auch in der ›Francs Amis Hall‹. Der Laden war so
snobistisch, daß wir nicht vom Bandstand herunter durften, weil wir zu
dunkelhäutig waren. Die ließen nur den hellhäutigsten Typ in der Band
nach unten gehen, damit er uns allen die Getränke holen konnte.«[27]

So sehr diese – durch die weiße Herrschaftsideologie bedingten – Ab-
grenzungsbestrebungen innerhalb der kreolischen Bevölkerung einerseits
für ein soziales Spannungsgefälle sorgten, so einheitlich stark ausgeprägt
war andererseits ihre Affinität zur französischen Sprache, Bildung und
Kultur.

Als Institutionen der Vermittlung wirkten – da weiße Schulen Farbige
prinzipiell ausschlossen – einerseits die von französischen Nonnen ein-
gerichteten Armenschulen und andererseits kreolische Privatschulen und
Hauslehrer – auch Musiklehrer. Wohlhabende Kreolen schickten ihre
Kinder an französische Universitäten. Und bisweilen taten sich Gruppen
von weniger finanzkräftigen Kreolen zusammen, um einem talentierten
Künstler oder Musiker eine Ausbildung in Frankreich zu ermöglichen[28].

Die am französischen Vorbild orientierten kulturellen Aktivitäten der
Kreolen schlugen sich in verschiedenen Bereichen nieder. Bereits zu
Ende der 1830er Jahre hatten Kreolen, die es leid waren, in den weißen
Theatern in abgetrennten Abteilungen sitzen zu müssen, eine eigene
»Philharmonische Gesellschaft« gegründet, die – mit eigenem Chor und
Orchester ausgestattet – regelmäßig Konzerte veranstaltete, mit französi-
scher Musik, versteht sich. Im 1840 eröffneten Théatre de la Renaissance
wurden vorzugsweise französische Dramen, Komödien und Vaudevilles
aufgeführt: Eintritt nur für *gens de couleurs libres*, also weder für Weiße
noch für Sklaven. Im Ballsaal des Theaters tanzte man französische Quadrillen und Cotillions.

Die Emanzipation und ihre Folgen

Den entscheidenden Einschnitt in der Geschichte der kreolischen Bevölkerung des amerikanischen Südens brachte der Bürgerkrieg und die an-
schließende Aufhebung der Sklaverei. Barg die Emanzipationsproklama-
tion für die ehemaligen Sklaven zumindest den Schein einer Hoffnung
auf eine bessere Zukunft, eine Hoffnung, die sich für die meisten sehr
bald als trügerisch erwies[29], so beinhaltete sie für die farbigen Kreolen den
jähen Verlust all ihrer Privilegien, die sie gegenüber den schwarzen Sklaven zuvor genossen hatten.

Zwar hatte man von seiten der siegreichen Nordstaaten während der
sich unmittelbar an den Bürgerkrieg anschließenden *reconstruction*-Ära
versucht, die einstigen Sklaven zu »gleichen« und »mündigen« Amerikanern umzuerziehen. Jedoch unternahm die bald wieder herrschende
Quasi-Aristokratie von weißen Pflanzern und Ex-Sklavenhaltern sogleich
alle nur möglichen Versuche, die in der Emanzipation den Schwarzen ge-
währten Freiheiten zu reduzieren. So wurde im System des *sharecropping*
die schwarze Landbevölkerung in eine ökonomische Abhängigkeit gedrängt, die kaum weniger erbarmungslos war als die einstige »legale« Unfreiheit. Städtische Afroamerikaner, gleich ob vormals frei oder versklavt,
stießen ständig an die durch das Prinzip des *separate but equal* errichteten
Barrieren einer gesetzlich verankerten Rassentrennung. Gleichberechtigt
(equal) aber war der Schwarze nur, wo er unter seinesgleichen war. Und
schwarz war jeder, der auch nur einen Tropfen afrikanischen Bluts in sich
hatte. Kein Wunder, daß sich die einstigen *gens de couleur libres* durch diese
Emanzipation, die keine war, am härtesten betroffen fühlten.

Oper, Konzert, Bälle und Blasmusik: Musikleben und Unterhaltung in New Orleans während des 19. Jahrhunderts

»Zu Anfang des 19. Jahrhunderts war New Orleans zweifellos die musi-
kalischste Stadt im ganzen Lande.«[30] Die Vielfalt ihres Musiklebens korrespondierte mit jener ihrer ethnischen Zusammensetzung und sozialen

Struktur. An der Spitze stand – wie konnte es anders ein – die französische Oper. Die erste Aufführung – man spielte Grétrys *Sylvain* – ist bereits für 1796 nachgewiesen[31]. Zu Anfang der 20er des 19. Jahrhunderts
Jahre konkurrierten zeitweilig drei Operngesellschaften miteinander. Die
bedeutendste von ihnen, die im Théatre d'Orleans stationierte, absolvierte
ab 1827 regelmäßig erfolgreiche Tourneen in den amerikanischen Norden. Neben der Oper florierte in den verschiedenen Theatern der Stadt
ein lebhaftes Konzertwesen, das, analog zu der Programmgestaltung
europäischer Konzerte jener Zeit, ein bunt schillerndes Repertoire von
Sinfoniesätzen, Ouvertüren, Opernarien im Original und in Instrumen-
talbearbeitungen, patriotischen Märschen, Streichquartetten und Klavier-
improvisationen bot[32].

Es ist vielfach belegt, daß Kreolen und teilweise auch schwarze Sklaven an diesem repräsentativen Teil des weißen Musiklebens zumindest als
Zuhörer beteiligt waren. Sowohl in der Oper als auch in den meisten
Theatern der Stadt gab es Abteilungen für freie Farbige, in einigen auch
für Sklaven. Nicht sicher, jedoch auch nicht auszuschließen ist, daß Kreolen auch als ausführende Musiker am weißen Opern- und Konzertbetrieb
teilhatten. Von dem vorhandenen musikalischen Potential her gesehen
war dies ohne weiteres möglich, denn die Kreolen besaßen, wie schon ausgeführt, in ihrer Philharmonischen Gesellschaft ein eigenes Orchester.
Außer Frage hingegen steht, daß farbige Musiker – zumindest bis zur
Emanzipation – in einem anderen Bereich des »weißen« Musiklebens aktiv waren, nämlich bei den überaus zahlreichen Bällen und sonstigen
Tanzveranstaltungen, die von sämtlichen ethnischen und sozialen Gruppen der Stadt zu den unterschiedlichsten Anlässen durchgeführt wurden.
Das Tanzen – darin sind sich alle zeitgenössischen Reisebeschreibungen
einig – war im New Orleans des 19. Jahrhunderts quasi epidemisch. Und
Tanzsäle jeder Art und jeden Anspruchsniveaus gehörten zu den beliebtesten Aufenthaltsorten aller sozialen Gruppen.

Henry A. Kmen nennt für die Vergnügungssucht der New Orleanser
im allgemeinen und ihre Tanzwut im besonderen drei Ursachen:

- Erstens die Isolation der Stadt als ein einsamer Vorposten Frankreichs
  mitten in der Wildnis. Weder Frankreich noch Spanien hielten
  sonderlich intensive Kontakte mit ihren Kolonien aufrecht. In dieser

Abgeschnittenheit bildete in New Orleans das Tanzen die nächstliegende und billigste Form gesellschaftlicher Unterhaltung.
- Zweitens die Tatsache, daß New Orleans der erste wirkliche kulturelle
  Schmelztiegel war. In der von Sprachbarrieren behinderten Kommunikation gewährleistete das Tanzen eine universelle Form der Verständigung.
- Drittens die Tatsache, daß New Orleans während des ersten Jahrhunderts seiner Existenz fest in der lateinisch-katholischen Tradition
  verankert war, in der die protestantische Vorstellung, daß Tanzen
  »sündig« sein könnte, keinen Platz hatte[33].

Das Spektrum der Tanzveranstaltungen in New Orleans reichte vom
exquisiten Galaball, bei dem sich die High Society im Théâtre d'Orleans
traf, über die berühmt-berüchtigten Quadroon-Bälle, deren spezielle
Attraktion hellhäutige Kreolinnen darstellten, eben Quadroons, und bei
denen man als männliche Gäste nur Weiße zuließ[34], bis hin zu den in-
formellen Tanzveranstaltungen der Unterschicht oder der Sklaven in den
Tavernen am Rande der Stadt. Auf allen Ebenen dieses Amüsierbetriebes
waren kreolische und zum Teil auch schwarze Musiker anzutreffen,
jedenfalls bis zur Emanzipation, denn danach blieb ihnen für lange Zeit
der weiße Teil dieses Betriebes verschlossen.

Die Kompetenz und das Repertoire dieser Musiker variierten mit dem
gesellschaftlichen Status der Veranstaltungen, bei denen sie auftraten, und
der Zusammensetzung des Publikums, für das sie spielten. Man kann
voraussetzen, daß auf den großen Bällen der Oberschicht, bei denen vornehmlich französische Tanzmusik, d.h. Quadrillen, Cotillons, Gavotten
usw. gefordert wurden, Musiker aktiv waren, die über eine »europäische«
Instrumentalausbildung verfügten, darunter gewiß auch jene, die in der
kreolischen Philharmonischen Gesellschaft mitwirkten. Bei den informel-
len Tanzveranstaltungen in Kneipen und Privathäusern hingegen spielten
häufig aus Sklaven bestehende Gruppen, im allgemeinen kleinere Besetzungen mit einem bis zwei Fiedlern, einem Flötenspieler und einigen
Perkussionisten[35]. Das Repertoire dieser Ensembles bestand überwiegend
aus nordeuropäischen, vornehmlich irischen Tänzen wie Jigs, Reels und
Hornpipes, die freilich – wie zeitgenössische Berichte nahelegen – in afroamerikanischer Interpretation einige neuartige Nuancen erhielten.

Getanzt wurde schließlich auch an der Place Congo, wo sich sonntags Hunderte von schwarzen Sklaven bei den Klängen afrikanisch-westindischer Musik trafen. Über die legendären Szenen am legendären Congo Square wurde in der gesamten Jazzliteratur seit Ramseys *Jazzmen*[36] so ausführlich berichtet, daß hier nicht nähr darauf eingegangen werden soll. Daß am Congo Square die Wurzeln des Jazz lägen, wie die meisten Autoren mit seltener Einhelligkeit behaupten, ist ohnehin falsch. Wie Henry A. Kmen in seiner äußerst scharfsinnigen Studie *The Roots of Jazz and the Dance in Place Congo*[37] überzeugend darstellt, entbehrt die Annahme, daß in »New Orleans am Congo Square die Bamboula noch zu hören war, als Buddy Bolden seinen ersten Chorus auf dem Kornett spielte«[38], jeder sachlichen Grundlage. Die Tänze am Congo Square hatten ihren Höhepunkt um 1819 und endeten – abgesehen von einem kurzen Revival im Jahre 1845 – schon bald nach 1835. Der »erste Glaubensartikel der Jazzbücher«[39] ist zu revidieren.

Ein weiteres bedeutsames Betätigungsfeld für Musiker – weiße und schwarze gleichermaßen – bot das im New Orleans des 19. Jahrhunderts in höchster Blüte stehende Blasmusikwesen. *Brass bands* waren im Straßenbild der Stadt allgegenwärtig. Sie spielten in Parks und bei Paraden, zur Reklame für Zirkusse und Shows, bei Sportwettkämpfen und politischen Kampagnen, für Hochzeiten und für Beerdigungen. Träger dieser Bands waren – so weit es sich nicht um reine Militärkapellen handelte – häufig die sozialen Organisationen und Wohltätigkeitsgesellschaften der Afroamerikaner, wie sie spätestens seit 1845 in New Orleans nachweisbar sind[40], und die im gesellschaftlichen Leben der schwarzen Bevölkerung bis weit ins 20. Jahrhundert hinein eine wesentliche Rolle spielten, auch wenn sich ihre Funktionen im Laufe der Jahrzehnte geändert haben.

Über die zahllosen kreolischen und schwarzen Musiker, die das bis hierhin beschriebene Musikleben von New Orleans bestritten haben, ist nicht viel bekannt. Als Angehörige einer unterdrückten und von der herrschenden Mehrheit verachteten Minderheit kamen sie als Gegenstand von Geschichtsschreibung nicht in Betracht. Lediglich Anekdotisches aus mehr oder minder vorurteilsgeladenen Reisebeschreibungen ist zu erfahren: über die verzerrten Grimassen von schwarzen Fiedlern und die quietschenden Geräusche ihrer Instrumente oder aber über einzelne kreolische Wunderkinder, die am Pariser Konservatorium eine glänzende

Ausbildung erhielten und als erfolgreiche Musiker zurückkamen. Über die konkrete soziale Situation der großen Schar anonymer schwarzer Musiker jedoch, die in Konzerten, auf Tanzböden und bei Paraden spielten, weiß man so gut wie nichts – jedenfalls nicht bis zum Bürgerkrieg und unmittelbar danach. Erst ganz zu Ende des 19. Jahrhunderts erhellt sich das historische Dunkel, als eine genauere Überlieferung einzusetzen beginnt.

Mit einiger Sicherheit kann man allerdings davon ausgehen, daß es sich bei den meisten – wenn nicht gar bei allen – kreolischen und schwarzen Musikern im New Orleans des 19. Jahrhunderts um Wochenend- und Nebenberufsmusiker handelte. Die zeitgenössischen Statistiken verzeichnen keinen einzigen Musiker unter den »freien Farbigen«, hingegen jede Menge Handwerker, vor allem Zimmerleute, Maurer, Zigarren- und Schuhmacher[41]. An dem prinzipiellen Amateurstatus (der Begriff ist irreführend) der afroamerikanischen Musiker in New Orleans begann sich erst zu Ende des 19. Jahrhunderts allmählich etwas zu ändern, als in den Vergnügungsvierteln der Stadt der Bedarf nach Musikern gewaltig anwuchs. Damit änderte sich dann auch die Rolle des Musikers im sozialen Gefüge seiner Umgebung. Davon wird später ausführlicher zu reden sein.

Die Entstehung des Jazz als Resultat eines musikalischen Verschmelzungsprozesses und ihre Ursachen in der Gesellschaftsstruktur

Der Jazz verdankt seine Entstehung einem komplexen musikalischen Amalgierungsprozeß, der wiederum in einer Reihe von sozialhistorischen Faktoren verankert war. Es ist hier nicht der Platz, diesen Prozeß als einen immanent musikalischen darzustellen und seine Resultate zu analysieren[42]. Begnügen wir uns hier damit, die wesentlichsten musikalischen Komponenten in Erinnerung zu bringen, die im New Orleans-Jazz zu einer neuen Qualität miteinander verschmolzen:

- ländliche vokale Volksmusik der Afroamerikaner, insbesondere Worksong und Blues;

- ländliche und städtische Blasmusik; die erstere mehr den afroamerikanischen Ausdrucksmitteln verpflichtet (Bluestonalität), die letztere näher an der europäischen Militärmusik;
- europäische Tanzmusik; aus ihrem Repertoire bezog der Jazz einen Teil seines frühen thematischen Materials;
- afroamerikanische Tanz- und Unterhaltungsmusik, insbesondere aus dem Bereich der Minstrel-Shows (dazu gehört u.a. auch der Ragtime);
- instrumentaler Blues.

Eine der wichtigsten historischen Voraussetzungen für das Zustandekommen des musikalischen Verschmelzungsprozesses, der zum Jazz führte, lag in der Aufhebung der Sklaverei als Folge des amerikanischen Bürgerkrieges (1861–1865). Besonders zwei Aspekte wurden dabei bedeutsam: die veränderte Situation der farbigen Kreolen unter der neuen Rassengesetzgebung und der Zustrom schwarzer Exsklaven aus den ländlichen Gebieten Lousianas nach New Orleans.

In der an die *reconstruction*-Ära sich anschließenden Phase der Konsolidierung des *New South* ab etwa 1880 waren durch die neuen Jim Crow-Gesetze die Kreolen am härtesten betroffen. Aus den meisten sozialen und ökonomischen Positionen verdrängt, die sie bislang an der Seite der Weißen eingenommen hatten, näherten sie sich nunmehr Schritt für Schritt – widerwillig, aber zwangsläufig – der schwarzen Bevölkerung an. Von dieser hatten sie sich bisher sorgfältig ferngehalten, was im Laufe der vergangenen Jahrzehnte zu einer Reihe von divergierenden sozialen und kulturellen Erscheinungsformen geführt hatte. Die Kreolen lebten *downtown* im französischen Viertel, die Schwarzen *uptown* jenseits der Canal Street. Die Kreolen sprachen französisch bzw. *créole*, einen französischen Dialekt, die Schwarzen sprachen amerikanisch. Die Kreolen gehörten zum großen Teil der römisch-katholischen Kirche an, die Schwarzen waren Baptisten und Methodisten. Die Kreolen waren überwiegend urbane Menschen mit städtischen Lebensgewohnheiten und Ansprüchen, die Schwarzen waren ländlichen Traditionen verbunden, hatten – wie Franklin Frazier es formuliert – ihre kulturellen Wurzeln im amerikanischen Ackerboden[43].

All diese Divergenzen standen einer sozialen Annäherung zwischen den beiden Bevölkerungsgruppen mehr oder minder stark im Wege.

Entsprechendes galt für eine musikalische Annäherung. In beiden Kulturen – der kreolischen wie der schwarzen – spielte die Musik eine hervorragende Rolle, wenn auch mit ganz unterschiedlichen Akzentuierungen. Für die Kreolen beinhaltete Gesang oder Instrumentalspiel vor allem die Teilhabe an einem Stück europäischer Kultur. Eine »solide« musikalische Ausbildung wurde in diesem Rahmen im allgemeinen nicht mit dem Ziel wahrgenommen, damit einmal den eigenen Lebensunterhalt zu bestreiten, Berufsmusiker zu werden. In dem von den Kreolen bereitwillig adoptierten weißen Wertsystem bedeutete der berufsmäßige Künstler – gleich ob Maler, Schauspieler oder Musiker – allemal eine zweifelhafte Existenz, ökonomisch unsicher und moralisch labil[44]. Mit den Künsten befaßte man sich allenfalls als Dilettant, im bürgerlichen Sinne von »Kenner und Liebhaber«. Musik machte man als Amateur im Rahmen von Hausmusik oder als Mitspieler in der Societé Philharmonique, die in dieser Hinsicht mancherlei Parallelen zu den frühbürgerlichen europäischen Collegia Musica und Musikalischen Gesellschaften als Zusammenschlüsse von ausübenden Dilettanten aufgewiesen haben mag. Die musikalische Ausbildung der Kreolen erfolgte meist bei europäischen Orchestermusikern nach den »legitimen« *(legitimate)* Standards der Zeit. Das heißt, man lernte Notenlesen, Vom-Blatt-Spielen und das gängige Repertoire von »leichter« (d. h. populärer) klassischer Musik, Tänzen und Märschen. Die kreolischen Dilettanten konnten gewöhnlich nicht improvisieren. Sie waren als Mitglieder der katholischen Kirche unbeeinflußt von den mit afrikanischen Elementen durchsetzten *ring shouts* und Gospelsongs der sogenannten *Holiness*- und *Sanctified*-Kirchen der Schwarzen. Sie tanzten auf ihren Bällen nach Walzern und Quadrillen und mieden die Tavernen und *honky tonks,* in denen die Schwarzen zum instrumentalen Blues ihren *slow drag* tanzten. Auf ihre illiteraten schwarzen Brüder und deren »unkultivierte« Musik sahen die Kreolen verächtlich herab.

Die schwarzen Musiker waren in der Regel Autodidakten, die sich ihr instrumentales Handwerk durch Imitationslernen und Versuch-und-Irrtum beigebracht hatten und häufig nicht Noten lesen konnten. Dafür improvisierten sie und spielten *hot,* d.h. mit Ausdrucksmitteln, die in der afroamerikanischen Volksmusik ihren Ursprung hatten. Ihre Musik war im wesentlichen instrumentaler Blues.

Die Überlagerung »schwarzer« und kreolischer Musikalität und Konflikte zwischen beiden

Die Annäherung der Kreolen an die schwarzen Musiker erfolgte weder aus freien Stücken, noch vollzog sie sich reibungslos, sondern sie war ökonomisch bedingt und stieß auf mannigfache ideologische wie musikalische Hindernisse. Das in der Gesetzgebung der 70er und 80er Jahre des 19. Jahrhunderts sich durchsetzende Prinzip der strikten Rassentrennung zwischen »Weiß« und »Farbig« (jeder Schattierung) hatte für die Kreolen ja nicht nur einen sozialen Statusverlust bedeutet, sondern sie zugleich vielfach in enorme ökonomische Schwierigkeiten gebracht, so daß sich viele der einstigen musikalischen Dilettanten genötigt sahen, die Freizeitbeschäftigung zum Beruf zu machen. So z.B. der 1887 geborene kreolische Violinspieler Paul Dominguez:

> »Sehen Sie, wir Leute aus Downtown hielten eigentlich nicht sehr viel von diesem rauhen Uptown-Jazz – bis wir nicht mehr wußten, wovon wir sonst leben sollten ... So wurde ich aus einem Violinisten zu einem Fiedler. Ein Fiedler ist kein Violinist, aber ein Violinist kann ein Fiedler werden. Wenn ich überleben wollte, mußte ich ein Rabauke werden wie die anderen. Ich mußte ›jazzen‹ oder ›raggen‹ oder sonst irgend so etwas Verdammtes machen.«[45]

Natürlich waren nicht alle Kreolen über die ihnen durch die ökonomischen Verhältnisse aufgezwungene Liaison mit den schwarzen Musikern so verbittert wie der frustrierte Geiger Paul Dominguez. Andere waren von der bluesverbundenen schwarzen Musik durchaus fasziniert – wie der Klarinettist George Bacquet, der zum Ende des 19. Jahrhunderts im *Lyre Club Symphony Orchestra* spielte, danach mit einer Minstrel-Band auf Tour war und sich um 1905 dem Jazz zuwandte. Über seine erste Begegnung mit Buddy Bolden, jenem legendären, mit mythologischen Zügen ausgestatteten Volkshelden des frühen Jazz, äußerte Bacquet 1940 in einem *Down Beat*-Interview:

> »Ich erinnere mich, daß das ein seltsamer Laden war, alle behielten ihre Hüte auf. Es war ziemlich übel. Man bezahlte fünfzehn Cents und marschierte rein. Als wir reinkamen, sahen wir die Band; sechs Mann auf

einer niedrigen Bühne ... Ich hatte so etwas noch niemals vorher gehört.
Ich hatte vorher nur ›ernste‹ *(legitimate)* Sachen gespielt. Aber dies!
Das war etwas, was mich anzog. Sie holten mich an diesem Abend auf
die Bühne, und ich spielte mit ihnen. Danach habe ich nicht mehr
viel ›ernste‹ Musik gespielt.«[46]

Die Verbitterung über den sozialen *und* musikalischen Abstieg bei Mu-
sikern wie Dominguez war sehr häufig verbunden mit einer gewissen
Hilflosigkeit angesichts des ihnen unverständlichen *ad libitum*-Spiels
ihrer autodidaktischen schwarzen Kollegen und Konkurrenten. Alphonse
Picou, dem die berühmte Klarinettentransposition des Piccolo-Solos aus
High Society zu verdanken ist, berichtete über die Schwierigkeiten, in die
er geriet, als er in einer Jazzgruppe einstieg und feststellte, daß keine
Noten da waren: »Bouboul (der Bandleader) sagte mir, ›Hör nur zu‹. Und
ich saß da und wußte nicht, was ich machen sollte. Nach einiger Zeit begriff ich, wie's lief, und begann zwei oder drei Noten für eine zu spielen.«[47]
Das heißt nichts anderes, als daß Picou zu improvisieren begann, vermutlich indem er die Halb- und Viertelnoten der Melodiestimme in Achteln
harmonisch arpeggierte.

Bei ihrem Wechsel in das professionelle Musikleben profitierten die
kreolischen Musiker von dem ungeheuren Aufschwung, den das Unterhaltungsgewerbe in New Orleans zu Ende des 19. Jahrhunderts nahm.
Der nach dem Bürgerkrieg und der Sklavenbefreiung einsetzende Zustrom von Tausenden von schwarzen Plantagenarbeitern in die Stadt
schuf ein massenhaftes Bedürfnis nach billiger Unterhaltung. Die durch
das Versprechen städtischer Freizügigkeit angelockten oder durch den
partiellen Zusammenbruch des Agrarsystems vom Lande vertriebenen
Exsklaven, deren Worksongs nun an den Lagerhallen oder Hafenanlagen
von New Orleans erklangen, waren an Quadrillen nicht interessiert. Sie
fanden ihr Vergnügen in den bald massenhaft aus dem Boden schießen-
den Honky-Tonks, Barrelhouses und Tanzhallen der schwarzen Unterschicht. Die Musik, die man dort hörte, war instrumentaler Blues, gespielt
von *fake bands*, wie die Gruppen notenunkundiger Musiker genannt
wurden. Es ist klar, daß kreolische Musiker, die dort einzusteigen versuchten, gründlich umzulernen hatten, wobei vermutlich weniger das
Improvisieren eine Barriere bildete als die spezifisch afroamerikanischen
Ausdrucksmittel, die den emotionalen Charakter dieser Musik prägten.

Es ist nun allerdings nicht so, daß sich die Kreolen, um zu überleben, zwangsläufig einer der rauhen schwarzen Bands anzuschließen hatten. Es gab auch andere Typen von Ensembles, die ihrer Vorbildung und ihren Ansprüchen eher entsprachen. Dabei handelte es sich um sogenannte *society orchestras*, die durchweg notierte Musik spielten, überwiegend Ragtime-Songs und Tagesschlager. Eines der bedeutendsten von ihnen wurde von dem kreolischen Violinisten John Robichaux geleitet. Über Repertoire und Aufführungspraxis von Robichaux' Orchester vermerkt der Klarinettist George Bacquet: »Ein typischer Set begann mit einem One-Step; dann folgte ein Schottischer, eine Mazurka, ein Rag, ein Walzer, und zum Schluß kam eine Quadrille. Abendliche Engagements liefen über acht Sets, jeder mit der gleichen Abfolge und mit einer Pause zwischen jedem Set.«[48]

Pops Foster schreibt in seiner Autobiographie:

> »John Robichaux bekam die meisten der hochgradigen *(dicty)* Jobs in der Stadt. Er hatte lange Zeit alle Jobs bei den reichen Leuten unter Kontrolle. Seine Band spielte in Country Clubs; in Restaurants, wo die Reichen ihre Essen gaben; in Privatclubs, wo sie ihre Partys hatten. John war eine ganz große Nummer, der sprach kaum mit jemandem ... Und wenn man John Robichaux' Band engagierte, dann bekam man das Beste vom Besten. Robichaux' Band spielte nur nach Noten ... John hatte die beste Notisten-Band in der Stadt. Er heuerte keinen an, der nicht Noten lesen konnte.«[49]

Ganz offensichtlich bildete ein Orchester wie das von Robichaux eine Art Gegenpol zu den schwarzen Gruppen im Stil der Buddy Bolden-Band. Und mit Sicherheit kam ein solches Orchester und der Rahmen, in dem es auftrat, dem Bedürfnis kreolischer Musiker nach Respektabilität eher entgegen, ganz davon abgesehen, daß sie dort nicht zu improvisieren brauchten.

Brassbands als Lehrwerkstätten für musikalisches Handwerk

Eine vermittelnde Rolle zwischen den Notisten der Society-Orchester einerseits und den improvisierenden Musikern der frühen Jazzgruppen andererseits spielten die Blaskapellen oder Brassbands. (Den umfassendsten Beitrag zu diesem Thema lieferte William J. Schafer in seinem Buch *Brass Bands and New Orleans Jazz* [50], auf das ich mich im folgenden wiederholt beziehe.) Auch in diesem Bereich gab es eine gewisse Differenzierung zwischen den »Ohren«-Musikern *(ear musicians)* oder »Routiniers«, die nach Gehör spielten und keine Noten lasen, und solchen Musikern, die sich selbst als *heavy music*-Leser bezeichneten, die also mit schwierigen Notentexten fertig wurden [51]. Dennoch erfüllten die Brassbands im Musikleben von New Orleans eindeutig eine integrative Funktion. »Die Blaskapellenspieler der Stadt lernten sowohl voneinander als auch von erfahrenen Lehrern. Durch das Zusammentreffen von sorgfältig ausgebildeten schwarzen Musikern mit autodidaktischen Spielern entstanden Ensembles, deren Stil und Repertoire durch beide Arten von musikalischer Vorbildung geprägt wurde.« [52]

Die beiden bedeutendsten frühen Brassbands, die *Excelsior* und die *Onward*, wurden noch in den 1880er Jahren gegründet. Die Bands formierten sich in der Regel als Clubs von Amateurmusikern, die zunächst einmal den Kauf von Instrumenten, Uniformen und Noten organisierten und dann im nächsten Schritt einen Lehrer engagierten, der mit dem Ensemble trainierte. Häufig waren die Brassbands mit den Wohltätigkeitsgesellschaften und Logen der Schwarzen institutionell verbunden.

Die Jahre zwischen 1890 und 1910 brachten in New Orleans eine Vielzahl von Blasorchestern hervor. Die klimatischen Verhältnisse gestatteten Freiluftunterhaltung das ganze Jahr hindurch. Beschäftigung für die Musiker gab es also in Hülle und Fülle, wobei sich viele der Bands zu multifunktionalen Einrichtungen entwickelten, die sowohl Konzertprogramme bestritten als auch bei Paraden mitwirkten oder bei Gartenpartys zum Tanz spielten. Und in dem Maße, in welchem sich die Brassband-Musik zu einem der wichtigsten Bestandteile der schwarzen Teilkultur entwickelte, wurde sie von Merkmalen eines anderen Zweiges dieser Teilkultur durchsetzt: nämlich von jenen der rauhen, improvisierten und *off beat*-akzentuierten Musik, die die New Orleanser Musiker in Ermangelung eines anderen Namens einfach *ragtime* oder *fake music* nannten, die sie als *ratty* oder *low down* bezeichneten und für die erst viel später der Begriff *Jazz* gebräuchlich wurde.

Derbe und notenunkundige Tanzmusiker von der Art Buddy Boldens transformierten um 1900 die afroamerikanische Volksmusik in den Jazz; und innerhalb von wenigen Jahren spielten schwarze Blaskapellen Jazz auch auf Straßen – vermischt mit Märschen und Beerdigungshymnen. Ausschlaggebend für diesen Prozeß war weniger, daß die Blaskapellen auf die sich wandelnden Präferenzen Ihres Publikums einzugehen versuchten, indem sie sich den Spielpraktiken der Tanzkapellen anpaßten, sondern vor allem die Tatsache, daß es sich in beiden Fällen zunehmend um die gleichen Musiker handelte.

Storyville

Ein populäres Klischee, dessen Wurzeln in der Ideologie der etablierten Kultur unschwer zu erkennen sind, besagt, der Jazz sei in Storyville entstanden oder doch zumindest zu erster Blüte gelangt. Storyville war ein 1898 von der New Orleanser Stadtverwaltung mit dem Ziel, Prostitution und Verbrechen unter Kontrolle zu bekommen, zum »Rotlicht-Distrikt« erklärter Bordell- und Tanzhallenbezirk von rund 20 Blocks nördlich der Basin Street[53]. Wenn es also stimmt, daß der Jazz in Storyville entstand, dann liegt es natürlich nahe, ihn als »Bordellmusik« zu disqualifizieren, was besonders in den 20er Jahren unter moralisierenden Konservativen durchaus üblich war[54], oder aber – unter dem Mäntelchen des Liberalismus – in Jazzbüchern ein genüßlich ausgewalztes Kapitel über die Prostitution in New Orleans unterzubringen[55].

Tatsächlich wird die Bedeutung von Storyville für die Entwicklung des Jazz erheblich überschätzt. Natürlich gedieh der Jazz, besonders solange er primär als eine rein funktionale Musik auftrat, immer und überall am besten in den Vergnügungszentren der Städte. Jazzclubs in bürgerlichen Wohngegenden oder in reinen Gewerbebezirken, wie es sie heute gibt, wären in den ersten Jahrzehnten seiner Existenz undenkbar gewesen.

Dennoch – und hierin liegt eine gewisse Ironie – waren gerade die als »Sportshäuser« *(sporting houses)* bezeichneten Bordelle von Storyville der ungeeignetste Platz für das Florieren des frühen Jazz. Denn dort bevorzugte man eine Musik, die sich im Hintergrund hielt, die animierte – wozu auch immer –, aber unaufdringlich blieb. In vielen Bordellen des Viertels begnügte man sich mit einem mechanischen Klavier, in anspruchsvolleren Etablissements spielte ein »Professor«, wie die Pianisten in Storyville genannt wurden, oder zu besonderen Anlässen ein Trio, bestehend etwa aus Violine, Mandoline und Kontrabaß. Clarence Williams, einer jener Professoren und Komponist des *Royal Garden Blues*, schildert das so: »Wenn der Pianist müde wurde, gab es immer noch ein Pianola, in das man einen Vierteldollar steckte … Diese Häuser heuerten nur die Besten an, aber stets nur Pianisten und vielleicht einmal ein Mädchen, das sang. Aber keiner spielte laut. Alles war dezent, ganz wie in einem Hotel.«[56]

Die Bordelle in Storyville waren also überwiegend die Domäne der Pianisten; und die spielten im allgemeinen nicht Jazz, sondern Ragtime und sentimentale Balladen[57].
Jazzmusiker arbeiteten in Storyville vor allem in den großen Tanzhallen wie der Tuxedo Dance Hall und der 102 Ranch. Aber solche Tanzhallen waren nicht spezifisch für den *District*, wie die Musiker Storyville nannten, es gab sie überall in der Stadt.

Jazzmusiker in New Orleans:
Amateure, Professionals und »Professoren«

Aus den vorangegangenen Abschnitten dürfte deutlich geworden sein, daß es im New Orleans der Jahrhundertwende den Jazzmusiker *als Typus* im Grunde nicht gab, wobei es gänzlich unerheblich ist, daß der Begriff Jazz noch nicht existierte. Die Musiker, die in den beiden Jahrzehnten vor und nach 1900 den New Orleans-Jazz entwickelten, waren – wie auch immer sie von ihren Zeitgenossen genannt wurden – zum überwiegenden Teil keine Jazzmusiker im heute allgemein gebräuchlichen Sinne. Sie waren auf kein bestimmtes musikalisches Genre festgelegt, sondern machten, was noch heute auf den Visitenkarten der Musiker in New Orleans steht: »Musik für jeden Anlaß« *(music for all occasions)*. Häufig waren sie noch nicht einmal das, was man heute als »Vollprofis« zu bezeichnen pflegt, sondern hatten einen »ehrlichen« Beruf, dem sie sich nebenher widmeten und den sie wieder zum Hauptberuf machen konnten, wenn die Geschäfte in der Musik einmal schlecht gingen. Kreolische Musiker waren oft Zigarrenmacher, Schreiner und Maurer; Joe Oliver war Butler, Johnny Dodds arbeitete in einer Reismühle, Buddy Bolden war angeblich Friseur. Durchreisende, Zirkuskapellen und Minstrel-Truppen, die ihre Musiker gerne in New Orleans rekrutierten, erhielten häufig Absagen, weil die einheimischen Semi-Professionals die Sicherheit nicht aufgeben mochten, die ihnen ihr Handwerksberuf gewährte.

Die bürgerlichen Berufe der New Orleanser Jazzmusiker spielten eine bedeutsame Rolle für die Position, die sie in der Gesellschaft einnahmen. In einem wesentlich stärkeren Maße als Jazzmusiker späterer Generationen waren sie in die soziale Gruppe integriert, für die sie aufspielten. Dazu trugen allerdings nicht allein ihre außermusikalischen Berufe bei, sondern vor allem auch die Tatsache, daß ihre Musik funktionell eingebunden war in das alltägliche Leben der sie umgebenden Gesellschaft, in der sie die Rolle von urbanen Volksmusikern spielten.

Natürlich gab es auch schon im New Orleans-Jazz der frühen Jahre so etwas wie eine räumliche Trennung zwischen den Musikern auf dem Podium und dem Publikum im Parkett. Es gab auch eine zeitliche Trennung zwischen dem nachts zum Tanz aufspielenden Musiker und seinem tagsüber arbeitenden Nachbarn. Dennoch war die Demarkationslinie unscharf. Denn die Musiker spielten ebenso *in* ihrer Gemeinde wie *für* sie: bei Paraden und Picknicks, in Parks und auf Friedhöfen, in der Kneipe und im Ballsaal. Eine wesentliche Rolle für die Integration der Musiker in die Gesellschaft kam auch den schon erwähnten Wohltätigkeitsvereinen, Bruderschaften und Logen zu, die in der afroamerikanischen Teilkultur eine wichtige gesellschaftliche Funktion erfüllten, indem sie den Bezugsrahmen für die verschiedenartigsten sozialen Aktivitäten lieferten.

Wie man sich denken kann, war die Gruppe der Musiker, die in New Orleans für Unterhaltung sorgten, keineswegs homogen, sondern vielfältig segmentiert. Auf eines der wichtigsten Differenzierungsmerkmale des frühen New Orleans-Jazz wurde schon hingewiesen – die Hautfarbe.

Während jedoch Kreolen und Schwarze unter dem Druck der sozio-politischen Gegebenheiten im Laufe der Jahre näher zusammenrückten, trat eine neue ethnische Gruppe an ihre Seite und sorgte für Konflikt-potential: Weiße Musiker begannen sich im Musikgeschäft der Stadt durchzusetzen und von New Orleans aus Touren in den Norden zu unter-nehmen. Eine der bekannten weißen Gruppen aus New Orleans, die *Original Dixieland Jazz Band*, spielte 1917 die erste Jazz-Schallplatte der Welt ein. Der Prozeß der kulturellen Enteignung der afroamerikanischen Musiker durch die weiße Kulturindustrie hatte begonnen.

Ökonomische Situation des frühen Jazz

Quer zur ethnischen Schichtung der New Orleanser Musikergemeinde lag eine ökonomische. An der Spitze dieser Pyramide saßen die Piani-sten-Professoren, die in Storyville arbeiteten. Sie konnten, wenn man den Angaben Al Roses glauben darf, zwischen 90 und 100 Dollar in der Woche verdienen, und zwar alles durch Tips, d.h. Trinkgelder, welche die Klienten in die *kitty*, eine Art Napf, warfen[58]. Bandleader von Spitzen-gruppen, wie Kid Ory, Joe Oliver und Freddie Keppard, verdienten – nach Rose – in den Tanzhallen von Storyville bis zu 75 Dollar pro Woche; ihre Mitmusiker bis zu 50 Dollar, einschließlich »privater« oder »heimlicher« Trinkgelder. In durchschnittlichen Kapellen verdiente man bei regelmäßi-gen Engagements bis zu 30 Dollar in der Woche. Die von Rose leider ohne Quellenangabe angeführten Daten beziehen sich nur auf die Ein-künfte der Musiker in Storyville. Das heißt, nicht enthalten in diesen Zahlen sind offenbar die Einnahmen der Musiker aus Paraden, Beerdi-gungen usw.

All diese Zahlen geben natürlich wenig Sinn, wenn keine Vergleichs-möglichkeiten bestehen: Ein Fabrikarbeiter in den USA verdiente 1909, zu dem Zeitpunkt also, als Storyville in höchster Blüte stand, im Durch-schnitt 9,96 Dollar pro Woche; in den Südstaaten, zu denen ja New Orleans gehört, sogar nur 7,07 Dollar[59]. Ein Zimmermann oder Maurer in New Orleans konnte mit rund 13 Dollar in der Woche rechnen[60]. Dar-

aus wird deutlich, daß Musiker – auf welchem gruppeninternen Niveau
auch immer – im New Orleans des anbrechenden 20. Jahrhunderts eine
privilegierte Gruppe darstellten, zumindest in ökonomischer Hinsicht.
Für das Proletariat, und für das schwarze allzumal, konnte Musikmachen
nur zur Statuserhöhung führen. Und auch für die kreolische Bourgeoisie
war – angesichts der auf Abstieg gepolten sozialen Situation dieser
Schicht – die Jazzmusikerexistenz nicht ohne Reiz. Lediglich auf das
weiße Bürgertum mußte diese Art von Karriere abschreckend wirken. Die
frühen weißen Dixielandmusiker aus New Orleans waren denn auch häufig Söhne aus unbürgerlichen, d. h. proletarischen oder Musikerfamilien,
die zudem vielfach nicht dem angloamerikanisch-protestantischen Kul-
turkreis entstammten, sondern, wie aus Namen wie LaRocca, Manone,
Bonano, Roppolo, Sbarbaro und anderen unschwer ersichtlich ist, italie-
nischer Herkunft waren.

Einen wesentlichen Anteil an der statusmäßigen und ökonomischen
Differenzierung der Jazzmusiker hatte deren Ausbildung. Man kann nicht
generell sagen, daß gut ausgebildete Notisten erfolgreicher waren als
notenunkundige Autodidakten, denn zur Beherrschung des Instruments
gehört allemal mehr als Notenlesen. Die großen erfolgreichen Innovatoren des frühen Jazz zeichneten sich denn auch weniger durch flinkes
Vom-Blatt-Spiel aus als durch Einfallsreichtum, emotionale Stärke und
Durchhaltevermögen. Dennoch hatte besonders im mittleren Niveau-
bereich die Fähigkeit des Notenlesens eine wichtige Selektionsfunktion
bei der Vergabe von bestimmten Jobs. Der Bassist Pops Foster: »Es gab
eine ganze Menge Musiker in New Orleans, die nur mit ihrer eigenen
Band spielten ... Diese Typen konnten nicht so gut oder überhaupt nicht
Noten lesen. Und daher konnten sie nicht in andere Bands einsteigen.«[61]
Bei diesen anderen Bands handelte es sich wohl in der Regel vor allem um
Brassbands wie die *Excelsior*, die – im Musikerjargon der Zeit – vor allem
»schwere Musik« *(heavy music)* spielten, d. h. komplizierte Partituren mit
dicht geschriebenen *(black)* Stimmen, die beim Lesen ein hohes Maß
an Konzentration erforderten[62], oder aber um voll durchnotierte *society*-
Musik von Orchestern wie dem von John Robichaux.

»Folkloristische« und »zivilisierte« Musiktraditionen: Ursprünge eines jazzhistorischen Kontinuums

Wesentlich ist die von Pops Foster gemachte Unterscheidung zwischen Musikern, die nur in ihrer eigenen Band spielen, und solchen, die jederzeit in eine andere Gruppe einsteigen können, vor allem insofern, als sie ein Symptom beschreibt, welches die gesamte Jazzgeschichte als ein Kontinuum durchzieht. Dabei geht es weniger um die direkte Polarität Notenlesen–Nichtnotenlesen, die mittlerweile ziemlich unerheblich ist, sondern um den prinzipiellen Unterschied zwischen dem vielseitigen, im westlichen Sinne kultivierten (bzw. enkulturierten) Musiker einerseits und dem eher eindimensional auf den Jazz fixierten andererseits. Es geht also um zwei verschiedene Traditionen: eine schriftliche und eine schriftlose – eine »zivilisierte« und eine »folkloristische«. Noch 1976 sagte mir ein in New York lebender Avantgardemusiker auf die Frage, ob er sich um ein Stipendium bemühen würde: Das sei nichts für ihn, er sei ein *street musician* und wolle sich auf so etwas gar nicht erst einlassen. Nun handelte es sich dabei keineswegs um einen Straßenmusikanten, sondern um einen versierten Musiker, der selbst komponierte und mit dem Blattspiel keine Probleme hatte. Was er sagen wollte, war vor allem, daß er sich jener quasifolkloristischen Tradition des Jazz zugehörig fühlte, daß er nicht im Studio arbeiten und sich nicht auf die bürokratischen Irrwege des Subventionswesens begeben wollte, daß er das »Reich der Freiheit« dem »Reich der Notwendigkeit« gegenüber bevorzugte.

Dem Dualismus von »zivilisierter« und »folkloristischer« Tradition, der zugleich meistens einer von »Vielseitigkeit« und »Einseitigkeit« ist (beides nicht wertend gemeint), werden wir in unserem Gang durch die Sozialgeschichte des Jazz noch häufig begegnen. Seine Wurzeln liegen ohne Frage im New Orleans-Jazz der frühen Jahre.

Ob perfekte Notisten oder musikalische Analphabeten – die Jazzmusiker im New Orleans der Jahrhundertwende waren durchweg noch in die soziale Gruppe integriert, der sie entstammten. Die Entfremdung von ihr und die Annahme einer Außenseiterrolle setzte zuerst dort ein, wo die Distanz zu einer vom Bürgertum als »respektabel« akzeptierten Lebensweise am deutlichsten hervortrat: bei den Pianisten-Professoren in Storyville. Männer wie Tony Jackson oder Jelly Roll Morton, die ihren Beruf in Bordellen ausübten, eine Menge Geld (noch dazu mit Trinkgeldern!) verdienten und auf großem Fuße lebten, mußten den Angehörigen der schwarzen wie der weißen Bourgeoisie zwangsläufig als fragwürdige Existenzen erscheinen, als Gehilfen einer Unterwelt, von der die Philister bekanntlich zwar magisch angezogen werden, sich aber gleichzeitig bedroht fühlen. Es ist zu vermuten, daß die demonstrativ ausschweifende Lebensweise der frühen Pianisten-Professoren, ihr Hang zur Extravaganz, nur das offensichtlichste Symptom einer Kompensationsleistung war, mit der sie den Ausschluß aus der Gesellschaft bewältigten.

Der Entfremdungsprozeß, in dem sich schließlich auch die Jazzmusiker von der bürgerlichen und/oder proletarischen Sphäre entfernten, verlief parallel zu ihrer zunehmenden Professionalisierung, zum Teil wurde er durch sie erst in Gang gebracht. Indem sie anstelle von einzelnen Gelegenheitsjobs längere Engagements in Saloons und Tanzhallen annahmen, indem sie während wochenlanger Fahrten auf Ausflugsdampfern spielten oder mit Show-Truppen auf Tour gingen, indem Paraden und Beerdigungen für sie an Bedeutung verloren und sie schließlich sogar ihre Tagesjobs aufgaben, wurde die Distanz zur einstigen sozialen Bezugsgruppe größer und die Identifikation mit denen, für die sie spielten, geringer. Der entscheidende Bruch vollzog sich dann in dem massenhaften Exodus New Orleanser Jazzmusiker in den Norden der USA: In Chicago war der Verlust der sozialen Bindungen an die *community* besiegelt.

2 Chicago

Die Storyville-Legende und
die Ausbreitung des Jazz

Ein von der Jazzliteratur mit einiger Beharrlichkeit überlieferter Bestandteil der New Orleans-Legende besagt, daß mit der Auflösung von Storyville im Jahre 1917 die Jazzmusiker mit einem Schlage arbeitslos wurden
und die Stadt in Richtung Chicago verließen.

Tatsächlich wurde Storyville im November 1917 »geschlossen«, und
zwar aufgrund einer Verordnung des Marineministeriums, die im Kriegs-
hafen New Orleans »offene Prostitution« innerhalb einer Fünfmeilenzone
im Umkreis um jede militärische Einrichtung untersagte. Allerdings
waren Jazzmusiker von dieser Schließung kaum betroffen, denn, abgesehen von den Solopianisten, hatten die wenigsten von ihnen ausschließlich in Storyville gearbeitet. Zudem hatte der Niedergang von Storyville
als Vergnügungszentrum und Lasterhöhle schon Jahre zuvor eingesetzt.
So gibt Rose an, daß bereits 1910 die Zahl der Prostituierten von ursprünglich 2000 auf 800 abgesunken war[1]. Entsprechend dürfte sich die
Anzahl der Saloons, Cabarets, Tanzhallen usw., dürften sich damit auch
die Arbeitsmöglichkeiten für Musiker dermaßen verringert haben, daß
Storyville 1917 für sie kaum noch eine nennenswerte Rolle spielte.

Für die Abwanderung New Orleanser Musiker in den Norden waren
denn auch andere Faktoren ausschlaggebend als die Schließung des
Districts. Der wichtigste Grund war übergeordneter Natur. Der Norden
der USA war für die versklavte schwarze Bevölkerung des Südens schon
immer von quasimythologischer Bedeutung gewesen. Der Norden war
das Land der Freiheit, das gelobte Land, in dem es hohe Löhne und keine
Unterdrückung gab. So jedenfalls sagte es der Mythos. Die Realität war,
daß trotz allmählich expandierender Industriebetriebe im Norden und
einer potentiellen Mobilität der Schwarzen im Süden noch Jahrzehnte

nach der Emanzipation die psychischen und ökonomischen Barrieren für
einen massenhaften Exodus zu hoch waren. Noch war Nordamerika auch
das Traumziel für Millionen von armen europäischen Einwanderern. Und
solange die nördlichen Industrien noch aus diesem grenzenlosen Reser-
voir von weißen Arbeitern schöpfen konnten, hatten die Schwarzen nur
wenig Chancen.

Der Wendepunkt war der Ausbruch des Ersten Weltkrieges. 1914
landeten noch 1,2 Millionen Europäer in Amerika und strömten zum
überwiegenden Teil in die großen Städte. 1915 waren es nur noch 326 000
und 1918 ganze 110 000[2]. Gleichzeitig aber wuchs der Bedarf an
Arbeitskräften in der durch die Kriegsproduktion angeheizten Industrie
ins Unermeßliche. Die Stunde für den Beginn der »Großen Wanderung«
(Great Migration) der Afroamerikaner hatte geschlagen. Binnen weniger
Jahre nahm die schwarze Bevölkerung in den Industriezentren des Nordens gewaltig zu. Allein in den vier Großstädten New York, Chicago,
Detroit und Philadelphia wuchs sie durch Zuwanderung aus dem Süden
zwischen 1910 und 1930 von 226 000 auf 902 000 um mehr als das Vier-
fache an.

Die Große Wanderung: Bevölkerungsentwicklung und »Black Belt«

Chicago hatte eine lange Tradition als wichtiger Zielpunkt der *underground railroad*, wie der Fluchtweg schwarzer Sklaven in den Norden
genannt wurde. Die Anzahl der Schwarzen, die sich in der Stadt dauerhaft niederließen, blieb allerdings lange Zeit gering; die meisten reisten
weiter, nach Kanada oder in den Osten. Die Volkszählung von 1900 ergab jedoch bereits rund 30 000 Einwohner afrikanischer Herkunft, das
waren 1,9 Prozent der Gesamtbevölkerung. Die Jahre um 1910 brachten
der Stadt einen gewaltigen wirtschaftlichen Aufschwung. Der größte Teil
der Vieh- und Getreideproduktion des mittleren Westens wurde auf seinem Weg in die Zentren des Ostens in Chicago verarbeitet. Chicago war
zudem der bedeutendste Eisenbahnknotenpunkt im Land und wies eine

der größten stahlverarbeitenden Industrien auf. Dieser wirtschaftliche
Boom, verbunden mit dem Rückgang des europäischen Einwanderungs-
stroms ab 1914 und der Einberufung weißer Amerikaner in den Krieg ab
1917, brachte Zigtausende von schwarzen Arbeitern aus den Südstaaten
in die Stadt. In den Jahren von 1910 bis 1920 wuchs so die afroamerikanische Bevölkerung von Chicago von 44000 auf 109000 an; das bedeutete eine Zunahme von 148 Prozent. Demgegenüber erhöhte sich die
weiße Bevölkerung nur um 21 Prozent. Einen weiteren beträchtlichen
afroamerikanischen Bevölkerungszuwachs von noch einmal 113 Prozent
brachten die im schwarzen Ghetto Chicagos als die »fetten Jahre« bezeichneten 20er Jahre. 1930 bildeten die Afroamerikaner mit 234000
Einwohnern oder 6,5 Prozent bereits Chicagos größte ethnische Minderheit[3].

Der größte Teil der schwarzen Zuwanderer ließ sich an der South
Side von Chicago nieder, einem Bezirk, der bald den Namen »Schwarzer
Gürtel« *(Black Belt)* erhielt. Nach einem Leben in Unterdrückung und
Armut, bedroht von Jim Crow-Gesetzen und Lynch-»Justiz«, mußte den
neuen schwarzen Bürgern die Chicagoer South Side fraglos als Paradies
erscheinen, jedenfalls zu Anfang. Daß sie im von Menschen über-
quellenden Ghetto überhöhte Mieten zu zahlen hatten, daß sie bei der
geringfügigsten Krise die ersten waren, die aus ihrem Job gefeuert wurden, und daß im Norden die Ausbeutung schwarzer Arbeitskraft nur in
anderer Kosmetik auftrat als im Süden – all dies kam den ehemaligen
share croppers, die vorher für geringe Teile ihrer *eigenen* Ernte oder für
75 Cents am Tag[4] zu arbeiten gezwungen waren, kaum in den Sinn.
In Chicago konnten selbst ungelernte Arbeiter noch 25 Dollar in der
Woche verdienen[5]. Zum ersten Mal verdienten sie damit genug Geld, um
sich ein halbwegs menschenwürdiges Leben zu gestalten; und zum ersten
Mal in ihrem Leben waren sie in der Lage, Geld für Unterhaltung aus-
zugeben.

»Flüsterkneipen«
und Al Capone:
Chicagoer Nachtleben
während der Prohibition

Chicago unterschied sich von Städten wie Detroit und Philadelphia unter anderem dadurch, daß es den Unterhaltsbedürfnissen aller Schichten und ethnischer Gruppen in extremem Maße entgegenkam. Chicago galt als »weit offene« Stadt, mit einer stark ausgeprägten Kooperation zwischen Politikern, Polizei und Unterwelt. Daß dubiose Antihelden und Bösewichter wie der Bürgermeister »Big« Bill Thompson oder der Obermafioso Al Capone gerade in Chicago ihr Betätigungsfeld fanden und nicht in irgendeiner anderen Stadt, war gewiß kein Zufall; ebensowenig die Tatsache, daß das im Januar 1920 erlassene Alkoholverbot, die Prohibition, Chicagos Nachtleben nicht etwa schadete, sondern – im Gegenteil – immens belebte. Innerhalb von wenigen Monaten nach der Gesetzesverkündung gab es in Chicago schätzungsweise 20 000 Etablissements, in denen illegal Alkohol verkauft wurde, wobei das Spektrum von hochklassigen Nachtklubs bis zu schäbigen »Flüsterkneipen« *(speakeasies)* reichte. 1920 aber gab es weder Musikboxen noch Radios noch lautstarke Grammophone in den Lokalen. Musik, wenn es welche gab, war immer *live*[6]. Chicago wurde zum Dorado für Musiker jeden Genres, auch für die Jazzmusiker aus dem Süden der USA.

New Orleans Jazzer
in der Chicagoer Diaspora

Schon bevor die Große Wanderung einsetzte und auch die Musiker aus dem Süden in ihren Sog zog, waren einzelne Musiker und Gruppen aus New Orleans »auf Tour« gegangen. Zunächst waren es vor allem Solopianisten wie Tony Jackson und Jelly Roll Morton. Es folgten Bands wie jene von Bill Johnson, die als *Original Creole Orchestra* ab 1912 in den Südstaaten reiste und 1914 sogar bis nach Kalifornien gelangte. *Tom Brown's Band from Dixie Land*, eine weiße Formation, arbeitete 1915 in Chicago, gefolgt von der *Original Dixieland Jazz Band*, die dort 1916 große Erfolge feierte. 1919 ging Kid Ory nach Kalifornien, ließ bald darauf Musiker von New Orleans nachkommen und formierte die erste schwarze Jazzgruppe an der Westküste der USA. 1915 nahm die Theatre Owners Booking Association, die TOBA, von den schwarzen Musikern wegen der schlechten Arbeitsbedingungen mit »Tough on Black Artists« (mies gegenüber schwarzen Künstlern) übersetzt, ihre Arbeit auf und schickte in schwarzen Vaudeville-Shows auch Jazzmusiker aus New Orleans quer durch die USA.

Reiseaktivitäten und auswärtige Engagements New Orleanser Musiker trugen erheblich dazu bei, den Jazz zu verbreiten. Im ganzen Lande gab es vor 1920 in den größeren Städten schwarze Musiker, deren musikalische Produktionen weitgehend auf die Bedürfnisse ihrer meist weißen Auftraggeber ausgerichtet waren und die sich nun durch die auf fixer Route herumreisenden Pianisten und Bands aus dem Süden beeindrucken ließen. Der dabei sich allmählich vollziehende Übergang von einer Musik (z.B. Ragtime) in eine andere (Jazz) geschah mit vielen stilistischen Überlappungen und regionalen Besonderheiten[7].

Nirgends vollzog sich der Umschwung so gründlich und die Entstehung einer eigenständigen Jazzszene so umfassend wie in Chicago. Dafür gibt es mehrere Ursachen. Die meisten wurden schon angesprochen. Die erste und wesentlichste lag in der Großen Wanderung, die Zigtausende von Südstaatlern in die South Side führte und dort ein großes und relativ zahlungskräftiges Publikum für die »heiße« Musik aus dem Süden schuf, ein Publikum, bei dem die New Orleanser Musiker sich zudem fast »wie zu Hause« *(down home)* fühlen konnten. Die zweite lag in der Fülle von potentiellen Arbeitsmöglichkeiten, die Chicago als ein von *law and order* wenig behelligtes Vergnügungszentrum den zureisenden Musikern bot. Die dritte lag in der Tatsache, daß Chicago eine wichtige Endstation von TOBA-Touren war; eine Stadt, in der Shows häufig ihr letztes Engagement absolvierten, bevor sie aufgelöst wurden. Die vierte schließlich lag darin, daß sich in Chicago schneller als anderswo eine relativ große Gruppe von weißen Musikern fand, die die neue Musik adaptierten und bis zu einem gewissen Grade transformierten und die – allein schon aufgrund der Rassentrennung, aber nicht nur deswegen – ein eigenständiges soziales Aggregat, eine eigene »Szene«, formierten.

Die um 1920 nach Chicago kommenden Musiker fanden ein ihren Fähigkeiten und Ansprüchen entsprechendes, breit gefächertes Angebot von Arbeitsmöglichkeiten. Es reichte von den Taxi-Tanzhallen, in denen Gäste für 10 Cents mit einem der Mädchen eine Runde drehen konnten, über die von Gangstersyndikaten kontrollierten Cabarets und Cafés, die Biergärten, Ballsäle, Hotels und Roadhouses bis hin zu den großen Theatern, in denen mit Jazzsolisten garnierte Orchester eine Show oder einen Stummfilm begleiteten.

Die schwarzen Jazzmusiker aus New Orleans, Leute wie Oliver, Bechet, Morton und Armstrong, arbeiteten natürlich vor allem im Black Belt an der Chicagoer Südseite, spielten also für ein vornehmlich schwarzes Publikum. Die Lokale, in denen sie spielten, hatten allerdings meistens weiße Besitzer. Besondere Bedeutung für die Adaption des Jazz durch weiße Chicagoer Musiker gewann dabei die am Rande des Ghetto gelegene Tanzhalle Lincoln Gardens, in der ab 1922 Joe Oliver regelmäßig auftrat. Ab 1923 kam der Newcomer Louis Armstrong hinzu.

Die schwarzen New Orleanser Musiker in der Diaspora Chicago bildeten eine stark integrierte Gruppe mit ausgeprägtem Wir-Gefühl. Ersatz für Bandmitglieder, die vom Heimweh, von Anpassungsschwierigkeiten oder vom rauhen Klima zurück in den Süden getrieben wurden, beschaffte man meist wiederum in New Orleans. Verwandtschaftliche und freundschaftliche Bindungen wogen dabei bisweilen mehr als musikalische Kompetenz. Von Musikern aus anderen Gegenden der USA waren die New Orleanser wegen ihrer Cliquenwirtschaft verschrien. Manch einen beeindruckten sie durch ihr Elitebewußtsein. So berichtet der aus Ohio stammende Klarinettist Garvin Bushell, der 1921 auf einer Tour nach Chicago kam und dort zum ersten Mal den New Orleans Jazz der Oliver-Band hörte: »Wir sprachen mit den Dodds-Brüdern. Sie hatten eine sehr hohe Meinung von dem, was sie spielten; so als wenn sie wüßten, daß sie etwas Neues machten, zu dem sonst niemand in der Lage war. Ich würde sagen, sie betrachteten sich als Künstler – in dem Sinne, in dem wir den Begriff heute gebrauchen.«[8]

Schwarzes Establishment:
Bürgerliche Fraktionen der afroamerikanischen
Musikszene Chicagos

Es ist nicht anzunehmen, daß sich die schwarzen Jazzmusiker aus dem
Süden der USA tatsächlich als Künstler im Sinne des europäischen
19. Jahrhunderts begriffen, d.h. als Individuen, die abgehoben von den
Ansprüchen des Publikums ihrem inneren Ausdruckswillen folgten. Sie
werden sich eher, wie es der ihnen von der Gesellschaft zugewiesenen
Rolle entsprach, als mit besonderen Fähigkeiten ausgestattete Entertainer
verstanden haben. Auch schon in diesem Selbstverständnis als Unterhal-
tungs*künstler* kollidierten sie unweigerlich mit einer anderen Gruppe von
schwarzen Musikern in Chicago: mit dem – von Thomas J. Hennessey so
genannten – »Schwarzen Establishment«[9]. Dieses bestand aus Orchester-
leitern, musikalischen Direktoren bzw. Organisatoren, Arrangeuren und
höheren Funktionären der schwarzen Chicagoer Musikergewerkschaft
Local 208; vielfach vereinigten sich mehrere dieser verschiedenen Funktionen in einer Person. Das Schwarze Establishment rekrutierte sich nahezu ausschließlich aus Musikern, die über eine Konservatoriumsausbil-
dung verfügten. Die bekanntesten und einflußreichsten unter ihnen, Dave
Peyton, Charles Elgar, Charles Doc Cooke und Erskine Tate, hatten sich
bereits zwischen 1908 und 1913 in Chicago niedergelassen, waren also
bereits etabliert, als die Jazzmusiker aus New Orleans in die Stadt strömten. Die Wertskala dieser Orchesterchefs und Organisatoren des Musiklebens entsprach im wesentlichen jener der schwarzen Bourgeoisie. Es
waren die Wertvorstellungen einer sozial aufstrebenden Schicht, die ihre
Erfolge auf der Basis einer Anpassung an das Normensystem der weißen
Mittelklasse verbuchte und für die musikalische Ausdrucksformen wie
Blues und Jazz eine unangenehme Erinnerung an die entwürdigende Vergangenheit im amerikanischen Süden heraufbeschworen.

Das ideologische Sprachrohr des schwarzen musikalischen Establishments bildete ein in den Jahren 1925–29 wöchentlich erscheinender Leitartikel Dave Peytons im *Chicago Defender*, der meistgelesenen afroamerikanischen Zeitung der Stadt. Peytons Kolumne vermittelt einen guten
Einblick in die musikalischen Wertvorstellungen und die professionellen
und sozialen Normen dieser Gruppe. Darum hier einige kurze Auszüge:

- »Die Tage der Clowns-Musik sind vorüber … Vor fünf Jahren war es noch üblich, daß der Leiter der Tanzkapelle die Tonart herausbrüllte und das Tempo vorstampfte und jedermann in der Band seinen Part ohne Noten ›aus dem Kopf‹ spielte (*to fake* hat – im Gegensatz zum deutschen ›Auswendigspielen‹ – die negative Nebenbedeutung von vortäuschen, mogeln). Und wenn alles vorbei war, schrien die Tanzfans nach mehr. Aber seit jener Zeit hat die Tanzmusik eine wirklich revolutionäre Entwicklung durchgemacht; und heute muß man wirklich ein erstklassiger Musiker sein, um zur ersten Garnitur zu gehören.« (Oktober 1925)
- »Ein vorzügliches Charakteristikum von Orchestern besteht darin, daß sie dezent spielen. Zu viele Orchester gefallen sich darin, insgesamt laut zu spielen … Ein anderer Fehler besteht im dissonanten Spiel, im Abweichen von der Partitur und Ruinieren der Komposition, indem man Figuren einfügt, die keine Beziehung zur harmonischen Grundlage haben.« (Juli 1926)
- »Das Publikum beobachtet den Musiker genau, inner- und außerhalb des Orchestergrabens. Laßt uns jederzeit Gentlemen sein. Bringt das Publikum dazu, uns und unseren Beruf zu akzeptieren, genauso wie den Arzt, den Anwalt, den Geschäftsmann.« (Juli 1926)
- »Strebt danach, etwas zu erreichen. Versucht, eure instrumentalen Fähigkeiten zu verbessern … Versucht, einen Teil eures Verdienstes zu sparen.«
- »Eine schlechte Gewohnheit einiger Musiker zeigt sich darin, wie sie inner- und außerhalb des Orchestergrabens gekleidet sind … Der Kragen sollte sauber sein, die Schuhe geputzt und das Haar ordentlich gekämmt. Man kann sich bescheiden, aber sauber kleiden … Eine andere schlechte Gewohnheit besteht darin, sich nach den Arbeitsstunden in Barbiersalons und Billardsälen zusammenzufinden … Verwendet eure Freizeit lieber für etwas, was auch hilft, euch intellektuell weiterzubilden.« (September 1926)
- »Quietschen, quäken, stöhnen, ächzen und flattern – das macht die Orchester in den Cabarets populär. Dort findet der ›Schinken-Musiker‹ *(›ham‹ musician)* ein bequemes Pöstchen. Er braucht sich an keine Noten zu halten; ein Fehler kann als ›Trick-Figur‹ gerechnet werden … Das *gut-bucket*-Orchester ist es, was die Leute heute wol-

len. Der abgebrühte Schnapsschlucker *(hip liquor toter)* wünscht sensa-
tionelles Getöse. Die haben kein Empfinden dafür, was wahre Musik
ist.« (April 1926)[10]

Die Verankerung der Peytonschen Ermahnungen im Wertsystem der
Mittelklasse – gleich ob schwarz oder weiß – ist offenkundig: Es kommt
auf eine gute Ausbildung an und darauf, daß man sparsam, bescheiden und
sauber ist. Ein ordentlicher Musiker spielt dezent, und er spielt nichts, was
nicht in den Noten steht. Besonders das letztgenannte Zitat legt nahe, wer
das Gegenbild zu dem von Peyton gezeichneten Musikerideal liefert: der
Musiker im Cabaret, dieser speckige Zeitgenosse, der im *gut bucket*-Stil,
d.h. bluesbeeinflußt, spielt, der improvisiert, und dessen *hot*-Intonation
dem an europäischen Klangvorstellungen orientierten Dirigenten wie ein
Quietschen und Quaken vorkommen muß. Und das ist natürlich niemand
anderes als der schwarze Bruder aus New Orleans, der Jazzmusiker.

Differenzierung des musikalischen Arbeitsmarktes

Mitte der 20er Jahre boten sich für schwarze Musiker in Chicago im
wesentlichen vier Typen von Engagements:

1. Cabarets und Tanzsäle im Black Belt, deren Publikum sich zum größten Teil aus Angehörigen der schwarzen Unterschicht und aus *shadies*
   zusammensetzte. Als *shadies* (von *shadow* = Schatten) bezeichnete man
   die Angehörigen einer sozialen Gruppe, die quer durch die traditionellen sozioökonomischen Schichten schnitt, den Gegenpol zu den
   »Respektablen« bildete und die man wohl am besten mit Parias zu
   übersetzen hat: eine moralisch und rechtlich fragwürdige Gruppe von
   kleinen Kriminellen, Prostituierten, Showbusinessleuten, bis hin zu
   mächtigen Lokalbesitzern und prestigereichen Gangstern[11].
2. Ballsäle außerhalb des Black Belt, deren Publikum ausschließlich
   weiß war. In diesem von der weißen Musikergewerkschaft Local 10
   unter ihrem streitbaren Präsidenten James Caesar Petrillo[12] kontrollierten Territorium Fuß zu fassen, war für schwarze Bands außer-

ordentlich schwer. Von den Dutzenden von weißen Chicagoer Ballsälen wurden niemals mehr als fünf gleichzeitig von schwarzen Tanzorchestern bespielt[13]. Die Engagements in den weißen Ballsälen gehörten zu den bestbezahlten und zu den sichersten Jobs, das letztere
im Gegensatz besonders zu den Cabaret-Engagements, die jederzeit
durch eine gewaltsame Aktion der Unterwelt oder durch eine Polizei-
razzia ein jähes Ende finden konnten.
3. Film- und Vaudeville-Theater, die auf ein schwarzes Mittelklassepublikum zielten und in der Regel von weißem Kapital kontrolliert
   wurden. In den Theatern beider Kategorien wurde die gängige Unterhaltungsmusik der Zeit sowie Semiklassik gespielt. Auch diese Engagements waren finanziell äußerst lukrativ.
4. Schallplattenaufnahmen in und außerhalb von Chicago; z. B. in Richmond, Indiana, wo 1923 die ersten Aufnahmen von Olivers *Creole
   Jazz Band* entstanden.

Das schwarze Chicagoer Musik-Establishment und die New Orleanser
teilten sich das durch die vier genannten Job-Typen abgesteckte Terrain
von Arbeitsmöglichkeiten in der Weise, daß die ersteren die Ballsäle und
Theater beherrschten, während die letzteren in Cabarets und den
Aufnahmestudios der Schallplattenindustrie aktiv waren. Dieses Prinzip
einer strikten Aufteilung der Zuständigkeitsbereiche wurde allerdings
im Laufe der Jahre immer häufiger durchbrochen – zumindest in einer
Richtung. Die Ursachen dafür lagen in einer allmählich sich vollziehen-
den geschmacklichen Umorientierung vor allem beim schwarzen, aber in
gewissen Grenzen auch beim weißen Mittelklassepublikum. Es war schon
zuviel durchgesickert von der rhythmischen Intensität, der emotionalen
Kraft und der instrumentalen Virtuosität dieser neuen Musik, die man
Jazz nannte, als daß man sie gänzlich aus den Programmen mit »respek-
tabler« Musik ausschließen konnte. »Im Laufe der 20er Jahre wurde das
schwarze Publikum während der klassischen Ouvertüren zunehmend
unruhiger in seinen Sitzen. Begierig wartete man darauf, daß Armstrong
einen seiner berühmten ›Hot‹-Chorusse begann. Und wenn die Orchesterleiter ihren Einfluß behalten wollten, blieb ihnen keine andere Wahl,
als auf diesen Trend einzugehen und dem Publikum zu geben, was es
wollte.«[14]

Die Infiltration der schwarzen Establishment-Orchester durch New Orleanser Solisten entwickelte sich im Laufe der 20er Jahre von der Ausnahme zur Regel. Bei Erskine Tate spielten Freddie Keppard und Louis Armstrong; Doc Cooke holte sich Keppard und Jimmy Noone als »Hotsolisten«; Clarence Jones beschäftigte Louis Armstrong; und selbst Dave Peyton präsentierte bisweilen Solisten aus dem Süden, z.B. Kid Ory[15]. Man kann – unter anderem aufgrund der Äußerungen Peytons – voraussetzen, daß die genannten Orchesterleiter ihre »Hotsolisten« nicht aus Liebe zum Jazz engagierten, sondern, indem sie sie als Spezialeffekt, als *novelty*, einsetzten, auf Wünsche des Publikums nach neuen Reizen eingingen. Immerhin hatte dies zur Folge, daß Gestaltungsprinzipien und Ausdrucksmittel der afroamerikanischen Musik an Bevölkerungsschichten herangetragen wurden, die sich niemals in die Cabarets und *gut bucket*-Kneipen der South Side gewagt hätten. Für die New Orleanser Jazzmusiker waren diese Engagements vor allem in ökonomischer Hinsicht von großer Bedeutung, denn sie wurden im Vergleich zu den Cabaret-Jobs gut bezahlt und erstreckten sich in der Regel über eine längere Zeitspanne. Das Ausmaß, in dem Musiker wie Armstrong in den Establishment-Orchestern beschäftigt waren, wird heute oft unterschätzt, da es sich kaum in Schallplattenproduktionen niederschlug. Dabei wird übersehen, daß so berühmte Formationen wie die *Hot Five* oder die *Hot Seven* tatsächlich keine öffentlich auftretenden Gruppen *(working groups)* waren, sondern speziell für die Aufnahmesitzungen zusammengestellt wurden.

Wie die New Orleanser Musiker die innermusikalischen Aspekte jener seltsamen Liaison einschätzten, dürfte individuell verschieden gewesen sein. Im großen und ganzen kann man davon ausgehen, daß sie sich durch die Tätigkeit als Jazzspezialisten in den Establishment-Orchestern keineswegs korrumpiert fühlten – im Gegenteil. Die New Orleanser Jazzmusiker waren alles andere als Puristen. Und über die ästhetische Fragwürdigkeit des semiklassischen Repertoires, mit dem sie es in diesen Orchestern zu tun bekamen, haben sie sich schwerlich den Kopf zerbrochen. Von Louis Armstromg weiß man, daß dieser seine Mitarbeit im *Vendome Theatre Orchestra* von Erskine Tate in den Jahren 1925–27 in bester Erinnerung behielt: Er hatte Gelegenheit, alle Arten von Musik zu spielen, er konnte sich im Vom-Blatt-Spiel vervollkommnen, und er durfte sich regelmäßig mit einem Solo aus *Cavalleria Rusticana* hervortun[16].

Weiße Boheme und schwarze Musik:
Zum Selbstverständnis der Chicagoans

Natürlich gab es nicht nur schwarze Jazzmusiker im Chicago der 20er Jahre, sondern auch weiße. 1921 hatten sich die *New Orleans Rhythm Kings (NORK)* in der Stadt niedergelassen, eine Gruppe, die einige der fähigsten weißen Jazzspieler aus New Orleans in sich vereinigte. Die NORK und wenig später King Olivers *Creole Jazz Band* wirkten vorbildhaft auf eine Gruppe von jugendlichen weißen Amateurmusikern, die als Chicagoans in die Jazzgeschichte eingingen und die in soziologischer Hinsicht eine der interessantesten Erscheinungen auf der Jazzszene dieser Zeit darstellen.

Die Chicagoans, geboren um 1906, entstammten zum überwiegenden Teil angloamerikanischen Mittelklassefamilien vom Chicagoer West End. Den harten Kern bildete die sogenannte *Austin High School Gang*, eine Clique von jazzbegeisterten Absolventen der Schule gleichen Namens, die von den professionellen Jazzmusikern bisweilen auch der *wild west side mob* genannt wurde[17]. Die jungen Chicagoans waren vermutlich die ersten typischen Jazzfans im heutigen Sinne. Ihre musikalische Sozialisation vom enthusiastischen Schallplattenhörer über den autodidaktischen, an Vorbildern lernenden Amateur bis hin zum professionellen Musiker war gleichsam stilbildend für Generationen weißer Jazzmusiker in Amerika und anderswo.

Die Chicagoans waren zweifellos auch die ersten Musiker, die ihre Hinwendung zum Jazz als Protest gegen ihre bürgerliche Umwelt verstanden. Den New Orleansern – gleich ob schwarz oder weiß – wäre so etwas niemals in den Sinn gekommen. Junge angloamerikanische Bürgersöhne aber, die sich für die Musik einer unterdrückten und mißachteten Minderheit engagierten, die sich in einer Zeit höchster Prosperität einer Karriere zuwandten, deren materieller Ertrag äußerst fragwürdig erscheinen mußte, die die Aussicht auf »Kies« gegen die auf »Kicks« einzutauschen bereit waren – solche Leute mußten sich zwangsläufig in der Rolle von Rebellen gegen die traditionellen bürgerlichen Werte sehen. Und in vieler Hinsicht waren sie dies auch. In ihrem Leben für *kicks*, für Spaß und Nervenkitzel, waren die Chicagoans Nachfahren der europäischen Boheme des 19. Jahrhunderts und Vorfahren der amerikanischen

Hipster der 50er Jahre. Zu ihren *kicks*, denen sie sich zum Teil in selbstzerstörerischer Leidenschaft hingaben, gehörten endlose Sauftouren ebenso wie Marihuanakonsum, schnelle Autos und die Inszenierung antibürgerlicher, bisweilen etwas schülerhafter Späße. All dies war nicht grundsätzlich neu unter Jazzmusikern; jedoch waren vorangegangene Generationen hinsichtlich der unbürgerlichen Komponenten ihres Lebensstils weniger demonstrativ, machten – untereinander und nach außen hin – weniger Wind davon.

Daneben hatten die jungen Chicagoans einige für Jazzmusiker der Zeit durchaus unübliche Interessen. Einige von ihnen befaßten sich intensiv mit der neueren europäischen Musik, vor allem jener von Debussy, Ravel und Strawinsky; die meisten Angehörigen der *Austin High School Gang* hatten als erstes Instrument Violine gelernt. Andere interessierten sich für Literatur, insbesondere für Lyrik; die Zusammenarbeit des Schlagzeugers Dave Tough mit Poeten wie Kenneth Rexroth oder Langston Hughes kann in dieser Hinsicht als Vorläufer der Jazz & Lyrik-Bewegung der 50er Jahre angesehen werden.

Den größten *kick* im Leben der Chicagoans bildete natürlich die Musik selbst. Dem Jazz näherten sie sich mit einer geradezu religiösen Inbrunst. Kaum eine andere Gruppe von Jazzmusikern bis dahin hat wohl so permanent über Jazz *geredet* wie die Chicagoans; und in keiner war der Heroenkult gegenüber den großen Vorbildern dermaßen ausgeprägt.

Es ist bekannt, mit welcher Konzentration und Beharrlichkeit die *Austin High School Gang* die Schallplatten der für sie vorbildhaften *Original Dixieland Jazz Band,* der *New Orleans Rhythm Kings* und King Olivers *Creole Jazz Band* abhörten und Stück für Stück, Phrase für Phrase kopierten. Bekannt ist auch, wie sie jede – auch die abwegig erscheinendste – Gelegenheit zum Spielen wahrnahmen, keine Jam Session ausließen und, wo immer es möglich war, als unbezahlte »Einsteiger« in Aktion traten. Den spektakulärsten Anlaß zum letzteren boten die in den 20er Jahren aufkommenden Marathon-Tanzwettbewerbe. Der Klarinettist Artie Shaw beschreibt eine solche Veranstaltung, bei der er 1928 die junge Garde der Chicagoans erlebte:

»Ich erinnere mich an eine Nacht – oder eigentlich an einen Morgen, denn es war schon 4 Uhr –, da beschlossen wir, uns noch eine kleine Session zu gönnen. Wir kamen schließlich in eine dieser Tanzhallen, wo sie einen dieser Marathon-Tanzwettkämpfe abhielten, die in jenen Tagen immer stattfanden. Verschiedene Musiker segelten herein und hinaus, stiegen für eine Weile ein, spielten ein paar Chorusse und standen auf und ließen irgendeinen anderen Typen spielen.«[18]

Häufig bedurfte es nicht einmal solcher von außen gegebenen Anlässe zum Spielen, sondern man schaffte sie sich selbst. Mezz Mezzrow gibt in seiner Autobiographie *Really the Blues*, die in Deutschland unter dem sinnigen Titel *Jazz-Fieber* erschien, ein Beispiel: »Spät nachts sprangen Tesch (d. i. Frank Teschemacher) und ich oft in mein Auto, und wir fuhren hinüber zum äußeren Rand des Grant Parks, wo wir hinter dem Soldier's Field am Springbrunnen hielten. Dann spielten wir die ganze Nacht Klarinettenduos ... machten uns mit Marihuana ›high‹ und bliesen, bis wir blau im Gesicht waren.«[19]

Nicht nur in ihren Aktivitäten, sondern auch in ihrem Weltbild zeigten sich die Chicagoans forciert unbürgerlich und – bewußt oder unbewußt – der Ideologie der romantisch-genialischen Boheme des 19. Jahrhunderts verpflichtet, aber wohl auch jener der *Lost Generation*.

Mezz Mezzrow schreibt: »Was unsere Musik betraf, war Tesch sehr zynisch und pessimistisch. Er meinte immer, wir würden einmal zu Grabe getragen, ohne jemals anerkannt worden zu sein. Und er erzählte mir ständig von all den großen Komponisten und bahnbrechenden Musikern, die erst nach ihrem Tode Anerkennung fanden.«[20]

Prägend für die Denkweise der Chicagoans war offenbar auch der geistvoll ironische Pessimismus des Publizisten Henry Louis Mencken, dessen Attacken gegen den American Way of Life in der Zeitschrift *American Mercury* die Austin Gang begierig verfolgte[21]. Mit Mencken teilten sie eine tiefe Abneigung gegen das Spießbürgertum, zu dem sie auch ihr eigenes Publikum zählten; ein Publikum, von dem sie sich mißverstanden und verachtet fühlten. Frank Teschemacher: »Man rackert sich ab und macht für die Leute eine großartige neue Musik, und sie behandeln einen, als hätte man die Pest, als brächte man ihnen Lepra statt Kunst.«[22]

Von dem Schlagzeuger und Lyrikspezialisten Dave Tough wird das folgende Zitat überliefert: »Bei uns Jazzmusikern setzt man voraus, daß wir vulgär sind – jenseits aller moralischen ebenso wie musikalischen Grenzen; ich meine, wir sollten ruhig so leben, wie man es von uns erwartet.«[23]

Es wird unschwer erkennbar, daß mit den Chicagoans zum ersten Mal in der Geschichte des Jazz eine Gruppe von Musikern ihrem Publikum mit unverhohlener Skepsis gegenübertrat, gelegentlich mit Feindseligkeit. In dem Gefühl, eine Kunst (!) zu schaffen, die von ihren Hörern nicht als solche wahrgenommen wurde, grenzten sie sich von diesen durch Sprache und Verhalten ab. In dieser Zeit und bei dieser Gruppe dürfte sich zum ersten Mal jenes Phänomen herausgebildet haben, das Jahre später zu einer Art Topos der Jazzsoziologie erhoben wurde, dessen historische und gruppenspezifische Dimensionen jedoch kaum reflektiert wurden: die Selbstisolation des Musikers von seinem Publikum. Daß es sich bei diesem Musiker jedoch keineswegs um *den* Jazzmusiker handelte, sondern um einen ganz bestimmten Typus in einer ganz bestimmten historischen Situation, ist in den Untersuchungen wie z.B. jenen, die Howard S. Becker bei einer späteren Generation von frustrierten weißen Jazzmusikern in Chicago durchführte, nicht ausreichend herausgearbeitet worden[24].

Die musikalischen Errungenschaften der Chicagoans sind umstritten. Sicher ist, daß sie in ihrer Anfangsphase durch und durch epigonal waren. Sie spielten nach, was sie auf Schallplatten und in den Tanzhallen und Cabarets des Black Belt hörten – und zwar Takt für Takt. Und zweifellos gab es auch später unter ihnen keine nennenswerten Innovatoren; vielleicht mit Ausnahme von Goodman und Beiderbecke, die allerdings in diesem Zirkel beide stets einen Außenseiterstatus besaßen und die, davon abgesehen, kaum mit stilbildenden Größen wie Armstrong oder Morton vergleichbar sind. Dennoch entwickelten die Chicagoans im Laufe der Zeit einige für sie spezifische Gestaltungsweisen. Diese betrafen weniger die inneren Aspekte der Improvisation als die äußeren Konturen ihrer Musik: die Harmonik ihrer Arrangements, bei deren Gestaltung ihre Erfahrungen mit der europäischen Musik deutlich wurden; den Ensemble-Sound, der üppigere und weichere Klangfarben zuließ als – sagen wir – jener der Armstrong-Gruppen; und das Repertoire, in dem Stücke aus der gängigen Schlagerproduktion der Zeit vor dem eher bluesinfizierten Material der New Orleanser deutlich bevorzugt wurden. In ihrem Verfahren einer – keineswegs unproduktiven – Umschmelzung von vorgefundenen Inhalten in eine neue, der euroamerikanischen Ästhetik näherstehende Form, wirkten die Chicagoans gleichsam als Vorläufer für spätere Generationen von weißen Jazzmusikern, gleich ob sie nun Shearing oder Shank, Getz oder Garbarek heißen.

Die Bezeichnung Chicagoans für die jugendliche Clique weißer Chicagoer Musiker täuscht jedoch darüber hinweg, daß diese im kommerziellen Jazzbetrieb der Stadt in den 20er Jahren eine vergleichsweise geringe Rolle spielten. Das schwarze Ghetto war ihnen, zumindest für Engagements, weitgehend verschlossen, und in den Tanz- und Theaterorchestern des weißen Establishments fanden sie – als die Jazzfanatiker, die sie waren – ebensowenig Resonanz wie die schwarzen New Orleanser in den etablierten schwarzen Ensembles. Das eigentliche Terrain der Chicagoans waren denn auch nicht die Cabarets und Tanzsäle der City, sondern die Roadhouses außerhalb der Stadt, die studentischen Tanzveranstaltungen in den umliegenden Colleges und Universitäten, die Ausflugsdampfer und die Sommerfrische-Lokale rund um die Großen Seen. »Jugendliche Gäste, eine informelle Umgebung und eine ungezwungene Gemütsverfassung, die mit der ständigen Mißachtung der Prohibitionsgesetze zusammenhing – all dies summierte sich zu einer geeigneten Szenerie für eine Truppe von ikonoklastischen Kinder-Musikern.«[25]

In der zweiten Hälfte der 20er Jahre gingen die Chicagoans ebenso wie die New Orleans-Musiker zunehmend auf längere Tourneen, absolvierten Engagements in Kalifornien und New York. Andere, wie Dave Tough und Mezz Mezzrow, trieb es sogar bis nach Europa. Die wesentlichsten Ursachen für den allmählich einsetzenden Auszug der Jazzmusiker aus Chicago zu Ende der 20er Jahre lagen in der zunehmenden Attraktivität des Tonfilms als Unterhaltungsmedium einerseits und der sich verschlechternden Wirtschaftslage andererseits. Beides war nicht für Chicago allein typisch, sondern betraf die meisten Großstädte der USA. Dennoch war Chicago wegen der im Verhältnis zu seiner Bevölkerungszahl bis dahin außerordentlich hohen Quote von Vergnügungsbetrieben stärker betroffen als andere Städte[26]. Als die »fetten« 20er Jahre zu Ende waren und die USA von der Weltwirtschaftskrise geschüttelt wurden, befand sich die Mehrzahl der Chicagoer Jazzmusiker, »Einwanderer« aus dem Süden ebenso wie Einheimische, nicht mehr in der Stadt. New York schickte sich an, in den Brennpunkt des Geschehens zu rücken. »The Big Apple« entwickelte sich zum neuen Mekka des Jazz.

3 New York, New York

The Big Apple

Die Expansion des Jazz in den Vereinigten Staaten während der 20er
Jahre wurde durch verschiedene Anstöße vorangetrieben: die »Große
Wanderung« der schwarzen Bevölkerung, die für einige Zeit Chicago
zum Zentrum der Entwicklung machte; die reisenden Shows, Zirkus-
orchester und Riverboat-Bands; und schließlich vor allem die sich mit
ungeheurer Vehemenz entfaltenden Medien Rundfunk und Schallplatte,
die die neuartigen musikalischen Ausdrucksformen bis in das entlegenste
Provinznest transportierten.

Während sich so allenthalben im Lande Jazzaktivitäten zu regen
begannen, Musiker sich individuell oder in Gruppen die neue Sprache
aneigneten, Orchester zusammengestellt und auf Reisen geschickt wurden, begann sich gleichzeitig New York als eine neue Energiequelle
herauszukristallisieren, ein neuer Bezugspunkt, auf den die meisten dieser
Aktivitäten gerichtet waren oder von dem sie ausgingen. Gegen Ende der
20er Jahre waren sich Jazzmusiker im ganzen Lande der Tatsache bewußt,
daß Ruhm und Geld im größeren Stil nur dem winkten, der sich in New
York einen Namen gemacht hatte. Ein von Jazzmusikern in dieser Zeit
aufgebrachter Slogan lautete: »Wenn du's in New York geschafft hast,
dann schaffst du es überall.«

Für den massenweisen Zustrom von Jazzmusikern nach New York
gab es verschiedene Gründe. Zum einen hatten dort die bedeutendsten
Orchester- und Theateragenturen der USA ihren Stammsitz. Das heißt,
Tourneen durch das ganze Land wurden zum überwiegenden Teil von
New York aus organisiert, Bands wurden dort zusammengestellt und aufgelöst. Zum anderen befanden sich in New York die wichtigsten Studios
der großen Rundfunk- und Schallplattengesellschaften. Und schließlich
verfügte New York über ein äußerst intensives Nachtleben, das freilich

durch den großen Börsenkrach im Oktober 1929 und die daran anschlie-
ßende Depressionsphase zunächst einmal erhebliche Einbußen zu verzeichnen hatte, bevor es dann in der Swingära mit anderen Akzenten versehen zu neuem Leben erwachte.

Durch den gewaltigen Zustrom hervorragender Instrumentalisten aus
allen Teilen der USA während der 20er Jahre wurde der Konkurrenzdruck
auf der New Yorker Musikszene bald sprichwörtlich. Und die Zahl derer,
die diesen Druck nicht aushielten und desillusioniert in ihre heimatlichen
Tanzsäle zurückkehrten, ohne je den großen Sprung in das Rampenlicht
geschafft zu haben, ist nicht abzuschätzen. Dabei gab es in dieser Phase
der Entwicklung kaum eine sichtbare Konkurrenz zwischen schwarzen
und weißen Musikern. In dieser Hinsicht war der Markt gemäß der ge-
spaltenen amerikanischen Gesellschaft sorgfältig aufgeteilt, wobei natürlich – ebenfalls gemäß den gesellschaftlichen Verhältnissen – den größten
Teil des Kuchens die weißen Musiker abbekamen.

Schwarze Musik
vor dem Jazz-Age

Das Zentrum des schwarzen Jazz der 20er und 30er Jahre war Harlem.
Allerdings hatte es schon afroamerikanische Musik in New York gegeben,
lange bevor sich Harlem zu *der* schwarzen Metropole der USA entwickelte. Im 19. Jahrhundert und bis zum Ersten Weltkrieg gab es am Süd-
ende von Manhattan zahlreiche Cabarets, Concert-Saloons und *Rathskellers* genannte Souterrainlokale, die sich ausschließlich an eine schwarze
Kundschaft wandten, in denen schwarze Musiker, Sänger und Varieté-
Künstler auftraten und die häufig auch in schwarzem Besitz waren.

Die Geschichte eines dieser Cabarets ist in mehrfacher Hinsicht
exemplarisch für die Entwicklung der afroamerikanischen Subkultur in
New York und soll daher hier kurz skizziert werden: Ike's Bar wurde 1883
von Ike Hines, einem ehemaligen Entertainer und Banjospieler in einer
Minstrel-Truppe, in der Nähe der 3. Straße gegründet, also im Greenwich
Village im südlichen Teil von Manhattan. Der Saloon entwickelte sich
bald zum bestbesuchten Lokal in der Gegend, so daß Hines ihn in Ike's

Professional Club umbenannte und einen Manager anheuerte. Dieser
fungierte als ein informeller Treffpunkt für schwarze Entertainer; jeder,
der irgend etwas zum Besten geben konnte, war willkommen. Nach 1890
zog der Club nach Norden in die 53. Straße, in eine Gegend, die in dieser
Zeit *Black Bohemia* genannt wurde, da dort die afroamerikanische Thea-
ter- und Sportelite verkehrte[1]. In der 53. Straße verliert sich die Spur des
ersten schwarzen *Rathskellers*.

Andere schwarze Lokale, wie sie L.A. Erenberg in seiner äußerst
informativen Arbeit über New Yorks Nachtleben um die Jahrhundertwende beschreibt, zogen – Block um Block – weiter in Manhattans Norden, bis sie schließlich, noch während des Ersten Weltkrieges, dorthin
abgedrängt worden waren, wo mittlerweile der überwiegende Teil der
schwarzen Bevölkerung New Yorks lebte: Harlem.

Diese afroamerikanische Metropole im Zentrum New Yorks verdankt
ihre Entstehung, wie alle schwarzen Ghettos der USA, erstens einer rigo-
ros durchgesetzten Rassentrennung, durch welche die Schwarzen überall
dort vertrieben wurden, wo sie weißen Geschäftsinteressen im Wege
waren; zweitens einer verstärkt einsetzenden Grundstücksspekulation zu
Anfang des 20. Jahrhunderts, wobei die komfortablen Bürgerhäuser der
weißen Mittelklasse, die vorher Harlem bewohnte, Platz machen mußten
für einträglichere, da mietintensivere Apartementhäuser; und drittens
einem ständig zunehmenden Zustrom schwarzer Südstaatler, die durch
die florierende Kriegswirtschaft nach New York gelockt worden waren.

1914 wohnten von den 60 000 Schwarzen Manhattans allein 50 000 in
Harlem; 1920 waren es bereits 73 000[2]. Harlem entwickelte sich zu einem
eigenständigen Gemeinwesen, mit eigenen sozialen Institutionen, Kirchen, Zeitungen, Vereinen, mit einer eigenen Kultur und einem ausgeprägten kulturellen Selbstbewußtsein, wie es noch wenige Jahrzehnte
zuvor undenkbar gewesen wäre. Dabei – und das erwies sich langfristig als
das entscheidende Dilemma – gehörte Harlem keineswegs denen, die es
bewohnten. Denn ökonomisch wurde es beherrscht von weißen Grund-
stückseignern, weißen Unternehmern, weißen Geschäftsinhabern und
weißen Lokalbesitzern. Ökonomisch gesehen war Harlem eine Kolonie
des weißen Kapitals, exotisch und selbstbewußt, energiegeladen und einfallsreich – aber arm und machtlos.

Harlem Renaissance

Der Wandel im kulturellen Selbstbewußtsein der Afroamerikaner in den
Jahren nach dem Ersten Weltkrieg kam am deutlichsten in einer Bewegung zum Ausdruck, die als Harlem Renaissance oder Negro Renaissance in die Geschichte einging. Den intellektuellen Wortführern dieser
Bewegung ging es vor allem darum, ihren schwarzen Mitbürgern die
eigenen, spezifisch afroamerikanischen künstlerischen Errungenschaften
vor Augen zu führen und sie von einer Orientierung am weißen Wertesystem abzubringen. W. E. B. Du Bois, »Vater des Panafrikanismus«, der
eine enge Bindung zwischen den über die Welt verstreuten Schwarzen
anstrebte und eine Rückbesinnung auf afrikanische Kulturformen propagierte, folgerte aus der Beobachtung, daß schwarze Schauspieler in Adaptationen von Stücken weißer Autoren auftraten, daß schwarzes Theater
»über uns, von uns, für uns und bei uns« gemacht werden müsse[3].

Die Diskrepanz zwischen der von den Vertretern der Harlem Renaissance verkündeten kulturellen Unabhängigkeit der schwarzen Amerikaner und ihrer real existierenden ökonomischen Abhängigkeit wurde besonders von Langston Hughes herausgestrichen. Hughes, der nach
Harlem kam, als die Renaissance auf ihrem Höhepunkt war, schrieb
später:

> »Ich erfuhr bald, daß es offensichtlich für das schwarze Harlem unmög-
> lich war, ohne das weiße Downtown zu leben. Meine jugendliche Illu-
> sion, daß Harlem eine Welt für sich sei, hielt sich nicht sehr lange. Es war
> noch nicht einmal eine Gegend für sich. Die berühmten Nachtclubs
> gehörten Weißen ebenso wie die Theater. Fast alle Geschäfte hatten
> weiße Besitzer ... Die Bücher von Schriftstellern aus Harlem mußten
> Downtown veröffentlicht werden, wenn sie überhaupt veröffentlicht
> werden sollten ... Und fast alle Polizisten in Harlem waren weiß.«[4]

Das Bestreben nach schwarzer Unabhängigkeit im künstlerisch-kulturel-
len Bereich manifestierte sich in zwei Richtungen, die ein Schallplatten-
rander diametral entgegenstanden und die beide gleichermaßen an einer
wirklich emanzipatorischen Perspektive vorbeigingen. Die eine Richtung
zielte auf die Gleichberechtigung im Rahmen der als höher entwickelt
akzeptierten abendländischen Kultur. Die These war, daß schwarze Musiker, Maler, Schriftsteller und Dramatiker prinzipiell »genauso gut« seien

wie die weißen, daß sie Schubert und Shakespeare ebenso interpretieren könnten wie weiße Sänger und Schauspieler, daß sie aber auch ihre spezifischen, d. h. afroamerikanischen Probleme zu thematisieren hätten.

Dieser auf Assimilation unter Wahrung der eigenen Identität zielenden Position gegenüber stand eine andere, die zu einer Hinwendung zu einem bisweilen romantisch verklärten Afrikabild vorkolonialistischer Zeiten tendierte. Der in der *African craze*, dem Afrikakult, sich durchsetzende Hang zum Primitivismus und Exotismus wurde ideologisch gestützt durch einen Zirkel von weißen Intellektuellen und Künstlern, die in dieser Bewegung eine Gegenkraft gegen die technisierte Zivilisation der USA und eine Rückkehr zum Zustand natürlicher Unschuld erblickten. Der bekannteste Vertreter dieser weißen Möchtegern-Schwarzen aus dem Künstlerviertel Greenwich Village, der Musikkritiker, Photograph und Autor der Novelle *Nigger Heaven*, Carl van Vechten, wurde später von dem linken jüdischen Publizisten Michael Gold als »der schlimmste Freund, den die Neger jemals hatten«, bezeichnet[5]. Und wenngleich die Vorwürfe (Gin, Jazz und Sex), die der Marxist Gold dem romantischen Bohemien van Vechten entgegenschleuderte, heute ein wenig puritanisch anmuten, so steht doch außer Zweifel, daß die Umarmung des schwarzen »Primitiven« durch den zivilisationsmüden Weißen ein äußerst fragwürdiges Phänomen darstellte.

Beide Strömungen der Harlem Renaissance, die auf kulturelle Gleichberechtigung abzielende ebenso wie die afrika-orientierte, waren, so progressiv sie sich selbst vorkommen mochten, in ihrem Kern reaktionär. Beide ignorierten bewußt die authentische afroamerikanische Kultur, wie sie besonders im Blues und im Jazz ihren Ausdruck fand, und – was gravierender war – beide gingen in ihrer Konzentration auf die kulturellen Aspekte an den drängenden politischen und ökonomischen Problemen des afroamerikanischen Alltagslebens vorbei.

Was hat all dies nun mit dem Jazz zu tun?

Den intellektuellen und künstlerischen Initiatoren der Harlem Renaissance, den *new negroes*, ging es primär um Fortschritte im Bereich der »seriösen« oder »hohen« Kunst. Die Disziplinen, in denen schwarze Künstler sich zu bewähren hatten, um im eigenen Gemeinwesen vorbildhaft zu wirken und darüber hinaus die weiße Welt zu beeindrucken, waren Literatur, Theater, Ballett, Sinfonik, Oper, Kunstlied usw. Als Leitbilder in diesem Sinne wirkten Künstler wie der schwarze Tenor Roland Hayes, der 1924 das Berliner Publikum mit seiner Darbietung von Schuberts *Du bist die Ruh* begeisterte und der im gleichen Jahr für seine »Verdienste um die farbige Rasse« von der NAACP (Nationale Vereinigung zur Förderung der Farbigen) ausgezeichnet wurde[7]. Vorbildhaft wirkte auch die Altistin Marian Anderson, die unter 300 Mitbewerbern für einen Auftritt mit den New Yorker Philharmonikern ausgewählt wurde[7], oder der *Othello* Paul Robeson, der in ganz Europa Erfolge feierte und erst in Ungnade fiel, als er in den Verdacht des Kommunismus geriet.

In ihrer Vorliebe für die »seriöse« – und das hieß im allgemeinen: europäische – Kunst und Musik befanden sich die auf Aufstieg und Assimilation bedachten Verfechter der Harlem Renaissance, bei allen sonstigen ideologischen Differenzen, im Einklang mit dem Normensystem der schwarzen Bourgeoisie[8]. Hier wie dort rangierten die authentischen musikalischen Ausdrucksformen der Afroamerikaner, Jazz und Blues, auf der untersten Stufe der Wertskala. Eines der bemerkenswertesten musikbezogenen Dokumente dieser Haltung stammt aus der Feder der schwarzen Musikhistorikerin und Pianistin Maud Cuney-Hare. In ihrem 1936 erschienenen Buch *Negro Musicians and Their Music* ist Louis Armstrong eine halbe Zeile gewidmet; er wird lediglich als Leiter eines populären Orchesters genannt. Demgegenüber kann der weiße (!) Paul Whiteman immerhin zwei Seiten für sich beanspruchen. Dem vorher erwähnten Tenor Roland Hayes sind vier Seiten vergönnt.

Über den Jazz schreibt Cuney-Hare unter anderem:

> »Es ist noch nicht länger als zwei oder drei Jahre her, daß der Jazz zu der Würde eines ernsthaften Diskussionsgegenstandes für weiße und schwarze Musikstudierende aufgestiegen ist. Die Schlüpfrigkeit und der vulgäre Humor der Texte, der Krach und das Gebrüll der Instrumente und die Verzerrungen und körperlichen Verrenkungen der Spieler, die gleichzeitig mit dem Erfolg des Jazz aufkamen, verboten es jedem urteilsfähigen Menschen, Ragtime und Jazz als wertvolle Erzeugnisse zu betrachten.«[9]

Über die schwarzen Komponisten ihrer Zeit führt Cuney-Hare aus:

> »Unter den jüngeren Talentierten gibt es jene, die, angesteckt durch den allgemein herrschenden niedrigen Geschmack, lauthals danach rufen, daß man das hören solle, was sie fälschlich als ›schwarze Schönheit‹

(negro beauty) bezeichnen und was man in der bellenden Stimme eines Jazz-Shouters fände, der den Blues singt. Und sie bestehen darauf, daß einem die Ohren so lange verschlossen blieben, solange man sie nicht den schreienden, zusammenhanglosen Kakophonien ihrer eigenen Hervorbringungen öffnet. In ihrer Eile, erfolgreich zu sein, ignorieren sie dann im allgemeinen das Training, das erst zu der Fähigkeit führt, Klangschönheit in Wort und Ton zu erreichen. Glücklicherweise aber ist der Neger, der ein wirklicher Künstler ist, bestrebt, wie alle anderen Studierenden in der Welt ein Verständnis zu erwerben für den verfeinerten romantischen Geschmack der italienischen Schule, die ursprüngliche, emotionale Glut der russischen Gesänge, die intellektuelle Einsicht der deutschen Kunstlieder, die kultivierte Delikatesse der Franzosen.«[10]

Zwar ließen sich die aufgeklärten Wortführer der Harlem Renaissance – anders als die Angehörigen der schwarzen Mittelklasse – durch den Jazz nicht schockieren, witterten in ihm keine niedrigen Instinkte und sahen in den Musikern nicht primär eine Personifizierung von Unmoral und Laster. Statt dessen lehnten sie es aus ihrer erhöhten intellektuellen Warte einfach ab, den Jazz als Ausdruck ihrer eigenen kulturellen Vergangenheit und Gegenwart ernst zu nehmen und zu fördern, und überließen ihn damit unweigerlich der Ausbeutung und Manipulation durch das weiße Kapital. Den weißen Eigentümern und Managern der Harlemer Theater, Varietés und Clubs ging es jedoch um alles andere als darum, den von ihnen engagierten Unterhaltungskünstlern zu Seriosität und kultureller Gleichberechtigung zu verhelfen. Sie, die Besitzer der Produktionsmittel afroamerikanischer Popularkultur, waren vor allem an dem zweiten Aspekt der Harlem Renaissance interessiert: an dem Afrikakult *(African craze)*, an der Feier des Primitiven und der Inszenierung von Exotismus und Schein-Ursprünglichkeit.

Cotton Club und *African craze*

Einer der bekanntesten Brennpunkte der kommerzialisierten Erscheinungsformen dieses Kults im Unterhaltungsgewerbe Harlems war der Cotton Club. 1922 von dem jüdischen Geschäftsmann Bernard Levy

gegründet und lange Zeit von dem Gangsterboß Owen Madden, genannt
»Owney the killer«, gemanagt[11], präsentierte der Club ausschließlich
schwarze Entertainer und Musiker. Auch das Personal war natürlich
schwarz; nur die Gäste und die Besitzer waren weiß. Schwarze wurden
ausnahmsweise zugelassen, wenn es sich um *celebreties* handelte, d.h. um
Berühmtheiten aus Sport und Showbusineß, die dann jedoch im hinteren
Teil des Lokals Platz zu nehmen hatten[12].

Der Cotton Club würde in der Jazzgeschichte kaum eine nennenswerte Rolle spielen, hätte nicht in den Jahren 1927–1931 der große Duke
Ellington mit seinem Orchester ein nur durch einzelne Tourneen unter-
brochenes Dauerengagement in ihm absolviert. Die als »Dschungelstil«
(jungle style) bezeichnete Orchestrations- und Instrumentalspielweise, die
das Orchester in dieser Zeit entwickelte, ist nur auf dem Hintergrund des
im Cotton Club zelebrierten Afrikakults angemessen zu interpretieren.

Ellingtons Dschungelstil, später eine Art Markenzeichen des Orchesters, realisierte sich zunächst primär in Kompositionen der sogenannten
Produktions- oder Show-Musik-Kategorie[13], in Nummern also, mit denen die Floorshow begleitet wurde. Die Dschungel-Assoziationen im
programmatischen Stücken wie *Jungle Jamboree, Jungle Blues, Jungle Nights
in Harlem* und *Echoes of the Jungle* wurden vor allem durch bestimmte
Growl-, Glissando- und vor allem Dämpfereffekte der Blechblasinstru-
mente hervorgerufen; durch Sounds, die den betuchten weißen Besuchern aus Downtown-Manhattan oder aus der Provinz extrem fremdartig
und exotisch erscheinen mußten, die jedoch mit Afrika und afrikanischer
Musik so gut wie nichts zu tun hatten.

Eine der anschaulichsten Beschreibungen des Ambiente im Cotton
Club stammt von dem Jazzhistoriker Marshall Stearns:

> »Ich erinnere mich an eine Show, in der ein hellhäutiger und herrlich
> gebauter Neger durch einen Pappmaché-Dschungel hindurch auf die
> Tanzfläche gepreßt kam, bekleidet mit Pilotenhelm, Schutzbrille und
> Shorts. Er war offenbar im ›tiefsten Afrika zur Notlandung gezwungen
> worden‹, und in der Mitte der Tanzfläche traf er auf eine in lange goldene
> Locken gewandte ›weiße Göttin‹, die von einer Runde unterwürfiger
> ›Schwarzer‹ angebetet wurde. Indem er eine Ochsenpeitsche, weiß der
> Himmel woher, hervorzog, rettete der Pilot die Blonde, und sie vollführ-
> ten einen erotischen Tanz. Im Hintergrund knurrten, schnauften und

schnaubten Bubber Miley, Tricky Sam Nanton und andere Mitglieder des Ellington-Orchesters in obszöner Weise (auf ihren Instrumenten).«[14]

Über die Ursachen für die starke Anziehungskraft, die das schwarze Harlem auf die weißen Besucher ausübte, ist schon viel spekuliert worden. Die Erklärungsversuche reichen von ganz einfachen (sexuelle Neugier) bis zu ganz komplizierten, aus der Freudschen Tiefenpsychologie abgeleiteten[15]. Nun waren ohne Frage bei der Attraktivität des Harlemer Nachtlebens – wie übrigens bei jedem beliebigen anderen Nachtleben auch – sexuelle Motive im Spiel; und gewiß spielte auch die Scheinbefriedigung präzivilisatorischer Bedürfnisse durch den in den Shows inszenierten Scheinprimitivismus eine Rolle. (In Wirklichkeit waren diese Shows ja keineswegs primitiv, sondern – ebenso wie die Dämpfereffekte der Trompeter – hochgradig artifiziell.) Daneben aber wirkten sicherlich weitere Faktoren bestimmend: Zum einen erfüllten Lokale wie Cotton Club oder Connie's Inn die Funktion von Treffpunkten für die erste Garnitur aus dem Gangstermilieu ebenso wie für die Stars des Broadway-Showgeschäfts und die Größen aus der Finanzwelt. Wer im Cotton Club vom Conferencier als *celebrity* vorgestellt wurde, der durfte sich der Elite zugehörig fühlen. Und in finanzieller Hinsicht war er dies allemal: In Connie's Inn z.B. zahlte man am Abend zwischen 12 und 15 Dollar pro Person[16]. Ein Jazzmusiker verdiente in dieser Zeit (Ende der 20er Jahre) selten mehr als 30 Dollar in der Woche. Der durchschnittliche Wochenlohn amerikanischer Fabrikarbeiter 1929 betrug 22 Dollar – bei einem von der Regierung veranschlagten Lebenshaltungskostenminimum von 45 Dollar pro Woche![17]

Die Attraktivität von Lokalen wie dem Cotton Club ist also keineswegs nur tiefenpsychologisch zu entziffern, sondern auch sozialpsychologisch: Dabei zu sein, wo die Crème der Gesellschaft ihre Nächte verbrachte, bedeutete Statusbestätigung oder -erhöhung. War dies alles? Voyeurismus, Kompensation und der Wunsch, sich als Angehörige(r) der *in-crowd* in Szene zu setzen – alles mögliche Motive für den nächtlichen Harlem-Tourismus. Darüber hinaus aber wird man wohl – jenseits aller psychologischen und soziologischen Deutungen – getrost davon ausgehen, können, daß ein gut Teil derer, die allnächtlich im Taxi die »Safari« von Downtown nach Uptown antraten und den Cotton Club bevölkerten, dies vor allem auch deshalb taten, weil ihnen der Jazz der Ellington-Band wesentlich inspirierender erschien als die süßlichen Klänge der Orchester von Ray Noble oder Paul Whiteman, die zur gleichen Zeit im südlichen, weißen Teil Manhattans aufspielten.

Show-Lokale wie Cotton Club oder Connie's Inn bildeten nur den spektakulärsten Teil der Harlemer Musikszene – und zwar vor allem nach außen hin, denn für die schwarzen Bewohner Harlems waren sie, wie gesagt, ohnehin nicht zugänglich. Für die schwarzen Musiker, die seit Mitte der 20er Jahre in die Stadt strömten, boten sich während der »fetten Jahre« zwischen dem Ersten Weltkrieg und der Depression in Manhattan und natürlich besonders in Harlem eine Vielzahl anderer Spiel- und Verdienstmöglichkeiten. Es gab Theater (Lincoln und Apollo); Ballsäle (Savoy und Alhambra); sogenannte *After Hours*-Clubs (Nest und Lennox), die von den Musikern als informelle Treffpunkte besonders geschätzt wurden; es gab zahllose *speakeasies* (Kneipen mit illegalem Alkoholausschank); und es gab natürlich die von der Jazzliteratur besonders liebevoll behandelten *house rent parties*, die von finanzschwachen Wohnungsinhabern zur Aufbesserung der Mietkasse veranstaltet wurden.

Bei der romantischen Verklärung, die diese Parties in der Literatur erfahren, wird im allgemeinen übersehen, daß *rent parties* als Überlebensstrategie primär der Ausdruck von unverschuldeter Armut und Ausbeutung durch überhöhte Mieten waren. Die Fähigkeit afroamerikanischer Familien, Not in Spaß zu transformieren, ist darum nicht geringer einzuschätzen!

Bei all den genannten Anlässen waren schwarze Jazzmusikerr in Aktion, gut bezahlt (in Showbands) oder gar nicht (bei Jam Sessions); in großen Besetzungen (in Theatern) oder als Solisten (bei *rent parties*). Und alle waren sich – wie aus Berichten, Interviews und Biographien hervorgeht – darin einig, daß man es mit guten Zeiten zu tun hatte, daß fortwährend etwas los war und daß Harlem das Zentrum der Welt bildete. Dies blieb so bis zum Oktober 1929, als die Depression über die USA hereinbrach und Elend, Angst und Gewalt sich in Harlem auszubreiten begannen.

Es gehört zu den – angesichts der Rassenbeziehungen in den USA – nicht ganz untypischen Treppenwitzen der Jazzgeschichte, daß New York mit dem Jazz nicht durch schwarze, sondern durch weiße Musiker bekannt gemacht wurde. Die erste als solche zu bezeichnende (und sich selbst so bezeichnende) Jazzgruppe war die 1917 in Reisenweber's Restaurant debütierende *Original Dixieland Jazz Band* aus New Orleans, deren Kornettist Pete LaRocca später behauptete, den Jazz erfunden zu haben. Stimuliert durch die Erfolge der ODJB und inspiriert durch deren Schallplattenaufnahmen, formierten sich in den folgenden Jahren etliche weitere weiße Bands, deren Musiker, soweit sie nicht aus New York selbst stammten, zum überwiegenden Teil aus den umliegenden Staaten New Jersey, Pennsylvania und später vor allem aus Chicago kamen. Dabei konnte allerdings von einer eigenständigen weißen Jazzszene in New York noch lange nicht die Rede sein. Denn obwohl die Zahl der in New York lebenden weißen Jazzmusiker während der 20er Jahre ständig zunahm, gab es nur wenige, die regelmäßig öffentlich und für eine Gage Jazz spielten. Die meisten weißen Musiker verdienten ihr Geld in jazzverwandten, häufiger aber noch in jazzfernen Situationen. Viele von ihnen arbeiteten in sogenannten *pit bands* in den Orchestergräben der Broadwaytheater, andere in den Studioorchestern der Rundfunkanstalten oder in Tanz-kapellen in den Ballsälen und den feineren Hotels von Midtown-Man-hattan. Die Jam Sessions in den Stunden nach dem »Dienst«, die *after hours*, in den als Musikertreffpunkte bekannten Flüsterkneipen entwickel-ten sich in dieser Zeit zu den wichtigsten Aktivposten im psychischen Haushalt der Jazzmusiker; sie behielten diese Funktion bis weit in die 40er Jahre hinein.

Die Musikszene in New York während der 20er und 30er Jahre war wie jede andere soziale Aktivität nach den – zum Teil ungesetzlichen – Gesetzmäßigkeiten der Rassentrennung organisiert. Diese waren ein wenig kompliziert: Weiße Musiker spielten so gut wie nie in Harlem, ver-kehrten dort aber als Gäste in den Clubs, um ihre schwarzen Kollegen zu hören. Schwarze Musiker bekamen begrenzt Engagements in einigen Clubs und Tanzsälen von Downtown-Manhattan, wo sie für ein aus-schließlich weißes Publikum spielten und als Gäste natürlich nicht will-kommen waren. Aber auch als »Angestellte« hatten sie dort mit ernied-rigenden Bedingungen zu rechnen: Billie Holiday war es noch 1935 nicht gestattet, im Famous Door, einem von Musikern geleiteten Club (!), während ihrer Pausen bei den Gästen an der Bar oder an einem Tisch zu sitzen; man hatte ihr statt dessen ein Stockwerk höher im Foyer einen Stuhl hingestellt, vis-à-vis der Toilette[18].

Zwei Bereiche der New Yorker Szene, die zwar nicht zu den kreativsten, wohl aber finanziell lukrativsten gehörten, waren den schwarzen Musikern aufgrund gewerkschaftlicher Regulationen prinzipiell verschlossen: Die vorher bereits erwähnten Broadway-Pitbands und die Studioorchester der großen Rundfunk- und Schallplattengesellschaften waren ausschließlich für weiße Musiker reserviert. Dies sollte sich besonders während der Depression als katastrophal für die schwarzen Musiker auswirken.

Der Symphonic Jazz des Paul Whiteman und seine ideologischen Aspekte

Eines der schillerndsten musikalischen Phänomene der 20er Jahre stellt – aus sozialgeschichtlicher Perspektive – der sogenannte Symphonic Jazz des Paul Whiteman dar. Für die Jazzgeschichtsschreibung im engeren Sinne wurde Whiteman vor allem als zeitweiliger Arbeitgeber von Musikern wie Bix Beiderbecke, Bunny Berigan, Joe Venuti, Frank Trumbauer und anderen bedeutsam, die mit ihren »Hot-Soli« das Salz für die Suppe einer überarrangierten und weitgehend swingfreien Tanzmusik lieferten.

Das negative Charakterbild, das man sich von Whiteman als gerissenem Ausbeuter der kreativen Kapazität genialer Improvisatoren zu machen pflegte, dürfte, wie neuere Untersuchungen nahelegen[19], stark überzeichnet sein und vor allem auf den moralisierenden Puritanismus der Verfechter des »Echten und Wahren« zurückgehen. Tatsächlich war »Pops« Whiteman bei seinen Musikern – und besonders auch den Jazzmusikern – außerordentlich beliebt, beschäftigte häufig, um sie vor Arbeitslosigkeit zu bewahren, mehr Jazzsolisten, als er eigentlich benötigte, und war sich völlig darüber im klaren, daß er – Whiteman – keineswegs *der* »King of Jazz« war, als den ihn die Werbeabteilung seiner Schallplattenfirma und die Medien feierten. In seinem 1926 erschienenen Buch *Jazz*, einem der ersten, das zum Thema veröffentlicht wurde, vermerkt Whiteman im Eingangskapitel: »Der Jazz kam vor dreihundert Jahren in Ketten nach Amerika«[20] und signalisierte damit, wen er als den wirklichen

Urheber dieser Musik ansah. Nein, Whiteman war kein einzelgänge-
rischer Bösewicht. Und man tut ihm – ohne ihn besonders sympathisch
finden zu müssen – Unrecht, wenn man ihn für die bewußte Manipulation der Musikwelt seiner Zeit verantwortlich macht. Whitemans
Karriere ist vielmehr symptomatisch für eine historische Situation, in der
seine oder seinesgleichen Inthronisation zum »King of Jazz« unvermeid-
bar war – als Resultat einer für ihn besonders günstigen Konstellation,
in der sein organisatorisches Talent und seine musikalischen Ambitionen
mit einer spezifischen Bedürfnislage innerhalb der weißen amerikanischen Mittelklasse zusammentrafen. Unter diesem Aspekt sind ihm und
seiner Musik einige Überlegungen zu widmen.

Als Whiteman, nachdem er vorher in Kalifornien als Violinist in
verschiedenen Sinfonieorchestern gearbeitet hatte, zu Anfang der 20er
Jahre an der Ostküste aktiv wurde, begann sich in den musikalischen
Präferenzen des weißen Unterhaltungsmusik-Publikums eine allmähliche
Umorientierung abzuzeichnen. Zwar gab es von seiten traditionalistischer
Kreise im Bildungswesen und in der Kirche nach wie vor eine erbitterte
Opposition gegen den Jazz, den man für alle möglichen Übel – von der
Erzeugung emotionaler Instabilität über das Anwachsen der Krimina-
litätsrate bis hin zur Ausbreitung von Atheismus und Barbarei – verantwortlich machte[21]. Doch vollzog sich auf der anderen Seite mit der
zunehmenden Industrialisierung und Urbanisierung und unter dem Einfluß der Massenkommunikationsmedien eine schrittweise Abkehr vom
traditionellen Normensystem. Gelangweilt durch die euroamerikanische
Tanz- und Unterhaltungsmusik herkömmlicher Machart und von seinem
bildungsmäßigen Voraussetzungen her nicht darauf eingestellt, sich auf
die »hohe« Kunst einzulassen, fand das amerikanische Mittelklassepublikum in dem »kultivierten Jazz« Whitemans sowohl Nervenkitzel als auch
jene Gefälligkeit, die der »echte«, das heißt afroamerikanische Jazz und
seine Macher missen ließen. »Die Musik, wie sie heutzutage vom ›Jazz‹-
Orchester gespielt wird«, schreibt Helen Lowry unter der Überschrift
»Wie die Musik in den Jazz kam« 1922 in der *New York Times*, »ist
arrangiert und ausgeschrieben wie für eine Sinfonie. Jeder Mitspieler muß
ein ausgebildeter Musiker sein, der wahrscheinlich in einem Sinfonieorchester arbeiten würde, wenn er nicht über jenen gottgegebenen Trick
eines Meisters der Synkope verfügte.«[22]

Nun war Paul Whiteman mit den 25 Bands, die er an der Ostküste der USA kontrollierte[23], keineswegs der einzige Orchesterleiter, der »kultivierten« Jazz in Form von synkopierter Tanzmusik mit einzelnen, kurz eingestreuten Jazzsoli propagierte; es gab einige Dutzend von ihnen. Er war offenbar nur der geschäftstüchtigste und er war besonders geschickt darin, auf Trends einzugehen, die er selbst zum Teil vermutlich als bloße Modeerscheinungen begriff, die er jedoch als Geschäftsmann nicht ignorieren konnte. Dabei schätzte er, im Gegensatz zu Jazzfans späterer Epochen, die kurzen improvisierten Statements, die er Jazzmusikern wie Beiderbecke im Rahmen seiner auf Effekte ausgerichteten Arrangements einräumte, weniger nach deren innermusikalischen Qualitäten ein als vielmehr nach ihrem außermusikalischen Marktwert bzw. nach einem eher quantitativ als ästhetisch orientierten Leistungskriterium. Die Tatsache, daß der heute völlig unbekannte erste Trompeter Henry Busse auf einer wöchentlichen Gagenabrechnung von 1928 mit 350 Dollar erscheint, Bix Beiderbecke dagegen nur mit 150 Dollar[24], signalisiert – so gesehen – nicht die *bewußte* Ausbeutung eines genialen, aber verkannten Künstlers, sondern ist systemkonformer Ausdruck einer in bürgerlicher Ideologie verankerten Kosten-Nutzen-Kalkulation: Was bedeutet ein genialer Heißsporn, der ein paarmal am Abend ein Solo – wie einfallsreich auch immer – improvisiert und kaum Noten lesen kann, gegenüber der soliden Virtuosität eines ständig präsenten ersten Trompeters? Für einen Unternehmer wie Whiteman eine leicht zu beantwortende Frage.

Für den Musiker Whiteman bedeutete die Improvisation – bei allem Respekt, den er den Improvisatoren in seinem Orchester zollte – ohnehin nur ein Übergangsstadium zu einer Synthese von Jazz und Kunst auf höherer Ebene. *Symphonic Jazz* bedeutete mehr als nur »kultivierter« Jazz; den letzteren spielte man in Ballsälen, den ersteren jedoch im Konzert. »All die Jahre, in denen ich Musik machte«, so Whiteman, »habe ich niemals den Wunsch aufgegeben, in die Konzertsäle zu gehen und dem Jazz bis zu einem gewissen Grade das Stigma seiner barbarischen Herkunft und der Dschungelkakophonie zu nehmen.«[25]

Whitemans große Stunde schlug bei einem Konzert in New Yorks Aeolian Hall im Februar 1924. Mit einem 23köpfigen Orchester bot er ein gemischtes Programm, das mit einer großorchestralen Version des durch die *Original Dixieland Jazz Band* populär gemachten *Livery Stable Blues* begann, in Gershwins *Rhapsody in Blue* – wie die Kritik einstimmig registrierte – seinen Höhepunkt erreichte und mit einem Orchestermarsch aus *Pomp and Circumstance* des britischen Spätromantikers Edward Elgar abschloß. Später schrieb Whiteman: »Meine Idee war es, in diesem Konzert den Skeptikern die Fortschritte zu demonstrieren, die in der populären Musik seit den Tagen des frühen, unharmonisch klingenden Jazz bis hin zu seinen melodiösen Formen von heute gemacht worden sind ... Meine Aufgabe war es, den Wandel deutlich zu machen und zu zeigen, daß der Jazz ein für allemal arriviert war und daß er Anerkennung verdiente.«[26]

Whitemans Versuch, mit der Programmgestaltung seines Konzerts in der Aeolian Hall dem Jazz an Respektabilität zu verhelfen, entbehrte allerdings nicht einer gewissen Komik: Das alte New Orleans-Stück *Livery Stable Blues* hatte er als Parodie in sein Programm aufgenommen, um dem Publikum zu demonstrieren, wie ungehobelt der alte Jazz war. Um so mehr irritierte es ihn, als er ausgerechnet für dieses Stück einen riesigen Applaus erhielt. Dazu Whiteman: »Einen Moment lang hatte ich das panische Gefühl, daß sie den Versuch einer Burleske nicht mitbekommen hatten und daß sie unwissentlich dem Stück selbst applaudierten.«[27] Gershwins *Rhapsody in Blue*, auf der anderen Seite, wurde als symphonischer Jazz gefeiert, obwohl es sich dabei eigentlich eher um verjazzte Sinfonik handelte oder – wie Neil Leonard bissig formulierte – um so etwas wie »Liszt mit schwarz bemaltem Gesicht, in gemietetem Smoking und mit eingebeultem Hut«[28].

Wie Whiteman bei allem Streben nach Seriosität und Respektabilität den Bedürfnissen seines Publikums nach der großen Gaudi entgegenkam, belegt die Schilderung eines Konzerts des Orchesters in der New Yorker Carnegie Hall am 7. Oktober 1928. In dem Konzert wurde neben Gershwins *Klavierkonzert in F-Dur* ein *Band Divertissement* des Whiteman-Arrangeurs Ferde Grofé gespielt, mit dem Titel *Free Air: Variations based on noises from a garage*. Der Pianist Roy Bargy berichtet:

> »Das Stück war ein Feature für Willie Hall auf der Fahrradpumpe, die er mit dem Schlauchende in seiner linken Handfläche und mit der rechten Hand pumpend spielte ... Ferde (Grofé) hatte das Stück im alten Stil à la Bach geschrieben. Dann ging Willie in seine reguläre Nummer über und begann mit ›Pop! Goes the Weasel‹ auf der Geige, die er in allen

möglichen Stellungen spielte, hinter seinem Rücken, über seinem Kopf, zwischen seien Knien usw. ...! Dann spielte er ›Nola‹ auf der Posaune so schnell, wie ich es seither von keinem anderen Posaunisten gehört habe. Das Finale spielte er dann wieder auf der Luftpumpe, ›Stars and Stripes Forever‹. Und für diese Nummer hatten die Jungs die Pumpe dann mit Wasser oder manchmal auch mit Lampenruß gefüllt. Er bekam das aber meistens mit und richtete die Pumpe auf das Orchester – zum Vergnügen des Publikums. Tram (d. i. Frank Trumbauer) gab manchmal mit Willie zusammen eine Zugabe, für die er sich ein Paar Schuhe auf lange Bretter montiert hatte. Willie spielte Geige und Tram Saxophon, und gewöhnlich lehnten sie sich beim Spielen dann nach vorne über, fast bis auf den Fußboden.«[29]

Whitemans Erfolge im Musikgeschäft der 20er Jahre basierten auf Faktoren, die weit über seine Person und seine Ambitionen hinaus zu größer dimensionierten Phänomenen hinführen, Phänomenen, die symptomatischen Charakter haben:

- Erstens war Whiteman weiß, was in jener Zeit (und – wie zu zeigen sein wird – nicht nur in jener Zeit) zu den unbedingten Voraussetzungen für das Erreichen eines Platzes an der Spitze gehörte.
- Zweitens verstand er es, bei der Adaptation einzelner Elemente der afroamerikanischen Musik diese so zu verharmlosen, daß sie zwar noch den Reiz des Neuen vermittelten, sich dabei jedoch nicht den Bedürfnissen weißer Mittelklassehörer nach »Zivilisiertheit« entgegenstellten.
- Drittens bewirkte das Insistieren auf Respektabilität und Seriosität, wie es sich besonders in dem als Symphonic Jazz propagierten Genre niederschlug, eine Anerkennung seiner Musik auch bei solchen sozialen Gruppen und Institutionen, die sich als Bewahrer von Kultur, Bildung und Moral verstanden, und die im offiziellen Musikleben beträchtlichen Einfluß ausübten.

Alle drei Faktoren – die Zugehörigkeit zur »richtigen« Hautfarbe bzw. zur ökonomisch und politisch dominierenden Majorität, die Transformation afroamerikanischer Ausdrucksmöglichkeiten in eine den weißen Mittelklassenormen von Ordentlichkeit und Wohlklang verpflichtete Ästhetik und das Streben nach Dignität auf der Grundlage einer Hinwendung zur europäischen »Kunstmusik« – bilden in veränderlichen Mischungsverhältnissen die Basis für die kulturelle Kolonisation der afroamerikanischen Musik, die als Kontinuum die Geschichte des Jazz durchzieht. Der sogenannte »King of Jazz«, Paul Whiteman, spielte dabei als einer der ersten in einer langen Reihe von Nachfolgern die Rolle eines Charakterdarstellers weißer Überlegenheit auf einer Szene, die weniger durch Kriterien kreativer Authentizität geprägt war als durch die objektiven Herrschaftsverhältnisse in der amerikanischen Gesellschaft.

Die Weltwirtschaftskrise und ihre Auswirkungen auf die Musikszene

Die Phase des wirtschaftlichen Aufschwungs, die den größten Teil der 20er Jahre bestimmte und die u.a. auch dem Musik- und Showgeschäft zu einer einmaligen Blüte verholfen hatte, fand 1929 ein abruptes Ende. Der New Yorker Börsenkrach am »Schwarzen Freitag«, dem 25. Oktober 1929, bildete den Auslöser – nicht die Ursache – für eine Wirtschaftskrise von bis dahin unbekannten Dimensionen. Von 1929 bis 1933 ging das Durchschnittseinkommen berufstätiger Amerikaner von 1361 Dollar im Jahr um 46 Prozent auf 739 Dollar zurück, bei einem Lebenshaltungskostenminimum von 1792 Dollar (für 1933)[30]. Auf dem Höhepunkt der Wirtschaftskrise um 1933 gab es in den USA rund 13 Millionen Arbeitslose, das waren etwa ein Viertel der ehemals berufstätigen Bevölkerung, die ohne Sozialfürsorge und Arbeitslosenunterstützung mit ihren Familien in unvorstellbarem Elend dahinvegetierten[31]. Zehntausende mußten ihre Häuser und Farmen verlassen. 1933 waren schätzungsweise eine Million Frauen und Männer obdachlos: *on the road*. Sie schliefen in Parks oder trampten auf Güterzügen ziel- und planlos durch das Land. Rundherum um die Großstädte bildeten sich *shanty towns*, d.h. Slums aus notdürftig zusammengeklopften Brettern und Lumpen, die von ihren verbitterten Bewohnern *Hoovervilles* genannt wurden, nach dem republikanischen Präsidenten Herbert C. Hoover, den man für das Andauern der Misere verantwortlich machte[32].

Wie bisher jede Wirtschaftskrise traf auch diese die schwarze Bevölkerung der USA am härtesten. Traditionell »als letzter angeheuert und als
erster gefeuert« *(last to be hired and first to be fired)*, wurden schwarze Arbeitnehmer während der Depression zugunsten von weißen systematisch
aus jedem nur möglichen Job gedrängt. Ein paar Daten mögen dies verdeutlichen:

- In Chicago verloren in den Jahren 1930–1935 rund 30 Prozent der
  schwarzen gelernten Arbeiter ihren Job, aber nur neun Prozent der
  weißen[33].
- 1935 verdienten in Chicago 70 Prozent der schwarzen, aber nur 30
  Prozent der weißen Familien weniger als 1000 Dollar im Jahr[34].
- In New York City war 1935 die Hälfte aller männlichen Afroamerikaner ohne Arbeit; schwarze Frauen arbeiteten als Haushaltshilfen in
  weißen Familien für 25 Dollar im Monat[35]!

Zur gleichen Zeit weigerten sich die weißen Geschäftsleute in der
125. Straße im Herzen Harlems, Schwarze als Verkäufer oder Hausmei-
ster einzustellen; an den Kassen der Harlemer Kinos saßen ausschließlich
Weiße; und selbst im Harlem Hospital gab es weder schwarze Ärzte noch
schwarze Krankenschwestern[36].

Die erste Hälfte der 30er Jahre erlebte Harlem und seine schwarze
Bevölkerung einen drastischen Niedergang. Die einstige »Hauptstadt von
Afroamerika«, als welche sie von den Initiatoren der Harlem Renaissance
gepriesen worden war, wurde zum Ghetto. Die Euphorie des *new negro*
wich dem Kampf ums Überleben. In der Folge von Arbeitslosigkeit und
Armut breiteten sich Kriminalität und Angst aus. Und die Anziehungskraft, die Harlem einstmals auf die weiße Schickeria vom Broadway und
auf die Dschungeltouristen aus dem Hinterland ausgeübt hatte, ließ
rapide nach.

Die große Depression, deren Ursachen in der inneren Dynamik des
amerikanischen Kapitalismus lagen und hier nicht näher analysiert werden können[37], ließ kaum einen Aspekt des gesellschaftlichen Lebens in
den USA unberührt. Auch auf der Jazzszene zeichneten sich einige
gravierende Veränderungen ab. Mit dem durch Arbeitslosigkeit und Ein-
kommensminderung bedingten Rückgang der Kaufkraft breiter Bevölke-

rungsschichten verfielen zunächst einmal die Umsatzziffern der Schallplattenindustrie, insbesondere natürlich die jenes Zweiges, der mit den
Race Records speziell auf das schwarze Publikum zielte. Columbia zum
Beispiel hatte 1927 jede neue Platte ihrer *Race*-Serie mit einer Anfangs-
auflage von 11000 Stück gestartet. Im Mai 1930 betrug die Startauflage
nur noch 2000, und zwischen Mai und Oktober wurden die letzten Platten dieser Serie lediglich in einer Auflage von 350 bis 400 Stück gepreßt[38].
Der Gesamtumsatz an Schallplatten in den USA ging von über 100 Millionen im Jahre 1927 bis 1932 um rund 95 Prozent auf knapp sechs Millionen zurück[39].

Nun wurde die Mehrzahl der Jazzmusiker – gleich ob weiß oder
schwarz – von dem Rückgang in der Schallplattenproduktion finanziell
weniger tangiert, als es diese Zahlen nahelegen. Erstens wurden nach wie
vor Jazzplatten produziert; allerdings nicht für den amerikanischen, sondern für den europäischen, insbesondere den englischen Markt, der von
der Krise nicht in gleichem Maße erschüttert worden war wie der amerikanische. Zweitens waren Schallplattenaufnahmen in den 20er Jahren für
die Musiker selbst im allgemeinen kein sonderlich einträgliches Geschäft.
Schallplatten dienten vor allem dazu, eine Band überregional bekannt zu
machen und ihr dadurch zu neuen Engagements zu verhelfen. Finanziell
profitierten daran in erster Linie die Firmen, dann die Bandleader und
vielleicht noch ein paar Top-Solisten. Für *race records* erhielten die Musiker häufig nicht mehr als fünf Dollar pro Schallplattenseite, die Bandleader das Doppelte[40].

Für das Gros der Musiker bildete damit die wöchentlich für Live-Auf-
tritte ausbezahlte Gage den wichtigsten Teil ihrer Einkünfte. Dieser aber
geriet im weiteren Verlauf der Wirtschaftskrise zunehmend in Gefahr.
Zahlreiche mit Jazzmusikern besetzte Tanz- und Showorchester lösten
sich wegen Mangel an Engagements auf. Bandleader, die ihre Formationen funktionsfähig zu halten versuchten, waren häufig nicht in der
Lage, die Gagen regelmäßig zu zahlen. Und Musiker, die im Geschäft
bleiben wollten, taten dies zum Teil um den Preis von Minimalgagen, die
bisweilen kaum das Überleben sicherten.

Wie nicht anders zu erwarten, hatten schwarze Jazzmusiker unter
der Depression wesentlich stärker zu leiden als weiße. Dafür gab es mehrere Gründe. Der wichtigste bestand darin, daß, wie schon gesagt, das

schwarze Publikum von dem ökonomischen Desaster besonders hart getroffen wurde. In Vierteln wie Harlem oder der Chicagoer South Side dachte man weniger als je zuvor an den Besuch von Tanzveranstaltungen und Varietés. Dort hatte man vielfach schon Schwierigkeiten, die für die Teilnahme an einer *house rent party* notwendigen 25 Cents zusammenzukratzen.

Darüber hinaus aber hatte sich auch bei jenen, die sich Vergnügungen in begrenztem Maße noch leisten konnten, unter dem Eindruck der Misere ein allmählicher Geschmackswandel vollzogen, der den schwarzen Jazzmusikern zusätzlich den Wind aus den Segeln nahm. Das emotionale Klima im Lande hatte sich geändert. Der in den 20er Jahren auf Hochtouren getriebene Lebensstil verlangsamte sich. Die Mehrzahl der Tanzhallenbesucher begann, die Energie und Intensität des Jazz zu meiden und wandte sich sentimentaleren und unkomplizierteren Ausdrucksformen zu. Die Sicherheit und die Gefühlsbetontheit, die sie im brutalen Alltag der Krise entbehrten, fanden sie ästhetisch verkleidet in der *sweet music* von weißen Tanzorchestern und in dem verhaltenen, Zärtlichkeit simulierenden Gesang des *crooner*, eines neuen Sängertypus, der unserem Schmalz- oder Schnulzensänger entspricht.

Die Hinwendung zum Sentimentalen und Dezenten, offenbar ein für die periodisch auftretenden Krisen des 20. Jahrhunderts typisches Phänomen, vollzog sich im weißen und im schwarzen Publikum gleichermaßen. Eine Statistik über die Besucherzahlen in einem Harlemer Tanzsaal im Jahre 1932, die von der schwarzen Tageszeitung *Chicago Defender* aufgestellt wurde, gibt für die dort auftretenden Orchester die folgenden durchschnittlichen Besucherzahlen: Isham Jones – 3500, Rudy Vallee – 2800, Guy Lombardo – 2200, Ben Bernie – 2000, Vincent Lopez – 1700, Duke Ellington – 700, Cab Calloway – 500, Louis Armstrong – 350[41]. Bezeichnenderweise wird diese Liste von fünf weißen Orchestern angeführt, die überwiegend bis ausschließlich Sweet Music, d.h. sentimentale Schlagermusik spielten[42]. Wenn man dann noch die erhebliche Differenz beachtet, die zwischen der Besucherzahl des bestbesuchten schwarzen Orchester (Ellington) und jenes des schlechtestbesuchten weißen (Lopez) besteht, kann man sich vorstellen, wie es weniger profilierten schwarzen Bands in dieser Zeit erging.

Jazzmusiker in den Medien der Kulturindustrie

Während sich der Umschwung der musikalischen Präferenzen in der während der Depression ohnehin am Boden liegenden Schallplatten-produktion kaum niederschlug, ging ein anderes Medium sehr sensibel darauf ein und steuerte und verstärkte schließlich den Trend zur Sen-timentalmusik. Gemeint ist der Rundfunk, der sich während der Wirt-schaftskrise zum dominierenden Medium und zum wichtigsten Arbeit-geber für Jazzmusiker entwickelte – allerdings nur für weiße.

Der Rundfunk in den USA hatte während der 20er Jahre eine rasante Entwicklung erlebt. 1920 hatte in Pittsburgh die erste Sendestation, KDKA, eine Lizenz erhalten. Zehn Monate lang hatte die KDKA theore-tisch die gesamte Hörerschaft für sich. Dann begann im Herbst 1921 der Konkurrenzkampf. Jeden Monat wurden neue Sender gegründet. Ende 1922 sendeten in den USA bereits 508 Stationen, im Herbst 1926 waren es über 700[43]. Mit ähnlicher Geschwindigkeit wie die Zahl der Sender wuchs jene der Rundfunkempfänger: von drei Millionen im Jahr 1922 auf 15 Millionen 1931 und 51 Millionen 1939[44]. Die letztgenannte Zahl macht deutlich, daß die Rezession der 30er Jahre an der Rundfunkindu-strie offensichtlich spurlos vorübergegangen war. Wie kam das?

Kuhnke, Miller und Schulze schreiben in ihrer umfassenden Analyse der hinter der musikalischen Entwicklung stehenden technischen und ökonomischen Antriebskräfte:

»Als zwischen 1931 und 1933, depressionsbedingt, die Zahl der Platten-produktionen erheblich abnahm und Broadway-Shows seltener wurden, wurden Radio und Film die entscheidenden Medien für die Verbreitung von Musik, denn, gemessen an der Zahl der Menschen, die dadurch erreicht werden konnten, waren selbst teuerste Produktionen durch die massenweise Verwertung letztlich wesentlich billiger als Live-Shows, war eine Kinokarte eher erschwinglich als eine Theaterkarte, und was das Radio angeht, so war dessen Nutzung durch die Bevölkerung kostenlos, man brauchte nur den Empfänger einzuschalten. Der Kaufpreis für Radiogeräte wurde während der Depression bewußt niedrig gehalten. Durch die weitgehende Verflechtung zwischen den Radiogeräteherstel-lern und den Radiostationen handelte es sich dabei lediglich um eine Profitverschiebung. Für die Werbeeinnahmen der letzteren war eine große

Zahl von Hörern wichtig. Auf diese Weise konnte sich die Zahl der
Radio-Empfänger zwischen 1930 und 1935 von 13 Mill. auf 30,5 Mill.
erhöhen. Gerade in der Depression hatten Radio und Film Hochkonjunktur.«[45]

Diese Hochkonjunktur in Rundfunk und Filmindustrie brachte einen
neuen Typus von Musiker hervor: den jazzerfahrenen Studiomusiker.
Dieser zeichnete sich in den 30er Jahren durch folgende Eigenschaften
aus: Er war weiß, war ein guter Vom-Blatt-Spieler und war bereit und in
der Lage, für Werbesendungen und Unterhaltungsprogramme jede Art
von Musik zu spielen – meist unter Verleugnung der eigenen musikalischen Präferenzen, denn Jazz war in diesem Rahmen natürlich nicht
gefragt. Charters und Kunstadt schreiben über die Studioszene dieser Zeit:

>»Die Arbeit in den Studios wurde von einer kleinen Gruppe von Musikern
monopolisiert, die auf Hunderten von Schallplatten jeder Art auftauchen.
Eines der unerfreulichsten Merkmale der ganzen Angelegenheit war, daß
sie fast ausschließlich auf weiße Musiker beschränkt war; es waren die
Leute in den weißen Orchestern, die Arbeit bekamen. Die schwarzen
Musiker beklagten sich bitter über die Diskriminierung, aber die weißen
Musiker versuchten niemals, ihnen zu helfen, und die Agenten *(contractors)* heuerten an, wen sie wollten. Im Nest Club oder im Lenox Club
(beide in Harlem! E. J.) kamen sich die Musiker nahe; aber die guten
Beziehungen waren in dem Moment beendet, wenn die weißen Musiker
in ihre Hotels am Times Square zurückkehrten. Ein paar von ihnen,
besonders Goodman, engagierten später einige Harlem-Musiker; aber in
den ersten Jahren der Depression waren die Studioorchester weiß.«[46]

Bereits zu Ende der 20er Jahre hatte E.C. Mills, Präsident der Radio Music Company und eine der einflußreichsten Figuren im Medien- und Ver-
lagsgeschäft der USA, erklärt:

>»Die neue Firma (RMC) wird ihren ganzen Einfluß geltend machen, um
Jazz in den Hintergrund der amerikanischen Musiklandschaft zu drän-
gen. Wir haben vielleicht schon zu viel Jazz gehabt, und es gibt keinen
Zweifel daran, daß Musik die Gewohnheiten und Vorlieben der Men-
schen beeinflußt. Deshalb scheint es an der Zeit zu sein, daß jemand die
Führung in einer Bewegung weg vom Jazz übernimmt. Ich denke, wir
sollten zurückkehren zur Melodie und sie anstelle von Lärm uns zu jener
Inspiration dienen lassen, die wir von Musik erwarten.«[47]

Der prominenteste Musiker in einer großen Schar weißer Jazzsolisten, die ihre kreative Kapazität zeitweise zugunsten einer entfremdeten, aber einträglichen Studioarbeit verdrängten, war Benny Goodman. In seiner Biographie schrieb er über seine Zeit in den Rundfunkstudios:

> »Da ich immer ein guter Notist war und mein Instrument solide beherrschte, hatte ich das Gefühl, daß ich in diesem Bereich gut Arbeit finden und einen einigermaßen sicheren Lebensunterhalt verdienen könnte ... Über die meisten unserer Radioshows lohnt es sich nicht zu reden, es wurde eben gespielt, was in den Noten stand, Soli gab es nur gelegentlich. Aber die Arbeit wurde gut bezahlt und war einigermaßen regelmäßig.«[48]

Es ist unmittelbar einleuchtend, daß in diesem Kontext von musikalischer Selbstverleugnung und ökonomischer Sicherheit der *after hours session* eine wichtige Entlastungsfunktion zukam. Hierzu Tenorsaxophonist Bud Freeman, ehemaliges Mitglied der Chicagoer *Austin High School Gang:*

> »Wenn wir Musik für uns selbst spielen wollten, dann gingen wir zur 52. Straße. In jenen Tagen habe ich emsig Geld verdient, hab' bei Ray Noble im Rainbow Room gespielt, in Studioaufnahmen, Konzerten und Filmen ... Aber die einzigen Male, wo es in musikalischer Hinsicht Spaß machte, das war in den Clubs in ›Der Straße‹ ... Das war wirklich eine esoterische Straße, wenn auch einige der Kneipen ziemlich zwielichtigen Gestalten gehörten. Jazz war damals keine Sache zum Geldverdienen, nicht bevor Benny Goodman groß rauskam.«[49]

Joe Helbock, der Besitzer des Onyx, zu Anfang der 30er Jahre eine der beliebtesten Musikerkneipen: »Es hat mich immer wieder in Erstaunen versetzt, wie sie reinkamen und sich beschwerten, daß sie irgendein Bandleader zehn Minuten länger als vorgesehen bei einer Probe festgehalten hatte, und wie sie dann in meinem Laden blieben und die ganze Nacht spielten – ohne Gage.«[50]

Die Swingära beginnt:
Musik für das »ganze« Amerika

Als die Depressionsära unter dem allmählich greifenden New Deal-Programm des neuen Präsidenten F. D. Roosevelt ihrem Ende zuging, hatte sich die musikalische Landschaft in den USA weitgehend verwandelt. In den Medien wie in den Ballsälen dominierte eine gemäßigte, emotionsarme Tanz- und Unterhaltungsmusik, und *crooners* wie Bing Crosby propagierten singend das Motto für die Flucht aus der Realität: »Pack deine Sorgen in Träume und träum deine Sorgen hinweg« *(Wrap your troubles in dreams and dream your troubles away).*

Was den ökonomischen Sektor der Musikindustrie betrifft, so hatte die Depression den schon vorher sich anbahnenden Trend zur Fusion einer Vielzahl von Firmen zu wenigen marktbeherrschenden Konzernen verstärkt. Am Ende der Wirtschaftskrise waren schließlich noch zwei Monopolkonzerne übrig geblieben, die nicht nur den gesamten Plattenmarkt kontrollierten, sondern darüber hinaus durch Tochterfirmen mit der Elektro- und Filmindustrie sowie mit den große Radiogesellschaften liiert bzw. mit diesen identisch waren. Die Konzentration im Medienbereich erwies sich für die weitere Entwicklung des Jazz vor allem insofern von entscheidender Bedeutung, als sie einer der industriellen Produktionsweise entsprechenden, zunehmenden Normierung und Standardisierung seiner musikalischen Gestaltungsmittel bei einer gleichzeitigen Anpassung an euroamerikanische Wertvorstellungen Vorschub leistete[51].

Der Jazzstil, der den Ausklang der Depressionsära und den Anbruch einer Phase langsam wiederkehrender Prosperität und allmählich wachsenden Optimismus ab etwa 1935 begleitete, erhielt den Namen Swing. (Es ist – nebenbei gesagt – aufschlußreich, daß der Jazzgeschichtsschreibung für die gesamte Periode zwischen 1925 und 1935 bisher keine griffige Stilbezeichnung eingefallen ist, die die Entwicklung in New York in dieser Zeit sinnfällig abdeckt.)

Der Swing wird in der Jazzliteratur im allgemeinen als *der* Stilbereich abgehandelt, in welchem sich die bislang eher neben- oder gegeneinander als miteinander existierenden Rassen am nächsten kamen. Dafür, daß der Jazz der Swingära die Musik aller Amerikaner war, der weißen wie der schwarzen, gibt es eine Reihe von Argumenten:

- Von der *swing craze*, der Verrücktheit nach Swingmusik, wurden alle erfaßt, unabhängig von Hautfarbe, sozialem Status und Bildung.
- Von der Swingära profitierten gleichermaßen weiße wie schwarze Orchester.
- In der Swingära wurde zum erstenmal die Rassentrennung der Jazzszene überwunden, indem schwarze und weiße Musiker öffentlich in gemischten Bands auftraten.

Alle drei Argumente sind in ihrem sachlichen Gehalt richtig und dennoch schief.

Zum ersten: Zweifellos war Swing die Musik des »ganzen Amerika«; alle Amerikaner hörten Swingmusik und tanzten nach ihr. Das änderte jedoch kaum etwas an der prinzipiell aufrecht erhaltenen Rassentrennung im Publikum ebenso wie – von Ausnahmen abgesehen – in den Orchestern. Wo Behörden oder die Nationale Vereinigung zur Förderung der Farbigen diese Trennung aufzuheben versuchten, gelang es findigen Unternehmern meist, dieses auf die eine oder andere Weise zu unterlaufen. Es gab viele Möglichkeiten, entgegen den Civil Rights-Bestimmungen Schwarze vom Besuch weißer Lokale fernzuhalten. In Chicago halfen sich weiße Besitzer von Lokalen in den Randbezirken des Black Belt dadurch, daß sie ihre Lokale kurzerhand zu Clubs erklärten, für die nur die weiße Kundschaft »Mitgliedskarten« erhielt[52]. Andere Veranstalter verzichteten darauf, weiterhin schwarze Bands zu engagieren, da sie befürchteten, diese würden ein schwarzes Publikum anziehen. Der Bandleader Andy Kirk bemerkt:

>»Nach dem Inkrafttreten der Bürgerrechte blieben für uns im Norden, wo wir vorher so viel gearbeitet hatten, kaum noch Orte übrig, in denen wir spielen konnten … Einer der Manager in einem Theater, in dem ich vorher die besten Geschäfte gemacht hatte, wollte mich nicht mehr engagieren – wegen der Negerkundschaft, die hereingezogen würde. Obwohl er mich mochte und mich eigentlich engagieren wollte, und obwohl das weiße Publikum die Band liebte – sein Boss wollte einfach keine Negerkundschaft. Vorher gab es so viel Arbeit in diesen kleinen Städten. Sie haben alle aufgehört, schwarze Bands anzuheuern … Im Musikgeschäft haben sich die Bürgerrechte in ihr Gegenteil verkehrt.«[53]

Swing also die Musik aller Amerikaner? Zweifellos – aber immer schön nach Rassen getrennt.

Zum zweiten: Ohne Frage erhielten schwarze wie weiße Orchester durch den Swingboom einen gewaltigen Auftrieb. Die erneut wachsende Nachfrage nach einer rhythmisch inspirierenden Tanzmusik, die dem allmählich zurückkehrenden Optimismus der Bevölkerung entsprach, und der bei Werbeagenturen und Radiostationen zunehmende Bedarf nach publikumswirksamen Bands zur Umrahmung ihrer kommerziellen Programme ließen eine Diskriminierung schwarzer zugunsten weißer Orchester in wesentlich geringerem Maße zu als noch wenige Jahre vorher. Dennoch trüben einige Dissonanzen die Harmonie der heilen Swingwelt. Schwarze Bands erreichten ihre Erfolge häufig nur um den Preis einer Anpassung an die Forderungen einer auf Glätte und Präzision gerichteten Ästhetik, deren Ursprung in der bürgerlichen Ideologie des »Ordentlichen« unverkennbar ist. Der Prototyp des erfolgreichen weißen Orchesterleiters und »King of Swing«, Benny Goodman, verdankt seinen Ruhm nicht allein der Tatsache, daß er ein glänzender Klarinettist war, die richtigen Leute kannte und zur richtigen Zeit am richtigen Platz war[54], sondern vor allem auch der Beharrlichkeit, mit der er Perfektion und Präzision in seinem Orchester durchsetzte.

»Als wir das erstemal Edgar Sampsons ›Don't be that way‹ probten«, so Goodman, »spielten einige von den Kameraden eine Triole ein bißchen ungleichmäßig, indem sie eine Note etwas länger aushielten als die andere, anstatt sie alle gleich zu spielen. Nun, wir wiederholten das und probten es so sorgfältig, wie wir konnten, bis es jeder auf genau die gleiche Weise spielte.«[55]

Um erfolgreich zu sein wie die weißen Orchester, hatten sich die schwarzen Bands die bürgerlichen Tugenden von Genauigkeit und Gleichmaß zu eigen zu machen. Nicht allen fiel das leicht. Besonders jene, die – wie das Orchester von Count Basie – durch den Sog neuer Arbeitsmöglichkeiten und höherer Gagen aus der Provinz nach New York gezogen wurden, taten sich anfangs schwer, sich den – durch die New Yorker studioerprobten Musiker gesetzten – Standards anzupassen.

Die Anpassung schwarzer Musiker an eine von weißen Wertvorstellungen bestimmte Ästhetik während der Swingära, von Manfred Miller unter dem Begriff der »zweiten Akkulturation« eingehend analysiert[56], war die eine Seite der Medaille. Die andere bildete die – nun nicht mehr neue – ökonomische Auswertung schwarzer Kreativität durch die weiße Kulturindustrie zugunsten weißer Musiker und die ideologische Stützung dieses Vorgangs durch das Bildungswesen. Als das weiße Kulturestablishment nach langem inneren Ringen den Swing schließlich in die Arme schloß, da umarmte es ausschließlich den weißen Jazz. So verkündete die Vizepräsidentin der Nationalen Musikerzieherkonferenz, Lilla Bell Pitts, ihren Zuhörern 1939: »Wenn Johann Sebastian Bach heute lebte, würden er und Benny Goodman die besten Freunde sein.«[57] Und ein Professor J. F. Brown von der University of Kansas ließ im *Science News Letter* 1940 seine Leser wissen: »Der Unterschied zwischen Beethovens Fünfter Sinfonie und Benny Goodmans *Opus* $\frac{1}{2}$ ist gradueller, jedoch nicht prinzipieller Art.«[58]

Der »King of Swing« war Benny Goodman. Ellington war nur der Herzog *(Duke)* und Basie der Graf *(Count)*. Und so wurde es nur als gerecht empfunden, als der King of Swing, Goodman, Count Basies Aufnahme des *One O'Clock Jump* von 1937 ein Jahr später eine »eigene« Version entgegensetzte, von der, mit einer Million Exemplaren, ein Vielfaches gegenüber dem Basie-Original umgesetzt wurde[59]. Ein paar Jahre vorher hatte Goodman auf ähnliche Weise den *New King Porter Stomp* in einem Arrangement von Fletcher Henderson »ausgewertet«. Henderson hatte das Stück mit seinem Orchester 1932 das erstemal eingespielt. Als Goodman das Arrangement im Juli 1935 erneut aufnahm, verkaufte sich dessen Platte gegenüber der von Henderson im Verhältnis von 1000:1[60].

Zum dritten: Daß Bandleader wie Benny Goodman und Artie Shaw es wagten, entgegen den herrschenden Sitten schwarze Musiker in ihre Orchester zu engagieren – und zwar nicht nur unsichtbar für Studioaufnahmen, sondern für öffentliche Auftritte –, wurde und wird im allgemeinen als ein wichtiger Schritt vorwärts auf dem Wege zur Gleichberechtigung afroamerikanischer Künstler interpretiert. Aber die Gleichberechtigung fand nur auf dem Podium statt. Nach Beendigung des Auftritts, im Restaurant oder im Hotel, herrschte wieder die »alte Ordnung«, das heißt Diskriminierung. Davon abgesehen, blieben Integrationsbestrebungen wie die von Goodman die Ausnahme. Das Gros der weißen Musiker widersetzte sich ihnen energisch. Als das Jazzjournal *Down Beat* 1938 seine

Leser fragte, »ob schwarze Musiker in weißen Bands spielen sollten«, war
die Antwort weißer Musiker ein einhelliges Nein. Es sei nicht fair, schrie-
ben sie, wenn schwarze Musiker weiße ersetzen würden, wo es doch noch
so viel Arbeitslosigkeit gäbe[61]. Unter schwarzen Musikern wurde die
Mitwirkung ihrer Kollegen in weißen Orchestern teilweise mit Argwohn
betrachtet; für sie demonstrierte diese Art von Integration vor allem, wie
nötig weiße Orchesterleiter die Kreativität schwarzer Musiker hatten[62].

Bigbands: Auf dem Wege
zur Normierung und Standardisierung

Das dominierende besetzungsmäßige Aggregat der Swingära war die
Bigband. Zwar stammten einige der musikalisch ergiebigsten Schallplattenaufnahmen der Zeit von kleinen Formationen, die sich als Gelegen-
heitsgruppen bei Jam Sessions gebildet hatten oder speziell für eine
Aufnahmesitzung zusammengestellt worden waren. Regelmäßig und in
konstanter Besetzung arbeitende Kleingruppen jedoch gab es so gut wie
keine.

Nun war die Bigband natürlich keineswegs eine Erfindung der Swingära. Schon relativ früh in den 20er Jahren hatte mit der ökonomisch
motivierten Vergrößerung der Tanzsäle eine akustisch notwendige, konti-
nuierliche Vergrößerung der Besetzungen begonnen. Bisweilen fungierte
die Größe einer Band allerdings auch primär als Novitätseffekt. Was die
Swingära vor allem zur Entwicklung des Orchesterapparats beisteuerte,
war eine zunehmende Normierung der Besetzungen, die schließlich in
eine weitgehende Standardisierung der Arrangements mündete und zu
guter Letzt in vielen Fällen die Unterdrückung jeder kreativen Äußerung
zur Folge hatte. An die Stelle herausragender Improvisatoren trat dann –
als Attraktion und mit dem Charakter eines Markenzeichens versehen –
ein bestimmter, durch das Arrangement vorgegebener Sound.

Das Arrangement und damit der Arrangeur hatte schon im Laufe der
20er Jahre zunehmend an Bedeutung gewonnen. Aber selbst in den 30er
Jahren gab es immer noch Jazzformationen, die ohne schriftliche Arrangements auskamen, die sich ihre Stücke gemeinsam »erspielten«. Die

prägnantesten Beispiele für dieses Verfahren finden sich in der Musik der Bands aus Kansas City, die dort, relativ unbehelligt von der Wirtschaftskrise und unbeeinflußt von den Forderungen der Medien, einen bluesbetonten Riff-Stil entwickelt hatten, der ohne präfabrizierte Arrangements auskam[63]. Dieser Typus von Orchester verschwand mit der Ausbreitung des Swing zunehmend von der Bildfläche.

Mit der Transformation des Swing in eine massenhaft umgesetzte Ware, mit deren Unterstützung wiederum andere Waren verkauft wurden, trat eine Art von Arrangement in den Vordergrund, die einer weiteren Standardisierung der Gestaltungsprinzipien Vorschub leistete. Gemeint ist das von einem Musikverleger veröffentlichte und in jeder besseren Musikalienhandlung erhältliche sogenannte Stock-Arrangement (engl. *stock* = Lager). Von routinierten Arrangeuren im Stil von Fletcher Henderson oder Don Redman verfertigt und häufig mit voll ausnotierten »Improvisationen« ausgestattet, für Solisten, die nicht improvisieren konnten, erfüllten diese Arrangements die Funktion, einen expandierenden Musikmarkt ständig mit »neuer« Ware zu versorgen. Wenn man bedenkt, daß ein Orchester für eine einstündige Radioshow bis zu 20 Titel zu spielen hatte und in jedes Programm fünf bis sechs neue Nummern aufgenommen wurden[64], dann vermag man sich ein Bild von der Bedeutung derartiger Stock-Arrangements zu machen. Renommierte und damit finanzkräftige Orchester wie jene von Goodman, Basie oder Shaw waren natürlich nicht auf Stock-Arrangements angewiesen. Aber da die Stock-Arrangements wie die Originale klangen, war von Differenzen nicht immer allzuviel zu hören. Diese lagen – von Band zu Band verschieden – eher in der Perfektion und in der rhythmischen Intensität der Darbietung als im musikalischen Material begründet.

Das ambivalente Selbstverständnis der Swingmusiker

Die Etablierung der Bigband als dominierende musikalische Organisationsform der Swingära blieb für die Musiker nicht ohne Konsequenzen. Perfektes Vom-Blatt-Spiel und soundmäßige Einordnung in eine Satzgruppe war in den meisten Orchestern der Zeit unverzichtbare Voraussetzung, wohingegen die Fähigkeit zum Improvisieren und der Drang zur kreativen Selbstverwirklichung vielfach sekundär wurden. In der Bewertung von Musikern durch Musiker bildete sich dabei ein seltsam ambivalentes Urteilsmuster heraus, in welchem der Konflikt zwischen Individualismus und Unterordnung, Kreativität und Disziplin zum Leitmotiv wurde.

Ein prägnantes Beispiel hierfür ist in einem ausführlichen Interview mit Don Redman überliefert, in dem dieser, sich an Musiker erinnernd, mit denen er in den 30er Jahren zusammengearbeitet hatte, wieder und wieder die Bedeutung des Notenlesens hervorhebt. Als stehende Wendung kristallisiert sich dabei heraus: Soundso war ein sensationeller Saxophonist (Trompeter, Posaunist usw.), *aber* er war kein Notist, konnte nicht lesen usw.[65]

Wie unter Jazzmusikern insbesondere der Dualismus von Vitalität versus Professionalität bisweilen geradezu mystifiziert wurde, geht aus einer Bemerkung des Basie-Posaunisten Dicky Wells hervor, der über den Tenoristen Herschel Evans schreibt: »Er las zwar langsam (Noten), aber das war einer der Gründe, warum er so stark swingte.«[66] An anderer Stelle vermerkt Wells: »Wenn man zu sauber *(clean)* und zu präzise wird, dann swingt man manchmal nicht mehr, und der Spaß geht aus der Musik verloren.«[67]

Die Mutmaßungen Dicky Wells' über die kausale Gegensätzlichkeit von Präzision und Emotion, über deren prinzipielle Berechtigung bislang keine abgesicherten Erkenntnisse vorliegen, gehören noch heute zur Folklore der Jazzszene. Ihre Wurzeln liegen zweifellos in dem Gegensatz zwischen der oralen Tradition der afroamerikanischen Volksmusik und den schriftlichen Traditionen westlicher Musikkultur, die beide im Jazz zusammentrafen. Daß unter dem organisatorischen Dach der Bigband die europäische, schriftliche Tradition im Laufe der Zeit eindeutig das Übergewicht gewann, war weder ein Zufall, noch geschah es aufgrund deren wesensmäßiger Überlegenheit, sondern korrespondierte mit dem rationalistischen Verwertungsinteresse der Kulturindustrie. Für diese bedeutete die schriftlose Tradition der afroamerikanischen Musik Irrationalismus, Unzuverlässigkeit und damit unter Umständen Zeitverschwendung. Improvisatoren – als Repräsentanten schriftloser Tradition – waren in diesem Rahmen zwar nicht funktionslos, denn sie kamen bestimmten Erwartungen des Publikums entgegen; aber sie waren nicht beliebig austauschbar und damit – organisatorisch gesehen – dysfunktional. Neben der Durchsetzung des »Lesens« als unverzichtbare Vorbedingung für die Arbeit in der Bigband brachte nämlich die Swingära mit der Standardisierung ihrer Besetzungen eine Rollenspezialisierung mit sich, wie sie sich in konventionellen Jazzorchestern bis heute gehalten hat, wie sie jedoch in den größeren Besetzungen des Jazz der 20er Jahre – abgesehen von Pseudojazz-Formationen à la Whiteman – noch kaum vorhanden war: Gemeint ist die strikte Rollenteilung in Satzgruppenmusiker einerseits und Solisten andererseits.

Die Satzgruppen- oder Section-Musiker waren gleichsam die Kulis der Swingära, die froh sein konnten, wenn sie nach aufreibenden Jahren *on the road* einen Job in einem Rundfunk- oder Filmstudio-Orchester bekamen, der ihren Fähigkeiten und Ambitionen womöglich gerechter wurde als die Dienerrolle, die sie im Schatten renommierter Improvisatoren eingenommen hatten. Dabei sollte man die Rolle der letzteren nicht falsch sehen. Die Mehrzahl der Swingmusiker verstand sich – im Einklang mit der Funktion, die sie im Musikleben erfüllten – als Entertainer. Ihr Anliegen war es nicht, Kunst zu produzieren, sondern eine Musik zu spielen, die die Leute zum Tanzen animierte. Dicky Wells:

> »Es ist immer inspirierend, wenn die Leute vor einem tanzen. Da ist ein *beat* drin, der einen hochhebt ... In einem Tanzsaal ist man nicht so sehr auf sich selbst bezogen, man spielt eine ganze Menge Sachen auf seinem Horn, die man in einem Konzert nicht spielen würde, viel entspanntere Sachen ... Wenn man zwei- oder dreitausend Leute in einem Konzert vor sich hat, kann man sich schwer vorstellen, was sie mögen, welchen Rhythmus sie mögen. Aber wenn man die Leute vor sich auf der Tanzfläche hat und sie tanzen, dann weiß man, was sie wollen – und dann hat man sie gepackt! ... Es war einfach mehr Seele drin, als Jazz und Tanzen zusammengehörten ...«[68]

Die Einschätzung des Jazz als funktionsgebundene Musik, die zum Tanzen da ist und ohne diese Funktionsgebundenheit ihre Seele verliert, ging Hand in Hand mit einer von Kriterien der Seriosität unbelasteten Bereitschaft zu unterhalten, und sei es mit recht vordergründigen Gags.

Noch einmal Dicky Wells, der über seine Arbeit in Charlie Johnsons Band um 1933 berichtet: »Wenn wir in einem Theater wie dem Lafayette (in Harlem, E. J.) spielten, tüftelte Charlie immer wieder eine neue Art der Präsentation aus. Einmal hatten wir eine riesengroße Schokoladenbox auf der Bühne, und drinnen befand sich die Band. Als wir das Eröffnungsstück spielten, ging der Deckel auf und drinnen saßen wir und spielten. Wir hießen damals die *Chocolate Dandies*.«[69] Wells, der noch in den 80er Jahren – wenn auch unter anderen Bedingungen – in New York Musik machte, berichtet all dies ohne jede Ironie, sondern mit der Selbstverständlichkeit dessen, der sich mit seiner Rolle identifizierte.

Natürlich gibt es kein kollektives Bewußtsein von Swingmusikern. Und die Ambitionen und das Selbstverständnis eines erfolgreichen und nach gesellschaftlicher Anerkennung strebenden Orchesterchefs wie Benny Goodman werden schwerlich mit jenen eines Posaunisten aus dem Count Basie-Orchester auf einen Nenner zu bringen sein. Dennoch – und das belegen zahlreiche Quellen[70] – sind Dicky Wells' Bemerkungen in vielfacher Hinsicht von überindividueller Gültigkeit, exemplarisch für das Weltbild jener Generation von Musikern, die in den Show- und Tanzorchestern der 20er Jahre ihre ersten Erfahrungen sammelten und in den Swingbands der 30er zu erstem bescheidenen Ruhm gelangten. Für diese Musiker bedeutete ihre Musik kein vom Rezipienten ablösbares, ästhetisches Gebilde, sondern war stets funktionell auf diesen bezogen. Über Gelingen oder Mißlingen einer Darbietung entschied dabei kein musikimmanentes Kriterium, sondern das Funktionieren innerhalb eines bestimmten, durch das Publikum und die Mitmusiker gesetzten Bezugsrahmens. Das wesentliche Kriterium für das Gelingen einer Darbietung war die gelungene Stimulation: der Tänzer zum Tanzen, der Zuhörer zum Fußwippen, der Mitmusiker zum Swingen oder zur Steigerung des emotionalen Pegels.

In ihrer Identifikation mit der Rolle des Entertainers bewahrten die Jazzmusiker während der Swingära ein wenig von der Unschuld von Volksmusikern – inmitten einer hochindustrialisierten Musiklandschaft, deren Mechanismen sie weder durchschauen, geschweige denn beeinflussen konnten. Die unbewußte Weigerung, sich als Künstler zu verstehen, mag dabei als ein lebensnotwendiges Schutzmittel fungiert haben gegenüber einer Gesellschaft, die ihnen dies ohnehin nicht zugestanden hätte.

Zur Bedeutung der Swingära
für die Geschichte des Jazz

Über die Bedeutung der Swingära für die Entwicklung der afroamerikanischen Musik gehen die Meinungen in der Jazzliteratur auseinander, wobei divergierende Einschätzungen häufig auf unterschiedlichen Akzentsetzungen oder der Verabsolutierung einzelner Aspekte beruhen. Dabei wird eine eindimensionale Beurteilung der Swingära keineswegs gerecht. Was ist denn das Essentielle an ihr?

- Daß eine ganze Nation von euphorisierten Tänzern nach *einer* Musik ihr Tanzbein schwang, ohne zu merken, daß diese Musik ihr von einer unterdrückten und verachteten Minderheit überlassen worden war?
- Daß unter dem Etikett »Swing« die kulturelle Enteignung afroamerikanischer Kreativität besonders große Fortschritte machte und gleichzeitig zum erstenmal in der Geschichte der USA schwarze Musiker weltweit anerkannt wurden?
- Daß das handwerkliche Niveau von Jazzmusikern erheblich stieg, zur gleichen Zeit aber die Chancen zur solistischen Eigeninitiative auf ein Minimum reduziert wurden?
- Daß sich eine allumfassende Standardisierung musikalischer Gestaltungsprinzipien und Ausdrucksmittel durchsetzte und sich dennoch, allen Kommerzialisierungs- und Normierungstendenzen zum Trotz, ein kreativer Untergrund herausbildete, der Musiker vom Rang eines Roy Eldridge, Ben Webster oder Coleman Hawkins hervorbrachte und der die Entwicklung schließlich mit einiger Zwangsläufigkeit zu neuen Ufern führte?

4 Bebop

Die Anfänge bei Minton's

Anfang 1941 hatte Henry Minton, Besitzer eines in der 118. Straße in Harlem gelegenen und nicht besonders gut gehenden Lokals, eine Idee. Um das Geschäft anzukurbeln, engagierte er als Manager den Ex-Bandleader und Saxophonisten Teddy Hill. Der wiederum engagierte eine Hausband, bestehend u.a. aus Thelonious Monk (Klavier) und Kenny Clarke (Schlagzeug), setzte preiswertes *soul food* auf die Speisekarte und machte Minton's Playhouse binnen kurzer Zeit zum beliebtesten Musikertreffpunkt und Jam Session-Lokal nördlich der 52. Straße. Trotz des massierten Aufgebotes an prominenten Musikern, die sich Nacht für Nacht auf Mintons Podium sehen und hören ließen, würde der Club in der Jazzgeschichtsschreibung kaum eine nennenswerte Rolle spielen, hätte sich dort nicht mehr ereignet als nur inspirierte und inspirierende Jam Sessions im seinerzeit gängigen Swingstil. Minton's Playhouse – ebenso wie das einige Blocks weiter nördlich gelegene Monroe's Uptown House – gewann seinen jazzhistorischen Stellenwert nicht als ein Sessionlokal unter vielen, sondern als Kristallisationspunkt einer musikalischen Revolution, genannt Bebop.

Die in nahezu jeder Geschichte des Jazz mehr oder minder ausführlich überlieferten Berichte über die Sessions in den beiden Harlemer Musikerlokalen Minton's und Monroe's, bei denen von einer Gruppe von jungen schwarzen Musikern einige der stilkonstituierenden Merkmale des Bebop er-improvisiert wurden, sind – was ihren sachlichen Gehalt betrifft – im großen und ganzen unanfechtbar. Zur Erklärung für die Entstehung des Bebop geben sie so gut wie nichts her.

Ein musikalischer Stil wird nicht so einfach »erfunden«; und schon gar nicht, wie die häufig zitierten Aussagen von beteiligten Musikern wie Dizzy Gillespie oder Kenny Clarke nahelegen[1], mit dem Ziel, uner-

wünschte Einsteiger abzuschrecken. Ebensowenig dürfte die von Leslie
B. Rout Jr. vorgetragene Verschwörungstheorie der Realität kreativer Pro-
zesse gerecht werden; eine Theorie, die besagt, die schwarzen Musiker bei
Minton's hätten ihre Musik deshalb so kompliziert gemacht, damit weiße
Musiker sie nicht reproduzieren könnten[2].

»Die Menschen machen ihre Geschichte«, sagt Marx in der *Deutschen
Ideologie*, »sie wissen aber nicht, daß sie sie machen.« Und: »Sie machen
sie nicht aus freien Stücken, nicht unter selbstgewählten, sondern unter
unmittelbar vorgefundenen, gegebenen und überlieferten Umständen.«[3]
Thelonious Monk sagt über die legendären Sessions bei Minton's: »Ich
habe dort einfach einen *gig* gespielt; habe versucht, Musik zu machen.
Als ich bei Minton's war, stieg jeder ein, der spielen konnte. Ich habe
niemals irgend jemanden aus der Fassung gebracht. Ich hatte auch nicht
ausgesprochen das Gefühl, daß irgend etwas Neues aufgebaut wurde ...
Ich hab' praktisch jeden dort bei Minton's gesehen; aber alle haben nur
gespielt, keiner hielt Vorträge.«[4]

Die junge Garde von Innovatoren, die zu Anfang der 40er Jahre dabei
war, die Grenzen des im Swing bislang Üblichen zu überwinden, machte
zweifellos Jazzgeschichte; aber sie machte sie nicht bewußt, und sie
machte sie nicht unter selbstgewählten Umständen.

Swing-Bigbands als Laboratorien
der neuen Musik

In den von außen gegebenen Bedingungen, die die Entstehung des Bebop
als Jazzstil provozierten und seine weitere Entwicklung prägten, ver-
schränken sich politische, ökonomische, soziale, psychische und musikalische Motive. Die letzteren sind am leichtesten in den Griff zu bekommen.

Die Jazzszene der frühen 40er Jahre wurde durch die Swing-Bigbands
beherrscht. Kleine Besetzungen formierten sich zwanglos bei Jam Sessions
oder wurden kurzfristig für Schallplattenaufnahmen zusammengestellt;
als Existenzgrundlage kamen sie für die Musiker jedoch kaum in Betracht.
Auf die kreativitätshemmenden Aspekte der Bigbands habe ich bereits im

vorigen Kapitel hingewiesen: Der Raum für Soloimprovisationen war auf
ein Minimum reduziert, Individualismus nicht gefragt, die Arrangements
waren vorhersagbar, die Musiker austauschbar. Benny Goodman, der
»King of Swing«, bemerkte, daß es ihm schwer fiele, die Namen seiner
Musiker im Kopf zu behalten: »Bei meinen ersten Bands ... da war jeder
einzelne eine Persönlichkeit, verstehen Sie? Doch jetzt kann es durchaus
passieren, daß ich zwei Monate brauche, um mir den Namen eines neuen
Mannes zu merken.«[5] Das lag sicherlich nicht an Goodmans Gedächtnis,
sondern an dem System, nach dem nunmehr die Swingorchester zum großen Teil funktionierten. Während die älteren Musiker, die allesamt ihre
Erfahrungen entweder in Showbands oder – wenn sie weiß waren – in Studioorchestern hinter sich hatten, die zunehmende Einengung kreativer
Impulse im allgemeinen mit Fassung ertrugen, reagierten jüngere Musiker
zunehmend mit frustrationsbedingter Opposition. Als Orte der Konfrontation zwischen alten Spielgewohnheiten und neuen Ideen waren dabei
nicht nur die vielzitierten Sessionslokale in Harlem bedeutsam, sondern
mehr noch die Orchester einiger weniger schwarzer Bandleader, die tole-
rant und aufgeschlossen genug waren, die junge Garde der Bebopper zu
Wort kommen zu lassen. Dort, in den Bands von Earl Hines und später
Billy Eckstine, waren die musikalischen Differenzen zwischen Traditionalisten und Neuerern nicht aufgehoben in der entspannten Atmosphäre
einer *after hours*-Session, sondern waren Teil der alltäglichen Routine.
Als der 28jährige Scoops Carry, 1943 Saxophonist im Orchester von Earl
Hines, seinem 23jährigen Kollegen Charles Parker besänftigend sagt:
»Bird, das hier ist immer noch die beste Band im ganzen Showgeschäft,
und die modernste«, antwortet Parker: »Sie ist ein Gefängnis.«[6]
   Die durch das Bigbandformat geförderte Einschränkung des improvisatorischen Freiraumes allein hätte jedoch vermutlich nicht mehr bewirkt
als eine wachsende Attraktivität der *after hours*-Session als psychomusika-
lischer Regenerationsraum für frustrierte Improvisatoren, wenn sich nicht
gleichzeitig bei einer Reihe von Musikern – bewußt oder unbewußt – die
Neigung durchgesetzt hätte, etwas Neues zu versuchen. Dieses Bedürfnis
nach Veränderung hatte – als musikalisches Motiv – seine Ursachen zunächst einmal in der Abnutzung des Swingmaterials. Daß jedoch die
Konventionen des Swing überhaupt als lähmend empfunden wurden,
setzte einen Bewußtseinswandel allgemeiner Art voraus. Dieser war ohne

Frage im Gesellschaftlichen verankert und hatte, da es sich bei den Bop-Innovatoren durchweg um schwarze Musiker handelte, seine inneren Beweggründe in der besonderen Situation der Afroamerikaner im und nach dem Zweiten Weltkrieg.

Soziale Hintergründe
der Entstehung des Bebop

Mit dem Eintritt der Vereinigten Staaten in den Zweiten Weltkrieg und dem damit verbundenen Boom der Rüstungsindustrie verbesserte sich zunächst erst einmal auch die ökonomische Situation der schwarzen Bevölkerung: Die Löhne stiegen und die Arbeitslosenquote sank. Gleichzeitig erhöhten sich die Ausbildungschancen für schwarze Schulkinder[7], und der Anteil schwarzer Offiziere in der Armee nahm im Vergleich zum Ersten Weltkrieg erheblich zu. Es ging also, so könnte man meinen, auf der ganzen Linie bergauf mit der afroamerikanischen Minderheit; aber es ging nicht ohne Reibungen, und es währte nicht für lange.

Zwar verdienten schwarze Arbeitnehmer während des Krieges mehr als je zuvor, jedoch war die Spanne, die sie von weißen Durchschnittseinkommen trennte, kaum geringer geworden: 1949, also vier Jahre nach Kriegsende, betrug das durchschnittliche Jahreseinkommen von Schwarzen 53 Prozent desjenigen von Weißen[8]. Ein weißer Lehrer im Staat Mississippi verdiente 1944 im Mittel 1018 Dollar pro Jahr, sein schwarzer Kollege 408 Dollar; das sind 40 Prozent[9]. Die eklatanten Differenzen im Durchschnittseinkommen gingen zum großen Teil darauf zurück, daß schwarzen Arbeitnehmern – unabhängig von ihrer Ausbildung – die besseren Jobs nicht zugänglich waren. 1940 stellten 75 Prozent aller Rüstungsbetriebe keine Farbigen ein[10]. Zur gleichen Zeit waren 30 Prozent der weißen Arbeitnehmer *white collar workers* (d.h. Büroangestellte usw.), jedoch nur 5,6 Prozent der »Nichtweißen«[11]. Und es bedurfte erheblicher Anstrengungen von seiten der amerikanischen Regierung, mit Hilfe gesetzgeberischer Maßnahmen und der Einrichtung eines »Komitees zur Durchsetzung fairer Einstellungspraktiken« (FEPC) die Rassendiskriminierung auf dem Arbeitsmarkt, wenn schon nicht aufzuheben, so doch abzumildern; wobei derartige Maßnahmen weniger aus humanitären Gründen oder zur Wahrung demokratischer Prinzipien erfolgten, als vielmehr durch den massiven Druck ausgelöst wurden, der von schwarzen Gewerkschaften auf das Weiße Haus ausgeübt wurde. Die Harlemer *Amsterdam News* vom 6. November 1943 vermerkten denn auch:

> »Die amerikanischen Neger sind in eine Position gedrängt worden, wo sie für ihre Rechte als Bürger zu kämpfen haben. Das wenige, das sie seit Ausbruch des Krieges gewonnen haben, ist das Ergebnis ihrer eigenen Anstrengungen. Das FEPC, zum Beispiel, wurde einzig deshalb eingerichtet, weil die Regierung Angst davor bekam, daß einige 50 000 Schwarze nach Washington marschieren würden. Die Regierung macht sich dabei keine Gedanken über die Schwarzen, sondern darüber, was Hitler, Goebbels und deren Freunde in Berlin dazu sagen würden.«[12]

Der Diskriminierung schwarzer Arbeitsuchender an der »Heimatfront« stand die Diskriminierung schwarzer Soldaten in der Armee gegenüber. Zwar gab es – wie oben angedeutet – prozentual mehr schwarze Offiziere in der Armee als im Ersten Weltkrieg, doch konnte von Gleichberechtigung nicht die Rede sein. Schwarze Soldaten wurden bevorzugt für schmutzige und Schwerarbeiten im Straßenbau und im Nachschub eingesetzt. Außer in einigen peripheren Institutionen wie Hospitälern und Depots herrschte strikte Rassentrennung in den Camps. Vor allem in den Südstaaten der USA, wo die meisten der militärischen Einrichtungen lagen, hatten schwarze Armeeangehörige vielfach unter den Schikanen rassistischer Einwohner zu leiden[13]. Erst zum Kriegsende hin wurden schwarze Einheiten in Einzelfällen auch als Kampftruppen eingesetzt, wobei ihnen allerdings »feinere« Waffengattungen wie Marine und Luftwaffe weitgehend verschlossen blieben. In der Navy blieb ihr Beitrag vielfach auf die Rolle der Stewards beschränkt[14].

Angesichts der relativen Verbesserung ihrer ökonomischen Situation hätte die Diskriminierung auf dem Arbeitsmarkt und in der Armee unter den Jim Crow-erfahrenen schwarzen Amerikanern schwerlich eine besondere Reaktion hervorgerufen, wenn nicht die im eigenen Lande praktizierte Ungleichheit so offenkundig im Widerspruch zu allem stand, wofür man in Übersee zu kämpfen behauptete. Drake und Cayton schreiben: »Alle Schwarzen waren sich – wie vage im einzelnen auch immer –

dessen bewußt, daß sie an einem gigantischen Kampf teilhatten, der unter dem Banner der Vier Freiheiten gekämpft wurde. Sie waren dabei, Völker in Übersee vom Faschismus zu befreien, und sie hofften, zu Hause von *Jim Crow* befreit zu werden. Für sie war dies die Fünfte Freiheit, und sie war genau so kostbar wie die übrigen vier.«[15]

Ein anderer für die Bewußtseinsbildung der schwarzen Bevölkerung der USA relevanter Aspekt des Zweiten Weltkrieges bestand darin, daß – anders als beim Ersten – rassische Probleme eine Rolle spielten. Die Japaner als »nichtweiße« Nation hatten mit der Bombardierung von Pearl Harbor ein Zeichen gesetzt. Während für die meisten weißen Amerikaner Pearl Harbor den Charakter einer nationalen Katastrophe hatte, bekam es für die Leute im schwarzen Ghetto eine ganz andere Bedeutung. »Der durchschnittliche Neger wußte wenig über Japans Militarismus und seine brutale Geschichte. Er wußte, daß Japan die einzige ›farbige‹ Nation war, die eine Großmacht darstellte, die über Ozeanriesen verfügte und über große Fabriken, und daß es als lebendes Beispiel den weißen Kräften hohnsprach, die bis dahin den Osten beherrscht hatten.«[16] Das bedeutete nicht, daß die Mehrzahl der schwarzen Amerikaner projapanisch eingestellt war; aber es bedeutete zumindest, daß sie durch diesen Krieg und die Propaganda gegen die »gelben Bastarde« in ihrer Haltung als Patrioten verunsichert wurden. Daß der Krieg gegen Japan schließlich durch den Einsatz der Atombombe beendet wurde, machte diese Unsicherheit nicht geringer.

Die in der schwarzen Gesellschaft allgemein empfundene Diskrepanz zwischen dem öffentlich proklamierten Kampf für Demokratie und gegen Rassismus in Übersee und der nach rassistischen Prinzipien gestalteten Wirklichkeit im eigenen Lande schuf eine Bewußtseinslage, die schon durch geringfügige Anlässe zu Explosionen führen konnte. »Apathie und Irritation, Zynismus und Wut waren weitverbreitet. Die Nerven der Schwarzen waren bis zum Zerreißen angespannt.«[17] Die Explosion kam 1943 in Form von blutigen Aufständen in den schwarzen Ghettos von Harlem, Detroit und Philadelphia; Aufstände, die auf eindringliche Weise einem Bewußtseinsbildungsprozeß innerhalb der schwarzen Bevölkerung der USA Ausdruck verliehen, der irreversibel war. Das Gefühl, daß »nun endlich etwas passieren müsse«, wurde erneut zum Motor für Aktivitäten und Initiativen in allen Bereichen des gesellschaftlichen

Lebens Afroamerikas. Dabei war die Situation nach Ende des Zweiten Weltkrieges wenig dazu geeignet, Optimismus aufkommen zu lassen. Wie nicht anders zu erwarten, wurde das Komitee zur Durchsetzung fairer Einstellungspraktiken schon 1946 wieder aufgelöst, was eine erneute, durch die einsetzende Nachkriegsrezession noch verstärkte Benachteiligung schwarzer Arbeitnehmer zur Folge hatte.

Wenn sich dennoch, insgesamt gesehen, die Ausgangslage der Afroamerikaner 1945 besser darstellte als nach dem Ersten Weltkrieg[18], so lagen die Fortschritte vor allem auf bildungs- und bewußtseinsmäßigem Sektor. Die schwarzen Soldaten, die 1945 heimkehrten und die Gelegenheit wahrnahmen, nach der sogenannten GI-Bill zu studieren (ein Gesetz, das Kriegsveteranen ein kostenloses Studium ermöglichte), waren nicht mehr die einfachen Männer von 1917/18. Sie waren in der Zeit der Depression und des intellektuell geprägten New Deal aufgewachsen und hatten soviel von der Welt und ihren Problemen gesehen, daß ihnen die USA in kritischer Distanz erschienen.

Die Beziehung zwischen der Geschichte der Afroamerikaner nach 1940 und der Entstehung des Bebop ist eine indirekte. Es gibt keine kausale Ableitung etwa der konkret benennbaren Charakteristika der Parkerschen Improvisationsweise aus der Konstellation gesellschaftlicher Verhältnisse, die im Detail plausibel wäre. Dennoch ist die Beziehung real. Sie ist vermittelt durch das Bewußtsein der Musiker, die sich daran machten, die Konventionen des Swingstils über den Haufen zu werfen, die sich bei den stereotypen *changes* der Standards zu langweilen begannen, die den durchgeschlagenen Vierviertel-Beat als rigide und die Einordnung in eine Bigband-Bläsergruppe als lähmend empfanden. Die unter den Musikern herrschende Aufbruchstimmung, die den neuen Stil in Bewegung setzte, korrespondierte unverkennbar mit der veränderten Bewußtseinslage der Afroamerikaner im und nach dem Zweiten Weltkrieg. Der ambivalente Charakter dieser Periode, die für die schwarzen Amerikaner Zorn *und* Angst, Entschlossenheit *und* Unsicherheit einschloß, fand seinen Reflex in dem von künstlerischer Selbstsicherheit und psychisch-sozialer Labilität geprägten Ego des Bopmusikers.

Musikalisch entsprach der Bebop vor allem insofern dem sich neu formierenden Selbstbewußtsein Afroamerikas, als er – entgegen allen Interpretationen, die seine angeblich *europäischen* Komponenten herausstreichen – forciert gerade jene *afrikanischen* Elemente des Jazz in den Vordergrund brachte, die im Swing weitgehend verdrängt worden waren: rhythmische Komplexität und Bluesfeeling.

Daß die Bebopper sich der besonderen ethnischen Bindungen ihrer Musik durchaus bewußt waren, mag eine von Dizzy Gillespie geschilderte Episode veranschaulichen. Das Gillespie-Quintett spielte 1944 im Onyx in der 52. Straße; es war die erste Bebopgruppe, die außerhalb des schwarzen Ghettos Harlem auftrat. Eines Abends kam der renommierte (weiße) Saxophonist und Swing-Bandleader Jimmy Dorsey in den Club, um sich die Musik der Bebopper anzuhören. Dabei kam es zu folgendem Gespräch:

> *Dorsey:* »Junge! Das Zeug, das ihr da spielt! Ich würde dich wirklich gerne für meine Band anheuern; aber du bist so dunkel!«
> *Gillespie:* »Nun, wenn ich nicht so wäre, würde ich nicht so spielen können. Kennst du irgend jemanden, der so spielt und der deine Farbe hat?«
> *Dorsey:* »Nein, ich fürchte, nicht.«[19]

Die Tatsache, daß sich der Bebop als eine ostentativ schwarze Musik darbot, schloß freilich nicht aus, daß nicht auch weiße Musiker an seiner Hervorbringung beteiligt waren; allerdings nicht in seiner Frühphase und weniger als Innovatoren, denn als kompetente Mitspieler in schwarzen Gruppen. Auffallend ist dabei ein überdurchschnittlich hoher Anteil von überdurchschnittlichen Pianisten: Al Haig, Dodo Marmarosa, George Wallington, Joe Albany. Es ist durchaus möglich, daß gerade das Klavier als das europäischste aller im Jazz verwendeten Instrumente (es ist z.B. temperiert gestimmt und setzt im allgemeinen eine »klassische« Ausbildung voraus) den euroamerikanischen Musikern bei ihrem Einstieg in den Bop den geringsten Widerstand entgegenbrachte.

Die Interpretation des Bebop als einer Musik des Aufruhrs hat bisweilen dazu verleitet, die Bopmusiker zu Vorgängern der Black Power-Bewegung zu stilisieren[20]. Zu fragen wäre allerdings, ob die Bebopmusiker so bewußt und zielgerichtet auf die sozialen und politischen Verhältnisse ihrer Zeit reagierten, daß man – wie Francis Newton behauptet[21] – davon ausgehen kann, sie selbst hätten ihre Musik als das »Manifest einer Revolte gegen Kapitalismus oder kommerzielle Kultur- oder Rassendiskriminierung« verstanden. Mit anderen Worten: Besaßen die Bebopper ein zu Konsequenzen drängendes politisches Bewußtsein, das etwa mit jenem von progressiven Vertretern der afroamerikanischen Emanzipationsbewegung vergleichbar gewesen sein könnte? Die vorhandene Literatur – Biographien, Interviews usw. – gibt hierüber kaum Auskunft. Äußerungen von Jazzmusikern der 40er Jahre zu politischen oder sozialen Problemen sind – soviel ich weiß – nicht existent. Die von der Jazzsoziologie überlieferte Antwort eines auf den Zweiten Weltkrieg hin angesprochenen Musikers, »Mann, laß mich bloß weiterblasen«, gehört – wenngleich sie nicht unwahrscheinlich ist – eher in den Bereich des Anekdotischen. Ebenso sind die von Dizzy Gillespie später wiederholt angekündigten Kandidaturen für die Präsidentschaftswahlen wohl eher als ein werbewirksamer Gag zu sehen denn als Ausdruck ernstgemeinten politischen Engagements. Die erstmalig von Frank Kofsky[22] aufgebrachte und später von Kuhnke-Miller-Schulze[23] aufgegriffene Interpretation des Parker-Titels *Now's the Time* (1945) als »Jetzt ist die Zeit gekommen, Rassismus, Diskriminierung, Unterdrückung und Jim Crow abzuschaffen« ist als hermeneutische Auslegung brauchbar, als Indiz für eine von Parker *intendierte* politische Aussage taugt sie nichts.

Ich vermute, daß die Bebopper viel zu sehr von ihrem musikalischen Tun absorbiert wurden und von den *kicks*, denen sie anhingen, als daß sie sich zielstrebig mit politischen und sozialen Problemen hätten auseinandersetzen können. Gewiß protestierten sie. Aber ihr Protest war vage, war zum Teil in selbstzerstörerischer Weise nach innen gerichtet und war nach außen hin vermittelt durch ihr ästhetisches Medium, in dem sie unbewußt jene Unruhe der Zeit zum Ausdruck brachten, durch die sie selbst angestoßen waren.

Es brauchte noch rund zwanzig Jahre, bis Jazzmusiker begannen, nicht nur ihre Einstellung zu den sie umgebenden gesellschaftlichen Verhältnissen lautstark zu artikulieren, sondern ihren Protest auch in Aktionen umzusetzen. In dieser Hinsicht ist es aufschlußreich, wie ein Free Jazzer der 60er Jahre über den Bebop denkt. Der Saxophonist Jimmy Lyons: »Der Bebop war in gewissem Sinne sehr romantisch. Er sprach über heroische Aktionen, über Dinge, die politisch *und* musikalisch zu tun seien; aber er *tat* sie nicht jetzt *(now)*. Im Grunde ging es im Bebop eher um die *Idee* dessen, was zu tun sei, als darum, tatsächlich etwas zu tun. Wir tun es jetzt.«[24]

Der Schallplattenboykott und seine Folgen

Wenn vom Selbstverständnis der Bop-Innovatoren die Rede ist, wird im allgemeinen hervorgehoben, daß sie die ersten Musiker in der Geschichte des Jazz gewesen seien, die sich als *Künstler* und als *Außenseiter* verstanden. Daß dies so nicht ganz stimmt, habe ich in dem Kapitel über die weißen Chicagoans angedeutet, die sich schon in den 20er Jahren als – nebenbei gesagt: unverstandene – Künstler verstanden. Aber auch in den 30er und frühen 40er Jahren gab es weiße Jazzmusiker, die explizit den Status des Künstlers für sich beanspruchten, die dabei jedoch nicht in die Richtung einer weltverlorenen Jazz-Boheme blickten wie die Chicagoans, sondern die ihre Ambitionen auf die Respektabilität des konzertierenden Künstlers im Bereich der sogenannten seriösen oder legitimen *(legitimate)* Musik richteten. Mit den letzteren meine ich Orchesterleiter wie Benny Goodman und insbesondere Artie Shaw und seinen Symphonic Swing von 1941[25]. Die Innovatoren des Bebop waren also durchaus nicht die ersten, sich als solche verstehenden Künstler der Jazzgeschichte; wenn überhaupt, waren sie die ersten *schwarzen* Musiker, die sich als Künstler und nicht primär als Entertainer verstanden.

Dabei hatten sie diese Rolle keineswegs aus freien Stücken adoptiert, sondern sie war ihnen zum Teil durch die objektiven Bedingungen, unter denen sie ihre Musik schufen, aufgedrängt worden. Genauer gesagt, handelte es sich um einen komplexen Prozeß von Wechselwirkungen, in dessen Verlauf es zu Rückkopplungen kam zwischen der objektiven Situation, dem Selbstverständnis und dem Rollenverhalten der Musiker und den Rollenerwartungen, die ihnen von seiten des Publikums entgegengebracht wurden. Um diesen Prozeß zu verstehen, ist es notwendig, zuerst die objektiven Bedingungen zu beleuchten, unter denen die Bebop-Musiker arbeiteten, wobei hier nun nicht die großen gesellschaftlichen Bewegungen zur Diskussion stehen, die die Epoche prägten, sondern jene Umstände, die unmittelbar die Existenz und die Arbeit der Musiker berührten.

Unter den äußeren Umständen, welche die Rezeptionsbedingungen des Bebop und damit auch die Situation seiner Musiker beeinflußten, rangierte an erster Stelle der *Record Ban*, ein gegen die Schallpattenindustrie gerichteter Musikerstreik, der vom August 1942 bis zum November

1944 nahezu die gesamte amerikanische Plattenproduktion zum Erliegen
brachte. Der Record Ban bildete den Höhepunkt in einem Konflikt
zwischen der Musikergewerkschaft AFM (American Federation of Musicians) und den Medienkonzernen, der sich bereits ab 1937 anzubahnen
begann[26]. Dabei war es zunächst vor allem um die Wiederverwendung
von Musikaufnahmen im Rundfunk gegangen, für die die Gewerkschaft
von den Firmen die Abgabe von Tantiemen forderte.

Kommerzielle Musikaufnahmen fanden in dieser Zeit vor allem in
zwei Sektoren statt: Der eine Teil der Gesellschaften produzierte Schallplatten, die zu rund 80 Prozent über den Handel verkauft wurden, zu
19 Prozent in Jukeboxes kamen und zu einem Prozent an Rundfunksender gingen[27]. Andere Firmen konzentrierten sich auf die Produktion
von sogenannten *electrical transcriptions*. Das waren vorproduzierte und
auf Wachsplatten aufgezeichnete Rundfunksendungen, die in der Regel
von Werbefirmen finanziert wurden und von den großen Gesellschaften
wie NBC und CBS ausgestrahlt oder an kleinere, regionale Sender – nicht
selten per Abonnement – weitergegeben wurden[28].

Die AFM und ihr Präsident James Caesar Petrillo gingen davon aus,
daß die ständig wachsende Arbeitslosenquote unter den gewerkschaftlich
organisierten Musikern vor allem darauf zurückzuführen sei, daß immer
mehr Rundfunkstationen Schallplatten und Transcriptions anstatt Live-
Musik sendeten und daß immer mehr Lokale ihre musikalische Unterhaltung mit Hilfe der Jukebox bestritten und auf das Engagement von
Bands verzichteten. Petrillo bezeichnete die Medienkonzerne als »musikalische Monstren, die die Arbeitsmöglichkeiten der Musiker killen«[29].

Der Musikerstreik tangierte die »Monstren« anfangs nur wenig.
Radiostationen und Jukebox-Operateure waren lange vor Streikbeginn
von Petrillos Absichten informiert worden und hatten zum Teil gewaltige
Vorräte von Musikaufnahmen angelegt. Die Schallplattenindustrie durch-
forstete ihre Kataloge und brachte Wiederveröffentlichungen älterer
Aufnahmen *(re-issues)* heraus. Daneben produzierten sie im Auftrage der
US-Regierung Schallplatten für die Armee, die sogenannten *V-discs* (V
steht für Victory), für welche Petrillo als »guter Patriot« eine Ausnahmere-
gelung getroffen hatte. Aufgenommen wurde weiterhin Vokalmusik jeder
Art, da Sängerinnen und Sänger nicht der AFM angehörten. Als man jedoch versuchte, instrumentale Background-Arrangements durch Sänger

ausführen zu lassen, Begleitbands also durch Vokalisten zu simulieren, empfand Petrillo dies als zu weitgehend und signalisierte den Sängern, daß man auf Gewerkschaftsseite deren Aktivitäten während des Streiks sehr sorgfältig registrieren würde[30]. (Daß – wie es Kuhnke-Miller-Schulze nahelegen – der Musikerstreik die in den folgenden Jahren wachsende Popularität der Gesangsstars förderte[31], erscheint mir allerdings wenig plausibel, denn weder traten die später zur Prominenz gelangenden Sänger als unbegleitete Solisten in Erscheinung, noch dürften die von den gewerkschaftlichen Maßnahmen unberührten Instrumente wie Harmonikas und Okarinas als Begleitung für sie eine nennenswerte Rolle gespielt haben.)

Die Schallplattengesellschaften blieben den Musikern gegenüber relativ lange und weitgehend geschlossen standhaft. Erleichtert wurde ihnen ihre Ausdauer durch eine kriegsbedingte Rationierung des für die Schallplattenherstellung unentbehrlichen Schellacks, die ihnen ohnehin eine starke Reduzierung ihrer Produktionskapazität aufzwang. Erst Mitte 1943 begann die Einheitsfront der Großkonzerne abzubröckeln. Als erste die Decca und dann eine Firma nach der anderen gingen auf die Forderungen der AFM ein, bis schließlich nur noch die beiden Marktgiganten Columbia, RCA-Victor und die mit der letzteren Gesellschaft liierte Transkriptions-Abteilung der NBC übrigblieben. Als jedoch schließlich Ende 1944 die Schellack-Rationierung teilweise aufgehoben wurde und die Decca sich zu gewaltigen Produktionsleistungen aufschwang und dabei gleichzeitig begann, den noch bestreikten Gesellschaften die Künstler wegzuengagieren, da gaben auch Columbia und NBC auf. Im November 1944, nach 27 Monaten, war der Arbeitskampf der amerikanischen Musiker gegen die Schallplattenindustrie beendet; und sie hatten ihn gewonnen, wenn auch zum Teil unter beträchtlichen persönlichen Schwierigkeiten[32].

Eine unter den vielen Konsequenzen des Boykotts der Schallplattenindustrie durch die Musiker bestand darin, daß der Bebop in seiner Entstehungsphase und ersten Blüte praktisch nicht auf Schallplatten repräsentiert wurde, sich also gleichsam unter Ausschluß der Öffentlichkeit zu dem entwickelte, was er schließlich darstellte. Die Voraussetzungen für seine Rezeption beim amerikanischen Publikum waren damit denkbar schlecht. Und der Schock, den die ersten Aufnahmen des Gillespie-Parker-Quintetts Anfang 1945 beim unvorbereiteten Hörer auslösten, ist – auch aus heutiger Sicht – durchaus verständlich.

Jazzkritik und Bebop

Allerdings beschränkte sich das weitverbreitete Unverständnis und die
daraus resultierenden Aggressionen, die dem Bebop noch bis in die frühen
50er Jahre entgegengebracht wurden, keineswegs nur auf die überrasch-
ten Durchschnittshörer und Swingfans, sondern betraf ebenso die musikalischen Insider und die Meinungsmacher der Jazzszene, das heißt,
sowohl die Musiker (älterer Stilbereiche) als auch die Kritiker und Publizisten. Dies ging so weit, daß man dem Bop schlicht seinen Jazzcharakter absprach und die ihn produzierenden Musiker als Scharlatane verhöhnte[33].

Ein Beispiel für viele: Im *Down Beat* vom 22. April 1946 schreibt ein
gewisser Don C. Haynes über eine Schallplatte Charlie Parkers mit den
Titeln *Billie's Bounce* und *Now's The Time:* »Diese beiden Seiten zeugen
von schlechtem Geschmack und irregeleitetem Fanatismus ... – Das ist
die Sorte von Zeug, die zahllose, leicht beeindruckbare junge Musiker aus
der Bahn geworfen und vielen von ihnen unheilbaren Schaden zugefügt
hat. Dies kann sich für den Jazz ebenso schädlich auswirken wie Sammy
Kaye.«[34] Sammy Kaye war der Leiter eines kommerziell sehr erfolgreichen
Tanzorchesters der 40er und 50er Jahre, mit dem er unter dem Motto
»Swing and Sway with Sammy Kaye« eine Art von Mickey Mouse-Musik
produzierte. Zu Haynes' Plattenkritik ist hinzuzufügen, daß es sich bei
den beiden von ihm diskriminierten Titeln ausgerechnet um Stücke handelt, die heute zu den überzeugendsten Beispielen für die Bluesgebun-
denheit von Parkers Musik gerechnet werden.

Symptomatisch für die über die Tages- und Gelegenheitskritik hin-
ausgehende Jazzpublizistik und ihre Haltung zum Bebop waren die
Schriften des renommierten französischen Jazzhistorikers Hugues Panassié. In seiner erstmals 1959 veröffentlichten *Histoire du vrai jazz*
schreibt er:

> »In dem Augenblick, da der Jazz endlich im Begriff war, weltberühmt
> und geschätzt zu werden, stieß ihm 1945 nach dem Zweiten Weltkrieg
> ein Mißgeschick zu, das alles wieder in Frage stellte. Kurz nach 1940
> setzten einige schwarze Musiker wie Dizzy Gillespie, Charles Parker,
> Thelonious Monk und einige andere, die bis dahin guten Jazz gespielt
> hatten, sich in den Kopf, in ihre Spielweise der klassischen und modernen

europäischen Musik entliehene harmonische Effekte aufzunehmen. Sie opferten, vom instrumentalen Tempo und harmonischer Vielfalt besessen, den ›swing‹, den ausdrucksvollen Wohlklang, ihrer unjazzmäßigen Leidenschaft auf ... Nur durch Unkenntnis dessen, was tatsächlich Jazz ist, kann man den ›Bebop‹ für Jazz halten.«[35]

Panassié untermauerte, einer häufig geübten Kritikerpraxis folgend, seine Attacken gegen den Bebop durch Musikerzitate, alle in die Schlußfolgerung mündend, daß Bebop eben kein Jazz sei[36]. Er lieferte damit jedoch vor allem ein beispielhaftes Dokument für den endlosen Prozeß, in dem sich progressive Künstler dann in ein befangenes, oft engherzig kritisches Publikum verwandeln, wenn sie einer jüngeren Künstlergeneration begegnen, die über die Errungenschaften ihrer Vorgänger hinauszugehen versucht[37].

Die Bebop-Rezeption
nach dem Zweiten Weltkrieg

Der Record Ban und die Ablehnung des Bebop durch einen Großteil der meinungsbildenden Medien schufen eine denkbar ungünstige Ausgangslage für seine weitere Durchsetzung und die Anerkennung seiner Musiker. Aber noch in anderer Hinsicht waren die Rezeptionsbedingungen für dies neue Art von Jazz prekär. Denn in dem Moment, als der Bebop aufgrund zunehmender Plattenproduktionen und einer allmählichen Aufweichung verhärteter Kritikerpositionen hätte Gelegenheit erhalten können, sich als eigenständiger Jazzstil im Bewußtsein des Publikums zu etablieren, war die kollektive Mentalität dieses Publikums in einer Verfassung, die sich für die Aufnahme einer so widerborstigen Musik alles andere als günstig darstellte.

Die allgemeine Euphorie nach dem Sieg über den Hitler-Faschismus und die Japaner hielt nur kurze Zeit an. »Über all den Siegesfeiern«, schreibt Eric F. Goldman[38], »hing wie ein unheimlicher Nebel aus einer fremden Welt das Faktum der Atombombe ... Die Leute tappten herum, versuchten das Unverständliche zu verstehen, dem furchterregenden Neuen einen Sinn zu geben, der in ihre Denkschemata hineinpaßte.«

Dazu kamen die Erinnerungen an die letzte, auf den Ersten Weltkrieg
folgende Nachkriegszeit. Da hatte man auch einen Krieg gewonnen, und
nach einer Dekade des Wohlstands kam es zu der großen Depression der
30er Jahre.

Harper's Magazine, ein eher zurückhaltendes, liberales Blatt, unkte:

> »Die Veteranen werden die Arbeitslosigkeit nicht mit der gleichen irri-
> tierten Fügsamkeit hinnehmen wie die Arbeitslosen der letzten Depres-
> sion ... Welche Aktionen werden aus dieser Haltung resultieren? Natür-
> lich weiß das niemand. Aber wir haben einige Hinweise; und es sind
> Hinweise, die jeden Amerikaner besorgt machen sollten. Einer von ihnen
> besteht in dem Bericht eines Historikers, der beobachtete, wie sich der
> Faschismus nach dem Ersten Weltkrieg in Italien und Deutschland
> ausbreitete.«[39]

Die letzten Monate von 1945 und das Jahr 1946 standen unter dem
Zeichen einer Entwicklung, die man *reconversion* (Umstellung) nannte
und die die Umstellung der nationalen Ökonomie vom Krieg auf den
Frieden zum Ziel hatte. Dabei war die wirtschaftliche Situation geprägt
von einer durch den Ablauf der Kriegsverträge bedingten Arbeitslosigkeit, von zahllosen großen Streiks, von Waren- und Wohnungsknappheit,
Schwarzmarktgeschäften und Inflation. Ende 1946 lagen die Lebenshal-
tungskosten rund 33 Prozent über dem Stand von 1941[40]. Kein Wunder,
daß in dieser Situation die traditionalistischen Anti-New-Deal-Parolen
der Republikaner auf offene Ohren stießen.

Senator William Howard Taft formulierte das Programm einer Rückkehr zu den traditionellen Werten eines frei sich entfaltenden Kapitalismus: »Wir müssen mit der korrupten Vorstellung Schluß machen, daß
wir Wohlstand, Gleichheit und Entfaltungsmöglichkeiten durch Gesetze
regeln können. All diese guten Dinge wurden in der Vergangenheit von
freien Amerikanern bewirkt, die über ihr Schicksal frei bestimmten.«[41]
Die Umsetzung dieses Programms eines freischwebenden Kapitalismus
schlug sich in einer Reihe von Maßnahmen nieder, die in einer Koalition
von rechtsgerichteten Republikanern und Südstaaten-Demokraten 1947
im Kongreß ausgehandelt wurden. Diese zielten unter anderem darauf
hin, die Bürgerrechtsgesetzgebung abzublocken, die Gewerkschaften zu
schwächen, sozialen Wohnungsbau, Bildungsförderung und Preiskon-

trollen zu stoppen. Eine Steuerreform wurde durchgeführt, die hohe Einkommen begünstigte, und eine neue Einwanderungsgesetzgebung verabschiedet, die Immigranten aus Süd- und Osteuropa diskriminierte[42].

Zu der Angst vor einer wirtschaftlichen Katastrophe, die durch die forschen Parolen der Republikaner nur zum Teil absorbiert werden konnte, kam ab 1948 eine starke politische Verunsicherung. Der Kalte Krieg hing als Damoklesschwert eines erneut ausbrechenden heißen Krieges über den Köpfen der amerikanischen Zeitungsleser und Radiohörer. Die Nachrichten von der kommunistischen Übernahme der Tschechoslowakei, von den Erfolgen Maos in China, von einer atomaren Bewaffnung der Sowjetunion und schließlich von einer angeblichen kommunistischen Infiltration der eigenen Regierungsbehörden schufen ein labiles politisches Klima zwischen Hysterie und Beklommenheit, in welchem sich die Angst vor der Roten Gefahr von außen und innen mit einem weitverbreiteten Mißtrauen gegenüber jeder Art von Intellektualismus und Progressismus vermengte.

Eine solche Atmosphäre kam einer massenhaften Aufnahme einer so unbequemen Musik wie dem Bebop nicht gerade entgegen.

Zur Situation der Bigbands um 1945

Aber nicht einmal um die einst so populären Swing-Bigbands war es allzu gut bestellt. Für sie hatte sich bereits während des Krieges eine Reihe von Schwierigkeiten ergeben. Viele Musiker waren in die Armee eingezogen worden. Die zu Hause blieben, konnten es sich leisten, wählerisch zu sein: Sie bevorzugten Bands, die nicht ständig *on the road* waren, und stellten überhöhte Gagenforderungen. Ein zusätzliches Dilemma bildete die wachsende Benzinknappheit, die nicht nur die Reisen der Orchester behinderte, sondern darüber hinaus auch die Tänzer davon abhielt, Lokale außerhalb der Stadtzentren zu besuchen[43]. Weitere Komplikationen brachten der Schallplatten-Boykott von 1942–44 und eine unmittelbar nach dem Krieg zur Aufbesserung der Staatsfinanzen eingeführte, 20prozentige Vergnügungssteuer. Darauf wurden zahlreiche Tanzsäle geschlossen oder in Kinos oder Supermärkte verwandelt. Die sogenannte *Cabaret Tax* galt nämlich für Lokale, in denen nach Live-Musik getanzt oder sonstiges Entertainment angeboten wurde. Sie begünstigte damit indirekt die Entstehung des Jazzclubs, in dem Musik nicht zum Tanzen, sondern (theoretisch!) zum Zuhören gespielt wird; für die Swing-Bigband wirkte sie sich jedoch verheerend aus.

Es mag sein, daß die Bigbands all diese objektiv gegebenen Schwierigkeiten dennoch letztlich heil überstanden hätten, wäre es nicht in den ersten Nachkriegsjahren zu dem oben geschilderten mentalen Umschwung innerhalb des amerikanischen Publikums gekommen, das schließlich dem verhaltenen Charme von Sängern wie Frank Sinatra, Perry Como, Dinah Shore und Peggy Lee den Bigbands gegenüber den Vorzug gab. Ende 1946 lösten sich innerhalb weniger Wochen allein sieben namhafte Bigbands auf: Benny Goodman, Woody Herman, Harry James, Les Brown, Jack Teagarden, Tommy Dorsey und Benny Carter[44]. Auffällig an diesem massenhaften Exitus ist, daß es sich dabei mit einer Ausnahme, Benny Carter, ausschließlich um weiße Orchester handelte, also um solche, die sich vorwiegend an ein weißes Publikum wandten. Demgegenüber blieb die Mehrzahl der bedeutenden schwarzen Bigbands aktiv: Count Basie, Duke Ellington, Lionel Hampton, Erskine Hawkins, Lucky Millinder ... Sie alle waren bis in die 50er Jahre hinein und zum Teil weit darüber hinaus auf der Szene präsent. Sollte es ein Zufall sein, daß in den zahlreichen Lamentos, die man in der Jazzpresse der 50er Jahre über das »Sterben der Bigbands« anstimmte, eigentlich nie richtig deutlich wurde, wessen Bigbands da eigentlich gestorben waren?

Einer der wesentlichsten Gründe für den »längeren Atem« der schwarzen Bigbands dürfte darin bestanden haben, daß die schwarzen Bandleader ihren Musikern keine Monatsgage garantierten wie die weißen Orchesterchefs, sondern sie für den einzelnen Job bezahlten. »Wenn du in schwarzen Bands irgendwo eine Woche spieltest, dann wurdest du eine Woche bezahlt ... Und wenn die Band fünf Nächte ohne Arbeit war, dann bekamst du für diese fünf Nächte kein Geld«, schreibt Dizzy Gillespie[45].

Dixieland Revival und
New Orleans Renaissance

Zu etwa der gleichen Zeit, als die Bebopper in Harlem bei Monroe's und Minton's sich anschickten, das Vokabular und die Syntax einer neuen musikalischen Sprache zu formulieren, begann sich – zunächst in Kalifornien und bald darauf auch in New York – in zunehmendem Maße ein Jazzidiom Gehör zu verschaffen, das man längst vergessen geglaubt hatte: der New Orleans-Stil. Die Renaissance des alten Jazz, das *revival*, war zunächst einmal im wesentlichen das Ergebnis von planmäßigen, musikalisch-archäologischen Bemühungen einiger weißer Jazz-Enthusiasten und Schallplattensammler: William Russell und Frederick Ramsey waren bei den Recherchen zu dem 1939 erschienenen Buch *Jazzmen* von einigen älteren Musikern auf den Namen Bunk Johnson aufmerksam gemacht worden, einem 1897 in New Orleans geborenen Trompeter, der seit längerer Zeit in der Versenkung verschwunden war. Seine Wiederentdeckung und die Reaktivierung weiterer New Orleans-Veteranen, die Neuinszenierung des Chicago Jazz in New York in einem sich um den Gitarristen Eddie Condon formierenden Zirkel und schließlich das wie ein Lauffeuer um sich greifende Dixieland Revival, in dessen Verlauf zu beiden Seiten des Atlantiks Tausende von jungen weißen Epigonen versuchten, wie die Alten zu spielen – all dies wurde in der Jazzliteratur der Zeit ausführlich gewürdigt. Ihren publizistischen Niederschlag fand dabei eine Kontroverse zwischen den Traditionalisten, die im Revival eine längst fällige Rückbesinnung auf das Echte und Wahre sahen, und den Modernisten, die an den Veteranen vor allem deren wacklige Intonation und die swingfreie Phrasierung bemängelten. Dabei war im Grunde eine Entscheidung pro oder kontra pauschal kaum zu treffen, denn das Revival war, insgesamt gesehen, eine äußerst heterogene Erscheinung; eine Bewegung, an der die verschiedensten Musikertypen partizipierten.

»Hinter den Bandwagons und den gestreiften Jacken«, schrieb der Klarinettist Richard Hadlock, »jenseits der Sauferei und des musikalischen Schulterklopfens, kann man ernsthafte Künstler finden, begabte Amateure, Hanswurste, Innovatoren, Imitatoren, Scharlatane, Betriebsnudeln, Pioniere, Anfänger, Genies, Ausrangierte, Meister ihres Handwerks ... Abziehbilder davon sind in jeder Kunst anzutreffen, die als Entertainment funktionieren muß, um sich am Leben zu erhalten.«[46]

Der jahrelange und meist ebenso grimmig wie engherzig geführte Streit zwischen den *moldy figs* (verschimmelte Feigen) und den sich als progressiv verstehenden Zeitgenossen verdeckte die eigentliche Bedeutung des Revivals. Denn wenngleich dieses auch in seinen Ursprüngen sicherlich nicht als Reaktion auf den Bebop zu deuten ist, sondern eher schon als eine von Jazzpuristen inszenierte Reaktion auf den zunehmend verflachenden Bigband-Swing, so ist andererseits die Revival-Bewegung gerade hinsichtlich ihrer gewaltigen kommerziellen Erfolge zweifellos nur im Zusammenhang mit dem Bebop ganz zu verstehen.

Das Publikum des Revival-Jazz in den USA rekrutierte sich fast ausschließlich aus jungen Angehörigen der weißen Mittelklasse. Es war das gleiche Collegepublikum, das vorher nach dem Swing der Goodman- und der Basie-Band getanzt hatte und das sich nun im Bebop einer unzugänglich, ja feindlich anmutenden Nicht-Tanzmusik gegenüber sah. Der wiederbelebte Dixieland-Jazz füllte in diesem Rahmen das Vakuum, das durch das »Sterben« der Bigbands entstanden war. Er war freundlich, wurde von liebenswürdigen älteren Herren oder von den Mitgliedern der eigenen sozialen Gruppen gespielt – und er versinnbildlichte *gleichzeitig* etwas, womit man sich von der Welt der Älteren, mit ihren *crooners* und Sentimentalorchestern, abzusetzen vermochte. Daß dieses Etwas zur Abwechslung einmal nicht »brandneu«, sondern ziemlich alt war, konnte man durch die Überzeugung kompensieren, daß das Alte jedenfalls das Echte, das Ursprüngliche oder das Unkommerzielle war. Derartige rückwärtsgewandte und sich dabei trotzdem als progressiv verstehende Ideologien durchsetzen phasenweise die Geschichte der Musikrezeption, besonders innerhalb der Sphäre der populären Musik. In der Kunstmusik sind die Konservativen hingegen meist stolz darauf, konservativ zu sein.

Ist Bebop Kunst?

»Die Menschen bilden ihre Ideologien keineswegs so, wie es ihnen beliebt und gerade einfällt; sie unterwerfen sich dabei einer Objektivität, wenn auch nicht unbedingt der der Wahrheit. Sie sind ›Herr und Knecht‹ ihrer Ideologie.«[47]

Die Ideologie der Bebopper und – dadurch vermittelt – bestimmte Komponenten ihres Verhaltens waren geprägt durch die Außenseiterrolle, die sie im Musikleben ihrer Zeit spielten. Ihre Musik war, gemessen an der Funktionalität bisheriger Jazzstile, funktionslos: Man konnte nach ihr nicht tanzen; oder, wie LeRoi Jones aus der Perspektive eines schwarzen Jugendlichen ironisch vermerkt: Sie, die Weißen, konnten nach ihr nicht tanzen[48].

Daß das afroamerikanische Publikum durchaus nach dem Bebop tanzte, bezeugt Chet Baker, der Ende der 40er Jahre kurzzeitig in der Gruppe Charlie Parkers in Los Angeles auftrat: »Im Five Four Ballroom haben sie getanzt … Es war ein ›farbiger‹ Laden, und ich vermute, daß die einfach rhythmischer sind als weiße Leute und daß sie den Rhythmus viel besser fühlen. Wie auch immer – sie tanzten gern, und sie tanzten nach der Musik von Bird! Und sie fühlten sich wohl dabei! Und sie brauchten keinen starken ›back beat‹, verstehst du, so einen Umpta-Umpta-Rhythmus.«[49] Dennoch galt: Nach Bebop kann man nicht tanzen.

Eine solche vom täglichen Gebrauch sich ablösende Musik konnte nach dem allgemeinen Verständnis von Publikum und Musikern nur eines sein: »Kunst«. Woraus deutlich wird, daß der dem Bebop zugeschriebene Kunstcharakter *a priori* keineswegs in seiner musikalischen Struktur verankert war, sondern in der Funktion des Nichtfunktionalen, die ihm in der amerikanischen Gesellschaft der Zeit zugemessen wurde. Wäre dies nicht so, dann müßte ein Solo von Parker etwas kategorial anderes sein als eines von Armstrong.

Nun beinhaltete der Begriff »Kunst« in der amerikanischen Gesellschaft der 40er Jahre (und nicht nur dann) keineswegs unbedingt etwas Positives. Im Rahmen einer auf Effizienz und Nützlichkeit gepolten Ideologie bedeutete Kunst, zumal wenn sie sich obendrein noch als kommerziell erfolglos erwies, eher etwas Überflüssiges. Wenn sie darüber hinaus von Afroamerikanern stammte, denen man, soweit sie sich nicht der euroamerikanischen Kunst anschlossen, allenfalls eine Art von Volkskunst zubilligte, und wenn sie sich dabei auch noch widerborstig gab und mit einem gewissen intellektuellen Anspruch auftrat, dann mußte sie – zumal in der Hysterie des Kalten Krieges – schon als suspekt und tendenziell gefährlich betrachtet werden.

Bezeichnend in diesem Zusammenhang sind die dunklen Andeutungen des Kulturkritikers Weldon Kees in der *Partisan Review* vom Mai 1948: »In Paris ..., wo die Intellektuellen in stärkerem Maße als in jeder anderen Stadt der Welt auf zynische Weise dem Stalinismus zugetan sind, wird der Bebop besonders bewundert.«[50] LeRoi Jones kommentiert: Welch ein wildes Stück von Sophisterei!

Die Etikettierung des Bebop als Kunst, unabhängig davon, aus welchen Motiven heraus sie im einzelnen erfolgte und welche Schlußfolgerungen die Etiketteure daraus zogen, hatte für das Selbstverständnis der Bopmusiker, die sich mit der Rolle des Künstlers identifizierten, erhebliche Konsequenzen. Wer sich als Entertainer versteht und in Schwierigkeiten gerät, weil er erfolglos ist, wird im allgemeinen die Schuld bei sich selbst suchen; denn ein guter Entertainer ist *per definitionem* einer, der sein Publikum gut unterhält. Wer jedoch als Künstler erfolglos bleibt, muß – in Einklang mit der dem Autonomieprinzip zugrundeliegenden Ideologie – die Verantwortung dafür nicht sich selbst zuschreiben, sondern kann das Publikum verantwortlich machen, das ihn nicht versteht und von dem er sich darum isoliert. Genau dies geschah mit den Bopmusikern.

Es gibt zahllose Zitate von Musikern wie Monk, Parker und Gillespie, die deren Entfremdung von ihrem Publikum belegen und die Opposition verdeutlichen, in die sie sich gedrängt sahen. Gillespies vielzitierte Aussage, daß er eigentlich nur für Musiker spiele (»I play for musicians only«), ist symptomatisch für eine Ideologie, in welcher das Publikum als Instanz für die Zuteilung von Erfolg oder Mißerfolg keinen Platz hat. Dabei wird aber gleichzeitig deutlich, daß hier das ästhetische Urteil keineswegs suspendiert oder in den Bereich des rein Subjektiven verwiesen wird. Die Instanz, die darüber befindet, was als gelungen und was als mißlungen anzusehen ist, ist vielmehr die eigene soziale Gruppe, sind die Jazzmusiker selbst. Erfolgreich in diesem Kontext ist, wer innerhalb der eigenen Gruppe Anerkennung findet. Äußerer Erfolg wird – zumindest in der gruppenspezifischen Ideologie – sekundär.

Ideologie und Selbstverständnis
der Bebopper

Aussprüche wie Gillespies »I play for musicians only« sind den Beboppern häufig als Zeichen von Arroganz und Überheblichkeit ausgelegt worden. Der Komponist und Musikschriftsteller André Asriel, dem das zweifelhafte Verdienst zukommt, für den Bebop und die nachfolgenden Stilbereiche die Bezeichnung »Snobistischer Jazz« erfunden zu haben, unterstellt den Bopmusikern in einer für einen Marxisten und Eislerschüler merkwürdig unmaterialistischen Analyse, sie »*wollten* um jeden Preis vom Üblichen abstechen, unkommerziell und unkonventionell sein«. Und weiter: »Man fühlte sich *gerne* als unverstandene Ausnahmepersönlichkeit und *suchte* die ›Einsamkeit‹ …, sei es mit Hilfe von Rauschgiften oder einer zum Rauschgift gewordenen Musik.«[51]

Es ist eigentlich ganz unerheblich, ob die Bebopper tatsächlich – wie Asriel meint – unkommerziell und unkonventionell sein *wollten* und ob sie sich wirklich *gerne* als Außenseiter sahen. Wesentlich ist, daß sie in der Tat Außenseiter *waren*, und zwar nicht aus freien Stücken, sondern weil ihnen keine andere Wahl blieb, es sei denn um den Preis der Aufgabe der eigenen musikalischen Identität. Insofern ist Gillespies »I play for musicians only« weniger als im Sinne einer von elitärem Bewußtsein oder Snobismus getragenen Abgrenzung gegenüber dem »breiten Publikum« zu interpretieren (das – wie man weiß – gerade Gillespie sehr gerne für sich gewonnen hätte), sondern vielmehr als ein Rettungsanker zur Stabilisierung des eigenen musikalischen Selbstwertgefühls; weniger Ausdruck von Arroganz als von einer Art verzweifelten Mutes zum Nun-Gerade.

Die Adoption der Außenseiterrolle durch die Bebopper bestimmte keineswegs nur ihre Mentalität und ihr Denken, sondern prägte auch ihr Handeln und die Art, wie sie sich nach außen hin präsentierten. Manche ihrer Aktivitäten mußten sich insbesondere für den in »normalen« Bahnen denkenden Außenstehenden zwangsläufig als absurd darstellen, selbst wenn sie aus der Sicht der Akteure von einer zwingenden Logik bestimmt waren.

Parker wurde von seinem Pianisten Duke Jordan zwischen zwei Auftritten im Hinterhof des Onyx auf einer umgekippten Mülltonne ausgestreckt und hin und her rollend angetroffen. Parker erläuterte: »Wenn du zwischen zwei Sets etwas ganz und gar Ausgefallenes machst und danach weiterspielst, dann denkst du in ganz anderen Bahnen, und das wird in deinem Spiel zum Ausdruck kommen.«[52]

Ausgiebig publizistisch ausgewertet wurden vor allem die Mode und die exzentrische Sprache der Bopmusiker sowie der Übertritt einiger von ihnen zum Islam. Renommierte Zeitschriften wie *Time* und *Life* widmeten, ohne auch nur einen halbwegs sinnvollen Satz zur Musik zu sagen, ganze Seiten der Darstellung von seltsam aussehenden Männern mit dunklen Sonnenbrillen, Baskenmützen, grellfarbigen Krawatten und einem Bärtchen am Kinn. Den reklamefreudigen Dizzy Gillespie, der mit dem Islam nicht das geringste zu tun hatte, brachten Reporter dazu, sich in Richtung Mekka auf die Erde zu werfen und in Gebetshaltung photographieren zu lassen.

Vieles an dem exotischen Bild des Beboppers, das die Presse der Öffentlichkeit darbot, war überzeichnet, manches basierte auf Mißverständnissen. LeRoi Jones macht darauf aufmerksam, daß das, was man als typische Bebop-Kostümierung bestaunte und was sich unter den sich als *hip* verstehenden Jugendlichen der USA bald zu einer veritablen Mode auswuchs, im Grunde nichts anderes war als eine Imitation der Aufmachung des Bop-Pioniers Gillespie; und daß diese wiederum nichts anderes war als eine persönliche Variante der seinerzeit in den schwarzen Ghettos üblichen Kleidung modebewußter Afroamerikaner[53]. Davon abgesehen dürfte insgesamt die Bebop-Verkleidung unter den Fans weitaus populärer gewesen sein als unter den Musikern: Auf fast allen Photos von arbeitenden, das heißt spielenden Bopmusikern der 40er und 50er Jahre sieht man im bürgerlichen Sinne »ordentlich« gekleidete Männer, in recht durchschnittlichen Anzügen, mit schmalen Krawatten oder »Fliegen« am Hals, ohne Sonnenbrille und ohne Baskenmütze, alles in allem weitaus weniger elegant und aufgeputzt als ihre in Tuxedos oder Zoot-Suits gekleideten Kollegen in den schwarzen Swing- und Showbands der 30er Jahre[54]. Von Charlie Parker weiß man, daß er, getreu seinem proletarischen Kansas City-Hintergrund, bei seinen Anzügen vor allem Wert auf extrem robustes Material legte und sich ansonsten alles andrehen ließ, was ihm von Verkäufern eindringlich genug angeboten wurde[55].

Auch die Sprache der Bebopper, ihr *bop talk*, war – in den richtigen Kontext gestellt – weniger extravagant, als man es gemeinhin darstellte. Die meisten Begriffe des *bop talk* kommen aus dem Slang der schwarzen Ghettos, sind Produkte kreativen Sprachverhaltens der afroamerikanischen »Straßeneckengesellschaft«[56]. Daß sie in das Licht der amerikanischen Medienöffentlichkeit gerieten und in den Schriften der Beatgeneration der 50er Jahre sogar literaturfähig wurden, verdanken sie weniger den Musikern, sondern vielmehr den jungen weißen Hipsters, die sich durch eine ausgiebige Verwendung des schwarzen Argots als »weiße Neger« qualifizierten.

Ebensowenig wie ihre Sprache kann die Affinität schwarzer Bopmusiker zum Islam als bloßer Ausdruck von Exzentrik und Außenseitertum gesehen werden. Die Black Muslims, eine radikale mohammedanische Sekte, deren offizieller Name »The Nation of Islam« lautet, gab es bereits seit 1932, als sie – mitten in der Wirtschaftskrise – von Farrad Mohammad im Schwarzenghetto von Detroit gegründet wurde. Die Nation of Islam war von Anbeginn an keineswegs nur religiös motiviert, keine Fluchtbewegung wie manch andere Sekte, sondern Ausdruck eines Bewußtseinswandels innerhalb der afroamerikanischen Unterschicht mit starken sozialpolitischen Akzenten. Als Ziele der Muslims nannte einer ihrer Prediger: »den Fuß des Weißen Mannes von unserem Genick, seine Hand aus unserer Tasche, seinen Wanst von unserem Rücken zu bekommen; ohne Angst in unserem eigenen Bett zu schlafen und ihm gerade in seine kalten blauen Augen zu sehen und ihn einen Lügner nennen, wann immer er seine Lippen öffnet«[57].

Kenneth B. Clark schreibt in seiner ausgezeichneten Analyse des »schwarzen Ghettos«:

> »Die Black Muslims spiegeln die Wirklichkeit des Hasses und Ressentiments wider, die die Neger begreiflicherweise empfinden. Die Muslims sind ehrlich und trotzig in ihrer rückhaltlosen Kundgabe dieser echten und verständlichen menschlichen Reaktion auf die Ungerechtigkeit. Daß sie in den Mitteln, die sie zur Heilung dieses Zustandes vorschlagen, unrealistisch, widersprüchlich und unvernünftig sein mögen, ist wenig

bedeutungsvoll für das Verständnis der psychologischen Realität, die sie zum Ausdruck bringen.«[58]

Die Hinwendung schwarzer Bopmusiker zum Islam und die damit verbundene Übernahme von mohammedanischen Namen und Verhaltensmerkmalen ist also keineswegs nur als ein für Jazzmusiker spezifisches Phänomen zu bewerten oder als ein nur modisches Accessoire zu einem ansonsten gänzlich unreligiösen Lebensstil (auch dies gab es zweifellos), sondern vielmehr als Ausdruck einer tiefen Frustration, die die Mentalität weiter Teile der afroamerikanischen Bevölkerung beherrschte. Das heißt, die Bebopper wandten sich dem Islam nicht in erster Linie deshalb zu, weil sie Bebopper waren, sondern weil sie Afroamerikaner waren. (Von weißen Muslims unter den Bopmusikern ist nichts bekannt.)

Die Liaison der Musiker mit dem Islam, wie intensiv oder oberflächlich sie im Einzelfall auch immer gewesen sein mochte, war – als symbolhafte Erscheinung – vor allem in zweierlei Hinsicht bedeutungsvoll: Sie signalisierte eine Absage an die weiße euroamerikanische Kultur, und sie stellte sich quer zur integrationistischen Haltung der afroamerikanischen Mittelklasse, von der ja die Jazzmusiker traditionsgemäß noch nie viel zu erwarten gehabt hatten. In beidem deutete sich – freilich noch recht vage – eine Vorwegnahme ideologischer Grundmuster an, wie sie innerhalb einer späteren Generation von Jazzmusikern bedeutsam wurden, nämlich bei den Free Jazzern der 60er Jahre. Diese trugen mit ihrer demonstrativen Hinwendung zu den Musikkulturen der Dritten Welt und mit ihrem dem Marxismus zuneigenden politischen Weltbild zur Konkretisierung und Radikalisierung dessen bei, wofür in der Bebopära das Fundament gelegt wurde.

Fassen wir kurz zusammen: Der vermeintlich exzentrische Habitus der Bebopper, der mehr Angelegenheit der Enthusiasten und Anhänger als der Musiker war, hatte seine Ursprünge in der spezifischen Aufmachung modebewußter Bewohner der schwarzen Ghettos; der *bop talk* korrespondierte mit dem Slang der schwarzen »Straßeneckengesellschaft«; die Affinität schwarzer Bopmusiker zum Islam war Teil einer umfassenden ideologischen Tendenz innerhalb der afroamerikanischen Unterschicht. All diese Symptome für das »abweichende« Verhalten der Bebopper erweisen sich somit zunächst einmal als Ausdrucksmerkmale der kulturellen

Identität Afroamerikas. Allein schon die Hervorkehrung derartiger Merkmale mußte den schwarzen Bopmusiker, sobald er in das Licht der weißen Medienöffentlichkeit geriet, als Außenseiter erscheinen lassen, als einen, der sich exzentrisch in Relation zu der das gesellschaftliche Zentrum definierenden, weißen Mehrheit verhielt. »Der junge schwarze Musiker der 40er Jahre«, schreibt LeRoi Jones, »begann sich dessen bewußt zu werden, daß er allein schon aufgrund seiner bloßen Existenz als Neger in Amerika ein Nonkonformist war.«[59] Die wahren Außenseiter – und zwar in Relation zur weißen *und* zur schwarzen Gesellschaft – waren die weißen Bebopper, praktizierende Musiker ebenso wie Fans, die bestimmte Verhaltensmerkmale der schwarzen Gesellschaft aus freien Stücken übernahmen, sie zum Teil modisch übertrieben und sich als »weiße Neger« (der Ausdruck stammt von Norman Mailer) außerhalb ihres ursprünglichen gesellschaftlichen Bezugsrahmens stellten.

Rauschgift: Ursachen und Folgen

Unter den publizitätsträchtigen Symptomen abweichendes Verhaltens von Bopmusikern gab es eines, das auf die Jazzszene der Zeit stärkere Schatten warf als alle anderen zusammen: die Drogenabhängigkeit einer großen Zahl von Musikern. Drogen hatten in der Jazzszene schon immer eine mehr oder minder unheilvolle Rolle gespielt. Das Milieu des Jazz – großstädtisches Nachtleben mit seiner brisanten Mischung aus gesteigertem Lebensgefühl und Brutalität – bildete seit jeher einen fruchtbaren Nährboden für Süchte aller Art.

Alkohol in den verschiedensten Formen gehörte seit den frühen Tagen in New Orleans zu den beliebtesten und am leichtesten zugänglichen Stimulanzien der Jazzszene. Noch in den 20er Jahren galt Trinken unter den Musikern quasi als sportliche Disziplin. »Wie mit unseren Instrumenten«, schreibt Duke Ellington, »forderten wir uns häufig auch mit der Flasche gegenseitig heraus. Wettkämpfe fanden statt, in denen Titel verteidigt oder verloren wurden.«[60]

Als ursprünglich sozial akzeptierte Droge geriet der Alkohol erst in dem Moment in Verruf, als sich zeigte, daß angetrunkene Musiker in

Bigbands Schwierigkeiten bei der Bewältigung komplizierter Arrangements bekamen. Aufschlußreich sind in dieser Hinsicht die verschiedenen Regularien und Bußgeldkataloge, einiger prominenter Bands der Swingära.

Glen Gray, Leiter der *Casa Loma Band,* erklärte: »Die strengsten Regeln betreffen das Trinken ... Niemand darf vor dem Job trinken. Wenn einer mit ein paar Drinks unter dem Gürtel zum Job aufkreuzt, werden ihm vom Zahlmeister automatisch 50 Dollar angekreidet. Weniger hoch, aber ebenso sicher werden die Männer bestraft, wenn sie zu spät zum Job oder zu Proben erscheinen.«[61] Verbote sind, wie man weiß, immer ein sicheres Anzeichen dafür, daß das Verbotene sich besonders großer Beliebtheit erfreut.

Die während der Swingära von Musikern favorisierte Droge war – neben dem Alkohol – das Marihuana. *Reefers* konnte man ohne große Umstände in nahezu jeder Art von Bar oder Nachtclub kaufen. Und außer einigen als notorische Wichtigtuer bekannten Musikern verlor über die weitverbreitete Gewohnheit, zur Entspannung oder Stimulation ein wenig *tea* zu rauchen, kaum jemand große Worte. Dagegen enthalten zahllose Titel und Songtexte von Jazzstücken der 30er Jahre Anspielungen auf den in der »Szene« üblichen Marihuanakonsum, die nicht nur von Insidern mühelos zu entschlüsseln waren: *The Viper's Drag* (Cab Calloway, 1930), *Chant of The Weed* und *Reefer Man* (Don Redman 1931, 1932), *Texas Tea Party* (Benny Goodman, 1933), *Sendin' the Vipers* (Mezz, Mezzrow, 1934), *Weed Smoker's Dream* (*Harlem Hamfats,* 1936), *Here Comes the Man with the Jive* (Stuff Smith, 1936), *Light Up* (Buster Bailey, 1938) und *Viper Mad* (Sidney Bechet, 1938)[62].

Bis in die frühen 40er Jahre hinein blieb Drogenkonsum ein sekundäres Merkmal der Jazzszene, als Bestandteil des geselligen Lebens im Milieu nur dann der Rede wert, wenn er die musikalische Darbietung gefährdete. Das friedfertige Bild wandelte sich radikal während der Bebopära, als mit dem Einbruch des Heroins in die Szene der Drogenkonsum unter den Musikern bedrohliche Dimensionen annahm und aus Gelegenheitskonsumenten zunehmend Abhängige und Kranke wurden.

Über die Wurzeln des Umschwungs und über die Ursachen für die besondere Anfälligkeit gerade der junge Bebopper gehen die Meinungen in der Jazzliteratur – sofern sie das Thema nicht tabuisiert – zum Teil weit auseinander. Ganz sicher ist, daß es mit einer monokausalen Erklärung nicht getan sein kann, sondern daß ein ganzes Netz von Faktoren beteiligt war. Zu den gänzlich unbefriedigenden, da schon in sich unstimmigen Deutungsversuchen gehört die Ableitung der je spezifischen Art von Drogenkonsum von den emotionalen Charakteristika der jeweils produzierten Musik, wie sie der New Yorker Psychiater Charles Winnick vorschlug[63]. Winnicks Parallelsetzungen (New Orleans Jazz = aggressiv und laut = Alkohol; Swing = leicht und schwingend = Marihuana; Bebop = entrückt und kühl = Heroin) mögen in ihrer Einfachheit auf den ersten Blick bestechend wirken. Beim näheren Hinsehen erweisen sie sich als bloße Metaphern, die noch dazu in der Beschreibung der musikalischen Ausdrucksmittel alles andere als stichhaltig sind.

Unter den ernst zu nehmenden Erklärungsversuchen für die katastrophalen Dimensionen der Drogenabhängigkeit von Bopmusikern und ihrer Nachfolger im Cool Jazz und Hardbop vermengen sich solche soziologischer Art mit persönlichkeitspsychologischen, wobei bei den letzteren oft übersehen wird, daß psychische Zustände häufig durch die soziale Situation vorbereitet und herbeigeführt werden – und nicht umgekehrt.

Als eine der wesentlichen Voraussetzungen für die unter den schwarzen Bopmusikern verbreitete Abhängigkeit von harten Drogen wird deren sozialer Hintergrund im Schwarzenghetto genannt. Natürlich reicht dies zur Erklärung nicht aus, denn die Drogensucht kannte keine Rassenschranken; doch ist sie für eine erste Annäherung an das Problem bedeutsam[64].

Zu den bedrückendsten Charakteristika des Schwarzenghettos gehört traditionell ein sozial und ökonomisch bedingter, außergewöhnlich hoher Prozentsatz von Drogenabhängigkeit, insbesondere unter Jugendlichen. In den Jahren 1949–1952, während man in der Mehrzahl der übrigen Bezirke New Yorks keinen einzigen Teenager als Drogenkonsumenten registrierte, wurden in den meisten Teilen Harlems mehr als zehn Prozent aller männlichen Jugendlichen zwischen 16 und 20 Jahren wegen Drogengebrauch zeitweilig festgesetzt und »behandelt«. Eine Chicagoer Statistik zeigt, daß rund 16 Prozent aller 1931 geborenen schwarzen Jungen bis zum Jahr 1951 mindestens einmal wegen Verstoßes gegen die Rauschgiftgesetze festgenommen worden waren.

Drogenabhängigkeit, neben psychischen Krankheiten, sozialer Desorganisation und Elendskriminalität eines der gravierendsten Symptome für die institutionalisierte Pathologie des Schwarzenghettos, prägte die Jugend zahlreicher schwarzer Bopmusiker, noch ehe sie in das Rampenlicht der professionellen Musikszene gerieten. Dort angekommen, gab es ausreichend Gelegenheiten, Anlässe und vermeintlich oder tatsächlich vorhandene Gründe weiterzumachen. Vielfach diente dabei die in frühester Jugend im Ghetto erworbene Vorliebe für das als *hip* und harmlos eingestufte Marihuana als Einstiegsmotiv für den Konsum des in den 40er Jahren verstärkt auf den Drogenkonsum gedrängten Heroins. Spielt der Ghettohintergrund für die Drogenabhängigkeit zahlreicher schwarzer Musiker fraglos eine bedeutende Rolle (von Parker weiß man, daß er seinen *habit* bereits als Teenager in Kansas City erwarb), so kann man andererseits davon ausgehen, daß ebenso viele, insbesondere weiße Bopmusiker erst durch die Situation auf der Jazzszene mit Heroin in Kontakt kamen. Darauf deutet u. a. eine Studie der beiden New Yorker Psychiater Charles Winnick und Marie Nyswander hin, die um 1950 feststellten, daß ihre überwiegend weißen Jazzmusikerpatienten im Durchschnitt erst mit 24 Jahren an das Heroin gerieten, während – um 1950 – der durchschnittliche Drogenabhängige sonst bereits im Alter von 17 Jahren süchtig wurde[65].

Abgesehen von den in der Pathologie des Schwarzen Ghettos verankerten Ursachen lag eine der grundlegenden Voraussetzungen für den Rauschgiftkonsum der Bebopper in der ständigen und allgegenwärtigen Verfügbarkeit von Drogen im Jazzmilieu der Zeit. Die Verdrängung des Marihuana durch das Heroin Mitte der 40er Jahre und die damit verbundenen größeren Gewinne hatten bei den Drogenhändlern, unter die sich nun verstärkt das organisierte Verbrechen mischte[66], eine konkurrenzbedingte, extrem aggressive Verkaufspolitik entstehen lassen. Die Dealer waren praktisch überall, wo das Nachtleben Künstler, Leute aus dem Showgeschäft und Musiker zusammenführte.

Howard McGhee, einer der bedeutendsten Trompeter der Bopära, sagt:

> »Wenn die Leute ausgingen, um sich zu amüsieren, dann gingen auch die Dealer aus. Und die sagten dann zu einem: ›Laß uns beide, du und ich, mal zusammen etwas probieren. Du kannst es mir später bezahlen, wenn

du deine Gage bekommst.‹ Und so geht es los. Die rechnen damit, daß, wenn sie dich erst einmal dazu gebracht haben, an ihrem Zeug Gefallen zu finden, du früher oder später selbst dahinter her sein wirst.«[67]

McGhee weiß, wovon er spricht; er war selbst acht Jahre drogenabhängig und von der Jazzszene verschwunden.

Zu der generellen Verfügbarkeit von harten Drogen im Jazzmilieu und der Bereitschaft von Dealern, einen Neuling als potentiellen Dauerkunden kostenlos »anzutörnen« *(turn on)*, kam auf seiten der Musiker die Bereitschaft, sich mit Drogen einzulassen. Dafür gibt es – neben so oberflächlichen wie »Neugier« oder »Leichtsinn« – ein Bündel von ernst zu nehmenden Gründen.

Eine Reihe von jungen Bopmusikern, aber noch weitaus mehr Fans, wurden drogenabhängig, indem sie versuchten, die Verhaltensmerkmale ihrer älteren Vorbilder in *jeder* Hinsicht zu imitieren, um so im Zirkel der Eingeweihten und Außenseiter aufgenommen und anerkannt zu werden.

Red Rodney, 1949–53 Trompeter im Quintett Charlie Parkers, begründete seine Drogenabhängigkeit so: »Weil ich musikalisch wie Bird (Parker) sein wollte, dachte ich, wenn ich mich seiner Lebensweise anpassen würde, könnte ich davon nur profitieren.«[68]

Ein anders Motiv, das in Interviews mit drogenabhängigen Musikern der Bopära immer wieder auftaucht, besteht in dem Versuch, das Hineingeworfensein in eine als mies empfundene Realität durch das – zunächst nur als vorläufig beabsichtigte – Abheben in eine bessere, durch Drogen inszenierte Scheinwelt zu kompensieren.

In seiner Parker-Biographie *Bird Lives!* schreibt Ross Russell:

> »Drogen linderten den Druck, unter dem er wegen des Mangels an regelmäßiger Arbeit litt, wegen des Desinteresses der Öffentlichkeit an seiner Musik, wegen der widersprüchlichen, ja lächerlichen Rolle, die er spielte, indem er als kreativer Künstler in einem Nachtclub komponierte und improvisierte. Drogen warfen einen Schleier über die Restaurants mit den schmierigen Bestecken und die billigen Absteigen mit ihren ungefegten Treppen und ihren übelriechenden Außentoiletten … Heroin wurde für ihn zum täglichen Brot *(stuff of life)*. Der Affe auf seinem Rücken schirmte ihn gegen die Außenwelt ab … Sein Lebensstil erstarrte in einer Gußform, die er niemals wieder würde zerbrechen können.«[69]

Auf einen jazzspezifischen Aspekt, der zwei Jahrzehnte später in ähnlicher Form von Rockmusikern aufgegriffen wurde, weist der Posaunist Bob Brookmeyer hin:

> »Man muß in Betracht ziehen, daß der Jazz die ekstatischste Form von Kreativität ist. Keine andere Art von Musik fordert von denen, die sie machen, eine derartige emotionale Intensität. Es ist eine unmittelbare, sinnlich wahrgenommene Emotionalität. Für einen Maler oder einen Bildhauer stellt der kreative Akt einen langsam sich aufbauenden Prozeß dar. In diesen und anderen Künsten erreicht man einen Höhepunkt nur zu bestimmten Zeiten. Im Jazz, wenn man mit den richtigen Leuten spielt, kann man einen solchen Höhepunkt an einem Abend häufig erreichen; und wenn das der Fall ist, dann vermittelt einem das eine Erregung, die nur noch durch die des Geschlechtsaktes übertroffen wird. Wenn man einen solchen Höhepunkt erreicht, wird auch alles andere intensiver. Nun stell dir vor, du spielst in Cleveland: Wenn's an dem Abend gut gelaufen ist, dann bist du zu dem Zeitpunkt, wo du aufhören mußt zu spielen, vielleicht gerade ungeheuer in Schwung. Wo gehst du hinterher hin? Es gibt keine Kneipe oder irgendeinen Ort, wo du dich entspannen kannst. Es ist wie ein unterbrochener Orgasmus. Einige Typen versuchen dann, dieses Gefühl der Ekstase zu verlängern. Andere wollen es abschneiden; und es gibt eine Menge Drogen, die geeignet sind, einen dann ›cool‹ zu machen.«[70]

Eine weitere, mit der besonderen Situation bei längeren Tourneen mit Einzeljobs in jeweils anderen Städten *(one-nighters)* zusammenhängende Begründung besteht in dem außerordentlichen Streß, dem die Musiker dabei ausgesetzt waren. Charles Winnick zitiert in seiner Arbeit über den Gebrauch von Drogen von Jazzmusikern von 1959 einen Musiker:

> »1952 war ich *on the road*. Wir hatten eine grauenhafte Reiseplanung und waren in einem Sonderbus unterwegs. Wir waren so übermüdet und kaputt, daß wir nicht einmal Zeit hatten, uns die Zähne zu putzen, wenn wir in einer Stadt ankamen. Wenn wir dann auf die Bühne stiegen, sahen wir entsetzlich aus. Das Publikum sagte dann: ›Warum lächeln die nicht? Die sehen aus, als ob sie gar nicht lächeln können.‹ Ich fand heraus, daß ich mich mit Heroin ein bißchen rascher aufmöbeln konnte als mit Schnaps. Wenn man, derartig müde, etwas getrunken hätte, wäre man glatt umgekippt.«[71]

Herkunft im Schwarzenghetto, Anpassung an die Ingroup, Flucht aus der schlechten Realität, Stabilisierung des emotionalen Gleichgewichts, Bewältigung von Streßsituationen: All diese – im großen und ganzen ja nicht neuen – Bedingungen würden zur Erklärung des Ausmaßes und des quasi epidemischen Charakters der Drogensucht unter den Jazzmusikern der 40er und 50er Jahre letztlich nicht ausreichen, wenn sie nicht durch das Zusammenwirken zweier übergreifender Faktoren zusätzlich begünstigt worden wären: zum einen durch das reichlich offensive Interesse, das die Unterwelt den Jazzmusikern als einer für sie leicht zugänglichen, sozial labilen und ungeschützten Zielgruppe entgegenbrachte; zum anderen durch die weitgehende Ahnungslosigkeit auf seiten der Bebopper gegenüber den katastrophalen Konsequenzen, die aus dem Umgang mit einer neuen, abhängig machenden Droge wie dem Heroin zwangsläufig resultierten.

Gerry Mulligan: »Ich bin ziemlich sicher, daß die Probleme, die ich und meine Gruppe mit den Drogen hatte, zum Teil daher rührten, wie wir mit ihnen bekannt gemacht wurden. Wenn es da nur irgendeine Art von Information gegeben hätte, die uns zur Verfügung gestanden hätte, eine Methode, durch die wir verstanden hätten, was in unseren Körpern vor sich geht. Statt dessen mußten wir heimlich und illegal nach Drogen suchen.«[72]

Die Konsequenzen der Drogenabhängigkeit sind im nachhinein wesentlich leichter zu rekonstruieren als die Ursachen, die Folgen klarer sichtbar als die Gründe. Zu den auf makabre Weise spektakulärsten Folgen der Drogenkatastrophe gehört der frühe Tod zahlreicher prominenter Musiker (von denen, die nicht prominent wurden, weiß man nichts): Bud Powell wurde 43 Jahre alt, Leo Parker 37, Charlie Parker 34, Serge Chaloff 33, Bob Gordon 27, Fats Navarro 26, Sonny Berman 22. All diese Musiker waren zwischen 1920 und 1930 geboren worden.

Nahezu alle Bebopper und viele Cool-, Westcoast- und Hardbop-Musiker verbrachten in den 50er Jahren mehr oder minder lange Zeitspannen in Sanatorien oder Gefängnissen und waren – wie es in den Lexika meist lakonisch heißt – »musikalisch inaktiv«.

Insbesondere die Kriminalisierung der Drogenabhängigkeit durch Polizei und Behörden schuf dabei eine Situation, in der die Abhängigen in einen unentrinnbaren Kreislauf gerieten. Die Kriminalisierung wirkte

in zwei Richtungen: Sie brachte die Abhängigen in Kontakt zur Unterwelt und machte sie – dem Gesetz nach – selbst zu Kriminellen. Noch
einmal Gerry Mulligan: »Wir begannen uns alle wie Kriminelle zu fühlen,
und wir mußten unsere Sucht verstecken. Nach einer Weile wurde unser
ganzes Leben durch unsere Abhängigkeit bestimmt, und wir waren gezwungen, uns mit Leuten einzulassen, denen wir normalerweise aus dem
Wege gegangen wären. Statt dessen mußten wir sie uns zu Freunden
machen.«[73]

Die Cabaret Card

Zu den Einrichtungen, die die Existenz drogenabhängig gewordener
Musiker am einschneidensten beeinträchtigten, gehörte die sogenannte
New York Cabaret Employee's Identification Card, eine mit Fingerabdrücken
und Foto versehene, von den Polizeibehörden ausgestellte Lizenz, die
jeder benötigte, der in einem Nachtclub arbeitete. Die *Police Card*, wie die
Musiker dieses Dokument kurz und treffend nannten, wurde für un-
bestimmte Zeit jedem entzogen, der wegen eines beliebigen Vergehens
festgenommen und verhört worden war. Wohlgemerkt: *verhört* und nicht
verurteilt. Ausgenommen waren lediglich Verkehrsübertretungen. Die
Regelung stammte von 1931, also aus der Prohibitionsära. Sie brachte,
da die Lizenz zwei Dollar kostete und alle zwei Jahre erneuert werden
mußte, der New Yorker Polizeibehörde für ihre Pensionskasse jährlich
rund 50 000 Dollar an Gebühren ein[74].

Für die Musiker hatte sie katastrophale Folgen. Jeder, der – aus welchem Anlaß auch immer – mit der Polizei in Konflikt geraten war, mußte
damit rechnen, seine Arbeitserlaubnis zu verlieren, ohne daß er im allgemeinen eine Chance zum Widerspruch hatte. Für drogenabhängige
Musiker, die aus Gefängnis oder Entziehungsanstalt auf die New Yorker
Szene zurückkehrten, bedeutete dies, daß sie in einem Moment, in dem sie
Hilfe und Sicherheit am dringendsten benötigten, praktisch ihrer Existenz
beraubt wurden, wenn sie nicht erneut die Strapazen des Lebens *on the road*
auf sich nehmen wollten oder aus New York fortzogen. Von der bekanntermaßen vorhandenen Möglichkeit, die Polizei zu bestechen[75] und so wie-

der an die lebensnotwendige Lizenz zu gelangen, dürften Jazzmusiker aufgrund ihrer geringen finanziellen Mittel vermutlich nur sehr selten Gebrauch gemacht haben. Selbst wer seine Drogenabhängigkeit seit langer Zeit überwunden hatte und – wie es im Jargon heißt – *clean* war, hatte erhebliche Schwierigkeiten, seine Arbeitslizenz zurückzuerhalten: Nicht nur lag die Beweislast für sein Wohlverhalten bei ihm selbst, er mußte auch noch die beeidigte Erklärung eines als »untadelig bekannten Mitbürgers« vorweisen. Die Entscheidung traf schließlich nicht ein Richter, sondern die Polizei.[76] Kein Wunder, daß es in New York einige weltbekannte Bebop-Innovatoren gab, deren Schallplatten in der ganzen Welt gehört wurden, die jedoch in der Stadt, in der sie lebten, jahrelang kein einziges Mal öffentlich auftraten. »Hunderte von großartigen Musikern konnten nicht in New York arbeiten wegen dieser borniertem, verbrecherischen, faschistischen Sache, der Cabaret Card«, sagte Allen Eager, der jahrelang unter dieser fragwürdigen Regelung zu leiden hatte.[77]

Zu Anfang der 60er Jahre geriet die Cabaret Card-Verordnung und insbesondere die korrupte und inhumane Art und Weise, wie sie von der Polizei praktiziert wurde, zunehmend unter Beschuß. Doch erst 1967, während der Amtszeit und mit Unterstützung des liberalen New Yorker Bürgermeisters John Lindsay, wurde sie endgültig außer Kraft gesetzt[78].

Zu der Kriminalisierung und den behördlich inszenierten Schwierigkeiten, denen drogenabhängige Musiker ausgesetzt waren, kam die totale Konfusion aller ihrer sozialen Beziehungen, kamen Folgekrankheiten physischer und psychischer Art, kamen musikalische Fehlleistungen, deren auf Schallplatten festgehaltene Dokumente die traurigen Denkmäler einer schlimmen Zeit darstellen. So verfinsterte das Rauschgift die Bebopära in einem weitaus stärkeren Maße, als es die auf Diskretion und Respektabilität bedachte Jazzliteratur jener Zeit ahnen läßt. Denn es handelte sich keineswegs nur um Einzelfälle, nicht nur um überdimensionale Musikerpersönlichkeiten, die ihre »Schwäche« durch ihren Genius transzendierten und als Giganten in die Heldengeschichtsschreibung des Jazz eingingen. Es handelte sich um eine ganze Generation von kreativen Musikern, die – von der Musikindustrie ignoriert, von den meinungsbildenden Medien als Exzentriker abgestempelt und vom kulturellen Establishment mißachtet – unter den erniedrigendsten Bedingungen eine Musik hervorbrachten, die den Gang der Entwicklung des Jazz ent-

scheidender prägte als jeder andere stilistische Umschwung zuvor. Erst die
übernächste Generation von Jazzmusikern, jene, die zwischen 1935 und
1945 geboren worden war und die den Neuen Jazz der 60er und 70er
Jahre schuf, hat aus den Katastrophen der Bebopper und ihrer unmittelbaren Stilnachfolger im Cool und Hardbop so viel gelernt, daß auf *ihrer*
Jazzszene harte Drogen keine nennenswerte Rolle mehr spielten. Mittlerweile ist längst eine andere musikalische Zielgruppe in das Visier der
Drogenhändler-Mörder geraten und kämpft mit ähnlichen Problemen
wie einstmals die Bebopper: die Musiker des Rock und ihre Anhänger.
An Rockheroen, die ihren Drogengebrauch mit dem Leben bezahlten,
fehlt es nicht.

Bebop in Kontext
der amerikanischen Musiklandschaft

Man hat die Bopära bisweilen als eine revolutionäre Phase der Jazzgeschichte bezeichnet. Von einer immanent musikalisch oder strukturge-
schichtlich argumentierenden Position her gesehen ist das auch richtig.
Aus einer allgemein musiksoziologischen Perspektive, die nicht nur den
qualitativen Umschwung, d.h. den historisch bedeutsamen stilistischen
Wandel, im Blickwinkel hat, sondern auch die quantitativen Dimensionen des musikalischen Geschehens registriert, stellen sich die Jahre um
1950 allerdings kaum als sonderlich revolutionär dar. Im Grunde wird
schon der Begriff Bopära den realen Gegebenheiten der Zeit kaum gerecht. Die in den Präferenzen des Massenpublikums ganz vornan ran-
gierenden Musiker – das darf man nicht vergessen – hießen keineswegs
Parker, Gillespie und Monk, sie hießen auch nicht mehr Goodman, Basie
und Ellington, sondern Bing Crosby, Frank Sinatra und Perry Como.
Die von der Musikindustrie nach dem Record Ban mit Hilfe intensiver
Werbekampagnen auf den Markt gedrängten Gesangsstars wurden die
Helden und Identifikationsobjekte vor allem des weißen Publikums[79].
  Jedoch auch die Bewohner des Schwarzenghettos begannen mehrheit-
lich, eine andere Art von musikalischen Ausdrucksmitteln zu bevorzugen,
als sie der Bebop bereitstellte. Sie, denen die Neuerungen der Bebopper
ebenso fernstanden wie der mondäne Schmelz der Broadway-Songs,

wandten sich dem Jump zu, einer unkomplizierten Musik, die einfache Emotionen transportierte und zum Tanzen herausforderte und die später unter dem Namen Rhythm & Blues die gesamte Entwicklung der populären Musik entscheidend beeinflussen sollte. Der Jazz aber, nachdem er sich in der großen Zeit der Swing-Bigbands zur dominierenden amerikanischen Popularmusik empor- oder herabgeschwungen hatte, wurde erneut zu einer Angelegenheit für – mal größere, mal kleinere – Minderheiten. Die während der 40er Jahre sich vollziehende Ablösung des Jazz vom Hauptstrom der musikalischen Massenkultur war unwiderruflich.

Wie sich die das Bop-Publikum der 40er und frühen 50er Jahre formierende Minderheit sozial zusammensetzte, ist nur schwer rekonstruierbar. Es gibt – selbstverständlich – keine Statistiken, und die zeitgenössische Jazzliteratur ist in dieser Hinsicht wenig ergiebig. Während es sich in den Harlemer *after hour*-Clubs in der Pionierzeit des Bop tatsächlich wohl in erster Linie um eine Hörerschaft von *musicians only* gehandelt haben dürfte, war das Publikum der Jazzlokale in Downtown-Manhattan, in der 52. Straße und am Broadway gewiß mit der üblichen Nachtlebenskaste identisch: Künstler und Literaten aus dem Village, Leute aus dem Showgeschäft, kleine Ganoven und viele schöne Mädchen. Hinzu kamen, von Fall zu Fall, einige wenige schwarze Intellektuelle, ein paar versprengte Touristen und Seeleute und – sehr selten – ein Jazzkritiker[80].

Die spektakulärste Fraktion innerhalb des Bop-Publikums und zugleich jene, die unfreiwillig dem Bebop die meisten Mißverständnisse einbrachte, trat zu Anfang der 50er Jahre auf den Plan: die Beatniks oder – wie sie auch genannt wurden – die Hipster. Diese Angehörigen der »geschlagenen«, der »Beat«-Generation, waren Nonkonformisten und sahen sich darin den Bopmusikern verwandt. Als literarische Bewegung protestierten sie gegen die Uniformierung der Persönlichkeit, der Kultur und des Alltagslebens, gegen die Jagd nach materiellem Wohlstand und gegen das satte, selbstzufriedene Leben der von ihnen verachteten »quadratschädligen« Spießer, der *squares*[81]. Sie empörten sich gegen die Verlogenheit bürgerlicher Moral, die Marihuana und eine freie Entfaltung der Sexualität verdammte, jedoch Rassendiskriminierung, Koreakrieg und die Aufrüstung mit nuklearen Massenvernichtungsmitteln tolerierte.

Der Protest der Beatgeneration blieb literarisch, ihre Aktionen unpolitisch und selbstzerstörerisch. Unter ihren diversen und widersprüch-

lichen *kicks* – Lyriklesungen, Drogen, Rennfahrten in gestohlenen Autos,
Zen-Buddhismus und sexuelle Eskapaden – nahm der Jazz einen vor-
rangigen Platz ein: Jazzmusiker waren die Helden ihrer Subkultur.

»Für die Beatgeneration«, schreibt Lawrence Lipton, einer ihrer prominenten Vertreter, »ist der Jazzmusiker der Schamane ihres Kultes. Was
immer er tut und sagt, ist etwas, worüber man oft und lange zu sprechen
hat … Alles, was die Schamanen des Jazz tun, wird für den Beatnik zum
Stoff für Legenden: der gargantuaische Fixer; der Typ, der davon los-
gekommen ist, der Märtyrer-Held, der daran starb.«[82]

Der Dichter und Maler Kenneth Rexroth, zugleich einer der scharf-
sinnigsten Theoretiker der Beatgeneration, schreibt:

> »Wie die Säulen des Herkules, wie zwei zertrümmerte Titanen, die den
> Eingang zu einem von Dantes Höllenkreisen bewachen, stehen zwei
> große, tote, jugendliche Delinquenten – die Helden der Nachkriegs-
> generation: der große Saxophonist Charlie Parker und Dylan Thomas.
> Wenn das Wort ›wissentlich‹ *(deliberate)* überhaupt etwas zu bedeuten
> hat, dann haben sie beide sich mit Sicherheit ›wissentlich‹ selbst zerstört.
> Beide wurden von dem Grauen der Welt bezwungen, in der sie sich
> bewegten, denn schließlich konnten sie diese Welt mit den Waffen ihrer
> puren lyrischen Kunst nicht länger bezwingen.«[83]

Der schwarze Jazzmusiker und schließlich der Afroamerikaner überhaupt
wurden zu den wichtigsten Bezugsfiguren des weißen Hipsters. Am
Musiker bewunderte er dessen spontane Kreativität – oder was er dafür
hielt; mit dem Afroamerikaner identifizierte er sich, weil er in ihm den
natürlichen Außenseiter erblickte[84].

Die musikalischen Präferenzen der Beatgeneration werden im Detail
in ihrer Literatur erkennbar, insbesondere in den Schriften von Kerouac,
Lipton und Rexroth. Danach rangiert Charlie Parker als überdimensionale Kultfigur an erster Stelle, gefolgt von anderen Bopinnovatoren wie
Monk, Gillespie, Miles Davis, Art Blakey. Kerouac erwähnt wiederholt
eine Schallplatte, die es ihm besonders angetan hat: »The Hunt« von den
beiden Tenorsaxophonisten Wardell Gray und Dexter Gordon. (Der richtige Titel der Platte heißt *The Chase*). Cool Jazz, von dem Frank Kofsky
behauptet, er wäre die von den Beatniks bevorzugte Musik gewesen[85],
spielt in der Bealiteratur so gut wie keine Rolle. Einige Male wird zwar

der Pianist George Shearing von Kerouac begeistert herausgestellt, jedoch mit der ausdrücklichen Einschränkung, daß es sich dabei um den Shearing aus den Tagen vor 1949 handelte, »bevor er cool und kommerziell wurde«[86].

Die Zuneigung der Beatniks zu den Bopmusikern beruhte nicht auf Gegenseitigkeit. Zwar sprachen beide die gleiche Sprache und hatten – zumindest zum Teil – den gleichen erratischen Lebensstil. Doch fühlten sich die Musiker durchaus mißverstanden, wenn sie mit dem großen Heer von ziellosen Hipstern in einen Topf geworfen wurden, mit unernsten Ausflippern (der Begriff kam damals auf!), die niemals die Mühen auf sich genommen hätten, die das Erlernen eines musikalischen Handwerks mit sich brachte, und deren wesentlichste Art von Kreativität im Entdecken von immer neuen *kicks* bestand.

Die Hipster, Beats, die Heiligen Barbaren[87], die Unterirdischen[88] oder wie auch immer man die junge Generation weißer Nonkonformisten der 50er Jahre nannte, bildeten zweifellos die am bedingungslosesten enthusiastische und wohl auch die zahlenmäßig bedeutendste Gruppe von Bebopanhängern. Dennoch war auch sie natürlich nicht in der Lage, den Bop aus seiner Rolle einer Minderheitenmusik zu lösen, denn sie waren selbst in ihrer Zeit eine Minderheit, und eine ungeliebte dazu.

Versuche zur Domestizierung einer widerspenstigen Musik

Es fehlte allerdings nicht an Versuchen, dem Jazz seine Massenwirksamkeit zu bewahren. Insbesondere die von dem Impresario Norman Granz unter dem Titel »Jazz at the Philharmonic« (JATP) ab 1946 inszenierten Konzerttourneen, in denen eine stilistisch buntgemischte Schar von Musikern sich lange und showbewußte »Wettkämpfe« nach dem Motto »länger–höher–schneller« lieferte, hatten offenkundig das Ziel, die vergangene Attraktivität des Swing zu restaurieren. Auch der Bebop blieb von Bemühungen, ihn durch eine partielle Anpassung an den Massengeschmack kommerziell aufzuwerten, nicht verschont. Auch hier hatte Granz seine Hand im Spiel.

Charlie Parker hatte, bevor er 1949 von Granz unter Vertrag genommen worden war, für die kleinen, unabhängigen Schallplattenfirmen
Savoy und Dial überwiegend eigene Kompositionen aufgenommen[89]; für
die von Granz produzierten Aufnahmen verwendete er zum großen Teil
thematisches Material aus der gängigen Schlager- und Musicalpro-
duktion der Zeit. Dies änderte zwar kaum etwas an der Qualität und
Authentizität seiner Spielweise, die auch aus dem dümmsten Thema noch
ein spannendes Stück Musik machte, ist aber bezeichnend für die intendierte Domestizierung der sperrigen Gestaltungsprinzipien des Bop:
Wenigstens das Thema sollte man doch mitsingen können! Musikalisch
gravierender als die Umorientierung im thematischen Bereich war, daß
Granz Parker gerne mit Musikern zusammenspannte, die er in seinen
JATP-Konzerten häufig einsetzte, die aber mit Bebop nicht das geringste
zu tun hatten. Über die Aufnahmen mit dem JATP-Posaunisten Tommy
Turk, den Granz als sechsten Mann dem Parker-Quintett hinzugefügt
hatte, schreibt Parker-Biograph Ross Russell: »Es war so, als hätte man
ein Beethoven-Quartett zusätzlich mit einem Tubaspieler ausgestattet.«[90]
    Zu den abenteuerlichsten Unternehmungen im Rahmen der Versuche
zur Vereinnahmung des Bebop gehören die unter dem Titel »Bird with
Strings« produzierten Schallplatten, in denen Parker mit einem aus
Streichern und Holzbläsern gebildeten Kammerorchester zusammengebracht wurde, um eine Reihe von Balladen aufzunehmen. Es ist, soziologisch gesehen, ziemlich unerheblich, ob – wie behauptet wird – die Idee
zu dieser Mesalliance von Parker selbst stammte oder nicht. Es ist auch
nicht entscheidend, daß Parker, zumindest in einigen der Stücke, glänzende und emotional packende Soli blies. Als musikalisches Ganzes
gesehen sind die Aufnahmen fragwürdig, vor allem aufgrund der stüm-
perhaft gesetzten und einfallslosen Arrangements. Was an alledem soziologisch zählt, ist die Tendenz, die hinter diesen Produktionsideen steht,
eine Tendenz, die wie ein an- und abschwellender Orgelpunkt die Geschichte des Jazz durchzieht: die kulturelle Enteignung Afroamerikas
durch die Deformation seiner künstlerischen Ausdrucksformen zum
Zwecke einer leichteren Vermarktung innerhalb einer von weißen Wertvorstellungen bestimmten Welt. Daß Afroamerika – hier in der Gestalt
Charlie Parkers – dabei bereitwillig mitspielte, daß Parker in den Streichern aus den Rängen der New Yorker Philharmoniker das Symbol für

eine höhere und daher erstrebenswerte Musikkultur sah, zeigt nur einmal mehr, wie das Wertesystem der Herrschenden von den Beherrschten verinnerlicht wird, vorausgesetzt, die Akkulturation unter Druck dauert lange genug.

5 Cool und Westcoast Jazz

Gibt es »weiße« und »schwarze« Jazzstile?

Die Frage, ob es in der Geschichte des Jazz spezifisch afroamerikanische und spezifisch euroamerikanische, oder: schwarze und weiße Stilbereiche gibt, wird insbesondere von Vertretern der amerikanischen Jazzpublizistik gerne als rassistisch verdächtigt und zurückgewiesen. Was hat, so lautet der Einwand, Musik mit Hautfarbe zu tun? Und wie können genetische Faktoren die Hervorbringung bestimmter musikalischer Gestaltungsprinzipien und Ausdrucksmittel beeinflussen, wo doch das musikalische Ausgangsmaterial und die musikalischen Erfahrungen, die der kreativen Äußerung zugrunde liegen, allgemein verfügbar sind?

Jedoch in einem Land wie den USA, deren Gesellschaft Jahrhunderte hindurch nach den Gesetzen einer strikten Rassentrennung funktionierte, muß man keineswegs genetische oder biologische Faktoren für die Ausprägung von kulturellen Differenzierungen verantwortlich machen. Man braucht sich nur anzusehen, wie diese Gesellschaft organisiert war (und zum Teil noch ist), um zu verstehen, warum es zu rassisch differenzierten Ausdrucksformen gerade im musikalischen Bereich kommen mußte. Die musikalische Umwelt in Harlem, in der Chicagoer South Side, in Los Angeles' Watts oder in jedem anderen Schwarzenghetto der USA war nun einmal andersartig, hatte einen anderen Sound und einen anderen Rhythmus als jene in New Yorks Little Italy, in den weißen Vororten von Nord-Chicago oder in den Provinznestern von Ohio und New Jersey. Das musikalische Ambiente in schwarzen Baptistengemeinden oder in den *store front*-Kirchen, das die »musikalische Früherziehung« zahlloser schwarzer Musiker prägte, war nun einmal anders als jenes in jüdischen Synagogen oder in den Kirchen neuenglischer Presbyterianer.

Unzweifelhaft kommt bei einer kreativen, spontanen und egobezogen-emotionalen Art der Musikausübung wie dem Jazz der musikalischen Primärsozialisation des Musikers eine stärkere Bedeutung zu als in einer Musik, in der es mehr um das interpretierende Reproduzieren von Vorgegebenem geht. Mit anderen Worten: Der improvisierende Jazzmusiker spielt in stärkerem Maße sich selbst, seine eigenen Erfahrungen und Emotionen als der Interpret klassischer Musik, dem es vor allem darum gehen muß, eine werktreue und den jeweils bestehenden ästhetischen Normen angemessene Umsetzung eines Notentextes zu leisten. Es liegt also nahe, daß frühe musikalische Umwelterfahrungen des Musikers sich in verschiedenen musikalischen Genres in je unterschiedlichem Grade niederschlagen, wobei sich der potentiell mögliche Anteil von sozial eingebundenen Besonderheiten umgekehrt proportional verhält zu dem spezifischen Standardisierungsgrad der musikalischen Ausdrucksmittel. Je stärker eine Musik reguliert und kodifiziert ist, desto weniger können gesellschaftlich bedingte Differenzierungen in ihrer Darbietung wirksam werden. Deshalb gibt es z.B. keinen schwarzen Stil der Sinfonik, wohl aber – wie zu zeigen sein wird – einen weißen Jazzstil.

Der Swing als eine all-amerikanische Musik war ein integrationistischer Stil, in dem soziokulturell vorgegebene Differenzen vor allem dadurch aufgehoben wurden, daß sich afroamerikanische Musiker im Zuge einer »zweiten Akkulturation«[1] und unter dem Druck des Verwertungsinteresses der Kulturindustrie so weit angepaßt hatten, daß sie deren Standards entsprachen. Der Bigband-Swing beinhaltete – besonders in seiner Endphase – eine überwiegend reproduktive Art der Musikausübung. Beim Ausbruch des Bebop traten die Differenzen wieder hervor.

Der Bebop war eine dezidiert schwarze Musik. Die ihn entwickelten, waren Afroamerikaner; und seine wichtigsten Ausdrucksmittel wurzelten in der afroamerikanischen Musik. Die Reaktion weißer Musiker auf den Bop war uneinheitlich und führte zu ganz verschiedenartigen Ergebnissen. Auf der einen Seite kam es zu einer bopbeeinflußten Musik, in der, mit mehr oder minder großem Erfolg, bestimmte Merkmale des Bebop in einen überwiegend vom Swingstil bestimmten Kontext integriert wurden; zum anderen brachte die Auseinandersetzung weißer Musiker mit dem schwarzen Bop etwas qualitativ Neues hervor, den Cool Jazz.

Für die erstere Tendenz steht vor allem die *Second Herd* von Woody

Herman, die in den Jahren 1947–1949 eine Reihe von boporientierten Solisten enthielt und bopinspirierte Arrangements spielte. Herman gab allerdings schon 1950 die Bebopanteile seiner Musik wieder preis zugunsten einer konservativeren und kommerziell leichter verwertbaren Konzeption. Bezeichnend in dieser Hinsicht ist der gleichsam als Programm zu verstehende Titel eines im Juni 1950 von der *Third Herd* eingespielten Stückes: *Music to Dance to*.

Die zweite Tendenz, bestehend in der Hervorbringung einer qualitativ neuen Stilistik als Reaktion auf den Bebop, ist die historisch bedeutsamere. Sie ist zugleich die komplexere. Man macht es sich gewiß zu einfach, wenn man – wie Martin Williams es tat – den Cool Jazz lediglich als konservativen, ja sogar regressiven Ableger des Bop wertet[2].

Der Cool Jazz speist sich aus vielen Quellen und greift in seinen prägnantesten Erscheinungsformen keineswegs nur nach rückwärts, sondern – bezogen auf den Bop – eher anderswohin. In die Vergangenheit, wenn man Vergangenheit mit Prä-Bop gleichsetzt, weist der Cool Jazz vor allem in dem Rückbezug vieler seiner Vertreter auf den Tenorsaxophonisten Lester Young: Young, der in seiner entspannt linearen Phrasierungsweise und seinem relativ obertonarmen Saxophonsound im Swing stets ein Außenseiter blieb, bildet einen der wesentlichsten Bezugspunkte für die gesamte Cool-Ästhetik; und dies keineswegs nur in bezug auf die Saxophonisten. Von Bill Barber, dem Tubisten der *Capitol Band*, wurde bekannt, daß er Young-Soli transkribierte und auf der Tuba (!) nachspielte[3]. Aber darin – in der Bezugnahme auf Young – haben sich die »regressiven« Momente des Cool Jazz eigentlich auch schon erschöpft. Im übrigen war der Cool Jazz eine in struktureller Hinsicht eher wagemutige Musik, deren Errungenschaften erst später, im Westcoast Jazz, nivelliert wurden und zum Klischee verkamen.

Zwei Pole bestimmen die kreativen Impulse während der Entstehung und kurzen Blüte des Cool Jazz (eigentlich hat der Cool, wie zu zeigen sein wird, niemals richtig geblüht!): zum einen die musikalischen Experimente im Umkreis des Pianisten Lennie Tristano, zum anderen die Aktivitäten der *Capitol Band*, einer neunköpfigen Formation unter der nominellen Leitung von Miles Davis, die um 1950 die Funktion einer Werkstatt zur kollektiven Erprobung der neuen Gestaltungsmittel erfüllte.

Die *Capitol Band* und
der Tristano-Zirkel

Es ist vielleicht nicht ganz unerheblich, daß einige der wesentlichen Gestaltungsprinzipien des Cool Jazz außerhalb von New York, nämlich in Chicago, entwickelt wurden, wo Lennie Tristano Mitte der 40er Jahre seine musikalischen Aktivitäten zu entfalten begann, bevor er mit einigen seiner Schüler 1946 nach New York übersiedelte.

Der Zirkel um Tristano besaß, sozialpsychologisch gesehen, den Charakter einer hochintegrierten Gruppe von Gleichgesinnten mit einer stark ausgeprägten Zentrierung auf den charismatischen blinden Pianisten. In der Beschreibung keiner anderen Gruppe von Musikern finden sich in der Jazzliteratur so oft Begriffe wie »Schüler« und »Jünger« oder »Mentor« und »Lehrer«, wie gerade im Zusammenhang mit den Cool Jazz-Innovationen des Tristano-Kreises. Gleichzeitig gibt es kaum eine Gruppe von Musikern, die sich untereinander so bedingungslos als jeweils die »Größten« und »Besten« ihres Instruments deklarierten[4]. Zum Selbstverständnis der Gruppe führt Tristano-Schüler Warne Marsh aus: »Man betrachtete uns als cool und zog daraus den Schluß, daß wir intellektuelle Musiker seien – was wir tatsächlich waren. Wir waren Studierende der Musik; wir waren nicht daran interessiert, Charlie Parker zu kopieren und Bebop zu spielen. Wir waren daran interessiert, zunächst erstmal kompetente und gut ausgebildete Musiker zu werden und von da aus weiterzugehen.«[5]

Den »kühlen« Gegenpol zur Tristano-Schule bildete die *Capitol Band* von Miles Davis. Diese relativ kurzlebige, durch permanenten Besetzungswechsel gekennzeichnete und dennoch historisch äußerst bedeutsame Formation verdankt ihren Namen einem Schallplattenvertrag, der sie mit der Firma Capital Records verband.

Politisch engagierte und am Black Music-Konzept orientierte Autoren wie LeRoi Jones, Frank Kofsky und Carles & Comolli taten sich alle ein wenig schwer mit der Tatsache, daß in der Capitol Band, bei der Hervorbringung eines im *wesentlichen* »weißen« Idioms wie dem Cool Jazz, eine Reihe von afroamerikanischen Musikern beteiligt waren: Miles Davis als Trompeter sowie Leader, John Lewis als Arrangeur und Pianist sowie – von Fall zu Fall – J.J. Johnson, Max Roach und Kenny Clarke als *sidemen*. Zur Erklärung für die Unstimmigkeit in ihrer nach einem strengen

Schwarz-Weiß-Muster strukturierten Jazzgeschichte wird dann geltend gemacht, daß für all diese schwarzen Musiker der Cool Jazz schließlich nur eine kurze Episode darstellte und daß sie sich sehr bald wieder anderen, »schwärzeren« Ausdrucksmitteln zugewandt hätten. Dies trifft – wenn man einmal John Lewis ausnimmt – in der Tat zu.

Aber ist diese Erklärung überhaupt notwendig und, wenn ja, ist sie ausreichend? Zum einen muß man berücksichtigen, daß es stets und in jeder Kunst sogenannte Grenzgänger gibt: Künstler, die die Grenzen ihrer Klasse, ihrer sozialen oder ethnischen Gruppe überschreiten, die sich – vorübergehend oder für immer – dem Wertsystem und der Ideologie einer anderen Gruppe anschließen, deren Ausdrucksmittel zum Teil oder ganz übernehmen und unter Umständen kreativ vorantreiben. In unserem besonderen Fall kommt hinzu, daß die beiden Hauptakteure unter den an der *Capitol Band,* beteiligten schwarzen Musikern, Davis und Lewis, über einige Gemeinsamkeiten verfügen, die sie für eine gewisse Affinität zu den konstruktiven und emotionalen Besonderheiten des Cool Jazz prädestinieren. Beide stammen aus der schwarzen Bourgeoisie, aus guten Verhältnissen; beide haben an sehr renommierten Institutionen studiert, weisen somit einen akademischen Background auf; und beide waren in den Bop-Formationen, in denen sie vorher gearbeitet hatten, durch ihre vergleichsweise zurückhaltende und entspannte »coole« Spielweise aufgefallen.

Wichtiger als diese individuellen Momente sind nun allerdings jene, die in der Entstehungsgeschichte der *Capitol Band,* liegen und die die Produktion von *Birth of the Cool,* jener mittlerweile zu den sogenannten Meilensteinen des Jazz rechnenden LP[6], nachhaltig beeinflußten.

Die *Capitol Band,* verdankt ihre Entstehung in erster Linie den Bemühungen einiger junger Arrangeure, die ihre avancierten Klangvorstellungen, die sie im Kontext bestehender Orchester nicht oder nur unvollkommen realisieren konnten, einmal in die Praxis umsetzen wollten. Dabei hatte zunächst niemand die Absicht, einen neuen Stil hervorzubringen. Der gemeinsame Bezugspunkt war der Bebop. »Jeder beeinflußte jeden«, schreibt Gerry Mulligan, »und Bird (Charlie Parker) war für uns alle der Einfluß Nummer Eins.«[7]

Seinen eigentlichen Ursprung hatte das Unternehmen im Orchester von Claude Thornhill, einem Pianisten und Bandleader, der zu Anfang

der 40er Jahre mit einer bunten Mischung aus Sweet-Balladen, swingen-
der Tanzmusik und einer Reihe von Bigbandbearbeitungen von Klassik-
Hits wie Brahms' *Ungarischem Tanz Nr. 5*, Schumanns *Träumerei* (in
double time) und Griegs *Klavierkonzert in a-moll* einige Popularität erlangt
hatte[8]. Nach dem Kriege hatte sich Thornhill – dem Zug der Zeit und
dem Drängen seiner Musiker folgend – der Mitarbeit einiger progressiver
Arrangeure versichert, die seiner Musik einige Bebop-Lichter aufsetzten.
Thornhill selbst hatte mit dieser Art von Musik absolut nichts im Sinn
und stand ihr recht hilflos gegenüber[9]. Immerhin ermöglichte er es
Arrangeuren wie Gil Evans, George Russell, Gerry Mulligan und John
Carisi, ihre vom Bop inspirierten Ideen in einen großorchestralen Kontext
zu transformieren. Tatsächlich war Thornhills Band die erste, in der –
arrangiert von Evans – Kompositionen von Parker im Bigbandformat
gespielt wurden.

1947 fand sich ein informelles Team von Arrangeuren/Komponisten
und Musikern des Thornhill-Orchesters zusammen – mit dem Ziel, die
von Evans im Rahmen der Bigband begonnenen Experimente in einer
kleineren und flexibleren Besetzung weiterzuführen. Dieser Vorgang ist
für die richtige Einschätzung von *Birth of the Cool* von grundlegender
Bedeutung. Denn diese Musik war, anders als der in den Sessionlokalen
von Harlem zusammengebraute Bebop, in erster Instanz nicht das Werk
von Improvisatoren, sondern von Arrangeuren. Nicht die Spieler bestimmten das Geschehen (sie waren bis zu einem gewissen Grad sogar
austauschbar), sondern die Schreiber. Und Miles Davis, der dem Projekt
schließlich den Namen gab, war weder sein Initiator, noch war er maßgeblich an der konzeptionellen Vorplanung beteiligt. Er war vor allem der
renommierte Solist, der als ehemaliges Mitglied des Parker-Quintetts –
zumindest symbolisch – die Verbindung zum gemeinsamen Bezugspunkt
Bebop herstellte und der schließlich die Rolle des »Leaders« übernahm.
Sein musikalischer Beitrag jedoch bleibt letztlich sekundär im Verhältnis
zur Arbeit der für den Gesamtklang verantwortlichen Arrangeure.

All dies sagt natürlich nichts über die musikalischen Qualitäten der Soli
von Davis oder eines anderen Solisten aus, sondern soll vor allem dazu dienen, einige Relationen zurechtzurücken, die mir für die Einschätzung des
Stellenwertes jenes epochalen Werkes *Birth of the Cool* essentiell zu sein
scheinen. Dieser besteht vor allem darin, daß hier (nicht von Spielern,

sondern eher mit ihrer Hilfe) ein Klang- und Strukturkonzept realisiert wurde, dem für die weitere Entwicklung, insbesondere für den West-coast/Cool Jazz, die Bedeutung eines ästhetischen Programms zukam.

Die beiden für die Entwicklung der Cool-Stilistik ausschlaggebenden Gruppierungen, die Tristano-Schule und der Kreis um Gil Evans, wiesen hinsichtlich ihrer ästhetischen Grundhaltung einige stilbildende Gemein-samkeiten auf, aber ebenso viele Unterschiede. Beide – Gemeinsamkeiten und Unterschiede – waren im wesentlichen in der speziellen soziokultu-rellen Situation der beiden Gruppen begründet und durch den Werde-gang und das Selbstverständnis der maßgeblichen Musikerpersönlich-keiten vermittelt.

Gemeinsam war beiden Gruppen eine gewisse emotionale Zurück-haltung, die in deutlichem Kontrast zu der extrovertierten, ja bisweilen panischen Spontaneität und Hektik des Bebop stand. Verantwortlich hierfür, im engeren musikalisch-technischen Sinne, war zum einen ein relativ vibratorfreier und obertonarmer Sound bei den Bläsern (Lester Young als Vaterfigur!) sowie eine Art der rhythmischen Phrasierung, in der gleichmäßig akzentuierte Legato-Achtel den Vorrang hatten vor *off-beat* und mit starker Attacke, also quasi explosiv, eingesetzten Phrasen, wie sie im Bop üblich waren. (Worauf sich allerdings die in der deutschen Jazzliteratur wiederholt getroffene Behauptung stützt, die Cool-Jazzer würden häufiger in »retardierendem«, die Bebopper hingegen in »anti-zipierendem« *offbeat* phrasieren, ist mir absolut unerfindlich.)

Gemeinsam war beiden Gruppierungen weiterhin ein deutlicher Hang zum Konstruktivismus, der allerdings in beiden Fällen ganz unterschied-liche Resultate zeitigte. Während es in der *Capitol Band*, den Erfahrun-gen und Interessen der Musiker/Arrangeure entsprechend, mehr um die Konstruktion ausgefallener orchestraler Klangfarben ging, wobei die ver-tikale Dimension im Vordergrund stand, zielte der Tristano-Zirkel mehr auf die Entfaltung der linearen oder horizontalen Dimension. Der Sound der Tristano-Gruppen wurde dabei gleichsam asketischer, strenger als jener der *Capitol Band*, der unter anderem durch die starke Betonung der tiefen Register (Tuba, Horn, Baritonsax, Posaune!) eher weich und warm wirkte.

Von besonderer Bedeutung waren in diesem Zusammenhang die Außenorientierungen der beiden Gruppen. Der Auslöser für Evans' und

Mulligans Bemühungen waren, wie gesagt, ihre eigenen Arrangier-Experimente in der Thornhill-Band. Tristano und seine Musiker hingegen orientierten sich sehr stark an der europäischen Musik, wobei vor allem die klare Linearität der polyphonen Barockmusik einen wesentlichen Anknüpfungspunkt bedeutete. Von den Clubauftritten der Tristano-Gruppen wird berichtet, daß sie ihre Sets mit Bachschen Inventionen oder Fugen aus dem *Wohltemperierten Klavier* einleiteten. Dies war keineswegs ein bloßes Kokettieren mit dem europäischen Erbe, sondern bedeutete die Demonstration eines ästhetischen Programms, das selbst dort in die musikalische Gestaltung eingriff, wo mit den traditionellen Modellen des Jazzrepertoires gearbeitet wurde.

Die Anlehnung an die ästhetischen Werte der abendländischen Musikkultur kommt in zahlreichen Bemerkungen Tristanos oder seiner Schüler zum Ausdruck. Kaum jemals wurde im Jazz so viel von Reinheit und Klarheit gesprochen wie im Cool-Zirkel um Tristano; und kaum sonst wurde dieses Streben nach Klarheit mit einer derartigen Konsequenz durchgesetzt, auch wenn es um den Preis einer gewissen Sterilität des Ausdrucks und der rhythmischen Substanz geschehen mußte. Bezeichnend hierfür ist Tristanos Verhältnis zu Schlagzeugern, die es ihm, mit wenigen Ausnahmen, vor allem deshalb nicht recht machten, weil sie zu viele Akzente spielten und weil sie, seiner Meinung nach, im Tempo schwankten[10]. Schlagzeuger sollten vor allem als *timekeeper* funktionieren, also den Fundamentalrhythmus – möglichst mit Besen und möglichst metronomisch – schlagen, sich jedoch im übrigen jeder rhythmischen Intervention oder Reaktion enthalten. Tristano drehte damit in seinen Gruppen zehn Jahre Schlagzeugentwicklung zurück.

Für das Selbstverständnis und damit auch die musikalische Konzeption Tristanos charakteristisch scheint mir eine Bemerkung, die er 1964 in einem Interview über die derzeitige Musik von Coltrane, Rollins und Davis machte: »Ihre Musik ist ein Ausdruck ihres Ego. Ich möchte, daß der Jazz aus dem Es fließt.«[11] Mit anderen Worten: Nicht *Ich* spiele, auf der Basis und im Bewußtsein all meiner sozialen Erfahrungen, sondern *Es* spielt aus mir, unkontrolliert und unbewußt. Ganz abgesehen davon, ob diese Interpretation Tristanos stichhaltig ist (ich zweifle daran), ist sie bezeichnend für das Denken in psychologischen Kategorien, wie es in der Tristano-Schule häufig anzutreffen war und wie es bisweilen auch in den Kompositionstiteln des Zirkels seinen Niederschlag fand: *Subconscious-Lee, Retrospection, Tautology, Intuition.*

Dem letzten Titel bzw. dem Stück, für das er steht, gebührt, ohne analytisch ins Detail gehen zu müssen, zumindest eine Randbemerkung, denn dieses Stück nimmt, gemeinsam mit einem weiteren, *Digression*, in der Auseinandersetzung mit dem Cool Jazz im allgemeinen eine zentrale Position ein. *Intuition* und *Digression* (was soviel wie Abschweifung heißt) sind freie Kollektivimprovisationen, ohne harmonisch-metrischen Bezugsrahmen, ohne durchgeschlagenen *beat*, gesteuert nur von der Intuition der improvisierenden Musiker und von ihren musikalischen Erfahrungen und Ambitionen. All dies trägt, bezogen auf die endvierziger Jahre, das Zeichen des Sensationellen. Diese Aufnahmen aber darum zu direkten Vorläufern, ja Vorbildern des Free Jazz zu stilisieren, wie es bisweilen geschah, oder sie gar als eine »wesentlich kohärentere Form von freier Improvisation« gegen die Vertreter des »sogenannten New Thing« auszuspielen, wie es noch 1966 Ira Gitler tun zu müssen glaubte[12], heißt die Bedeutung dieser Aufnahmen gründlich mißzuverstehen. Denn die Parallelen, die hier konstatiert wurden, beruhen auf einer sehr oberflächlichen, da ausschließlich auf einige allgemeine strukturelle Übereinstimmungen gerichteten Betrachtungsweise. Jedoch weder die Ursachen noch die Wirkungen von Tristanos Free-Exkursionen sind mit jenen der Musik – sagen wir – Ornette Colemans oder Cecil Taylors vergleichbar. Die Auseinandersetzung der Cool-Musiker mit den Möglichkeiten der freien Improvisation blieb, auch auf ihren eigenen Kreis bezogen, immer eine Randerscheinung, blieb provisorisch. Ihr fehlte jene innere Notwendigkeit eines endgültigen Aufbruchs aus dem traditionellen Normenkanon, wie sie schließlich um 1960 die gesamte Jazzentwicklung irreversibel umkrempelte. *Intuition* und *Digression* blieben eine kurzfristige Extravaganz weißer Musiker, die sich vorübergehend des schwarzen Backgrounds des Jazz, des Blues und der drängenden Rhythmik des Bebop entledigt hatten und nun sehnsüchtig zu den polyphonen Klangwelten des Abendlandes hinüberblickten; Klangwelten, die zwar Respektabilität verhießen, die jedoch im musikalischen Alltag des Cool Jazz letztlich keine Chance hatten, da ihnen jede gesellschaftliche Basis fehlte.

Der Cool Jazz in New York
und das Modern Jazz Quartet

Der Cool Jazz fand seine größte Anerkennung nicht dort, wo er entstand, sondern in Europa, wo er – insbesondere in England, Skandinavien und der Bundesrepublik – zahllose junge Musiker in seinen Bann zog. Dies war nicht einmal so erstaunlich, denn der Cool und später der Westcoast Jazz beinhalteten Ausdrucksmittel, mit denen sich europäische Musiker wesentlich leichter identifizieren konnten als zum Beispiel mit jenen des Bebop und die sie auch leichter imitieren konnten. Tatsächlich gab es kaum Europäer, die es zu halbwegs kompetenten Bebopspielern brachten; hingegen gab es zahlreiche vom Cool beeinflußte Musiker, die in diesem Genre durchaus bedeutsame Aussagen machten.

In den USA blieb der Cool Jazz ökonomisch erfolglos. Die Musiker litten unter den gleichen finanziellen Schwierigkeiten und hatten die gleichen Drogenprobleme wie die schwarzen Bebopper. Die Clique um Gil Evans und Gerry Mulligan probte, da man weder über die notwendigen Räumlichkeiten verfügte, noch die Miete für ein Studio aufbringen konnte, zeitweise unter freiem Himmel im Central Park. Die Musiker schliefen »schichtweise« in der Souterrainwohnung Gil Evans' in der 55. Straße. Evans selbst war gezwungen, in Vorstadtkneipen, bei Bierparties und zur Begleitung »exotischer« Tänzerinnen Klavier zu spielen[13]. Die öffentlichen Auftritte Miles Davis' legendärer *Capitol Band*, beschränkten sich im wesentlich auf zwei Wochen im New Yorker Jazzclub Royal Roost im September 1948.

Dem Kreis um Tristano ging es nicht besser. In Chicago hatte sich Tristano zeitweise als Tenorsaxophonist und Klarinettist in Rumbabands verdingt und als Pianist in Cocktailbars für Unterhaltung gesorgt[14]. Bigband-Arrangements, die er für das Woody Herman-Orchester schrieb, wurden schließlich nicht verwendet, und eine geplante Jazz at the Philharmonic-Tour des Tristano-Trios platzte im letzten Moment. In New York waren dann die Engagements für die nun auf ein Quintett angewachsene Gruppe derart rar, daß sich Tristano dem Unterrichten zuwandte, zunächst sporadisch und eher als Nebenbeschäftigung, und später fast ausschließlich. Lee Konitz, Tristanos bedeutendster Mitarbeiter und als Solist in der *Capitol Band*, das wesentlichste Bindeglied zwischen den beiden Eckpfeilern des Cool Jazz, ging 1952 nach Kalifornien zu Stan Kenton. Andere Mitglieder des Tristano-Kreises begannen als Studiomusiker zu arbeiten oder wandten sich anderen Bereichen zu.

Die einzige Formation, die mit dem Cool Jazz stilistisch verbunden war, ihn jedoch musikalisch in mancher Hinsicht transzendierte und existentiell überdauerte, war das *Modern Jazz Quartet*, eine Gruppe, der allein schon aufgrund ihres ungeheuren Erfolges sozialgeschichtliche Relevanz zukommt. Das MJQ, wie die gängige Kurzbezeichnung lautete, wurde 1952 von dem Pianisten und Komponisten John Lewis *(Capitol Band!)* gegründet und war als die insgesamt wohl beständigste Gruppe der Jazzgeschichte bis 1974 permanent in Aktion. Das MJQ bestand aus vier schwarzen Musikern und sprach damit augenscheinlich der These Hohn, daß es sich beim Cool Jazz um eine weiße Musik handelte. Tatsächlich demonstriert das Beispiel MJQ auf sehr prägnante Weise, daß das Wertsystem, dem man sich unterwirft, sehr wohl unabhängig sein *kann* von ethnischer Zugehörigkeit und soziomusikalischer Herkunft. Die Musiker des MJQ kamen allesamt vom Bebop her. Sie wurden groß in einem musikalischen Milieu, in dem Blues nicht nur ein Formschema, sondern ein Ausdrucksmittel bedeutete. Daß sie sich dennoch einer Musik verschrieben, in der die Behutsamkeit und Eleganz pseudobarocker Kontrapunktik das rhythmische Fieber des Bop ersetzten, mag außermusikalische Gründe gehabt haben, deren Wurzeln bis weit vor den Cool Jazz zurückreichen: auf ältere Versuche, dem Jazz Würde zu verleihen, was wie stets zuvor hieß, ihn teilhaben zu lassen an den Reichtümern der abendländischen Musik. Diese Reichtümer fand John Lewis zunächst in der Barockmusik: Nie zuvor in der Geschichte des Jazz und von keiner zweiten Gruppe wurden so viele Fugen, Toccaten und Rondos geschrieben und gespielt wie vom *Modern Jazz Quartet*. John Lewis knüpfte damit an eine Tradition an, die ihm vor allem beim weißen Publikum die größte Popularität sicherte. Denn anders als bei der Musik Lennie Tristanos, die kühl und intellektuell sein mochte, aber dabei stets noch eine gewisse Courage im Umgang mit der Tradition aufwies, war das musikalische Europa, das Lewis im Blickwinkel hatte, eindeutig das Europa längst vergangener Zeiten. Stagnation war damit in die Musik des MJQ mit einer gewissen Zwangsläufigkeit einprogrammiert. Und es war wohl auch dieses konservative Moment, das ihr in den 50er Jahren eine derart breite Resonanz gerade bei denen sicherte, die sich weder mit Parker noch mit Bach (im Original) je hatten so recht anfreunden können.

Von besonderer Bedeutung wurde die Musik des *Modern Jazz Quartet* für Europa, wo die vier Musiker in ihren schwarzen Smokings und mit der düsteren Seriosität von Streichquartettspielern die Konzertsäle der Metropolen eroberten. Vor allem in der Bundesrepublik wurde darüber hinaus das MJQ zum Lieblingskind der Musikpädagogik: Der Jazz, bislang allenfalls mit leichtem Stirnrunzeln in der letzten Stunde vor den großen Ferien als unverbindlicher Ausklang geduldet, konnte nun zum Lehrstoff erhoben werden. »Vom *Modern Jazz Quartet* zu Bach« hieß die Devise, mit der man die Schüler übertölpelte.

Kulturpolitische Konsequenzen der McCarthy-Ära

Die in der Sozialstruktur der USA verankerten Gesetzmäßigkeiten, die das Verhältnis von afro- und euroamerikanischer Musik als eines von Invention und kommerzieller Auswertung bestimmen, erwiesen sich im Falle des Cool Jazz New Yorker Prägung als folgenlos. An dem ökonomischen Mißerfolg dieser Musik, der – wenn man an die *Capitol Band* oder an Tristano denkt – in offensichtlichem Gegensatz zu ihrem ästhetischen Erfolg steht, waren mehrere Faktoren beteiligt. Der wesentlichste dürfte in der strukturellen Beschaffenheit der Musik selbst bestanden haben. Denn so sehr der Cool Jazz in seinen emotionalen Aspekten einem für Entspannung und Ausgeglichenheit empfänglichen Publikum auf den Leib geschneidert schien, so wenig parierte er diesem Publikum in seinem intellektuellen Gehalt. Experimente waren nicht gefragt in den Jahren um 1950. Und was den Anschein des Intellektuellen erweckte, war allemal suspekt in dieser von den Schnüffelaktionen und Verfassungstreue-Tests des Senators McCarthy geprägten Ära, in einer Zeit, in der einer der beliebtesten Slogans lautete: »Wo du einen Intellektuellen im Bezirk findest, da wirst du wahrscheinlich auch einen Roten finden«[15], und in der die Bibliothekare des staatlichen Informationsdienstes angewiesen wurden, »alle Bücher von Kommunisten, Mitläufern et cetera« aus den Regalen zu entfernen, wobei im Staate Indiana unter anderem auch *Robin Hood* in Kommunismusverdacht geriet[16].

Der Cool Jazz paßte in diese soziopolitische Landschaft ebensowenig wie der Bebop, als dessen geglättete Alternative er aufgetreten war. Erst in seiner entschärften, auf leichten Konsum und Liebenswürdigkeit hin überarbeiteten Version konnte er im Westcoast Jazz ein neues, überwiegend jugendliches weißes Publikum für sich gewinnen. Aber da hatten sich die bedeutendsten seiner Exponenten schon von ihm abgewandt.

Die McCarthy-Ära und die mit ihr verbundene Hysterie ging 1953 mit der Wahl Eisenhowers zum Präsidenten zu Ende. Der Durchschnittsamerikaner hatte mehr Vertrauen in die neue Vaterfigur, die Frieden und Sicherheit versprach, als in einen verwirrten Kommunistenjäger, der sich darauf spezialisiert hatte, Furcht und Unsicherheit zu produzieren.

Die folgende Periode war bestimmt vom Trend zum »Neuen Konservatismus«. Der von Eisenhower gern benutzte Begriff vom »goldenen Mittelweg« *(middle-of-the-road)* wurde zum Leitmotiv für einen Weg, der in Wirklichkeit etwas rechts von der Mitte verlief. Das »Gleichgewicht der Kräfte« hatte zu einem politischen Pragmatismus geführt. Anpassung hieß die Devise. Der Lebensstandard wuchs langsam, aber sicher.

Eric F. Goldman schrieb über die Eisenhower-Ära:

> »Millionen von Amerikanern fanden sich in einer Situation, in der eine individuelle Geisteshaltung nicht einmal so sehr falsch, sondern vielmehr bedeutungslos war. Der durchschnittliche Industriearbeiter gehörte einer Gewerkschaft an, und der durchschnittliche Farmer war engstens mit mindestens einer Berufsgenossenschaft verbunden. Der typische Angestellte war bei einer Behörde oder in einer Firma beschäftigt, die mehr als zweihundert Angestellte hatte; und der typische Geschäftsführer war nicht der Besitzer, sondern ein angestellter Manager einer Firma. In einem Netz von Beziehungen waren die meisten Amerikaner mit staatlichen Behörden verbunden. Allein schon die allgemeine Lebensweise hatte ihre Auswirkungen. Der Trend ging unübersehbar zu einem Haus in einem Vorort, in einem jener über Meilen hinweg wie die Pilze aus dem Boden schießenden Mittelschicht- oder Arbeitervororte, in denen die höchste Tugend darin bestand, sich dem anzupassen, was die Nachbarn dachten und taten. Unter diesen Umständen gab es keinen Drang nach Individualismus, sondern eher danach, zwischen sich selbst und

einer größeren Gruppe oder Organisation so einträgliche und angenehme Beziehungen herzustellen wie möglich.«[17]

Im April 1947 kam Charlie Parker nach einem 16monatigen Aufenthalt in Kalifornien nach New York zurück und sprach mit dem Jazzkritiker Leonard Feather:

> »Das Schlimmste war, daß an der Westküste kein Mensch unsere Musik verstand. Sie *haßten* sie, Leonard. Ich kann dir gar nicht sagen, wie sehr ich mich nach New York sehnte ... Als ich schließlich von der Westküste abreiste, da hatten sie bei Billy Berg's (einem Club, in dem Parker auch gearbeitet hatte; E. J.) eine Band mit einem Baß-Saxophonisten und einem Schlagzeuger, der auf Temple Blocks und Ching-ching-ching-ching-Becken spielte – eine von diesen richtigen Bands im New Orleans-Stil, diesem uralten Jazz. Und das liebten die Leute! Das war eines der Dinge, die mich zum Ausflippen brachten.«[18]

Der von Parker erwähnte Clubbesitzer Billy Berg ging unter anderem dadurch als Negativfigur in die Jazzgeschichte ein, daß er bei besagtem Engagement, um das Geschäft anzukurbeln, Parker und Gillespie zum Singen zu animieren versuchte[19].

Das war 1947. Rund fünf Jahre später begann sich an der Westküste, die bis dahin fast ausschließlich vom Dixieland Revival beherrscht worden war, ein Stil zu entfalten, der ohne die Innovationen von Bebop-Pionieren wie Parker zwar kaum denkbar gewesen wäre, der jedoch in vieler Hinsicht den Eindruck vermittelte, als ginge es vor allem darum, die Essenz dieser Innovationen zu negieren.

Kalifornien und der Jazz:
Zur Geschichte eines gespannten Verhältnisses

Die Geschichte des Jazz an den Gestaden des Pazifik geht zurück bis ins Jahr 1914, als der New Orleanser Bassist Bill Johnson das *Original Creole Orchestra*, dem unter anderem der Kornettist Freddie Keppard angehörte, nach Kalifornien brachte[20]. Jelly Roll Morton spielte zwischen 1915 und 1923 in San Francisco, Los Angeles und San Diego und führte dabei

zwischenzeitlich sogar ein eigenes Club-Hotel. Kid Ory ließ sich 1919
aus gesundheitlichen Gründen an der Westküste nieder und nahm dort
1921 die erste Jazzplatte einer schwarzen Gruppe auf. Während der 30er
Jahre gastierten einige bedeutende Swing-Bigbands in den Ballsälen Kaliforniens. Im Palomar in Los Angeles erlebte die Benny Goodman-Band
ihren großen Durchbruch. Zu Anfang der 40er Jahre nahm das Dixieland
Revival die Westküste in Besitz. Bereits 1939 hatte sich in San Francisco
in der Hot Jazz Society die erste Vereinigung von Oldtime-Jazz-Enthusi-
asten formiert. Deren Aktivitäten führten schließlich zur Gründung der
ersten Revival Bands. 1942 begannen die Schallplattenproduzenten Lester Koenig und Dave Stuart, auf ihrem Label »Jazzmen« alten Jazz zu produzieren. Und ab 1944 verhalf der Schauspieler und Regisseur Orson
Welles in einer außerordentlich populären, regelmäßigen Radioshow der
Kid Ory-Band zu spätem Ruhm[21].

Die 40er und 50er Jahre hindurch wurde in einem von dem Konzern
Standard Oil finanzierten Schulfunkprogramm die Musik von Louis
Armstrong, Kid Ory und Bunk Johnson in die Klassenzimmer des kalifornischen Schulsystems eingespeist. In Los Angeles und San Francisco
schossen zahlreiche Dixielandlokale aus dem Boden.

Es ist nicht ganz leicht zu rekonstruieren, woher die Jahrzehnte über-
dauernde Präferenz der Kalifornier für den alten und pseudoalten Jazz
rührte und worin ihre Abstinenz gegenüber den neueren Entwicklungen
der afroamerikanischen Musik begründet lag. Drei Dinge fallen an diesem westlichsten Bundesstaat der USA traditionell besonders auf: das
Klima, der hohe Lebensstandard und Hollywood.

> »Der griechische Himmel, der sich über Los Angeles breitet ... Auf
> dem Platze unter den zitternden Palmen sitzen in den Geschäftsstunden
> Menschen jeden Lebensalters und lesen Zeitungen. In kleinen Adobe-
> hütten, umgeben von blühenden Gärten, wohnen dort Arbeiter, Beamte
> und Angestellte. Der Mensch ist tätig im Erwerb von Reichtum. Aber
> hinter dem Reichtum liegt seine Verwendung: Muße, verständiger Ge-
> nuß. Überall an der ganzen Westküste breitet sich Wohlhabenheit und
> Zufriedenheit unter den Massen aus.«[22]

Die Beschreibung dieser Idylle aus der Feder des deutschen National-
ökonomen Moritz Julius Bonn stammt aus dem Jahre 1930.

Der Rock-Schriftsteller Loyd Grossman schildert Kalifornien 46
Jahre später so:

> »Ein originelles, abenteuerliches und geschmackloses Land, wo nichts
> fehl am Platze ist, weil alles fehl am Platze ist. Und Kalifornien be-
> handelte seine Bürger gut − zumindest die Mittelklasse, die in der auf-
> blühenden Wirtschaft dieses Staates wohlhabend wurde, Landhäuser mit
> Swimmingpools baute und ihren Kindern Autos kaufte. Kalifornier sind
> eine Rasse für sich: zuversichtlich, unreif und unverschämt gesund.«[23]

Es ist nicht unwahrscheinlich, daß die pazifisch-milden Klimaverhält-
nisse Kaliforniens (in Los Angeles 325 Sonnentage im Jahr) die Durchsetzung einer Mentalität begünstigten, in der sich anstrengungsloses
Genießen und eine Vorliebe für schlichte Fröhlichkeit zu den vorherr-
schenden musikalischen Verhaltensmustern entwickelten. Auch die Tatsache, daß − insbesondere in Los Angeles − der größte Teil der sogenannten kulturtragenden Schichten direkt oder indirekt in der Filmindustrie
engagiert war, mag eine Rolle gespielt haben, denn Hollywood war oberflächlich aus Prinzip.

Hinzu kam schließlich der ökonomische Faktor. Kalifornien gehörte
1949 zu den fünf Bundesstaaten mit dem höchsten Durchschnittseinkommen. Bei der weißen Bevölkerung lag dieses mit 2966 Dollar
um 384 Dollar über dem Staatsdurchschnitt, bei der schwarzen mit 2121
Dollar sogar um 765 Dollar über der entsprechenden Ziffer. Noch deutlicher wird die relative Prosperität der Kalifornier, wenn man ihr Einkommen von 1949 mit jenem einiger Südstaaten vergleicht: Georgia:
Weiße = 1870 Dollar, Schwarze = 919 Dollar; Mississippi: Weiße = 1462
Dollar, Schwarze = 605 Dollar; Arkansas: Weiße = 1423 Dollar, Schwarze
= 759 Dollar. Besonders kraß sind die Differenzen in den Einkommens-
relationen von schwarzer und weißer Bevölkerung: In Kalifornien verdienten die schwarzen Einwohner 1949 im Durchschnitt 28 Prozent
weniger als die weißen; in Mississippi waren es 59 Prozent weniger[24]! Bei
allen Vorbehalten gegenüber Mittelwertsangaben läßt sich aus diesen
Zahlen schließen, daß der Anteil von Angehörigen der mittleren und
höheren Einkommensstufen bei Weißen und bei Afroamerikanern in
Kalifornien in dieser Zeit ungewöhnlich hoch gewesen sein dürfte. Die
Mittelklasse aber, gleich ob schwarz oder weiß, hatte sich − wie gezeigt

werden konnte – seit jeher durch eine eher retrospektiv gerichtete kulturelle Orientierung ausgezeichnet und war aktuellen Strömungen nur dann entgegengekommen, wenn diese wiederum ihren eigenen Standards hinreichend entgegenkamen – siehe Symphonic Jazz.

Sonne, Palmen, Meer, Wohlstand und die Präsenz einer Industrie, die es sich zur Hauptaufgabe macht, Illusionen zu produzieren ... Kein Wunder, daß Kalifornien als eine der letzten Bastionen des Amerikanischen Traums galt; kein Wunder auch, daß dieser Traum musikalisch noch am ehesten in einem Genre seinen Ausdruck fand, das unter dem bezeichnenden Etikett »Good Time Jazz« vertrieben wurde, wie der Name eines in Los Angeles etablierten und auf die Produktion von Revival Jazz spezialisierten Schallplatten-Labels lautete.

Progressive Jazz

Der moderne Jazz hielt seinen Einzug in Kalifornien in Gestalt des sogenannten Progressive Jazz, einer zwiespältigen Musik, die von den einen als eine Offenbarung an Fortschrittlichkeit und Brillanz gefeiert und von den anderen als Inbegriff von Kitsch, Effekthascherei und Gigantomanie verhöhnt wurde. Der bedeutendste Exponent des Progressive Jazz, der Pianist und Orchesterleiter Stan Kenton, war daher zugleich eine der kontroversesten Figuren auf der Jazzszene der 40er und 50er Jahre.

Kenton hatte seine Karriere als Bandleader 1941 mit einem dem Swingstil verpflichteten Tanzorchester begonnen. Im Laufe der folgenden Jahre bewegte sich seine Konzeption zunehmend auf eine Verschmelzung von Jazz und europäischer Sinfonik hin, wobei seine wesentlichsten Anknüpfungspunkte bei Komponisten wie Richard Strauss, Rimski-Korsakow und Prokofjew gelegen haben dürften. Kentons erster großer und daher wohl auch wegweisender Erfolg kam 1943 mit einer Schallplattenaufnahme seiner Komposition *Artistry in Rhythm*. Das etwas pathetische Werk, dessen thematisches Material auf einem Motiv aus Ravels *Daphnis und Chloe* basiert, avancierte bald zum *Theme*-Song des Orchesters und wurde insgesamt mindestens 17mal in zum Teil ganz unterschiedlichen Instrumentationen eingespielt, unter anderen in einer

Version für fünf Posaunen, Soloflöte und Streicher im Jahre 1958 und in einer für fünf Posaunen und Chor im Jahre 1963[25].

Ausgefallene Orchestrationsweisen bei deutlicher Bevorzugung der Blechbläser, Verwendung von ungeraden Metren, die Tendenz zur »großen Form« und eine gewisse rhythmische Schwerfälligkeit gehörten zu den bestimmenden Merkmalen von Kentons Musik. Das letztere, die unelastische Rhythmik, lag weniger am Unvermögen der Musiker seines Orchesters, sondern war vielmehr konzeptionell vorgegeben. »So ziemlich das einzige Mal, daß er uns anmeckerte, war, wenn wir die Achtelnoten zu sehr swingten«, sagt Mel Lewis[26], 1954–56 Schlagzeuger in einer der wenigen Formationen Kentons, die tatsächlich swingten – offensichtlich gegen den Willen ihres Dirigenten.

Die Aversion gegen ein ansonsten als unverzichtbar angesehenes Element des Jazz (»It don't mean a thing if it ain't got that swing!«) ging einher mit einer gewissen Abneigung gegen Tänzer, auf deren Zufriedenheit Kenton ja lange Jahre angewiesen war. Der Tenorsaxophonist Bob Cooper führt aus: »Stan haßte Tanzmusik. Er sagte den Tänzern oft auf scherzhafte Weise: ›Diese Musik hier ist zum Tanzen nicht besonders geeignet; und wenn ihr's versucht, dann geschieht das auf euer eigenes Risiko. Ich bin nicht versichert.‹ Er war immer der Meinung, daß sich der Jazz vor allem harmonisch und rhythmisch weiterentwickeln sollte.«[27]

Es ist fraglich, ob es Kenton tatsächlich in erster Linie darum ging, den Jazz weiterzuentwickeln, oder ob er nicht vielmehr zunächst an etwas anderem interessiert war, nämlich an der Schaffung einer Synthese von zeitgenössischer europäischer Sinfonik und Jazz, die er letztlich zu *der* »seriösen« neuen Musik Amerikas machen wollte. Nicht nur der bewußte Verzicht auf *swing* spricht dafür, daß hier ein neuer Paul Whiteman am Werke war, den Jazz aus seiner schmutzigen Vergangenheit zu lösen, sondern auch das Image, das Kenton seiner Musik durch Kompositions- und Albentitel verlieh, deutet auf derartige Ambitionen hin: *Painted Rhythm, City of Glass, House of Strings, Innovations in Modern Music, Thermopylae, Contemporary Concepts* usw. Andererseits macht gerade die inflationäre Verwendung des Begriffes *Artistry* deutlich, wie ein ostentativ hervorgehobener künstlerischer Anspruch zum bloßen Markenzeichen verkommen kann: *Artistry Jumps, Artistry in Percussion, Artistry in Voices and Brass, Artistry in Bossa Nova* …

In zweifacher Hinsicht waren Kentons *Innovations in Modern Music* bei allen ökonomischen Erfolgen ästhetisch zum Scheitern verurteilt, und in beidem drängen sich Parallelen zu Whiteman auf: Er wollte den Jazz »verbessern« (Kenton zu Gillespie: »Wir können eure Musik besser spielen als ihr«[28]) und übersah dabei, daß er ihn seiner Substanz beraubte. Und er übersah, daß das, was ihn an der europäischen Musik faszinierte, der Rhythmus und der Klang, nicht eigentlich das war, was diese Musik bedeutend gemacht hatte: ihre inneren Strukturzusammenhänge, ihre motivische und formale Entwicklung, kurz: ihr Sinngehalt. Kenton und seine Arrangeure nahmen gleichsam die Außenhaut für die Essenz und tappten damit in die gleiche Falle wie einst Whiteman mit seinem Symphonic Jazz, aus dem schließlich weder Jazz noch Sinfonik wurde, sondern ein kurioses Denkmal euroamerikanischer Kulturrezeption.

Ästhetische und soziale Voraussetzungen des Westcoast Jazz

Für die Geschichte des Jazz in Kalifornien wurde das Kenton-Orchester nicht zuletzt als Durchgangsstation und wichtige Sozialisationsinstanz einer Reihe von Musikern bedeutsam, die schließlich den personellen Kern des Westcoast Jazz bildeten. Von den 55 Musikern des inneren Zirkels, die in den 50er Jahren in wechselnden Besetzungen auf Westküstenlabels wie Contemporary und World Pacific erschienen, sind allein 24 aus der Kenton-Band hervorgegangen; das sind rund 45 Prozent; bei den Bläsern sind es sogar 65 Prozent! 16 der 55 Musiker (29 Prozent) hatten im Orchester von Woody Herman gearbeitet; zehn (14 Prozent) sowohl bei Kenton als auch bei Herman.

Die Tatsache, daß über die Hälfte (53 Prozent) aller prominenten Westcoast-Musiker aus den Orchestern von Stan Kenton und/oder Woody Herman hervorgingen, ist – wie zu zeigen sein wird – für die Stilistik dieser Musik nicht unerheblich; aber sie ist auch nicht allein ausschlaggebend. Nebenbei gesagt, bestand der innere Zirkel von Westcoast-Musikern keineswegs überwiegend aus »Emigranten« von der Ostküste: Rund 40 Prozent waren an der Westküste geboren oder dort aufgewachsen, 18 Prozent stammten aus dem Mittleren Westen und nur 30 Prozent aus den Oststaaten.

Ben Sidran, schwarzer Poet und Kulturkritiker, macht darauf aufmerksam, daß der sogenannte Westcoast Jazz in einer Region entstand, die von Harlem so weit entfernt ist, wie es innerhalb der USA überhaupt möglich ist[29]. Der Symbolgehalt dieser Feststellung ist offensichtlich. Trotzdem gibt diese maximal mögliche geographische Distanz zur Erklärung der sozialen Ursachen und musikalischen Spezifika des Westcoast Jazz natürlich nicht viel her. Ebensowenig vermag allein der vielzitierte Gegensatz zwischen dem pazifisch-milden und dem atlantisch-rauhen Klima eine hinreichende Begründung zu liefern. Es gibt keine Wetterkarte der musikalischen Ausdrucksmittel, die ohne die Einbeziehung weiterer Einflußgrößen zu stichhaltigen Einsichten führt. Ausschlaggebend für die strukturelle und klangliche Beschaffenheit des Westcoast Cool Jazz war letztlich wohl vor allem der Umstand, daß die ökonomische Basis der Jazzszene in Los Angeles grundlegend anders aussah als in New York.

Was ist eigentlich das Typische am Westcoast Jazz? Der französische Jazzkritiker und Pianist Jacques Réda schlug das folgende Experiment vor: Stellen Sie sich eine Liste der bekanntesten Westcoast-Musiker der 50er Jahre zusammen (Réda kam auf 31) und bilden Sie aus dieser Kollektion beliebig viele, verschieden zusammengesetzte Gruppen, bestehend aus sieben bis zehn Musikern (Rhythmusgruppe nicht vergessen!). Was, so fragt Réda, werden all diese Gruppen gemeinsam haben? »Seien Sie sicher, Sie erhalten diesen in seiner dunstigen Reinheit unvergleichlichen und einmaligen TON, den Ton der ›Lighthouse Allstars‹ von Rumsey, den Ton der ersten ›Men‹ von Shelly Manne.«[30]

Ich habe Rédas Kopf-Experiment nachvollzogen. Es stimmt. Woher aber kommt diese Uniformität des Tones, woher dieser Gleichklang? Wie oben ausgeführt, kamen die meisten der betreffenden Musiker aus den von der Westküste aus operierenden Bigbands; nicht nur aus denen von Kenton und Herman, sondern auch aus den Orchestern von Charlie Barnet, Boyd Raeburn und Alvino Rey. Und zwangsläufig waren all diese Musiker erstens gute Notisten und zweitens gewohnt, sich tonlich in den Rahmen eines Orchesterklanges einzufügen.

In diesem Zusammenhang ist aufschlußreich, was Dizzy Gillespie über seine Erfahrungen mit Bigbands schreibt:

»Dadurch, daß ich mit Charlie Barnet auf Tour war, habe ich einige der Unterschiede kennengelernt, die in der Arbeit mit ›weißen‹ und der mit ›farbigen‹ Bands bestehen. In den verschiedenen schwarzen Bands mußte man jeweils anders spielen, denn jede ›farbige‹ Band spielte oder phrasierte auf ihre eigene einmalige Art und Weise. Man mußte sich also vielen eigenständigen Spielweisen anpassen können. In den weißen Bands, in denen ich gearbeitet habe, Charlie Barnet und Boyd Raeburn, war alles mehr standardisiert; und man mußte sich als Musiker nicht groß umstellen, wenn man von einer Band in die andere wechselte. Die schwarzen Bands waren in stilistischer Hinsicht und in der Art, wie sie klangen, alles in allem jede für sich wesentlich eigenständiger *(unique)*. Diese Erfahrung, in schwarzen Bands zu spielen, würde ich gegen nichts anderes eintauschen.«[31]

Die soundmäßige Standardisierung, insbesondere der weißen Bigbands, bewirkte – wie schon in Kapitel 3 ausgeführt – eine prinzipielle Austauschbarkeit aller Musiker und damit ein reibungsloses Funktionieren der Orchester im Rahmen kulturindustrieller Verwertung. Ein Orchesterleiter konnte theoretisch von heute auf morgen seine gesamte Besetzung austauschen, ohne daß sich – bei gleichen Arrangements – an seiner Musik nennenswert etwas geändert hätte. Für die Musiker wurde damit die Adaptation an ein normatives Klangkonzept unabdingbar. Wer einen Job in einem Jazzorchester haben wollte, mußte so und so klingen, sonst hatte er keine Chance. Um 1950 stand für dieses »so und so« der schwarze Tenorsaxophonist Lester Young, unfreiwillige Vaterfigur des Cool und Westcoast Jazz, direktes Vorbild aller Saxophonisten, indirektes der meisten anderen Musiker.

Was faszinierte all diese Musiker so sehr an der Spielweise Lester Youngs? Als eine indirekte Erklärung – aus zweiter Hand – mag eine Bemerkung des Jazzimpresarios John Hammond aufschlußreich sein, in der dieser erläutert, warum sein Schwager Benny Goodman eine Vorliebe für Young hatte: »Benny Goodman sagte mir mal eine interessante Sache über Lester. Er sagte, Lester wäre die einzige Person, die jemals einen *reinen* Klang auf dem Tenor erreichte. Benny war stets der Meinung, daß Webster und Hawkins und die anderen zu hart zupackten und einen Sound hätten, der kein *natürlicher* Tenor-Sound war.«[32] *Rein* und *natürlich* – ist rein gleich natürlich, natürlich gleich rein? Oder handelt es

sich um ein Stück Dogmatismus, der seine Wurzeln in einer abendländischen Ästhetik hat? Die Mehrzahl der Cool/Westcoast-Musiker sah
dies pragmatischer und weniger prinzipiell als Goodman.

Der Tenorist Allen Eager berichtet über seine Abwendung von der vollen, rauchigen Spielweise Ben Websters und seine Hinwendung zu Young:
»Da stand ich, durch und durch ein Ben Webster-Mann; und dann ging ich
an die Westküste ... Ich fing an, mir Lester Young anzuhören und machte
eine 180-Grad-Wendung. Am nächsten Tag ging ich in den Club, feilte
an meinem Mundstück herum und versuchte, wie Lester zu spielen.«[33]

Al Cohn über die Woody Herman-Band von 1948: »Jeder von uns war
an Pres orientiert (Pres = Lester Young). Und dieser Sound schien, verglichen mit dem Stil von Coleman Hawkins/Ben Webster, besser zu verschmelzen. Wir hatten eine Art von flachem, vibratolosem Ton; und der
bewirkte eine gute Mischung *(blend)*.«[34]

Die Standardisierung des Instrumentalklanges mit dem Ziel maximaler Verschmelzung, wie sie im *Four Brothers*-Sound des Woody
Herman-Saxophonsatzes zu höchster Perfektion geführt wurde, und die
Fähigkeit, technisch komplizierte Notentexte schnell und kompetent
zu realisieren, schufen die Voraussetzungen für die ökonomische Basis,
auf der der gesamte Westcoast Jazz sich entfaltete: die Studioarbeit der
Film-, Fernseh- und Schallplattenindustrie der Medienmetropole Los
Angeles/Hollywood. Die wenigsten Musiker des Westcoast Jazz lebten
von der Musik, durch die sie international bekannt wurden; fast alle
arbeiteten in den Studios.

Nun war es natürlich nichts Neues, daß Jazzmusiker ihr Brot in den
Studios mit der Produktion von Werbe- oder Unterhaltungsmusik verdienten. Die meisten weißen Swingmusiker, die in den 30er und 40er Jahren in New York lebten, arbeiteten – soweit sie nicht mit Bigbands unterwegs waren oder in den Theaterorchestern des Broadway spielten – in den
Studios der Medienkonzerne und Werbeagenturen. Hatte somit der Stu-
diojob als potentieller ökonomischer Rückhalt immer schon eine wichtige
Funktion am Rande der Jazzszene erfüllt, so waren andererseits die Bindungen eines ganzen Stilbereiches an den kommerziellen Studiobetrieb
niemals so stark ausgeprägt wie im Fall des Westcoast Jazz. Deshalb ist es
angebracht, sich mit den wichtigsten Merkmalen der Studioarbeit etwas
ausführlicher zu befassen.

Jazzmusiker in Hollywoods Studiobetrieb

Die Verwendung von Jazz und Jazzverwandtem als Filmmusik, sei es in speziellen Musikfilmen oder als Hintergrundmusik, ist keine Errungenschaft der 50er Jahre, sondern läßt sich bis zu den Anfängen des Tonfilms zurückverfolgen[35]. Aber erst ab etwa 1953 begann sich Hollywood für den Jazz in einem Ausmaße zu erwärmen, das es Jazzmusikern als attraktiv erscheinen ließ, sich dauerhaft als Studiomusiker in Los Angeles niederzulassen. 1953 erschienen Maxwell Shanes Thriller *The Glass Wall (Die gläserne Mauer)* und Laszlo Benedeks Motorradfilm *The Wild One (Der Wilde)*, 1954 Don Siegels *Private Hell 36 (Hölle 36)* und 1955 Otto Premingers Rauschgiftepos *The Man with the Golden Arm (Der Mann mit dem goldenen Arm)* – und stets war die gleiche Clique von Ex-Kenton-Musikern an der Produktion der Filmmusik beteiligt: Shorty Rogers, Bob Cooper, Bud Shank, Shelly Manne usw.

Jazz diente in diesen und den folgenden Filmen in der Regel zur Illustration negativer Aspekte der amerikanischen Gesellschaft: Drogenabhängigkeit, Verbrechen, Prostitution und alle möglichen anderen unerwünschten Arten von abweichendem Verhalten. Die beteiligten Musiker dürften sich an dieser Art von Imagebildung kaum sonderlich gestoßen haben – und wenn, dann sagten sie es nicht laut, denn man verdiente gut in den Filmstudios.

Einmal als Filmmusik fest etabliert, begann sich der Jazz auch im Fernsehen als wesentliche musikalische Ingredienz durchzusetzen, zunächst in nicht enden wollenden Räuber- und Gendarm-Serien wie *Peter Gunn, Richard Diamond* und *M Squad*, schließlich auch zunehmend in der Werbung, in sogenannten *commercials* oder *jingles*. Die Fernsehserien verstärkten in der Regel das durch die Filmproduktion vorgegebene Assoziationsmuster *jazz & crime:* In einer Episode von *Richard Diamond* (Musik von Kenton-Arrangeur Pete Rugolo) tritt ein Musiker auf, der eine übertriebene und völlig unrealistische Art von Slang spricht und sich schließlich als Bösewicht, Rauschgifthändler und Erpresser zu erkennen gibt. Ein anderer Musiker der gleichen Serie wird als übernervöser ehemaliger Drogenabhängiger präsentiert[36].

Die Werbung verleibte sich den Jazz natürlich unter ganz anderen

Gesichtspunkten ein. Robert Klein, Topmanager einer in Hollywood ansässigen Werbeagentur, erklärte 1959:

>»Wir sind fest davon überzeugt, daß wir mit Jazz die Produkte verkaufen können, für die wir arbeiten. Was uns betrifft, so steht für uns der Jazz in der vordersten Reihe der guten Musik; und er erreicht die Leute. Die Leute beginnen mehr und mehr, das Prinzip des Humors in der Werbung zu akzeptieren. Worauf wir hinauswollen, ist, unsere Werbespots humorvoller und musikalisch einprägsamer zu machen. Wir haben festgestellt, daß die Leute unsere ›jingles‹ im Gedächtnis behalten und sie auch singen, weil sie einen guten Jazzbeat haben.«[37]

Für einen Werbespot verwendete Kleins Firma zwei unterschiedliche, zielgruppenspezifische Musiken, einmal einen − wie Klein es nannte − »Cool Jingle« und einen »Dixie Jingle«.

Natürlich nahmen die Westcoast-Jazzer in den Film-, TV- und Werbestudios nicht nur Jazz − welcher Art auch immer − auf, sondern alles mögliche andere auch. Durch ihre Fähigkeit, Jazz zu spielen, waren sie als Spezialisten mit dieser Industrie in Kontakt gekommen, angeheuert durch Arrangeure und Komponisten, die aus der gleichen Bigbandszene stammten wie sie. Um aber in dieser Industrie erfolgreich zu werden, mußten sie sich von Spezialisten zu Allround-Musikern entwickeln, die auf ihrem Instrument nahezu alles zu bewältigen hatten, was in der nichtkreativen Musikausübung überhaupt möglich war. An diesem Punkt entwickelte sich ein Konfliktpotential.

Der die Situation von Jazzmusikern in der Studioszene seit eh und je und bis heute prägende Konflikt besteht − verkürzt gesagt − zwischen dem Bedürfnis nach kreativer Selbstverwirklichung und dem Streben nach Sicherheit und/oder Wohlstand.

Posaunist Bob Brookmeyer: »Ich wünschte mir ein Haus, einen Swimmingpool, ein Luxusauto, eine Luxusfrau ...« − Aber die Sachen, die er in Kalifornien fürs Fernsehen spielen mußte, »töteten langsam aber sicher überhaupt mein Interesse an der Musik. Ich war für Filme, fürs Fernsehen und auch für Rock-Plattenaufnahmen tätig − war ein ganz gewöhnlicher, aber total verkehrt eingesetzter Musiker.«[38]

Trompeter Oscar Brasheer: »Ich habe mich in Situationen befunden, in denen es nicht den geringsten musikalischen Wert gab. Und was man spielte, vermittelte den Eindruck, daß es überhaupt nicht gespielt werden sollte, es hätte eigentlich gar nicht erst geschrieben werden dürfen.«[39]

Trompeter Shorty Sherock: »Studioarbeit ist 99 Prozent Langeweile und ein Prozent reiner Terror.«[40]

Zitate wie die hier angeführten finden sich in der Jazzpresse nicht so oft, aber in Gesprächen mit Musikern um so häufiger. Dennoch geben sie ein zu einseitiges, eher schiefes Bild von der Realität des Studioalltags und insbesondere von dem Selbstverständnis der darin involvierten Musiker. Robert E. Faulkner, der die bislang gründlichste Untersuchung zur psychosozialen Situation von Studiomusikern in Hollywood vorlegte[41], macht darauf aufmerksam, daß es *den* Studiomusiker als einheitlichen Typus nicht gab, ebensowenig wie man von *der* Studioarbeit sprechen kann. Man hat zu differenzieren.

Studioarbeit in Los Angeles gliedert sich grob in fünf Kategorien: Filmmusik, Musik für Fernsehserien, Zwischenmusik für TV-Live-Shows, Musik für Werbespots in Rundfunk und Fernsehen und schließlich Backgroundmusik bei Schallplattenaufnahmen mit Popsängern oder -gruppen.

Zu den anspruchsvollsten und daher unter den Musikern im allgemein begehrtesten Jobs gehört die Filmmusik, vorausgesetzt, ein fähiger Komponist war am Werke[42]. TV-Serien (Western, Krimis, Familiendramen usw.) bieten den Musikern hingegen meist längerfristig Arbeit, sind jedoch wegen ihrer Standardisierung und musikalischen Vorhersagbarkeit im allgemeinen eher unbeliebt.

Live-TV-Shows wie Talk- oder Quizshows bilden für die Studioprofessionals nahezu die einzige Gelegenheit, mit einem Publikum in Kontakt zu kommen und damit – im Gegensatz zu aller sonstigen Studioarbeit – so etwas wie eine spontane Resonanz auf ihre Musik zu erleben. Derartige Shows finden in der Regel fünf Tage in der Woche statt und haben fest engagierte Orchester, die in einigen Fällen fast ausschließlich mit Jazzmusikern besetzt sind. Diese Orchester werden im allgemeinen dazu eingesetzt, gastierende Sänger zu begleiten und in den Pausen, wenn ein Werbespot über den Sender geht, das Publikum zu unterhalten. Bei dieser Gelegenheit wird häufig Jazz und Jazzverwandtes gespielt. Die Stücke müssen allerdings häufig abrupt unterbrochen werden, nämlich dann, wenn die Werbeeinblendung zu Ende ist und die Show weitergehen soll.

Commercials und *jingles* sind im allgemeinen wegen ihres musikalischen Stumpfsinns unbeliebt, bieten jedoch einen hohen finanziellen Anreiz, da man in relativ kurzer Zeit relativ viel Geld verdient. 1959 wurde nach dem mit der Musikergewerkschaft ausgehandelten Tarif für *commercials* für die erste Stunde 27 Dollar und für die folgende 18 Dollar gezahlt. Wenn der Werbespot für Radio *und* TV verwendet wurde, verdoppelte sich die Einnahme[43].

Unter diesen Umständen konnte ein Musiker in den Studios mit Leichtigkeit über 100 Dollar pro Tag verdienen. Dafür mußte ein Jazzmusiker, der in New Yorks Birdland auftrat, sechs Nächte lang von 22 bis 4 Uhr spielen, in einem weniger renommierten Club im Künstlerviertel Greenwich Village unter Umständen sogar zwei Wochen lang[44].

Zur musikalischen »Schmutzarbeit« *(dirty work)* werden von den Musikern im allgemeinen Schallplattenaufnahmen von »Top 40«-Hits gezählt[45], mit Sängern, die schlecht intonieren und den Rhythmus nicht halten, was zu unzähligen Wiederholungen des gleichen Schlagers führt. (In den USA durften aufgrund gewerkschaftlicher Regelungen in dieser Zeit keine Playbacks produziert werden.)

Der Differenzierung der Studioarbeit nach Aspekten der musikalischen und finanziellen Attraktivität steht eine Differenzierung der Musiker nach musikalischer Herkunft und Motivationsstruktur gegenüber. Hinsichtlich ihrer musikalischen Herkunft sind im wesentlichen zwei Typen von Musikern zu unterscheiden: ehemalige Mitglieder von Sinfonieorchestern und Jazzmusiker.

Musiker aus dem Bereich der sogenannten seriösen Musik, die zunächst in Sinfonieorchestern gearbeitet hatten, haben die Studioarbeit in der Regel vor allem aus materiellen Gründen aufgenommen. Sie empfinden sich, wie Faulkner feststellte, häufig als gescheiterte Solisten und Versager im künstlerischen Sinne. Ein von ihnen oft genanntes Motiv ist: Man muß realistisch sein und den Tatsachen des Lebens ins Gesicht sehen.

Einer der von Faulkner befragten Violinspieler führt aus:

>»Wir spielten zweimal am Tag eine 15-Minuten-Show. Und das waren vier Violinen und eine Jazzband. Alles, was wir machten, war, ganze Noten zu spielen, sogenannte Fußbälle. Wir spielten sehr wenig. Aber

wir machten 226 Dollar in der Woche, Basis-Gage. Zu dieser Zeit
verdiente man im Sinfonieorchester 60 oder 70 Dollar, und das schien
mir … ich sagte mir, bei all der Arbeit im Sinfonieorchester und dem
Maß an Kenntnissen, die dafür notwendig sind … Und hier spielt man
diese Musik in der Radioshow, die jeder Anfänger spielen kann, und
verdient mindestens das Dreifache. Und das schien mir nicht ganz richtig
zu sein … Dieses Geschäft hier ist ein einziges Geklimper. Es gibt nur
ein paar Streicher, die das, was sie tun, wirklich gerne machen. Der Rest
strampelt sich in diesen ›jingles‹ ab.«[46]

Während sich die Mehrzahl der ehemaligen Sinfonieorchester-Musiker
und insbesondere der Streicher in der Studioarbeit musikalisch und technisch unterfordert sieht und ihre Frustration und Verbitterung allein
durch die hohen finanziellen Gewinne kompensiert, betrachten die von
Faulkner interviewten Jazzmusiker ihre Studiokarriere eher als einen
Schritt nach vorn. Die meisten dieser Musiker – Blechbläser, Saxophonisten und Perkussionisten – hatten in den späten 30er und den 40er Jahren in namhaften Bigbands wie jenen von Woody Herman, Claude
Thornhill, Stan Kenton, Glenn Miller, Les Brown und Harry James gearbeitet, viele als Satzführer, einige als Solisten, mit einen guten Ruf auf
der Jazzszene. Im Gegensatz zu den Streichern und den meisten Holzbläsern mit einem Sinfonieorchester-Hintergrund hoben diese ehemaligen Bigbandmusiker nicht nur die finanziellen Pluspunkte der Studioarbeit hervor, sondern ebenso solche musikalischer Art. Die wichtigste
Ursache hierfür liegt darin, daß die rein instrumental-technischen Anforderungen in der durchschnittlichen Medienware für Bläser im allgemeinen wesentlich höher sind als für Streicher. Während die letzteren
in der Tat meist zur Produktion mehr oder minder statischer Akkord-
Backgrounds eingesetzt werden, also – im Jargon – »Fußbälle« oder
»Pfundnoten« zu spielen haben, wird Bläsern und Perkussionisten meist
eine erhebliche technische Leistungsfähigkeit und Vielseitigkeit abverlangt. Das Bewußtsein der eigenen technischen Kompetenz und der Stolz
über die einwandfreie Bewältigung auch der komplizierten Passagen ent-
schädigt dabei häufig für die Einsicht, daß man unter Umständen eine
ausnehmend stumpfsinnige Musik zu spielen gezwungen ist.

   Hinsichtlich ihrer Fähigkeit, sich jeder Situation anzupassen, sehen
sich ehemalige Jazzmusiker ihren Kollegen aus der Sinfonik gegenüber

häufig als überlegen an, wie aus den folgenden, leider anonymen Inter-view-Exzerpten Faulkners deutlich wird.

Ein Saxophonist, der nebenher Oboe spielt, sagt über »legitime« Or-chestermusiker:

> »Da gibt es Typen ... viele Holzbläser, die fügen sich nicht ein, sie sind nicht flexibel. Einige bekommen nicht einmal den richtigen Sound im Studio zustande, oder sie weigern sich, ihre Spielweise zu verändern. Wenn zum Beispiel ein Komponist von der Oboe einen hellen, franzö-sischen Sound haben will, und ein anderer will einen dunklen, fetten, deutschen Sound, dann muß man sich darauf einstellen; dann muß man in der Lage sein, all dies zu spielen.«[47]

Ein anderer Jazzmusiker führt aus:

> »Ich bezweifle, daß die Sinfonieorchester-Spieler oder die anderen Typen wirklich alles beieinander haben, all die Erfahrungen, über die man ver-fügt, wenn man jeden Stil kennt, wenn man diese ganze harte Schule durchgemacht hat ... Ich muß komisch sein können, ein Clown, ernst-haft, muß Jazz spielen können, da gibt's alle möglichen Arten von Musik, alle möglichen Herausforderungen.«[48]

Zu der vergleichsweise positiven Einschätzung der Studioarbeit durch die ehemaligen Bigbandmusiker tragen neben den höheren technischen Anforderungen zwei weitere Faktoren bei: erstens die Tatsache, daß sie, wie vorher angeführt, seit den 50er Jahren mit dem Eindringen jazz-orientierter Komponisten in die Studios zunehmend auch mit *der* Art von Musik konfrontiert wurden, mit der sie sich von ihrem musikalischen Werdegang her ohnehin identifizierten, nämlich Bigband-Jazz; und zweitens der gravierende Unterschied zwischen dem – bei allem Streß komfortablen – Leben eines gut verdienenden Villenbewohners und der strapaziösen Existenz in einer Bigband *on the road*.

Die Verdrossenheit über das Leben »unterwegs« und der Wunsch, endlich seßhaft zu werden, ist eines der in Faulkners Interviews häufig wiederkehrenden Motive für die Hinwendung zu einer Studiokarriere. Ein Beispiel für viele:

> »Ich wollte aus den Bands heraus, weil ich einfach die Reiserei nicht mehr mochte und genug hatte von der Vorstellung, quer durch das ganze

Land zu fahren und in jeder Stadt durch die Hintertür zu schauen, durch den Kücheneingang einzutreten, und dieser ganze Mist. Das alles mag in Ordnung sein, wenn man jung ist; aber wenn man ein bißchen älter wird, dann macht einem das keinen Spaß mehr. Man will sich irgendwo niederlassen, eine Familie gründen; und das kann man nicht, wenn man *on the road* ist. Weißt du, nach einer Weile wird das wirklich lästig: schlechte Arbeitszeiten, Trinken, kein Urlaub. Es ist, als ob man in einer Fabrik arbeitet. Ich hätte vermutlich auch in ein Sinfonieorchester gehen können, aber das ist tödlich … stumpfsinnig … das *ist* eine Fabrik.«[49]

Bei allen Differenzen in Selbstverständnis, Ambitionen und Arbeitszufriedenheit ist den Studiomusikern – Exjazzern wie Exsinfonikern – gemeinsam, daß sie gewöhnlich unter erheblichen Streßbedingungen schnell und präzise arbeiten müssen. Fehler können sie sich nicht leisten, denn schon der kleinste Patzer kann dazu führen, daß ein ganzer *take* wiederholt werden muß. Dies wiederum kann leicht zur Folge haben, daß man bei den sogenannten Kontraktoren *(contractors)*, die die Besetzungen für die einzelnen Produktionen zusammenstellen und die damit die Kontrolle über den »freien« *(freelance)* Studioarbeitsmarkt haben, in Ungnade fällt.

Ein von Faulkner interviewter Musiker: »Nur ein paar Fehler – und man ist aller Wahrscheinlichkeit nach in Schwierigkeiten. Man wird dann vermutlich von dem betreffenden Kontraktor einfach nicht mehr angerufen oder von dem Komponisten, dessen Session man vermasselt hat, nicht mehr angefordert. So etwas spricht sich schnell herum.«[50] (Komponisten haben im allgemeinen ein Mitspracherecht bei der Zusammenstellung der Orchester. Sie werden dabei allerdings nicht selten von den Kontraktoren behindert.)

Die Abhängigkeit von den allmächtigen Kontraktoren, die selbst nicht selten gescheiterte Musiker sind[51], ist eines der gravierendsten Probleme von Studiomusikern – eines, das alle finanziellen Gratifikationen und ihre musikalische Selbstsicherheit überschattet. Zwei Zitate:

»Man steht auf der Liste eines Kontraktors und man kann innerhalb einer Minute von dieser Liste verschwinden. Es gibt keinerlei Sicherheit in diesem Spiel … Ich glaube wirklich, daß sich die meisten von uns nach einer Weile wie die Bauern auf einem Schachbrett vorkommen, herum-

geschoben von Kontraktoren, die untereinander konkurrieren, weil jeder von ihnen die bekanntesten Namen anheuern will ... Es ist wild.«[52]
»Diese Typen, die Kontraktoren, spielen gerne ihre Spielchen. Wenn du ein paar Wochen nicht da bist und ihre Telefonanrufe nicht beantwortest, dann steht, eh du dich's versiehst, jemand anderes auf ihrer Liste und hat deinen Platz eingenommen. Dies sind sowieso alles nur frustrierte Musiker, die haben keine Ahnung von Musik; wirklich, sie haben kein Gespür für wirkliche Talente. Das sind nur Büroangestellte, glorifizierte Sekretäre. Die sollten einfach nicht die Macht haben, die sie haben ...«[53]

Die aus der Studioarbeit erwachsenden psychosozialen Frustrationen wurden kompensiert durch außerordentlich hohe Einkünfte (die Studio-Freelancer bildeten die bestverdienende Gruppe von Musikern überhaupt) und durch eine, bei aller Kontraktorenwillkür, vergleichsweise große ökonomische Sicherheit.

Musikalische Umwelt als Einflußgröße

Frustrationen musikalischer Art versuchte man, soweit wie zeitlich möglich, durch musikalische Aktivitäten außerhalb des Studiobetriebes zu kompensieren. Während sich die ehemaligen »Sinfoniker« vorzugsweise in Kammermusikzirkeln musikalisch regenerierten, spielten Jazzmusiker »nach Feierabend« entweder in privat initiierten Jam Sessions oder absolvierten Jobs in den – allerdings spärlich gesäten – Clubs, die an der Westküste dem modernen Jazz offenstanden. Historisch bedeutsam wurde in diesem Zusammenhang vor allem das Lighthouse, ein von Howard Rumsey, einem Ex-Bassisten des Kenton-Orchesters, in Hermosa Beach, direkt am Strand des Pazifischen Ozeans, eingerichtetes Lokal, das sich im Laufe der 50er Jahre zu einem der wichtigsten Kristallisationspunkte des modernen Jazz an der Westküste entwickelte.

Eine weitere musikalische Alternative zum Studiobetrieb, wenngleich mit diesem institutionell verbunden, bot sich den Jazzmusikern in Form von Schallplattenaufnahmen. Besonders zwei neugegründete Labels, Contemporary Records und World Pacific, waren es, die den Westcoast

Jazz zunächst in nationalem und bald auch internationalem Maßstab mit großem Erfolg zu propagieren begannen. Der Begriff »Westcoast« avancierte dabei von einer lediglich geographischen Bezeichnung zu einem Markenzeichen.

Ich halte es für sehr wahrscheinlich, daß die durch die Studioarbeit gewährleistete ökonomische Sicherheit und der relative Luxus, in dem die Westcoast-Musiker lebten, an der Ausprägung der spezifischen emotionalen Qualitäten ihrer Musik ihren Anteil hatten. Dies war eine Musik von Leuten, die nicht am Rande der existentiellen Bedrohung herumnavigierten, die – abgesehen von den täglichen kleinen Verdrießlichkeiten des Studioalltags – nicht permanent unter Hochdruck standen.

Aber auch andere Aspekte der Studioarbeit hatten einen Einfluß auf die Ästhetik des Westcoast Jazz. Flexibilität, schnelle Auffassungsgabe, Anpassungsvermögen, Genauigkeit – all diese Tugenden einer mittelständischen Angestelltengesellschaft, die den Studiomusikern abverlangt wurden, fanden ihren Niederschlag in den musikalischen Gestaltungsprinzipien und Ausdrucksmitteln. Der Westcoast Jazz war extrem ordentlich. Es gab keine Schärfen und Rauhheiten wie im Bebop. Die Unisoni verschmolzen zum perfekten Gleichklang; die intonatorische Präzision ließ keine Schwebungen aufkommen.

Die in der Standardisierung des Sounds liegende Gefahr der Sterilität wurde bisweilen durch instrumentatorische Vielfalt zu kompensieren versucht. Das Chico Hamilton Quintet arbeitete in der Melodiesektion mit Flöte, Violoncello und Gitarre. Größere Besetzungen, wie jene des Trompeters Shorty Rogers, waren häufig durch die Orchestration der Capitol Band inspiriert und schlossen Waldhorn und Tuba ein. Die Saxophonisten Bud Shank und Bob Cooper, beides Mitglieder der Lighthouse *Allstars,* traten mit Flöte und Oboe als *Swinging Shephards* hervor.

Der Variabilität der Instrumentationsformen kam die Praxis des sogenannten Doppelns *(doubling)* entgegen, die in der Studioarbeit eine entscheidende Rolle spielte, ja eigentlich erst durch diese initiiert worden war. »Doppeln« bezeichnete die Beherrschung mehrerer Instrumente und war insbesondere für Holzbläser unverzichtbare Voraussetzung dafür, im Studiobetrieb überhaupt eine Chance zu erhalten. Davon abgesehen: Wer »doppelte«, verdiente mehr. Multi-Instrumentalismus – heute fast selbstverständlich, damals im Jazz eher unüblich – war somit für die

Westcoast-Saxophonisten keine Extravaganz, sondern ein in der Studioarbeit verankertes und ökonomisch motiviertes Prinzip. Dies schloß nicht nur ein, daß ein Saxophonist generell alle seinerzeit üblichen Saxophontypen, Alt, Tenor und Bariton, spielte, sondern daneben möglichst noch Klarinette und Flöte oder Oboe. Die institutionell verordnete Vielseitigkeit, bei gleichzeitiger Forderung nach Einordnung in einen homogenen, verschmelzenden Ensembleklang, und die gemeinsame Ausrichtung am großen Vorbild Lester Young bewirkten, daß kaum ein Saxophonist auf einem seiner Instrumente eine eigenständige Stilistik entwickelte und als musikalisches Individuum identifizierbar wurde: Sie klangen alle gleich und phrasierten alle ähnlich. Ausnahmen bestätigten die Regel.

Auch ein anderes wesentliches Merkmal des Westcoast Jazz, die Tendenz zum experimentellen Umgang mit Form und Satztechnik, stand in engem Zusammenhang mit der spezifischen Situation seiner Musiker. Shorty Rogers (bürgerlich: Milton Rajonski), als Trompeter, Bandleader, Filmkomponist und Plattenproduzent eine der aktivsten und einflußreichsten Persönlichkeiten der Studio- und Jazzszene von Los Angeles, sagte einmal: »Wenn die Musiker hier an der Küste anders als ihre Brüder (!) im Osten spielen, dann liegt das nicht daran, daß sie ein geordneteres und häuslicheres Leben führen, sondern daran, daß sie mehr Musik hören ... und zwar *jede* Art von Musik.«[54]

Shorty Rogers hatte recht und unrecht. Recht hatte er gewiß darin, daß die Studio-Jazzmusiker in Los Angeles mit einem anderen und vermutlich auch breiteren Spektrum von Musik in Berührung gekommen sein dürften als etwa die schwarzen Bebopper in Harlem – und zwar auf zweierlei Weise: Zum einen wurden sie durch ihre Arbeit in den Filmstudios mit einem musikalischen Universum konfrontiert, das – besonders, wenn es sich um die Musik von renommierten Filmkomponisten wie Elmer Bernstein, Leonard Rosenman oder Alex North handelte – ohne Frage horizonterweiternd war. Zum anderen begann während der 50er Jahre eine Reihe von Westcoast-Musikern Theorie- und Kompositionsunterricht zu nehmen, unter Umständen in der Hoffnung, selbst einmal als Komponist oder Arrangeur in die lukrativeren Bereiche des Studiengeschäfts einsteigen zu können. Es liegt durchaus nahe, daß sich diese Erfahrungen auf die eine oder andere Weise auch in ihren Jazzaktivitäten niederschlugen, besonders natürlich in ihrem thematischen Material und der formalen Struktur ihrer Stücke.

Unrecht hat Rogers wohl aber mit seiner etwas säuerlichen und nur aus der Position eines sich zu Unrecht angegriffen fühlenden Swimming-pool-Besitzers heraus erklärbaren Bemerkung, all dies hätte mit der sozialen Lage oder der Lebensweise der Musiker nichts zu tun.

Der Hornist John Graas sah dies klarer:

> »Man hat als Musiker (hier in Los Angeles) ein freieres Leben und kann sich besser entspannen. Zuerst einmal hat man mehr Platz. Wir haben alle unser eigenes Zuhause, und es ist hier billiger, sich ein Haus zu kaufen, als Miete zu bezahlen. Das ist also das eine: Niemand nimmt dir deine Wohnung weg. Man hat hier als Musiker etwas von der Sicherheit, die die Leute in anderen Berufen haben, und dadurch wird es einem leichter gemacht, schöpferisch tätig zu sein. Und wenn einer hier keine Arbeit hat, wird er nicht von Panik erfaßt, wie es in New York passiert. Darüber hinaus können wir bei all diesem Raum, der zur Verfügung steht, in Ruhe auf unseren Instrumenten üben. Das ist in einer Wohnung in New York kaum möglich. Hier ist es auch deshalb anders als in New York, weil New York dir Angst einflößt. So geht es mir jedenfalls. Alles da oben ist so schwierig und bewegt sich so in Eile. In einem gewissen Sinne mag New York aufregender sein, aber ein Musiker wird dermaßen vom Existenzkampf in Anspruch genommen, daß er weniger Gelegenheiten zum Experimentieren hat.«[55]

Akademisierung

Stan Kenton, Mentor zahlreicher Westcoast-Musiker, behauptete in einem Interview vom April 1960, daß der Jazz während der 50er Jahre zur Schule ging. Wörtlich:

> »Und das geschah an der Westküste, durch die Jungs, die sich hier niederließen und zu studieren begannen und anfingen, klassische Methoden und klassische Techniken auf den Jazz anzuwenden. Und das mußte einmal geschehen; es mußte dazu kommen, daß der Jazz einen tieferen

musikalischen Sinngehalt erhielt. Und ich glaube, daß ein großer Teil der Musik, die in Kalifornien geschaffen wurde, im Dienste der Idee stand, den Jazz zur Schule zu schicken.«[56]

Auf diesen wahrhaft Whitemanschen Gedanken wird später zurückzukommen sein. Zunächst wäre zu klären, welcher Art die »Schule« war und welche Konsequenzen sich aus ihrem Besuch für die musikalischen Gestaltungsweisen des Westcoast Jazz ergaben.

Es fällt schwer zu rekonstruieren, wie viele der Westcoast-Musiker mit welcher Intensität an dem musikalischen Bildungsangebot der kalifornischen Music Colleges und Konservatorien partizipierten. Aus biographischen Angaben in Covertexten und Enzyklopädien sowie aus verstreuten Interviews geht hervor, daß vor allem das Los Angeles Conservatory als Institution bedeutsam war. Besonders häufig wird – ohne nähere Angaben – ein gewisser Wesley La Violette genannt, bei dem offensichtlich eine Reihe von Musikern studierte. (La Violette, geb. 1894, lehrte ab 1946 Musiktheorie und Komposition am L. A. Conservatory, war als Komponist von zwei Opern und mehreren Sinfonien, Konzerten, Oratorien usw. hervorgetreten und daneben vor allem als Autor von Büchern mystisch-religiösen Inhalts bekannt geworden.) Wie auch immer die Studieninhalte der Westküsten-Jazzmusiker im Detail ausgesehen haben mögen, man kann mit Sicherheit davon ausgehen, daß sie im Rahmen der europäisch-akademischen Tradition lagen und vor allem die kompositorischen Aspekte der Jazzpraxis beeinflußten.

Beides, die Konfrontation mit der relativen Vielfalt musikalischer Ausdrucksmittel in der (besseren) Filmmusik und die theoretische Beschäftigung mit den Gestaltungsprinzipien der artifiziellen europäischen Musik, bewirkte, daß all jenes, was an der Musik der Westcoastler intellektuell vorstrukturierbar und schriftlich fixierbar war, wesentlich ambitionierter und zum Teil auch origineller erschien als ihre improvisatorischen Leistungen. Die Anknüpfung an die europäische Tradition manifestierte sich dabei nicht nur in formalen Aspekten (die Mehrzahl der Westcoast-Kompositionen folgen nach wie vor den herkömmlichen Formschemata), sondern vor allem auch in der Stimmführung. Viele Kompositionen von Westcoast-Musikern, aber ebenso ihre Bearbeitungen von Standards waren polyphon angelegt und standen damit in deutli-

chem Kontrast zu den eher kargen, dafür aber rhythmisch meist wesentlich aufregenderen Unisonothemen der Bebopper. Die Übertragung der
polyphonen Schreibweise auf die Improvisation, die damit zur Kollektivimprovisation wurde, brachte dem Westcoast Jazz später die hämische
Bezeichnung »Bopsieland« ein.

Die Polyphonie des Westcoast Jazz war, bis auf wenige Ausnahmen,
weniger an der Kontrapunktik der Barockmusik orientiert, wie später die
Musik Dave Brubecks und des *Modern Jazz Quartet,* sondern resultierte
wohl vielmehr aus einem Streben nach Klarheit und Durchsichtigkeit im
Sinne der frühklassischen Kammermusik. Dieser kammermusikalische
Gestus, der eine sorgfältige Ausarbeitung instrumentatorischer Details
und eine deutliche Bevorzugung mittlerer Ausdrucksbereiche einschloß,
war einem großen Teil des Westcoast Jazz zu eigen. Er war auch, wie Aussagen von Musikern belegen, durchaus intendiert.

Kammerjazz

Ein aufschlußreiches Dokument für diese kammermusikalische Konzeption bietet ein Covertext, den der Tenorsaxophonist Jack Montrose zu
einer von ihm 1955 eingespielten LP schrieb[57] und den ich, wegen der
Einsichten, die er in das musikalische Selbstverständnis der Westküstler
vermittelt, etwas ausführlicher zitiere:

> »Ich schreibe gerne in einem Kammerensemble-Stil – wegen der Inti-
> mität. Alle Stimmen sind transparent. Nichts ist überflüssig in der Kam-
> mermusik, und es kann auch nichts überflüssig sein. Allein die Tatsache,
> daß eine Gruppe vier oder fünf Instrumente umfaßt, macht sie allerdings
> noch nicht zum Kammerensemble. Dazu kommt es erst durch das ›fee-
> ling‹ der Mitspieler und durch ihre Einstellung zur Musik. Das ist ein
> ganz bestimmtes Gefühl, das man erwirbt, wenn man sich Streich-
> quartette anhört. Ein Kammerensemble gibt mir die wesentlichen dyna-
> mischen Extreme, die notwendige Beweglichkeit und Manövrierfähig-
> keit: Als ich für dieses Album hier komponierte, da dachte ich eindeutig
> in den Kategorien eines Kammerensembles. Keines der Instrumente
> wurde vernachlässigt. Meine Absicht war es, jedes Instrument in der ihm

angemessenen Art und Weise einzusetzen. Und mit Dynamik meine ich
die Möglichkeit, einen entschiedenen Kontrast zu setzen, oder zum Beispiel die Fähigkeit, gleichzeitig schnell und leise zu spielen. Nichts wird
zugedeckt. Die klassische Musik hatte auf die Entwicklung meines musikalischen Geschmacks einen erheblichen Einfluß. Wenn jemand Mozart
zu schätzen gelernt hat, dann hat er einen ausgeprägten Geschmack, der
sich zwangsläufig positiv weiterentwickeln wird. Das ist es vor allem, was
mir die klassische Musik gegeben hat: die Einsicht in die Bedeutung
des Geschmacks. Und sie hat mir ein weit gefaßtes Konzept von Form
gegeben ...
Vieles von der Musik auf dieser Platte ist natürlich vollständig improvisiert. Der Sinn der Kompositionen/Arrangements war es, eine Stimmung zu schaffen und sie zu organisieren. Die geschriebenen Partien
stellen einen Bezugsrahmen her, so etwas wie ein organisatorisches
Gerüst, in das die Improvisationen eingefügt werden. Es sollte eine enge
Beziehung zwischen beidem geben. In der Komposition treffe ich bestimmte Vorkehrungen, den Solisten dazu zu bringen, daß er in einer
bestimmten Stimmung spielt ..., zum Beispiel Backgrounds, die den
Solisten dazu bringen, in dieser Stimmung zu bleiben. Ich habe das
Gefühl, daß in diesem Album hier die Solisten immer in der Stimmung
der Komposition waren.«

Das Verhältnis von Improvisation und Komposition wurde von Westcoast-Musikern auffallend häufig problematisiert, wobei eine gewisse
Ambivalenz in der Einstellung zum Improvisieren deutlich wird.

Jack Montrose schreibt in dem zitierten Covertext zwar sehr eindeutig: »Wenn es Jazz sein soll, dann muß Raum für Improvisation da
sein.« Jedoch bildet, wie aus dem vorher Gesagten ersichtlich, in letzter
Instanz eben doch der kompositorische Bezugsrahmen das den musikalischen Prozeß bestimmende Moment. Er, der Komponist Montrose,
reguliert die Improvisationen, sowohl seine eigenen wie die seiner Mitspieler. Dies ist fraglos eine Idee, die den Beboppern fremd gewesen wäre.
Bei ihnen leitete sich – umgekehrt – kompositorisches Material vielfach
direkt aus den improvisatorischen Gestaltungsprinzipien ab. Parker-
Kompositionen wie *Confirmation*, *Relaxin' at the Camarillo*, *Chi-Chi* oder
Au Privave sind gleichsam gefrorene Improvisationen; daher war es für
Parker auch kein Problem, auf der Fahrt zum Schallplattenstudio im Taxi
in drei Minuten ein Stück zu schreiben.

Einer solchermaßen beiläufigen Handhabung von Komposition setzte der Westcoast Jazz ein Konzept entgegen, in dem das Schreiben mindestens gleichberechtigt neben das Spielen trat, zum Teil sogar den Vorrang erhielt. Buddy Collette, Mitte der 50er Jahre Reed-Spieler im *Chico Hamilton Quintet* und – wie Hamilton selbst – einer der wenigen schwarzen Musiker im Westcoast Jazz, sagt ganz dezidiert: »Wir drücken uns heute vor allem durch das Schreiben aus«[58], das heißt mithin: durch die Komposition und das Arrangement.

Der Gitarrist Jim Hall, seinerzeit ebenfalls Mitglied im *Hamilton Quintet,* führt aus: »Sogar zu Bachs Zeiten war die Improvisation ein wesentlicher Faktor. Bach selbst war berühmt für seine improvisatorischen Fähigkeiten ... Ich bin ein großer Anhänger dieser Idee, daß es nur eine Musik gibt und daß es zwischen Jazz und klassischer Musik keine Differenzen gibt. Denn die Grundlage von vielem, was wir klassische Musik nennen, war ebenfalls Improvisation.«[59]

Davon abgesehen, daß das letztere *so* natürlich nicht haltbar ist ... woher rührt diese Präferenz fürs Komponieren und was bedeutet die Inanspruchnahme Bachs als Ahnherrn der Improvisation? In beidem deutet sich eine Hinwendung zur europäischen Tradition an und eine Verdrängung der afroamerikanischen Wurzeln des Jazz. Bach, der ja schon früher von den New Yorker Cool Jazzern des Tristano-Zirkels als Bezugsperson ins Spiel gebracht worden war und der außerdem vor allem von Dave Brubeck und John Lewis als Leitbild apostrophiert wurde, fungiert hier zur Rechtfertigung, ja Nobilitierung eines an sich selbstverständlichen Gestaltungsmittels des Jazz, der Improvisation.

Die Verdrängung des afroamerikanischen Erbes, wie sie uns in Hinweisen auf kammermusikalische Konzeptionen, auf die zunehmende Bedeutung der Komposition und auf Bach entgegentritt, vollzog sich primär im Ideologischen. Musiker wie Collette, Hall und Montrose fungierten dabei, ob sie wollten oder nicht, als Ideologieproduzenten, die ihren Hörern nahelegten, der Jazz sei nun im Begriff, zu den Höhen der klassischen Musik emporzusteigen; ihre in Covertexten kolportierten Äußerungen lieferten den ideologischen Bezugsrahmen, aus dem heraus der Hörer ihre Musik interpretierte. Darüber hinaus jedoch hinterließ dieser verbalisierte Verdrängungsakt natürlich auch seine Spuren *in* ihrer Musik. Ein bewußt inszenierter kammermusikalischer Gestus, das Bemühen um

Transparenz und formale Vielfalt (Fugen, Divertimenti usw.), klangfarb-
liche Raffinesse, reduzierte Dynamik und die Bevorzugung mittlerer
Tempi – all diese in einer Ästhetik des Gemäßigten und Ausgewogenen
beheimateten und zum Teil durch den Cool Jazz vermittelten Kriterien
versetzten den Westcoast Jazz in ein überwiegend mildes emotionales
Klima. Extremwerte wurden vermieden; es ging weniger um Erregung als
um Anregung, nicht um Hektik und Nervosität, sondern eher um Lässig-
keit und Komfort.

Der Westcoast Jazz war ein durch und durch weißer Stilbereich, geprägt von einer an europäischen Klang- und Strukturidealen orientierten
Ästhetik, gespielt fast ausschließlich von weißen Musikern und konsumiert von einem überwiegend weißen Publikum. Die außerordentlich
geringe Beteiligung afroamerikanischer Musiker an seiner Hervorbringung (ich komme auf fünf) geht zum Teil zweifellos darauf zurück, daß
diese sich mit dieser Art von Ästhetik nicht identifizieren konnten und
wollten.

Der schwarze Trompeter Clifford Brown kommentierte seine Ein-
drücke nach einer Tour, die ihn 1955 nach Kalifornien geführt hatte:

>»Den Typus von Jazz, den sie da drüben mögen, diese Art, wie sie von
>Shorty (Rogers) und Chet (Baker) gespielt wird, geht mehr in Richtung
>Cool. Also ist das Publikum an der Westküste natürlich auch cool; es gibt
>auch nichts für sie, worüber sie sich aufregen können … Unsere eigenen
>Bemühungen zielen eher auf die Schaffung von musikalischen Extremen
>ab, was sowohl Erregung als auch subtile Sanftheit einschließt. Ihr
>Material dagegen ist stärker zubereitet, ein bißchen formalistischer und
>weniger spontan.«[60]

Jedoch nicht nur Differenzen im ästhetischen Bereich, sondern ebenso
gesellschaftliche Faktoren schlossen die Teilhabe schwarzer Musiker am
Westcoast Jazz aus, vor allem natürlich die Tatsache, daß sie – wenn überhaupt – nur äußerst schwer Zugang zu den lukrativen Jobs in der Holly-
wood-Studioszene fanden und damit von vornherein vom inneren Zirkel
der dort beschäftigten weißen Musiker distanziert waren. Entsprechendes
galt für die Wohnsituation in Los Angeles, die aufgrund der Rassentrennung und der ungeheuren räumlichen Ausbreitung dieses Monstrums von
Stadt soziale Kontakte zwischen weißen und schwarzen Musikern weit-

gehend ausschloß und damit auch die musikalischen Berührungspunkte reduzierte. Von Watts, dem schwarzen Bezirk von Los Angeles, ins San Fernando Valley, wo die wohlhabenderen Angehörigen von Hollywoods Showbizz-Gemeinde und ein Großteil der weißen Studiomusiker lebten, sind es rund 40 Kilometer Luftlinie; eine Entfernung, die in einer an öffentlichen Verkehrsmitteln armen Stadt wie Los Angeles für jemanden, der kein Auto besaß, eine unüberwindbare Entfernung darstellte.

Zur Rezeption des Westcoast Jazz

Die Rezeptionsgeschichte des Westcoast Jazz ist voller Widersprüche. Als ambitionierte und dabei letztlich doch verharmlosende Aufbereitung aller möglichen Elemente aus Bop, Cool und Progressive war diese hochgradig eklektische Musik in der kurzen Periode ihrer Blüte der kommerziell erfolgreichste Jazzstil seit den Glanzzeiten des Swing. Auf der anderen Seite gibt es kaum einen zweiten Stilbereich, der von der Jazzkritik nach anfänglichen Zeichen von Einverständnis, bisweilen sogar Euphorie, in den folgenden Jahren dann dermaßen mit Mißachtung gestraft wurde. In der von J. E. Berendt herausgegebenen Anthologie *Story des Jazz* wird er einfach ausgeklammert, so als hätte es ihn nie gegeben[61].

Seine kommerziellen Erfolge verdankte der Westcoast Jazz einerseits einer rührigen Schallplattenbranche, die das Markenzeichen »West Coast« mit einem Elan propagierte wie kaum eines zuvor, und andererseits einem jungen und überwiegend weißen Publikum von Studenten, Jungakademikern und anderen Aufsteigern, denen der Revival-Dixieland zu einfältig und der Rock 'n' Roll zu proletarisch war und die in dem sanften Intellektualismus des Westcoast das ihnen gemäße musikalische Idiom fanden. Auch mit den Musikern als Typen konnte man sich identifizieren. Über Chet Baker schrieb in den 50er Jahren ein Kritiker: »Chet ist wie der erste Junge, den deine Schwester aus dem Jugendclub mit nach Hause bringt.«[62] Man stelle sich spaßeshalber einmal dieses Zitat auf Dizzy Gillespie bezogen vor, der schließlich auch Trompete spielte und sang.

Die Schallplattenbranche kam ihrer jugendlichen Zielgruppe dadurch entgegen, daß sie den Westcoast Jazz mit allen möglichen Symbolen von

Respektabilität, Bildung und Progressivität ausstattete. Auf Covertexten wurde nie versäumt, darauf hinzuweisen, bei welchen »klassischen« Komponisten oder Konservatoriumsprofessoren die jeweiligen Musiker studiert hatten. Dabei spielte es offensichtlich keine Rolle, ob diese akademischen Lehrmeister dem angesprochenen Publikum potentiell bekannt waren oder nicht. Der Name des vielzitierten Dozenten Wesley La Violette – um nur ein Beispiel zu nennen – dürfte den meisten Anhängern des Westcoast Jazz kaum geläufig gewesen sein. Aber darauf kam es auch gar nicht an.

Ein anderes Mittel, der Musik zu quasi akademischen Würden zu verhelfen, bestand in Plattentexten im Stil von (schlechten) Konzertführern. Zu der LP *Spectacular* des *Chico Hamilton Quintet* lieferte Fran Kelly einen Begleittext, der unter anderem die folgenden Passagen terminologischen Deliriums enthält: »Buddys (Collette) Klarinette in ihrer sanften Zurückhaltung dominiert; eine saubere, geschmackvolle Gitarre folgt auf das Cello und schiebt sich in ein anmutiges, kontrapunktisches Muster – dann zurück zu der Schönheit von Buddys Klarinette und aus.« Ein anderes Stück wird so kommentiert: »Dies könnte man als ›Kontrapunktieren‹ der Skala bezeichnen. Vier Takte vom Baß eröffnen (das Stück), während das Cello und Chicos Besen das Arrangement kräuselig zusammenstricken. Die Klarinette und die übrige Gruppe vereinigen sich im kontrapunktischen Spiel. Das springende spiccato détaché von Freddies (Hubbard) Cello, begleitet von einem sehr fröhlichen double-timing.«[63]

Ein weiteres Stilmittel zur Inszenierung des Markenzeichens »West Coast« manifestierte sich in Schallplattenhüllen mit farbigen Reproduktionen von – meist abstrakten – Gemälden kalifornischer Künstler. Das signalisierte Progressivität, Avantgarde, geschmackliche Exklusivität. Und damit das Geschäft nicht zu kurz kam, bot man auch gleich noch in einer kleinen Fußnote eine Reproduktion der Reproduktion per Postversand für 50 Cent zum Verkauf an (ein Verfahren, das in den 70er Jahren von der Firma CTI, die ebenfalls eine Form von Populärjazz propagierte, aufgegriffen wurde).

Beharrliche Hinweise auf die akademischen Weihen der Musiker, konzertführerartige Kommentare mit einem wahrhaft inflationären Gebrauch des Wortes »Kontrapunkt« und die Verpackung der Platten in zeitgenössische Kunst ... all diese Erscheinungsformen westküstlicher

Warenästhetik verrieten als Adressaten ein Publikum, das im Jazz – seinem Jazz – einerseits gewisse Bildungsbedürfnisse befriedigt wissen wollte, ohne sich dabei allzusehr emotional zu engagieren, und das andererseits genügend Naivität aufbrachte, aus der Assoziation von abstrakter Kunst und dem ihm vorgesetzten Jazz auf dessen avantgardistischen Charakter zu schließen und sich damit die eigene Fortschrittlichkeit zu bescheinigen.

Einen Nebeneffekt (oder war es eigentlich der Haupteffekt?) hatte die ganze Bildungsmaskerade insofern, als sie gründlich von den afroamerikanischen Quellen dieser Musik ablenkte. Jazz, das war plötzlich wieder etwas, womit man sich als Angehöriger der weißen Mittelklasse identifizieren konnte, ohne sich gleich als Außenseiter fühlen zu müssen. Jazz, das waren Fugen und Inventionen, also Kultur, gespielt von gebildeten jungen Männern, die bei La Violette oder Darius Milhaud studiert hatten, die aber swingten und die die gleichen Bürstenhaarschnitte trugen wie man selbst, die also nicht nur kultiviert, sondern auch noch modern waren.

*

Wenngleich der Westcoast Jazz in der relativ kurzen Periode seiner Blüte an Popularität alle anderen Stilbereiche in den Schatten stellte und besonders in Europa, forciert durch zahlreiche Konzert-Tourneen, praktisch *den* Modern Jazz repräsentierte, blieb seine Wirkung auf die weitere Entwicklung des Jazz minimal und auf Äußerlichkeiten beschränkt. Er half, die Flöte als legitimes Jazzinstrument zu etablieren und sorgte dafür, das »Doppeln« von Saxophonisten zur alltäglichen Erscheinung werden zu lassen. Aber das war eigentlich auch schon alles. Weder seine »kammermusikalischen« Allüren noch sein Kokettieren mit instrumentatorischen Novitäten konnten seinen Mangel an echter musikalischer Innovation und emotionaler Substanz langfristig überdecken.

So ungefähr in den Jahren 1957/58 begannen sich im Westcoast Jazz Ermüdungserscheinungen abzuzeichnen. Der Reiz des Neuen, das im wesentlichen doch nur eine Aufbereitung von mancherlei Altem gewesen war, begann zu schwinden. Die Musiker, die noch kurze Zeit zuvor im Rampenlicht der internationalen Jazzszene gestanden hatten, begannen sich wieder stärker in den Studioalltag der *jingles* und *commercials*, der

Talkshows und Krimi-Backgrounds zu integrieren und verlegten ihre Jazzaktivitäten auf die Sonntagnachmittags-Jam Session am heimischen Swimmingpool oder auf Wochenendjobs in Howard Rumseys Lighthouse. Andere fanden ihr Auskommen in den Glamourshows von Las Vegas, wo sie Frank Sinatra oder Sammy Davis Junior begleiteten. Wieder andere verließen die Westküste und ließen sich in New York nieder, wo sie – irritiert durch die dort inzwischen stattgefundenen Entwicklungen – mit der eigenen musikalischen Identität in Konflikt gerieten.

6 Das Hardbop-Funk-Soul-Syndrom

Bebop-Kontinuum
und Hardbop

Während man sich in den Aufnahmestudios von Los Angeles noch mit Jazz-Fugen und Divertimenti, Suiten und Concerti abmühte und Westcoast Jazz jeglicher Spielart die Regale von Schallplattenläden in aller Welt füllte, hatte sich in New York, quasi hinter dem Rücken des Publikums und von der Jazzpresse kaum zur Kenntnis genommen, ein Stilbereich herauszukristallisieren begonnen, der sich – musikalisch ebenso wie in seinem sozialen Gehalt – in direkten Kontrast zum Westcoast Jazz stellte und den man sich bald als Hardbop zu bezeichnen angewöhnte. Begrifflich unscharf wie die meisten Stilbezeichnungen des Jazz, signalisierte der Name immerhin die Herkunft dieser Musik aus dem Bebop und wies zugleich darauf hin, daß hier eine neue ästhetische Qualität ins Spiel kam, die sich – wie vage auch immer – mit dem Attribut »hart« umschreiben ließ.

Die Transformation des Bebop in den Hardbop und später die Herausbildung von spezifischen Erscheinungsformen wie Funk und Soul Jazz vollzog sich nicht im Sinne einer eindimensional gerichteten, gleichsam organischen Weiterentwicklung, sondern geschah in Form eines komplexen Prozesses von Aktionen und Reaktionen, von Wechselwirkungen, an denen sowohl innermusikalische als auch gesellschaftliche Faktoren beteiligt waren.

Zum einen gab es natürlich – bei weitgehender ökonomischer und publizistischer Hegemonie des Westcoast Jazz – so etwas wie ein Bebop-Kontinuum. Zwar dominierten auf den ersten Plätzen der Jazz Polls, jener Präferenzbarometer einer medienbeeinflußten Fangemeinde, unübersehbar die Musiker von der Westküste; doch rissen die Aktivitäten der auf die New Yorker Szene zentrierten schwarzen Bopmusiker niemals gänzlich ab, selbst wenn diese Musiker zum Teil von erheblichen existentiellen Problemen belastet waren und sich manch einer von ihnen zeitweise mit außermusikalischen Jobs über Wasser halten mußte.

Während der ersten Hälfte der 50er Jahre wurde das Bop-Kontinuum vor allem durch die Beharrlichkeit einiger »Veteranen« der Sturm-und-Drang-Phase des Bebop getragen, die sich um die New Yorker Schallplattenfirmen Blue Note und Prestige gruppierten. Zu diesem Kreis von Bop-Pionieren stieß im Laufe der 50er Jahre eine Reihe von jüngeren Musikern der Jahrgänge um und nach 1930, viele von ihnen aus den schwarzen Ghettos der großen Industriezentren des Nordostens, aus Detroit, Pittsburgh und Philadelphia. Unter dem Einfluß dieser Musiker vollzog sich – zunächst unmerklich, bald aber unüberhörbar – die Metamorphose des Bebop in ein neuartiges, oder besser: andersartiges musikalisches Idiom. Es war ein ostentativ schwarzes Idiom, das Bezug nahm auf die *roots* afroamerikanischer Musik und das in seiner emotionalen Geradlinigkeit und Vitalität nicht nur gegen den verhaltenen Charme des Westcoast Jazz Front machte, sondern sich – in seiner neuen/alten Einfachheit – letztlich auch querstellte zu der nervösen Komplexität des Bebop.

Die demonstrative Schwärzung musikalischer Ausdrucksmittel manifestierte sich primär in Rückgriffen auf Strukturmerkmale der frühen schwarzen Volksmusik, des Worksongs, des Blues und der Gospelmusik der *sanctified*-Kirchen. Die durch Substitutionsakkorde und Intervallschichtungen verkomplizierten Harmonieschemata des Bebop wurden dabei reduziert auf die elementarsten Akkordprogressionen; *call and response*-Modelle etablierten sich im thematischen Material und sorgten für Assoziationen an Frühformen afroamerikanischer Volksmusik; Sechsachtel-Beat suggerierte das schaukelnde Mitgehen einer enthusiasmierten Baptistengemeinde.

Auch im Begrifflichen schlug sich das Insistieren auf den spezifisch schwarzen Qualitäten des Hardbop nieder. *The Preacher*, eine Komposition des Pianisten Horace Silver und gleichsam die inoffizielle Hymne des frühen Hardbop, verwies schon vom Titel her auf die Kirche, aber – wie die musikalischen Gestaltungsmittel verdeutlichen – eben nicht auf irgendeine, sondern auf die schwarze Kirche. Ein Titel wie *The Preacher* stellte dabei auch verbal in seiner unverblümten Direktheit eine deutliche Absage dar, sowohl an die von europäischer Kulturtradition getränkten

Ansprüche der Westcoast-Fugen und -Concerti als auch an die intellektuell verklausulierten Titel-Wortspiele der Bebopper. Und *The Preacher*
blieb in dieser Hinsicht kein Einzelfall; verbale Bezugnahmen auf die
(schwarze) Kirche und die Gospelmusik gab es noch und noch in den
Titeln der Hardbopper: *The Sermon, Sermonette, Gospelette, Prayer Meetin',
Sister Salvation, Jubilation, Moanin'* ... Neben den Anspielungen auf die
Kirche (das Attribut *churchy* wurde zum musikalischen Gütesiegel) mehr-
ten sich solche auf den Süden der USA, auf *Down Home, The Old Country*
und *Back at the Chicken Shack*, auf den Mann, der Wassermelonen verkauft
(*Watermelon Man*) und die afroamerikanisch-südstaatliche Hausmanns-
kost *Chicken and Dumplins*.

Funk und Soul

Nun kann man mit Sicherheit davon ausgehen, daß die schwarzen Jazzmusiker der 50er Jahre weder ganz überraschend fromm geworden waren,
noch daß sie ein plötzlich einsetzendes Heimweh ausgerechnet nach dem
amerikanischen Süden gepackt hätte, jener Region, in der die ökonomische und gesellschaftliche Situation der Schwarzen immer noch am
bedrückendsten war. Statt dessen standen beide Motive – Kirche und
Südstaaten – stellvertretend für eine intakt gebliebene (oder: für intakt
gehaltene) kulturelle Identität, wie es sie in gesellschaftlichen Institutionen außerhalb der Kirche nicht mehr gab und wie sie als besonders ausgeprägt unter den Bedingungen der Rassentrennung im amerikanischen
Süden empfunden wurde. Das Insistieren auf einer spezifisch afroamerikanischen Identität, das letztlich einer Abgrenzung gegenüber einer von
weißen Werten beherrschten Welt gleichkam, fand seine verbale Zu-
spitzung in zwei Begriffen, die bald als Synonyme für »schwarz« oder
»afroamerikanisch« verstanden wurden: *funky* und *soul*.

In seinem ursprünglichen Wortsinn bezeichnete das Adjektiv *funky*
etwas, das stinkt, und dann – im engeren Sinne – einen spezifischen Ge-
ruch, den das weiße Amerika als rassisches Charakteristikum den Afroamerikanern zuschrieb. Das verbreitete Stereotyp besagte: Neger riechen
anders als wir (Weißen), Neger stinken, sind *funky*.

Daß durch das kreative Sprachverhalten bestimmter Subkulturen wie der schwarzen Ghettogesellschaft oder der Jazzszene negativ besetzte Begriffe in positive transformiert werden, ist nichts Außergewöhnliches. Wörter wie *bad, mean, tough*, die im Standard-Englisch allesamt etwas Negatives bezeichnen, können im schwarzen Argot und im Musikerslang durchaus etwas Positives beinhalten[1]. So ist eben unter *a mean cat* keineswegs eine besonders bösartige Katze zu verstehen, sondern vielmehr ein wegen seiner Energie oder Schlauheit positiv eingeschätzter Zeitgenosse. Ebenso ist es möglich, daß die sozial diskriminierende Bezeichnung *Nigger* im schwarzen Ghetto unter bestimmten Umständen mit positiven Akzenten versehen ist. Der schwedische Anthropologe Ulf Hannerz, ein intimer Kenner der afroamerikanischen Ghettokultur, schreibt:

>»Ghettobewohner benutzen selbst den Begriff ›Nigger‹ natürlich als ein beleidigendes Wort, aber ebenso ist es möglich, daß sie ihm eine liebevolle *(affectionate)* Bedeutung verleihen … Wenn Ghettobewohner ›Nigger‹ sagen, dann mögen sie damit im allgemeinen durchaus Mißachtung oder Abneigung zum Ausdruck bringen, aber genauso können sie sich damit gegenseitig eines Einverständnisses hinsichtlich des Ghettolebens versichern, einer Perspektive, die einzig und allein sie betrifft und die sie von keinem Außenseiter erwarten. Das ist der Grund, weshalb Schwarze ›Nigger‹ sagen können, aber sonst niemand.«[2]

Die eindrucksvollste literarische Umsetzung dieses Phänomens lieferten *The Last Poets,* eine Gruppe afroamerikanischer Lyriker und Perkussionisten, in ihrer trommelbegleiteten Rezitation von Texten wie *Niggers Are Scared of Revolution* und *Wake Up, Niggers*[3].

Die Umwertung des Attributs *funky* vom Negativen ins Positive lag also auf der gleichen Ebene wie die verfremdende Verwendung des Wortes *Nigger* als Ausdruck affektiver Zuneigung. Beides zielte auf eine Bestätigung afroamerikanischen Selbstwertgefühls, und zwar im Widerspruch zu einem sozialen System, das gerade im Gebrauch derartiger Begriffe dieses Selbstwertgefühl zu verhindern trachtete.

Wesentlich in diesem Zusammenhang ist, daß das Attribut *funky* und seine später zum Stilbegriff avancierende Substantivierung *funk* keine Erfindung der Jazzpublizistik war wie – aller Wahrscheinlichkeit nach – der Begriff Hardbop, sondern daß *funky* von den schwarzen Musikern

selbst zur Bezeichnung ihrer Musik in Umlauf gesetzt worden war. *Funky*
beinhaltete damit also gleichsam eine Selbstdefinition der Musiker, war
Ausdruck ihres eigenen Selbstverständnisses und einer Bewertung der
eigenen musikalischen Ausdrucksmittel als *spezifisch schwarz*. Denn *funky*
bedeutete ganz offensichtlich nicht ganz allgemein etwas Positives, sondern stets etwas positiv Afroamerikanisches. Frank Kofsky schreibt:

> »Eine Komposition, eine Improvisation oder einen Musiker ›funky‹ zu
> nennen, bedeutete nicht ein Lob allgemeiner Art, sondern man lobte
> wegen spezifisch schwarzer Qualitäten. Ein schwarzer Musiker mochte
> etwa für eine von Beethovens Sinfonien Bewunderung äußern, er mochte
> vielleicht sogar den Komponisten in seiner Begeisterung als ›bad cat‹
> bezeichnen; aber es ist höchst unwahrscheinlich, daß es ihm je in den
> Sinn käme, diese Musik als ›funky‹ zu bezeichnen. Diese besondere
> Bezeichnung blieb in jedem Fall Musikern vorbehalten, die ihre Ideen in
> einem spezifisch afroamerikanischen Idiom zum Ausdruck brachten.«[4]

Als musikalischer Terminus im engeren Sinne bezogen sich *funky* und
funk zu Anfang in der Regel auf eine Klavierspielweise, wie sie von
Horace Silver um 1952 initiiert worden war. Sie war stark bluesbetont,
mit einer scharf akzentuierenden Stakkato-Melodik, die auf jede Orna-
mentierung verzichtete, und mit offenen Septimen-Intervallen in der
Baßstimme, die – tieflagig und stark *off beat* betonend – für eine immense
rhythmische Spannung sorgte.

In den folgenden Jahren entwickelte sich *funky* als Stiletikett im weiteren Sinne zur Bezeichnung aller jener Spielarten des Hardbop, welche
die *roots* afroamerikanischer Musik besonders prägnant herausstellten.
Mit der Zeit wurde dabei *funk* als Stilbegriff und ideologisches Losungs-
wort überlagert und schließlich weitgehend abgelöst durch einen anderen
Begriff, der noch ausdrücklicher auf eine von afroamerikanischen Werten
bestimmte Ästhetik verwies: *soul*. Der Bedeutungsgehalt von Soul ging
nun allerdings von vornherein weit über den Bereich des Ästhetischen
hinaus. Soul, als Codewort für ein dezidiert schwarzes Selbstverständnis,
betraf weite Bezirke afroamerikanischer Erfahrung und Lebenspraxis:
Schwarze Ghettobewohner sprachen sich gegenseitig als *soul brothers* und
soul sisters an; spezifisch afroamerikanische Gerichte aus dem Süden ge-
wöhnte man sich als *soul food* zu bezeichnen an; man hörte und tanzte

nach *soul music*, gespielt von schwarzen Musikern für schwarze Hörer und Tänzer. Soul bedeutete also in diesem Kontext nicht einfach »die Seele«, die jedermann besaß, sondern Soul wurde als spezifisch schwarze Qualität verstanden, eine Qualität, die Weiße weder erwerben noch imitieren konnten. So schreibt LeRoi Jones:

> »Soul bedeutet den Versuch, die sozialen Rollen innerhalb der Gesellschaft umzukehren, indem man den Kanon der Werte neu definiert. In der gleichen Weise, wie die ›New Negroes‹ der 20er Jahre die Attribute ihrer ›Negritude‹ *(negroness)* – wenn auch in einem defensiven Sinne – zu kanonisieren begannen, geht es beim ›soul brother‹ darum, die gesellschaftliche Ordnung nach seinem Bild umzugestalten. ›Weiß‹ heißt nun nicht mehr soviel wie ›im Recht‹, wie der alte Blues (›if you're white, you're right‹) es wollte, sondern ›weiß‹ bedeutet nun ein Manko, denn die weiße Kultur schließt den Besitz von negroider ›Seele‹ aus.«[5]

Gesellschaftliche Determinanten des Funk und Soul Jazz

Funk und Soul – als symbolhafter Ausdruck eines neuen schwarzen Selbstwertgefühls – waren Überbauphänomene, die ihren Ursprung in einem Wandel der realen Lebensverhältnisse der Schwarzen in den USA während der 50er Jahre hatten. Dieser Wandel, der schließlich eine partielle Neudefinition schwarzer Werte provozierte, hatte verschiedene Auslöser und vollzog sich auf verschiedenen Ebenen. Den wichtigsten Faktor bildete zweifellos der Kampf um die Bürgerrechte der Afroamerikaner, wie er von Organisationen wie NAACP (National Association for the Advancement of Colored People), CORE (Congress of Racial Equality) und später dann SCLC (Southern Christian Leadership Conference) mit wachsendem Erfolg geführt wurde. Bereits in den 40er Jahren hatte die zunächst auf Chicago zentrierte Organisation CORE damit begonnen, die von Ghandi entwickelte Methode des gewaltlosen Kampfes auf die USA zu übertragen; zunächst mit dem, was später Sit-in genannt wurde: Gruppen von weißen und schwarzen jungen Leuten gin-

gen in Restaurants oder Cafés, die »für Farbige gesperrt« waren, um
entweder durch die provozierte Bedienung der ungebetenen Gäste einen
Präzedenzfall zu schaffen und so die Rassenschranke allmählich zu
durchbrechen oder aber einen Eklat zu provozieren, der die Aufmerksamkeit der Öffentlichkeit auf die Ungerechtigkeit der Segregation lenken
sollte[6]. Bedeutsamer als die lokal begrenzten Aktionen von CORE in
Chicago wurden jene, die die NAACP unternahm, um die Rassentrennung im öffentlichen Verkehrswesen, in Speise- und Schlafwagen und
Überlandbussen aufzuheben, so daß Mitte der 50er Jahre jede Rassendiskriminierung im Interstate-Reiseverkehr, auf Bahnhöfen und in War-
teräumen offiziell aufgehoben war.

Die – in ihrer Signalwirkung und dem damit verbundenen Bewußtseinsbildungsprozeß – größte Bedeutung unter den Aktionen afroamerikanischer Bürgerrechtler kam den Bemühungen um die Abschaffung
der Rassentrennung in Schulen und Hochschulen zu. Hier erzielte die
NAACP 1954 mit einer Grundsatzentscheidung des Obersten Bundes-
gerichtshofs in einem von ihr geführten Prozeß einen epochemachenden
Erfolg, als die Segregation in den Schulen für verfassungswidrig erklärt
wurde und damit die Rassendiskriminierung an Schulen, die natürlich
allenthalben fortbestand (und -besteht), zumindest erst einmal legal an-
greifbar wurde. Denn wenngleich die herrschende weiße Mehrheit, insbesondere im amerikanischen Süden, viele Mittel und Wege fand, die Integration der Schulen zu umgehen, so war sie durch den Sieg der NAACP
vor dem Supreme Court doch unübersehbar ins Unrecht gesetzt worden.
Die seit der *reconstruction*-Ära ohnehin nur beschränkt gültige Formel des
Seperate But Equal, die das Verhältnis zwischen schwarzen und weißen
Bürgern der USA zumindest dem Schein nach regulierte (wer mochte
schon jemals ernstlich an die Realisierung des Gleichheitspostulats glauben?), wurde nun auch hinsichtlich ihrer separierenden Aspekte offiziell
in Frage gestellt, und dies in einem Bereich, dem langfristig für die gesellschaftliche Entwicklung eine immense Bedeutung zukam.

Eine möglicherweise noch größere, da emotionsgeladene Signalwirkung als der Schulentscheidung von 1954 kam einer Aktion zu, die im
Dezember 1955 in Montgomery, Alabama, durch einen eigentlich eher
unbedeutenden, da in den Südstaaten alltäglichen Vorgang ausgelöst worden war. Eine schwarze Frau, die Näherin Rosa Parks, war von einem

weißen Busfahrer aufgefordert worden, aufzustehen, um einem weißen Fahrgast Platz zu machen. Rosa Parks aber, die zwar Mitglied der NAACP, aber alles andere als eine militante Bürgerrechtlerin war, weigerte sich. »Ich hatte den ganzen Tag gearbeitet und war sehr müde«, sagte sie später in einem Interview. »Der Teil des Busses, wo ich saß, war die ›colored section‹, wie wir sie nennen, besonders in diesem Viertel, weil der Autobus zu mehr als zwei Drittel von farbigen Fahrgästen besetzt war, und ein großer Teil von ihnen stand. Und jedesmal, wenn weiße Fahrgäste zustiegen, mußten wir für sie nach hinten rücken, auch wenn kein Platz mehr da war. Es war eine Zumutung.«[7]

Rosa Parks wurde, wie es in solchen Fällen üblich war, wegen ihres unüblichen Verhaltens sofort verhaftet. Der Vorfall löste – für alle Beteiligten überraschend – eine Welle des Protestes aus, der schließlich in einen systematischen Boykott der Omnibusgesellschaften von Montgomery mündete. Die schwarze Bevölkerung der Stadt, immerhin fast die Hälfte der 106 000 Einwohner, hielt nicht nur den Busboykott ein ganzes Jahr lang durch, sondern ging auch vor Gericht und erwirkte beim Obersten Bundesgerichtshof ein Urteil, das die Rassentrennung in den Omnibuslinien für ungesetzlich erklärte. Auf der Basis dieses Urteils und durch die Demonstration ihrer Geschlossenheit gelang es den schwarzen Einwohnern von Montgomery schließlich, die dem Bankrott nahen Busgesellschaften zum Einlenken zu zwingen: Die Jim Crow-Abteilungen der Stadtbusse wurden aufgehoben. Im Laufe der Aktion war ein bis dahin unbekannter Baptistenpfarrer in den Vordergrund getreten, der bald zu einem der bedeutendsten Sprecher der afroamerikanischen Bürgerrechtsbewegung wurde: Martin Luther King.

Die neue Methode des gewaltlosen Widerstands, wie sie sich in Montgomery zum ersten Mal im großen Stil bewährt hatte, wurde in den folgenden Jahren allenthalben in den Südstaaten eingesetzt, um auf den elementarsten Ebenen des täglichen Lebens die Gleichberechtigung der Afroamerikaner voranzutreiben: in Bussen und Schwimmbädern, Kinos und Restaurants. Häufig provozierten die Boykott- und Demonstrationskampagnen, die von schwarzen Einwohnern oft in Zusammenarbeit mit weißen Bürgerrechtlern aus dem Norden durchgeführt wurden, trotz ihres offensichtlichen Pazifismus Gewalttaten von seiten eines weißen Mobs oder offizieller »Ordnungshüter«. Besonders die Bemühungen um

die Integration von Schulen und Universitäten stießen auf einen erbitter-
ten Widerstand innerhalb des weißen Südstaaten-Establishments und
führten zu zahlreichen ernsten Zwischenfällen, die das Verhältnis zwischen Schwarz und Weiß nicht nur im Süden radikal verschlechterten.
Einen ersten Höhepunkt auf dem Weg vom gewaltlosen Widerstand in
Montgomery bis zu den Eskalationen von Gewalt und Gegengewalt in
den Ghettoaufständen der 60er Jahre bildeten 1957 die Ereignisse von
Little Rock im Staat Arkansas. Neun schwarze Jugendliche hatten von
ihrem gesetzlich verbrieften Recht Gebrauch zu machen versucht und die
Zulassung zu einer bis dahin lupenrein »weißen« Schule beantragt. Die
auf ihre Ablehnung folgenden Unruhen wurden von dem Gouverneur
von Arkansas, Orval Faubus, dadurch beantwortet, daß er die Nationalgarde »seines« Staates einsetzte, aber nicht etwa, wie man hätte annehmen
sollen, um die Rassenintegration in der betreffenden Schule durchzusetzen, sondern – im Gegenteil – um sie zu verhindern. Die Konfrontation nahm solche Dimensionen an, daß sich der ansonsten alles andere
als integrationistisch eingestellte Präsident Eisenhower, schon um den
schlechten Eindruck in der Weltöffentlichkeit einigermaßen aufzufangen,
dazu gezwungen sah, Bundestruppen nach Little Rock zu entsenden, um
die schwarzen Schüler und die Bürgerrechtler vor dem Terror eines
weißen Mobs zu schützen. Obwohl Faubus, dem Charles Mingus später
in seiner Komposition *Fables of Faubus* ein bitterbös ironisches Denkmal
setzte, sich hartnäckig weigerte, die Schule zu integrieren, und statt dessen mit der Schließung aller Schulen drohte[8], mußte er schließlich klein
beigeben. Die schwarze Bürgerrechtsbewegung hatte einen weiteren
Erfolg auf ihrem langen Marsch erzielt.

Die langfristig wichtigsten Ergebnisse von gewaltlosen Kampfaktio-
nen wie in Montgomery und Little Rock bestanden einerseits in der
Aufrüttelung breiter Massen von Afroamerikanern des Südens aus ihrer
politischen Lethargie und andererseits in dem mit den Erfolgen der
Bürgerrechtler wachsenden Selbstbewußtsein der schwarzen Bevölkerung
in den USA insgesamt. Denn wenngleich die Fortschritte auf dem Weg
zur Gleichberechtigung im allgemeinen auf den Bereich der Gesetzgebung und der Administration beschränkt blieben und sich an den realen
Verhältnissen von sozialer Benachteiligung nur punktuell etwas änderte,
war der symbolische Gehalt von Erfolgen wie jenen in Montgomery und

Little Rock doch außerordentlich wichtig für die mentale Verfassung der Afroamerikaner aller Schichten. Auf diesem Hintergrund muß man die Funk- und Soul-Bewegung mit ihrer stark ausgeprägten Affinität zum amerikanischen Süden und zur schwarzen Kirche sehen. Denn Süden bedeutete für die Afroamerikaner in den 50er Jahren eben nicht nur die Region, wo die Unterdrückung am größten war, sondern zugleich auch jene, wo der Widerstand am spektakulärsten hervortrat. Und die schwarze Kirche war eben – zumindest noch in dieser Phase der Entwicklung – keine Institution im Abseits, die die Ungerechtigkeit im Diesseits mit Hinweisen auf ein besseres Jenseits verdrängte. Mit wegweisenden Figuren wie Martin Luther King oder dem Methodistenpfarrer und geschäftsführenden Direktor von CORE, James Farmer, marschierte sie vielmehr in der vordersten Reihe der Aktivisten mit. *Soul power* stand nicht nur für Selbständigkeit, sondern auch für Veränderung und Fortschritt.

Dennoch wäre – bei allen Wandlungen im Ideologischen – die Soul-Welle in dem Ausmaße, wie sie ab Mitte der 50er Jahre den Musikmarkt zu überschwemmen begann, kaum möglich geworden, hätte sich nicht zugleich in den ökonomischen Verhältnissen der afroamerikanischen Bevölkerung ein gewisser Wandel vollzogen und wären nicht darüber hinaus große Teile des weißen Publikums von der Faszination der neuen Einfachheit und der emotionalen Kraft des Soul Jazz eingefangen worden.

»Die Periode zwischen 1950 und 1960 war eine Periode großen Wohlstandes ... Und obwohl die Arbeitslosenrate bei den schwarzen Arbeitern immer noch nahezu dreimal so hoch war wie bei den weißen, hatten die Neger doch Anteil an diesem Wohlstand.« – Was Drake und Cayton hier speziell für die »Black Metropolis« Chicago feststellten, dürfte für die meisten Großstädte des amerikanischen Nordens gelten[9]. Das mittlere Familieneinkommen schwarzer Familien in Chicago wuchs zwischen 1950 und 1960 um 50 Prozent. Demgegenüber stand eine Wachstumsrate von nur 28 Prozent bei weißen Familieneinkommen, die mit durchschnittlich 5900 Dollar allerdings immer noch um 1700 Dollar über dem Jahreseinkommen schwarzer Familien lagen. Die Differenz in der Zuwachsrate kam vor allem dadurch zustande, daß in der durch den Koreakrieg und den Kalten Krieg angekurbelten Rüstungsproduktion schwarze Arbeiter zunehmend eine Chance bekamen, in besser bezahlte Jobs aufzusteigen[10].

Gleichzeitig vollzog sich noch einmal ein gewaltiger zahlenmäßiger Zuwachs bei der afroamerikanischen Bevölkerung der Industriezentren des Nordens. In Chicago zum Beispiel wuchs die schwarze Einwohnerschaft von 492000 im Jahr 1950 auf 813000 im Jahr 1960. Ähnliches gilt für Städte wie Detroit, Cleveland, Milwaukee usw.[11] Der Zuwachs ging zum Teil auf eine relativ hohe Geburtenrate in der schwarzen Bevölkerung zurück[12], zum Teil wurde er durch Zuwanderung aus dem Süden bewirkt: 1,46 Millionen Afroamerikaner verließen zwischen 1950 und 1960 die Südstaaten (das sind im Jahresdurchschnitt 146000), um dem Teufelskreis von Armut und Erniedrigung zu entgehen und im Norden oder – in geringerem Maße – im Westen der USA ihr Glück zu versuchen[13]. Und man kann durchaus davon ausgehen, daß gerade unter diesen Einwanderern aus dem Süden der gospel-infizierte Funk und Soul Jazz der *Jazz Messengers,* der Adderley-Brüder Julian und Nat sowie des *Jimmy Smith Trio* ein enthusiastisches Publikum fand.

Die Zunahme afroamerikanischer Kaufkraft durch eine relative Verbesserung der ökonomischen Situation in Verbindung mit dem zahlenmäßigen Zuwachs des schwarzen Bevölkerungsanteils in den Großstädten des Nordens und insbesondere auch mit dem Zustrom schwarzer Südstaatler führte zu einer denkbar günstigen Voraussetzung für die Rezeption des Funk und Soul Jazz. Nicht nur all jenen Afroamerikanern, die den Westcoast Jazz aufgrund seiner emotionalen Dürftigkeit ignoriert hatten, sondern auch jenen, für die zuvor der Bebop mit seinen harmonisch-melodischen und rhythmischen Zuspitzungen allzuweit außerhalb ihres musikalischen Erfahrungsbereichs geraten war, bot diese Musik genügend affektive und strukturelle Anknüpfungspunkte, um eine spontane Identifikation zu ermöglichen. Funk und Soul als Varianten des Hardbop, also die Musik der *Jazz Messengers,* der Adderley-Brüder und der vielen Orgeltrios im Stile des Jimmy Smith und Jack McDuff, wurden dabei weniger als eigenständige Jazz-Idiome aufgefaßt (was sie auch nicht waren), sondern als Bestandteile eines umfangreichen Stilaggregats, das Ausdrucksformen afroamerikanischer Popularmusik einschloß, die vom urbanen Blues eines B. B. King über das Jazz-Rhythm-and-Blues-Gospel-Amalgam des Ray Charles bis hin zu den Spirituals Mahalia Jacksons reichten.

Die kulturindustrielle Vereinnahmung
von Funk und Soul

Wenngleich aufgrund der ökonomischen Lage und der ideologischen Disposition des afroamerikanischen Publikums die Rezeptionsbedingungen für Funk und Soul Jazz sich außerordentlich günstig darstellten, so wären dieser schwarzen Minderheitenmusik doch letzten Endes nicht jene kommerziellen Erfolge beschieden gewesen, hätte nicht gleichzeitig auch die weiße Mehrheit eine deutliche Vorliebe für sie entwickelt. Funk und Soul Jazz wurden zur Mode – mit allen inner- und außermusikalischen Begleiterscheinungen, die Moden mit sich bringen.

Wie kam es zu dieser Hinwendung des weißen Publikums zu einer Musik, die in ihrem ideologischen Gehalt doch eigentlich gegen eben dieses Publikum Front zu machen schien? Zum einen war Soul Jazz in seiner strukturellen Anspruchslosigkeit und emotionalen Direktheit von vornherein eine potentiell massenwirksame Musik; er wurde es um so mehr, als er im Prozeß zunehmender musikindustrieller Vereinnahmung eine weitgehende Stereotypisierung seiner Ausdrucksmittel erfuhr.

Aber nicht nur musikalische Simplizität und die Einprägsamkeit seiner stereotypen Wendung trugen zur massenhaften Anerkennung des Soul Jazz beim weißen Publikum bei (sie bildeten nur eine notwendige Voraussetzung), sondern wohl auch das spezifische Image von »schwarzer Musik«, das er vermittelte. Soul aus weißer Sicht, das war – so recht nach »Negerart« – eine einfache Musik, die mit einfachen Mitteln einfache Emotionen transportierte, nicht intellektuell und aggressiv aufgeladen wie der schwarze Bebop (bzw. wie man den Bebop empfand), sondern gefühlsbetont und affirmativ; eben eine Musik, die nicht vom Kopf, sondern von der Seele kam. Und die Seele – auch die exklusiv schwarze – war schließlich keine Instanz, durch die man sich bedroht fühlen mußte, ebensowenig wie durch all die Assoziationen an das schwarze *down home* im Süden, an die schwarze Kirche und die schwarze Hausmannskost.

Down Beat-Redakteur John Tynan, der sich wenig später als einer der erbittertsten Opponenten des schwarzen *new thing* profilierte, fand noch 1960 – bei allen Vorbehalten gegen »nationalistisch gesonnene Neger« – für den schwarzen »Kanzel-Jazz« *(pulpit jazz)*, wie er ihn nannte, anerkennende Worte:

>*Pulpit jazz* erfreut sich heute solch einer großen Beliebtheit wegen
seiner Hingabe, seinem pulsierenden ›drive‹ und seiner ansteckenden
guten Laune. Der völlige Mangel an Zurückhaltung im authentischen
Gospelchorgesang ist das am meisten kommunikable Gefühl der Welt.
Das ist seine Stärke und sein religiöser Zweck. Es erfordert praktisch die
totale Partizipation an der emotionalen Erfahrung, zu Gott zu beten.
An den Jazz adaptiert, vermittelt es dem Hörer auf ähnliche Weise das
Gefühl eines Bedürfnisses zu partizipieren. – Dies bedeutet eine gesunde
Restaurierung einer grundlegenden Voraussetzung des Jazz, die in der
Bebop-Revolution verloren gegangen und die fast unwiderruflich wäh-
rend der Cool-Ära in die Verbannung geschickt worden war. Dies ist das
größte Verdienst des ›Heiligkeits‹-Trends. Ich glaube, er wird seine Spu-
ren in der Musik hinterlassen – noch lange, nachdem die gegenwärtigen
›Ah-men‹-Klischees ihr längst verdientes Ende gefunden haben.«[14]

Hinter dem Nebel pseudo religiöser Assoziationen wird deutlich, was den
weißen Kritiker Tynan am schwarzen »Kanzel-Jazz« faszinierte: erstens
die Möglichkeit zu partizipieren, aber beileibe nicht an der realen schwarzen Erfahrung, sondern natürlich nur an deren ästhetischer Transformation; und zweitens die *gesunde* (!) Restaurierung einer für verloren erklärten Qualität der Kommunikation.

Es fällt auf, daß die Rezeption des Soul Jazz durch die weiße Hörerschaft gewisse Parallelen zu der Haltung weißer Liberaler gegenüber der
schwarzen Bürgerrechtsbewegung aufweist, Parallelen, die in der Sache
selbst begründet liegen. Hier wie dort hatte man es – als Weißer – mit
einem Typus von Afroamerikaner zu tun, der im wesentlichen konservativ
war. Weder der schwarze Bürgerrechtler noch der Soul-Jazzer waren als
Revolutionäre zu verdächtigen. Dem einen ging es primär um die Anerkennung seiner ihm verfassungsmäßig zustehenden Rechte, der andere
demonstrierte mit ästhetischen Mitteln seine kulturelle Identität. Aber
keiner von beiden gab letztlich zu der Befürchtung Anlaß, er sei auf
eine grundlegende Veränderung des existierenden politischen und ökonomischen (oder musikalischen) Systems aus. Beide waren, bei allen vordergründig herausfordernden Aspekten, für den weißen Liberalen ohne
weiteres koalitionsfähig, sei es im gemeinsamen Sit-in zugunsten der
Integration einer Schule; oder sei es im gemeinsamen *hand clapping* zum
Soul Jazz des *Cannonball Adderley Quintet*.

Die Blüte des Soul Jazz zu Ende der 50er Jahre war intensiv, aber von relativ kurzer Dauer. Während der Zeit, da Funk und Soul hoch im Kurs standen, wurde die Jazzszene in den USA ganz eindeutig von schwarzen Musikern dominiert. Das bewirkte, daß sich einige Propagandisten innerhalb der Jazzkritik das Schlagwort »Crow Jim« einfallen ließen und es massenmedial zu popularisieren versuchten. Crow Jim als Umkehrung von Jim Crow sollte umgekehrten Rassismus, also die Diskriminierung weißer Musiker signalisieren. Natürlich waren die großen Erfolge des Soul Jazz auf die schwarzen Musiker beschränkt. Diese Musik war so offenkundig in einer spezifisch schwarzen Ästhetik verankert, daß jede weiße Adaptation als Mimikri erscheinen mußte, als besonders grelle Art von *blackface minstrelsy*. Ein bemerkenswertes Beispiel für die Bemühungen, dennoch an dem Boom des *down home* zu partizipieren, stellt eine 1959 von Dave Brubeck unter dem Titel *Southern Scene* eingespielte LP dar, die Stücke wie das durch Armstrong populär gemachte *It's Sleepy Time Down South* und den Negro Spiritual *Nobody Knows the Trouble I've Seen* enthält[15]. Daß schließlich ein weißer Pianist, Joseph Zawinul, mit seiner für das Adderley-Quintett geschriebenen Komposition *Mercy, Mercy, Mercy* eines der erfolgreichsten Soulthemen der Epoche lieferte, gehört zu den feinen Ironien der Jazzgeschichte: Zawinul ist Wiener!

Ein Schallplattenladenbesitzer aus Harlem sagte Ende der 50er Jahre dem Kritiker Nat Hentoff: »Ich glaube, daß der größte Teil dieser ›Soul‹-Musik heute eher fabriziert als gefühlt wird. Aber immerhin ist in der Geschichte des Jazz endlich einmal die Zeit gekommen, daß die Neger selbst ihre eigene Musik popularisieren. Stan Kenton oder Shorty Rogers müßten schon viel Mut aufbringen, wenn sie eines ihrer Alben mit ›The Soul Brothers‹ titulieren würden.«[16] Der Harlemer Schallplattenhändler hatte recht.

Im gleichen Maße, in dem die anfangs gegen die westküstlich-weißen Maßstäbe von Raffinesse, emotionaler Zurückhaltung und klanglicher Ausgeglichenheit gerichtete schwarze Minderheitenmusik von der Kulturindustrie als Massenware vereinnahmt wurde, verlor sie unter dem Einfluß fortschreitender Kommerzialisierung mit ihren ursprünglichen sozialen Bedeutungen zugleich ihren ursprünglichen musikalischen Sinn. Und im gleichen Maße, wie Soul und Soul Jazz vom aufmüpfigen Antikonzept zum verkaufsfördernden Etikett verkamen, verflachten sich die musikalischen Ausdrucksmittel zum immer und ewig reproduzierten Klischee. Die Gruppen mit Soul-Appeal, die sich zu Ende der 50er Jahre formierten, waren Legion. Sie alle arbeiteten mehr oder minder nach dem gleichen Rezept: Eine einfache, zum Teil übertrieben auf Zwei und Vier stampfende Rhythmik wurde überlagert von einer sangbaren, durch Bluesfloskeln überladenen Melodik, wobei die Harmonik an bewährte Muster der Gospelmusik anknüpfte. Vielfach handelte es sich um einen bewußt und absichtsvoll inszenierten Primitivismus, der dann bereitwillig als Ursprünglichkeit oder Ausdruck »gesunder« Volkstümlichkeit rezipiert wurde. Es war vor allem diese rapide Kommerzialisierung des Soul Jazz, seine rasche Verwandlung von einem legitimen und eigenständigen Ausdrucksmittel afroamerikanischer Musiker in ein Objekt großer Profite, die es mit sich brachte, daß er – wie jede kommerziell forcierte Mode – so kurzlebig war. Nur wenige Gruppen, die mit der Welle des Soul Jazz in das Licht der Medienöffentlichkeit geschwemmt worden waren, konnten sich über die Zeit der Hochkonjunktur retten. Formationen wie *The Three Sounds* oder das Trio des kurzfristig enorm erfolgreichen Pianisten Les McCann verschwanden aus dem Blickwinkel des Publikums, sobald die Soul Jazz-Mode vorüber war und eine andere Art von Soul Music, nämlich jene von James Brown und Aretha Franklin, die Hitlisten zu besetzen begann.

Gänzlich verfehlt wäre es allerdings, angesichts des relativ großen ökonomischen Erfolges der Funk und Soul Jazz-Welle den gesamten unter dem Label Hardbop subsumierten Jazz afroamerikanischer Provenienz als regressiv zu verdächtigen. Der Hardbop oder Spätbop geht nicht im Funk-Soul-Syndrom auf; und die weitverbreitete Pauschalkritik an den regressiven Tendenzen dieser Musik ist zu einseitig festgemacht an ihren spektakulärsten, kommerzialisierten Ablegern. Denn ohne Zweifel bedeutete Hardbop in vielen seiner Erscheinungsformen – etwa bei Max Roach/Clifford Brown, Booker Little, Benny Golson/Art Farmer, Horace Silver usw. – eindeutig *auch* ein Hinausgehen über den Bebop, eine Weiterentwicklung bestimmter Ausdrucksmittel und eine Ausarbeitung bestimmter Gestaltungsprinzipien.

Bossa Nova

Die weitgehende Dominanz afroamerikanischer Musiker auf der Jazzszene der späten 50er Jahre provozierte auf euroamerikanischer Seite die
Bossa Nova (wörtlich: neue Welle), eine jazzmäßige Adaptation der brasilianischen Sambamusik, deren nordamerikanische Version vor allem
durch Stan Getz popularisiert wurde[17]. Es fällt auf, daß die Bossa Nova,
auch Jazz Samba genannt, vor allem von solchen Schallplattenfirmen propagiert wurde, die an der Funk-Soul-Welle kaum einen Anteil gehabt
hatten, allen voran das Label Verve, und daß umgekehrt die im Hardbop-
Soul-Bereich engagierten Gesellschaften wie Blue Note und Prestige
kaum daran partizipierten. Die Bossa Nova nordamerikanischer Prägung
war, obwohl sie vielfach als ein solcher ausgegeben wurde, kein Jazzstil im
eigentlichen Sinne, sondern eine Fusion verschiedenartiger musikalischer
Ausdrucksformen auf der Basis ihres kleinsten gemeinsamen Nenners,
wobei mit zunehmender Kommerzialisierung im Laufe der Zeit nicht nur
ihre Jazzqualitäten immer fragwürdiger wurden, sondern vor allem auch
der ursprünglich vorhandene soziale Gehalt der brasilianischen Samba
weitgehend auf der Strecke blieb[18]. Kein Wunder, daß die Bossa Nova
bald von den Tanzschulen der ganzen Welt als beliebter Modetanz adoptiert und von Schlagermachern in ihre üblichen Nonsenstexte gekleidet
wurde: »Schuld war nur der (!) Bossa Nova, er war schuld daran ...«

7 Free Jazz

»Laßt uns Musik spielen und nicht ihren Background.«
Ornette Coleman, Ende der 50er Jahre[1]

»Das Problem besteht darin, die Energien und die Techniken der europäischen Komponisten nutzbar zu machen, sie mit der traditionellen Musik des amerikanischen Negers zu verschmelzen und auf diese Weise eine neue Energie zu schaffen.«
Cecil Taylor, um 1964[2]

»Ich möchte etwas spielen, was die Leute mitsummen können. Ich spiele gern Lieder, wie ich sie sang, als ich noch ganz klein war, Volkslieder, die alle Leute verstehen.«
Albert Ayler, Mitte der 60er Jahre[3]

»Ich bin ein antifaschistischer Künstler. Meine Musik ist funktionell. Ich spiele über den Tod, den ich durch euch erleide. Ich triumphiere über das Leben, euch zum Trotze ... Ich werde es nicht zulassen, daß ihr mich mißversteht. Diese Zeiten sind vorbei. Wenn euch meine Musik nicht genügt, werde ich euch ein Gedicht oder ein Theaterstück schreiben. Zu jeder Gelegenheit werde ich euch sagen: Reißt das Ghetto nieder. Let my people go.«
Archie Shepp, 1965[4]

Konzepte

Ästhetische Programme enthalten zugleich auch immer ein Stück Politik, auch wenn dies bei dem einen weniger offenkundig sein mag als bei dem anderen. Der Free Jazz markierte den radikalsten Bruch in der Geschichte des Jazz – nicht nur, was seine innermusikalischen Gestaltungsprinzipien betraf, sondern ebenso hinsichtlich des Wandels im Selbstverständnis seiner Musiker und in der Art und Weise, in der sie die gesellschaftliche Realität um sich herum interpretierten und bewältigten. Die Heterogenität der ästhetischen Konzepte, wie sie uns in den oben zitierten Statements entgegentritt, ist Reflex einer Vielfalt von musikalischen Problemlösungsverfahren, von divergierenden Personal- und Gruppenstilen. Gleichzeitig aber ist sie Ausdruck verschiedenartiger psychosozialer Grundhaltungen und Einstellungen.

Free Jazz war also nicht nur – wie häufig genug dargelegt – in musikalischer Hinsicht kein Stil im herkömmlichen Sinne, sondern eher ein Stilkonglomerat; er war auch in seinen soziologisch bedeutsamen Aspekten ein vieldimensionales Phänomen, das jede griffige Definition und uniforme Kategorisierung – etwa im Sinne des Etiketts Free Jazz/Black Power – ausschließt.

Es gibt keinen gemeinsamen Nenner für den Free Jazz, weder im Inner- noch im Außermusikalischen; aber natürlich gibt es Tendenzen – Trends, die zum Teil durch die objektiven sozialen Verhältnisse vorgezeichnet wurden und zum Teil aus der innermusikalischen Materialbewegung resultierten.

Gesellschaftliche Tendenzen der 60er Jahre in den USA

Was war passiert in Politik und Wirtschaft, im sozialen Gefüge und im geistigen Klima der USA, das einen so nachhaltigen Einfluß auf die Jazzleute ausübte und – vermittelt durch diese – auf die Jazzentwicklung seit Ende der 50er Jahre?

1960 John F. Kennedy gewinnt die Präsidentschaftswahlen. Im Rahmen seines »New Frontier«-Programms bemüht er sich um staatliche Maßnahmen zum Abbau von Diskriminierung, Armut, Wohnungsnot und medizinischer Unterversorgung, scheitert jedoch in den meisten Bereichen am Widerstand des überwiegend konservativen Kongresses.

In Vietnam beginnt – nach 14 Jahren französischem Indochina-
krieg – die »amerikanische Phase« des Krieges. Kennedy verstärkt
die Zahl der »Militärberater« von 2000 Ende 1960 auf 11 300 Ende
1962.

In Greensboro im Staate North Carolina verstoßen vier schwarze
Collegestudenten gegen das Gesetz, indem sie sich an den Tresen
des lokalen Woolworth-Warenhauses setzen und sich Milkshakes
bestellen (Schwarze durften bei Woolworth nur einkaufen, nicht
aber Platz nehmen). Sie lösen damit die größte Sit-in-Kampagne
aus, die die Südstaaten bislang erlebt hatten. Dabei formiert sich in
dem Students' Non-Violent Coordinating Committee (SNCC)
eine neue, dynamische Bürgerrechtsbewegung.

1961   Allenthalben im Süden sind Gruppen von *freedom riders* unterwegs,
       um die Aufhebung der Rassentrennung in Bussen durchzusetzen.
       In Alabama kommt es zu Zusammenstößen mit der weißen Bevöl-
       kerung.

       Im April scheitert eine durch die CIA vorbereitete Invasion von
       Exilkubanern in der Schweinebucht. Die Kubakrise nimmt ihren
       Anfang.

1962   Der schwarze Student James Meredith erstreitet sich als Einzel-
       gänger vor Gericht seine Zulassung zur Staatsuniversität von
       Mississippi. Seine Aufnahme wird gegen den Widerstand seiner
       weißen Kommilitonen, der Universitätsbürokratie und des Gou-
       verneurs von Mississippi mit Hilfe der Nationalgarde durchgesetzt.

1963   In Vietnam ist die Zahl der amerikanischen »Militärberater« auf
       16 300 angewachsen.

       In Birmingham, Alabama, werden vier schwarze Kinder während
       der Sonntagsschule durch eine explodierende Bombe getötet.
       Auf protestierende Afroamerikaner werden Polizeihunde gehetzt;
       die Photos davon gehen um die ganze Welt. Kennedy verdammt im
       Fernsehen den Rassismus und verspricht gesetzgeberische Maß-
       nahmen. Kurze Zeit nach seiner Ansprache wird im Süden der
       schwarze Bürgerrechtler Medgar Evers ermordet.

       Im August nehmen rund 200000 Amerikaner, schwarze und
       weiße, an dem von der NAACP initiierten »Marsch auf Washing-
       ton« teil. Martin Luther King erweckt in seiner vielzitierten Rede

I have a dream vor dem Lincoln-Monument noch einmal das Bild einer friedfertig geeinten amerikanischen Gesellschaft: »Ich habe immer noch einen Traum. Es ist ein Traum, der tief im ›amerikanischen Traum‹ verwurzelt ist. Ich habe einen Traum, daß eines Tages die Söhne von ehemaligen Sklaven mit den Söhnen von ehemaligen Sklavenhaltern am Tisch der Brüderlichkeit zusammensitzen werden ...«[6]

Im November wird in Dallas, Texas, John F. Kennedy ermordet. Weiße Rassisten des Südens begrüßen den Tod des »*nigger lover*«-Präsidenten mit offenem Jubel.

1964 Während des sogenannten Freedom-Sommers werden im amerikanischen Süden bei Protestaktionen, Sit-ins und *freedom rides* 14 Bürgerrechtler von Anhängern und Mitgliedern des Ku-Klux-Klans ermordet.

In New Yorks schwarzem Ghetto Harlem kommt es im Juli zu schweren Rassenunruhen. Sie bilden den Anfang in einer langen Kette von alljährlich im Sommer überall in den USA ausbrechenden Aufständen. Robert Wagner, Bürgermeister von New York, schockiert eine lethargische weiße Suburbia-Gesellschaft mit den Worten:

> »Es sind Löwen in den Straßen, zornige Löwen, bedrückte Löwen; Löwen, die in Käfige eingesperrt waren, bis die Käfige zusammenkrachten. Wir sollten lieber etwas für diese Löwen unternehmen; und wenn ich von Löwen spreche, dann meine ich nicht Individuen. Ich meine den Geist (*spirit*) der Leute; jener Leute, die vernachlässigt, unterdrückt, diskriminiert, mißverstanden und vergessen wurden.«[7]

Im August ergreift der neue Präsident Lyndon B. Johnsohn die Gelegenheit des – vermutlich durch die USA selbst inszenierten – Kanonenbootzwischenfalls im Golf von Tonkin, um erstmals »Vergeltungsbombardements« auf Ziele in Nordvietnam anzuordnen und sich vom Kongreß die Generalvollmacht für eine Ausweitung des Krieges geben zu lassen. Die rapide ansteigenden Kriegskosten gehen vor allem zu Lasten sozialer Ausgaben.

1965 Im Februar beginnt die systematische Bombardierung von Nordvietnam. In Südvietnam sind zu Ende des Jahres schätzungsweise 165 000 amerikanische Soldaten im Einsatz.

Am 21. Februar wird Malcom X während einer Versammlung im
Audubon-Ballsaal in Harlem erschossen. Mit ihm verliert das
schwarze Amerika einen seiner dynamischsten Repräsentanten.

Im März kommt es im kleinen Städtchen Selma, Alabama, zu
Dauerdemonstrationen für das Wahlrecht, die wegen der Brutalität, mit der die örtliche Polizei und Miliz gegen die Demonstranten vorgeht, in der gesamten Welt Aufsehen erregen. Höhepunkt
ist der Demonstrationsmarsch von Selma nach Montgomery.

Im Frühjahr protestieren Studenten an der New Yorker Columbia-
Universität gegen den Krieg in Vietnam. Von da an reißen die Anti-
kriegskampagnen unter der amerikanischen Jugend nicht mehr ab.
Die Phase der großen Verweigerung, in der zahllose Kriegsdienst-
gegner ihre Einberufungsbefehle verbrennen und ins Gefängnis
gehen oder über die Grenze nach Kanada verschwinden und die in
den massiven Protestaktionen von 1968 ihren Höhepunkt findet,
hat damit begonnen. Die von Johnson als Vermächtnis Kennedys im
Kongreß endlich durchgesetzte neue Bürgerrechtsgesetzgebung
schafft zwar die nominellen Voraussetzungen für eine vollständige
Aufhebung der Segregation und für die Durchsetzung des Wahl-
rechts im Süden; an der sich real verschlechternden Situation in den
schwarzen Ghettos ändert dies jedoch nichts.

Im Sommer kommt es wiederum zu schweren Rassenunruhen in
mehreren Städten der USA. Watts, das Schwarzenghetto von Los
Angeles, wird von tagelangen Straßenschlachten erschüttert.
Ganze Straßenzüge gehen in Flammen auf. Afroamerika verbrennt
die Elendsquartiere, die ihm die Gesellschaft zur Verfügung gestellt hat.

1966 Im Juni wandert der idealistische Außenseiter James Meredith
(siehe oben!) zu Fuß durch seinen Heimatstaat Mississippi, um
seinen schwarzen Landsleuten zu demonstrieren, daß sie jetzt ohne
Angst durchs eigene Land ziehen können. Er wird von einem
weißen Landsmann mit der Schrotflinte niedergeschossen.

In dem anschließenden Protestmarsch auf Jackson, die Hauptstadt
von Mississippi, wird zum erstenmal die Parole *freedom now* der gemäßigten Bürgerrechtler um Martin Luther King übertönt durch
den Ruf nach *black power*. In der Folgezeit radikalisiert sich die

schwarze Bürgerrechtsbewegung, wobei der »gewaltlose« Flügel der NAACP zunehmend an Bedeutung verliert. Innerhalb der Black Power-Bewegung beginnen sich zwei Tendenzen herauszu-kristallisieren: einerseits eine extrem militante, die einen bewaffne-ten Widerstand bis hin zu einer Art von Guerillakrieg befürwortet, wobei man sich auf die amerikanische Tradition der Gewalttätig-keit beruft; andererseits eine gemäßigte, die eine systematische wirtschaftliche und politische Organisation der Afroamerikaner zum Ziel hat und Allianzen mit anderen diskriminierten Minder-heiten wie den Puertoricanern anstrebt.

Der heiße Sommer 1966 erlebt erneut ausgedehnte Rassenunruhen in zwanzig amerikanischen Städten, die schwersten in Cleveland, Chicago, Omaha und San Francisco.

In Südvietnam treiben die USA durch den massiven Einsatz ihrer Luftwaffe, Flächenbombardements mit Napalm und chemische Entlaubung der Wälder die von ihnen so genannte »Pazifizierung« voran.

1967 Diesmal kommt es bereits im Frühjahr in einigen Städten des Südens (Nashville, Jackson und Houston) zu Ghettoaufständen. Im Laufe der folgenden Monate finden in 22 amerikanischen Städ-ten zum Teil schwere Rassenunruhen statt. Zu Ende des Jahres ist für die vierjährige Geschichte der Ghettorevolten (1964–67) die folgende Bilanz zu ziehen: Schätzungsweise 130 Zivilisten (meist Schwarze) und zwölf Uniformierte (meist Weiße) wurden getötet; 4700 Personen wurden verletzt, über 20 000 wurden festgenom-men; die Sachschäden gehen in die Hundertmillionen von Dollars; zahlreiche Stadtteile gleichen den Ruinenlandschaften bombenzer-störter Nachkriegsstädte.

Mitten im heißen Sommer 1967 wird im Kongreß eine Gesetzes-vorlage zur Rattenbekämpfung in den Slums, für die 40 Millionen Dollar veranschlagt waren, unter Hohngelächter und in geradezu karnevalistischer Hochstimmung vom Kapitolhügel gefegt[8]. Der inoffizielle Ratschlag an die Ghettobewohner: Sie sollten sich doch Katzen halten. In der gleichen Sitzung wird ein Gesetz verab-schiedet, das »Agitatoren« die Reise von einem Bundesland zum anderen untersagt.

Im Spätherbst stehen sich vor dem Pentagon in Washington eine Kette behelmter und schwerbewaffneter Soldaten und eine ungeordnete Ansammlung waffenloser *peaceniks* und blumengeschmückter *hippies* gegenüber, die für den Frieden und gegen den amerikanischen Krieg in Vietnam protestieren[9].

1968 Im April wird Martin Luther King in Memphis ermordet. Sein Tod löst Unruhen in rund 70 Städten der USA aus. In Chicago werden 5000 Mann Bundestruppen, 6700 Nationalgardisten und 10 500 Polizisten zur Niederschlagung des Aufstands aufgeboten. Es gibt elf Tote, 500 Verletzte und 1800 Verhaftungen.

Im Juni wird Robert Kennedy bei einer Kundgebung ermordet.

Meinungsumfragen ergeben eine massive Vertrauenskrise innerhalb der amerikanischen Bevölkerung. Die Mehrheit mißbilligt das militärische »Engagement« in Vietnam. Unter dem Druck der öffentlichen Meinung ordnet Johnson die Einstellung der Bombardierung Nordvietnams an und verzichtet auf seine Wiederwahl.

Bei der Olympiade in Mexiko protestieren zwei afroamerikanische Medaillengewinner auf dem Ehrenpodest mit dem Black Power-Gruß gegen Rassismus.

Ende August versammeln sich Tausende von *yippies*, politisch engagierte Nachfahren der Hippies, in Chicago beim Wahlparteitag der Demokraten und protestieren gegen den Krieg in Vietnam. Um das – aus ihrer Perspektive – verlogene Spektakel des Parteitags zu desavouieren, wählen sie symbolträchtig ein Schwein zu ihrem Präsidentschaftskandidaten. Unter der Führung des demokratischen Bürgermeisters Daley veranstaltet die Polizei unter den wehrlosen Demonstranten eine Orgie der Gewalttätigkeit.

Bei einer Wahlbeteiligung von 61 Prozent wird Richard Nixon zum neuen Präsidenten der USA gewählt. Sein Wahlkampfmotto »Bring Us Together« verkehrt sich bald nach der Wahl ins Gegenteil: Ende der 60er Jahre ist die sogenannte öffentliche Meinung in den USA gespalten wie nie zuvor. Nixons Vizepräsident Spiro Agnew fällt zum Rassenproblem die Formel ein: »Wenn du *einen* Slum gesehen hast, hast du sie *alle* gesehen«; Amerikaner polnischer Abstammung bezeichnet er als »Polacks« und Collegestudenten als »langhaarige Landstreicher«.

1969 Die amerikanische Bevölkerung wird durch die Berichte über das Massaker von My Lai vom März 1968 aufgestört. Die Antikriegsproteste an den Universitäten verstärken sich.

Zum erstenmal seit nunmehr sechs Jahren kommt es diesmal in den Städten zu keinem »heißen Sommer«, d.h. zu keinen größeren Ghettoaufständen. Ob dies auf eine verstärkte Sozialarbeit *(community work)* oder auf eine in der afroamerikanischen Bevölkerung zunehmend um sich greifende Apathie und Resignation zurückzuführen ist, bleibt umstritten.

Im August versammeln sich in Bethel, New York, auf einer großen Wiese rund 400000 junge Amerikaner zu einem der meistpublizierten, ideologisierten und mystifizierten Rock-Pop-Folk-Festivals der Geschichte. Dieses Woodstock-Festival wird zum Symbol für eine Phase, in der die Jugend der Welt nein sagt zu den Werten und Normen einer bürgerlichen Mittelstandsgesellschaft; es zeigt jedoch zugleich, wie selbst dieses Nein in seiner ästhetischen Aufbereitung als Konsumgut von der Kulturindustrie vereinnahmt und gewinnbringend vermarktet werden kann.

1970 Im Frühjahr läßt Nixon US-Truppen in Kambodscha einmarschieren und stürzt damit die amerikanischen Bürger in neue Zweifel über Rechtmäßigkeit und Sinn militärisch-staatlicher Maßnahmen.

An den Universitäten flammen erneut Anti-Vietnamkriegs-Demonstrationen auf. In der Kent State University in Ohio feuern Nationalgardisten in eine Demonstrantengruppe und töten vier Studenten. Wenige Tage später tötet die Polizei mehrere schwarze Studenten am Jackson State College in Mississippi. Der Krieg in Vietnam hat damit ein neues Schlachtfeld erhalten: die amerikanischen Universitäten.

Die Chronologie der Ereignisse – selektiv und fragmentarisch, wie sie nun mal sein muß – bildet die historische Folie, vor der sich die Entwicklung des Free Jazz vollzog. Nun wäre es sicher wenig ergiebig, eine direkte Entsprechung zwischen dieser Chronologie der Ereignisse und jener des Wandels in den musikalischen Ausdrucksformen konstruieren zu wollen. Jeder Versuch einer Widerspiegelungstheorie, der es primär um die Auffindung von Identitäten zwischen gesellschaftlichen und musikalischen Strukturen und Bewegungen geht, sieht sich letztlich zu Analogiebildungen genötigt, die so gut wie nichts erklären und meist auch noch schief sind. Davon abgesehen haben sich – auf den Free Jazz bezogen – die meisten relevanten musikalischen Veränderungen schon angebahnt, lange bevor die gesellschaftlichen in Sicht waren.

Die Beziehungen zwischen den die 60er Jahre bestimmenden gesellschaftlichen Prozessen und der musikalischen Entwicklung waren vermittelt durch einen gravierenden Bewußtseinswandel, der sich – wie in großen Teilen der afroamerikanischen Minderheit *und* der amerikanischen Jugend – auch unter den Jazzmusikern der jüngeren Generation vollzog und dessen Auswirkungen nicht nur in den musikalischen Gestaltungsprinzipien spürbar wurden, sondern der ebenso das psychosoziale Gefüge der Jazzszene in vielen Aspekten durchdrang. Gewiß kann man nicht davon ausgehen, daß alle an der Hervorbringung des Free Jazz beteiligten Musiker die konkreten gesellschaftlichen Umwälzungen und ihre Konsequenzen in der oben dargestellten Weise in vollem Umfang bewußt zur Kenntnis nahmen und reflektierten. In vielen Fällen wird es sich eher um eine vage und nebulös empfundene Aufbruchstimmung gehandelt haben, um eine psychische Disposition zur Verunsicherung und Veränderung, die ihren Ursprung hatte in dem allgemeinen, durch die objektiven Verhältnisse ausgelösten Umschwung im mentalen Klima der USA und die wiederum die Voraussetzung bildete für eine Aufbruchstimmung in der Sphäre des Ästhetischen.

Black Music – Ende des Jazz?

Unter den Faktoren, die einen mehr oder minder direkten Einfluß auf die Musiker ausübten, gehörten – da es sich bei den Free Jazzern der ersten Stunde fast ausnahmslos um schwarze Musiker handelte – zweifellos jene Erfahrungen zu den wichtigsten, die sie im Zusammenhang mit der afroamerikanischen Emanzipationsbewegung machten, mit den Ghettorevolten und deren Niederschlagung und mit der Herausbildung eines neuen schwarzen Selbstwertgefühls, wie es im Black Power-Konzept exemplarisch hervortrat. Die wachsende Desillusionierung schwarzer Amerikaner hinsichtlich einer friedlichen Integration in die Great Society und die partielle Abwendung von einer durch weiße Werte bestimmten Welt fand dabei im ideologischen Überbau der Free Jazz-Szene ihren Ausdruck in der Ablehnung des Begriffes Jazz als einer weißen Etikettierung der schwarzen Musik und in dem Insistieren auf Bezeichnungen wie *Black Musik, Black Classical Music, New Black Music* oder – in der hypertrophen Selbstdefinition des *Art Ensemble of Chicago – Great Black Music.* Archie Shepp, einer der eloquentesten Vertreter eines kompromißlosen *Black Music*-Konzepts, sagte: »Wenn wir unsere Musik weiterhin Jazz nennen, dann müssen wir uns auch weiterhin ›Nigger‹ nennen lassen.«[10]

Neben den von der afroamerikanischen Emanzipationsbewegung und Black Power ausgehenden Anstößen, die unter der jungen Garde – der Avantgarde – der Jazzmusiker einen Umdenkungsprozeß auslösten, gab es weitere Faktoren, die ihr Wertsystem und ihr Selbstverständnis prägten:

- die durch die Folgen des Vietnamkrieges geförderte Einsicht in die Untauglichkeit eines Systems, das einen Großteil seiner ökonomischen Ressourcen in einen sinnlosen Krieg investierte, während sich im eigenen Lande die Situation unterprivilegierter Minoritäten kontinuierlich verschlechterte;
- die Erkenntnis der geistigen Ohnmacht dieses Systems angesichts einer jungen Generation, die nicht mehr mitspielte, die die Verweigerung in allen möglichen Bereichen etablierter Kultur und Zivilisation zum Prinzip erhob;
- die auf der alternativen Kulturszene des jugendlichen Undergrounds gewonnene Einsicht in die Notwendigkeit, gegenüber einer überwiegend von kommerziellen Interessen bestimmten Kulturindustrie zur Durchsetzung der eigenen, nicht-kommerziellen Ausdrucksformen selbst die Initiative zu ergreifen und sich zu organisieren.

Über die von außen, durch das gesellschaftliche Umfeld der Jazzszene gegebenen Einflüsse hinaus wirkten freilich auch die objektiven Gegebenheiten im Inneren der Szene auf die Bewußtseinslage der Jazzavantgarde der 60er und frühen 70er Jahre ein; zum Teil überschnitten sich beide Einflußsphären.

Erfolglosigkeit und
Verständigungsprobleme

Zu den Faktoren, die am nachhaltigsten die Situation der Avantgardemusiker prägten, zählten lange Zeit ihre kommerzielle Erfolglosigkeit
und ihre daraus resultierende prekäre finanzielle Lage. Es gehört zu den
ungeprüften Dogmen einer antiquierten Kunsttheorie, daß das wirkliche
Talent nicht umzubringen sei und sich trotz wiederholten Mißerfolgs und
beständigen Mißverstehens schließlich durchsetze[11]. Das sieht zwar im
nachhinein wohl immer so aus; jedoch von den Talenten, die sich nicht
durchsetzen konnten und deren Stimme durch die Not erstickt wurde,
weiß man nachher freilich nichts. Wie viele hoffnungsvolle Free Jazz-
Musiker aufgaben, die Musik an den Nagel hängten oder der Avantgarde-
Metropole New York den Rücken kehrten und im Hinterland verschwanden, ist nicht bekannt. Die in New York blieben, befanden sich in
permanentem Kampf ums Überleben. Viele hielten sich zeitweise durch
außermusikalische Jobs über Wasser: Einige fuhren Taxi, andere arbeiteten als Gehilfen in Warenhäusern oder als Fahrstuhlführer.
    Der Pianist Paul Bley sagt rückblickend:

> »Die 60er Jahre waren eine lausige Zeit für die Musiker. Die Musik war
> phantastisch, aber man durfte nicht erwarten, mehr als hundert Dollar im
> Jahr zu verdienen. Finanziell waren die Chancen sehr gering. Aber wir
> improvisierenden Musiker hatten uns gegen diese Dinge abgehärtet,
> indem wir sehr einfache Lebensgewohnheiten annahmen, so daß wir voll
> darauf eingerichtet waren, wenn es sein mußte, ein Jahr lang ohne Ein-
> kommen auszukommen.«[12]

Cecil Taylor, der zu Anfang der 60er Jahre vor allem von der Sozialfürsorge lebte und erst seit 1967 sein Auskommen durch seine Musik
fand[13], gibt einen Einblick in die Problematik dieser Situation: »Ich war
gezwungen, den Fortschritt eines Jazzmusikers, der Arbeit hatte, zu simulieren. Ich mußte den Prozeß der Weiterentwicklung selbst schaffen –
oder vielmehr: Dieser Prozeß wurde durch die Art und Weise bestimmt,
in der ich lebte.«
    Welch intensive und essentielle Erfahrung die Interaktion mit dem
Publikum gerade vor dem Hintergrund dieses Fortschreitens in der Isola-

tion dem Musiker vermitteln konnte, verdeutlicht Taylor in der Schilderung eines mehrwöchigen Engagements in Kopenhagen Ende 1962:

> »Wir haben nicht viel Geld verdient in Europa. Aber allein schon die Chance zu haben, kontinuierlich vor einem Publikum zu spielen, bedeutete eine bemerkenswerte Erfahrung. Was psychisch bei dir abläuft, wenn du Arbeit hast, diese Metamorphose in eine menschliche Existenz, das ist so total, daß du auf einer anderen Ebene zu leben beginnst. All deine Energien und deine Fähigkeiten werden realisiert oder beginnen sich zu realisieren. Du hast viel mehr Energie – sowohl auf der Bühne als auch sonst –, als du es dir jemals vorstellen konntest. In Dänemark habe ich beispielsweise, obwohl ich praktisch jede Nacht gespielt habe, tagsüber ziemlich viel geschrieben.«[14]

Der Zustand der permanenten Joblosigkeit, von dem – wie Cecil Taylor – die meisten Angehörigen des New Yorker Avantgardezirkels betroffen waren, implizierte also nicht nur ökonomische Schwierigkeiten, sondern auch psychische. Die Erkenntnis, nicht akzeptiert zu werden, vom Publikum mißverstanden und von den Medien und den Clubbesitzern boykottiert zu sein, führte – wie Interviews mit Musikern aus dieser Zeit belegen – vielfach zu einem tiefen Gefühl der Frustration.

Wie war diese ausgeprägte Erfolglosigkeit der Jazzavantgarde zu erklären? Lag es daran, daß – wie ein forscher westdeutscher Kritiker noch 1972 behauptete – ihr »Fortschritt ins Abseits« führte, daß sie an »Kommunikationsarmut« litt und Tendenzen zur »Atomisierung« und zur »Nabelschau« aufwies[15]?

Der Vorwurf der Kommunikationsarmut ist dem Neuen Jazz vielfach gemacht worden – immer mit dem moralisierenden Unterton, der Musiker würde keine Rücksicht auf sein Publikum nehmen, mit dem er doch eigentlich »kommunizieren« sollte; dafür würde er ja schließlich bezahlt!

So dekretierte der britische Musikkritiker Henry Pleasants:

> »Professionalität setzt das Wissen des Musikers darüber voraus, wie sein Spiel für andere klingt und ob es in der Psyche des Hörers etwas zum Mitschwingen bringen kann. Was der neue Jazz jetzt dringend braucht, ist Organisation in Übereinstimmung mit der Aufnahmefähigkeit des Publikums. Wenn ein Musiker nur sich selbst gefallen will, so ist ihm dies

unbenommen; aber er soll sich dann einen anderen Job suchen. Denn er
hat dann nicht das Recht, um Aufmerksamkeit zu bitten oder auch um
eine müde Mark.«[16]

Nun ist diese Argumentation in mehrfacher Hinsicht schief. Prinzipiell
kann es sich ja kein Jazzmusiker leisten, auf Kommunikation zu ver-
zichten und so zu spielen, wie es *nur* ihm selbst gefällt. Bevor im Jazz
irgend etwas an die Öffentlichkeit gelangt, hat immer schon eine Selektion stattgefunden und eine Kommunikation – und zwar zwischen Musikern oder zwischen Gruppen von Musikern. Das bedeutet, es ist Über-
einstimmung zwischen ihnen erzielt worden; man hat gemeinsame
Gestaltungsprinzipien entwickelt, Konventionen, die ein Miteinander-
spielen überhaupt erst ermöglichen. Ein solcher Zirkel von Musikern mag
noch so klein sein: Voraussetzung für sein innermusikalisches Funktionieren sind stets Übereinkünfte, ist Kommunikation. Die Frage ist lediglich,
ob und wie diese Kommunikation und die Konventionen, auf denen sie
basiert, nach außen – ans Publikum – über die Rampe gebracht werden.
»Kommunikation in der Kunst bedeutet Verständigung zwischen dem
produktiven und dem rezeptiven Subjekt«, schreibt Arnold Hauser[17]. In
der Musik bedeutet das also: Verständigung zwischen dem Musiker und
dem Hörer. Wie aber soll diese Verständigung zustande kommen? Verständigung setzt Verstehen voraus; der Hörer muß den Musiker verstehen
und der Musiker den Hörer.

Jazzkritik und Free Jazz

Folgt man der auf die Hörerbedürfnisse pochenden Jazzkritik (und es sind
ja in der Regel ihre eigenen Bedürfnisse), dann kommt es in erster Linie
darauf an, daß der Musiker seine Hörer versteht. Und das bedeutet, daß
er seine Gestaltungsmittel nach dem Geschmack und dem Kenntnisstand
seiner Hörer richtet bzw., um effektiv und damit auch erfolgreich zu sein,
nach den Ansprüchen einer möglichst breiten Hörerschicht. Eine solche
Argumentation mutet menschenfreundlich an, sie ist es aber keineswegs.
Vielmehr handelt es sich dabei um eine Art von pseudosozialer Musik-

ästhetik, die *den* Hörer *a priori* zur obersten Instanz über den Fortgang der musikalischen Entwicklung erhebt und damit letztlich den ökonomischen Erfolg zur Meßlatte ästhetischer Qualität macht.

Das Postulat, Verständigung setzt Verstehen voraus, müßte aber – bezogen auf die Entwicklung der Musik – zweierlei heißen: daß der Hörer versteht, daß musikalische Gestaltungsprinzipien veränderbar sind, und daß der Musiker voraussetzen kann, daß die Hörgewohnheiten seines Publikums veränderbar sind. Es gibt nämlich – neben vielen anderen – einen wichtigen Unterschied zwischen dem Verstehen einer Sprache und dem Verstehen von Musik, also zwischen sprachlicher und musikalischer Kommunikation, einen Unterschied, der durch die relative Unveränderbarkeit der Sprache gegeben ist. Eine Sprache lernt man unbewußt verstehen, indem man mit ihr aufwächst, oder bewußt, indem man ihre Vokabeln, Grammatik und Syntax lernt. Aber wenn man sie einmal wirklich beherrscht, beherrscht man sie ein für allemal; ein grund legender Sprachwandel findet nicht statt, die Regeln und Konventionen sind im großen und ganzen stabil. Anders in der Musik: Hier gibt es eine permanente Materialentwicklung, einen Prozeß, in dem Regeln und Konventionen in mehr oder minder rascher Folge wechseln können, bewegt durch die Kreativität der Musiker und ihren Mut, sich über das hinwegzusetzen, was gerade »allgemein akzeptiert« wird. Verstehen heißt dabei zunächst einmal, die sich wandelnden Konventionen zu verstehen, den Wandel zu verstehen. Das setzt Neugier voraus, Offenheit und Sensibilität. Ohne diese immer potentiell vorhandene Neugier und Sensibilität auf seiten des Jazzpublikums hätten wir heute weder Schallplatten von Parker noch von Coltrane in der Hand, und schon gar nicht von Cecil Taylor oder Peter Brötzmann.

Ohne Frage stellte der Free Jazz mit seiner Abkehr von den Gesetzmäßigkeiten der Funktionsharmonik und Tonalität, der Aufgabe eines durchlaufenden Fundamentalrhythmus und dem Aufbruch traditioneller Formschemata den radikalsten Bruch in der stilistischen Entwicklung des Jazz dar. Um so mehr hätte er daher in der Frühphase seiner Entfaltung der Sensibilität und der ansteckenden Neugier der Jazzkritik bedurft, die sich zwar stets gerne als Mittler zwischen Musiker und Publikum präsentierte, die sich aber in diesem Fall zum überwiegenden Teil damit begnügte, die eigenen Vorurteile zu reproduzieren. Statt einer ausführ-

lichen Analyse der Rezeption des Free Jazz durch die amerikanische
Jazzkritik, die eines Tages zu leisten wäre, einige prägnante Beispiele:

- John Tynan, Co-Editor des *Down Beat*, im November 1961:

  »Vor kurzem hörte ich … einer furchteinflößenden Demonstration dessen zu, was ein wachsender Antijazz-Trend zu werden beginnt, ausgeführt von den ersten Verfechtern einer Musik, die man Avantgarde
  nennt. Coltrane und Dolphy scheinen einem anarchistischen Weg in
  ihrer Musik zu folgen, der nur als Anti-Jazz zu bezeichnen ist.«[18]

- John Tynan über Ornette Colemans epochale LP *Free Jazz*:

  »Wo haben Neurosen und Psychosen ihren Ursprung? Die Antwort muß
  irgendwo in diesem Malstrom liegen. Wenn sonst nichts, dann ist dieses
  Hexengebräu das logische Endprodukt einer bankrotten Philosophie des
  Ultra-Individualismus in der Musik. ›Kollektivimprovisation‹? Unfug.
  Das einzige, was dies mit Kollektivität zu tun hat, besteht darin, daß diese
  acht Nihilisten zur gleichen Zeit im gleichen Studio mit dem gleichen
  Ziel angetreten sind: die Musik zu zerstören, der sie ihre Existenz
  verdanken. Eine Spitzenwertung für das Gelingen dieses Versuchs.«[19]

- Don DeMichael zum Abschluß eines Verrisses von Colemans *This
  is Our Music* (schlampiges Ensemblespiel, Orgie von Quaken und
  Quietschen, Chaos, Inkohärenz, Anti-Swing):

  »Wenn ich sage, daß ich Coleman nicht verstehe, werden seine Verteidiger sagen, dies sei mein Fehler. Aber Obskurität ist allzu oft für Profun-
  dität gehalten worden, obwohl die beiden Termini nicht synonym sind.
  Ich verstehe das Babbeln meiner zweijährigen Tochter nicht. Aber verleiht das ihren Lauten Tiefe? Wohl kaum.«[20]

- Ralph Berton in der Besprechung eines Konzertes des *Jazz Composers'
  Orchestra* im Sommer 1965:

  »Wieder einmal bestand diese Musik für meine Ohren aus Hörnern,
  die abwechselnd murmelten, tobten und wieherten, manchmal zusammen, manchmal jedermann für sich (welche Freiheit!), generell in keinem
  erkennbaren Idiom und keinerlei identifizierbaren Tonart, Tempo oder
  harmonischer Sequenz.«[21]

• Ira Gitler über Archie Shepps *Mama Too Tight:*

> »Wird ein Musiker es nicht leid, über eine so lange Zeitspanne hin ins
> Nichts hinein zu gehen? Sicher, das ist Energie! Es ist zornig, aber es ist
> nicht kreativ ... Im Plattentext sagt der Leader (Shepp) unter anderem:
> ›Man muß sich vorstellen, daß sie Schallplatten mit Punkten bewerten!‹
> Also statt Punkten eine Zusammenfassung des Albums: Sein Versagen
> im Hinblick auf Swing und Jazz wird nur noch übertroffen durch sein
> kindisches Sichausgeben als zeitgenössische Musik.«[22]

Die Beispielsammlung ließe sich *ad infinitum* fortsetzen. Sie würde nichts
anderes zutage fördern als die Ignoranz und – möglicherweise unbewußte
– Infamie großer Teile der amerikanischen Jazzkritik und ihren Leichtsinn im Umgang mit den elementarsten Regeln ihres Handwerks. Natürlich gab es auch eine Reihe von Kritikern, die dem Neuen Jazz mit Sym-
pathie gegenüberstanden, sei es aus immanent musikalischen Gründen,
sei es auch nur aus ideologischen. Jedoch waren sie in der Minderheit und
publizierten selten in den maßgeblichen Journalen.

Was der großen konservativen Fraktion der Jazzkritik der 60er Jahre
außerordentlich gelegen kam, war, daß mit dem Anbruch des Free Jazz
die Solidarität des Schweigens unter den Jazzmusikern ein Ende fand.
Hatten es früher die Musiker meist sorgfältig vermieden, vor einem
Mann von der Presse oder sonst einem Außenstehenden etwas Negatives
über einen Kollegen zu äußern, so öffnete der Free Jazz alle Schleusen der
Zurückhaltung. Ältere Musiker bezeichneten jüngere als Scharlatane, die
ihr Handwerk nicht verstünden, die mutwillig den Jazz zerstörten, nicht
swingen würden.

Von der Jazzkritik wurden solche Bemerkungen begierig aufgenommen; bisweilen wurden sie erst provoziert, indem man einen bekanntermaßen konservativen Musiker nach seiner Meinung über die Musik eines
bekanntermaßen avantgardistischen befragte, wie das regelmäßig in den
von Leonard Feather für *Down Beat* inszenierten *blindfold tests* geschah,
in denen beispielsweise der Soul-Pianist Ramsey Lewis mit der Musik
Cecil Taylors oder der Westcoast-Schlagzeuger Shelly Manne mit jener
Albert Aylers konfrontiert wurde.

Historisch deplaciert

Nun weiß man aus der Geschichte der europäischen Musik und der bildenden Kunst, daß aus den Progressiven von heute leicht die Konservativen von morgen werden. »Progressivität und Konservatismus sind nicht durch den Charakter und das Temperament ihrer Vertreter, sondern durch die jeweilige geschichtliche Konstellation bedingt«, schreibt Arnold Hauser[23] und belegt dies mit einem prägnanten Beispiel: Als Matisse 1906 sein epochemachendes Werk *La Joie de Vivre* ausstellte, war Paul Signac, selbst ein bedeutender Maler, einer derjenigen, die gegen das »hirnverbrannte« Bild am schärfsten protestierten. Ein Jahr später verhielt sich Matisse ebenso unduldsam Picassos *Les Demoiselles d'Avignon* gegenüber. Er bezeichnete das Bild als ein Attentat gegen die ganze moderne Kunstbewegung.

Daß sich also Künstler, Maler oder Musiker, selbst in ein befangenes, oft engherziges Publikum verwandeln, wenn sie einer jüngeren Künstlergeneration begegnen, die über die Errungenschaften ihrer Vorgänger hinauszugehen versucht, ist prinzipiell kein neuartiges Phänomen. Die Jazzkritiker, gebildete Leute allesamt, hätten dies wissen müssen. Statt dessen bedienten sie sich bei der Verunglimpfung des Neuen Jazz älterer Musiker, um ihr eigenes Mißfallen zu legitimieren.

Es soll mit alledem nun keineswegs nahegelegt werden, die auf eine besonders rüde Weise konservative Jazzkritik der 60er Jahre wäre für den ökonomischen Mißerfolg des Free Jazz in den USA verantwortlich. Aber da sie, wohl oder übel und trotz ihrer scheinbaren Selbständigkeit, als ein Teil des Reklameapparates der Schallplattenindustrie und der Clubszene fungierte, trug diese Art von Kritik natürlich das ihre zu der Aussperrung des Neuen Jazz und damit zu den existentiellen Problemen der Musiker bei.

Daß Erfolglosigkeit mit dem qualitativen Rang einer Kunst nicht unbedingt etwas zu tun haben muß, ist bekannt; ebenso kann sie Resultat der historischen Deplaciertheit dieser Kunst sein oder aber mit dem Prestige zusammenhängen, das sie innerhalb seines soziokulturellen Systems besitzt.

Historisch deplaciert war der Free Jazz nicht zuletzt deshalb, weil seine Entwicklung in eine Phase fiel, in der die Aufmerksamkeit der Schallplattenindustrie fast gänzlich durch den ungeheuren Boom der englischen und amerikanischen Rockmusik in Anspruch genommen wurde. Das bedeutete, daß die zur Ingangsetzung eines kommunikativen Prozesses zwischen Musiker und Publikum essentiellen Medien Schallplatte und Rundfunk (der in den USA im wesentlichen Werbeträger der Schallplatte ist) für den Free Jazz von Anbeginn an weitgehend ausfielen. Der von der ökonomischen Struktur der großen Konzerne her bedingte Drang zu schnellen und großen Umsätzen, dem die Rockmusik optimal entgegenkam, machte Jazz – und zumal solchen, der sich den eingefahrenen Hörgewohnheiten großer Hörermassen widersetzte – für die Schallplattenproduzenten der Großkonzerne in jener Zeit von vornherein unattraktiv.

Eine Überlegung wie die Arnold Hausers, daß die Sinnesorgane von Kunstrezipienten sich langsam an einen neuen Tonfall, neue Formkomplexe zu gewöhnen hätten, daß die Fähigkeit zur Wahrnehmung und Würdigung neuartiger Strukturen *erworben* werden muß[24], eine solche Überlegung konnte in dem von der Maxime eines schnellen Güterumschlags geprägten Weltbild der amerikanischen Schallplattenkonzerne keinen Platz haben. Das Ganze wirkte wie ein Zirkel: Da die kommerziellen Massenkommunikationsmedien ein Desinteresse für die neuen musikalischen Ausdrucksformen des Free Jazz voraussetzten, klammerten sie ihn aus ihren Produktionen aus, und indem sie ihn ausklammerten, verhinderten sie die Entstehung von Interesse.

Dennoch wären die Innovatoren des Free Jazz nicht in jene existentielle Bedrängnis geraten, wäre ihre Musik *nur* unkommerziell gewesen. Sie lag jedoch – als afroamerikanische Musik – zugleich außerhalb der offiziell anerkannten und daher durch Subventionen und Stipendien geförderten Kultur. Es bedurfte noch vieler Jahre und erheblicher Anstrengungen von seiten dieser neuen Generation von Jazzmusikern, den verengten Kulturbegriff des etablierten Bildungssystems so aufzubrechen, daß nicht nur John Cage, sondern auch Cecil Taylor davon profitieren konnte – in geringerem Maße, versteht sich.

In größerem Maßstab änderte sich an der desolaten ökonomischen Situation der amerikanischen Jazzavantgarde erst Ende der 60er Jahre etwas, als sie in Europa in ständig wachsendem Maße akzeptiert zu werden begann und ihr europäischer »Ruhm« in die USA reflektiert wurde. Erst da begannen sich auch die größeren amerikanischen Schallplatten-

firmen langsam für sie zu interessieren und die Auftritte in Clubs und bei
Festivals zuzunehmen. Doch bis in die späten 70er hinein war Europa mit
der Vielzahl seiner Festivals, Konzerte und Clubs *das* Terrain, das ein
Überleben des amerikanischen Avantgardejazz gewährleistete. Der inzwischen zum Topstar avancierte Archie Shepp beantwortete noch 1980 die
Frage eines Interviewers, ob er derzeit in den USA viel aktiv sei: »Ich war
es eigentlich nie. In den 60er Jahren bin ich ein bißchen rumgereist, ich
war drüben in Kalifornien und so weiter. Aber – um Ihnen die Wahrheit
zu sagen – in den Vereinigten Staaten hab' ich noch nie viel Arbeit bekommen.«[25]

Jazzclubs, Mingus und
die Poppaloppers

Der Umschwung im Selbstverständnis und in den politischen und gesellschaftlichen Einstellungen von Jazzmusikern im Laufe der 60er Jahre
manifestierte sich dem Zeitschriften lesenden Publikum vor allem in
zahlreichen Interviews, in von Musikern verfaßten Essays, in Protokollen
von Podiumsdiskussionen usw. Aufschlußreich in diesem Zusammenhang
sind insbesondere die Beiträge von Ornette Coleman und Archie Shepp
in *Down Beat* in den Jahren um 1965 sowie die Abdrucke der von Frank
Kofsky initiierten Diskussionen zwischen Musikern, Kritikern und Jazz-
Geschäftsleuten in *Jazz* ab April 1966.

Eines der meistthematisierten Probleme bestand dabei in der den
Musikern gesellschaftlich aufgezwungenen Rolle des Entertainers unter
den Bedingungen des Jazzclub-Geschäfts. Das Unbehagen an dieser Rolle
war nicht neu, es bildete spätestens seit den Tagen des Bebop einen festen
Bestandteil im psychsozialen Habitus des Jazzmusikers. Nie zuvor jedoch
wurde die Ablehnung dieser Rolle in einer derartig krassen Unverblümt-
heit artikuliert wie von den Innovatoren des Free Jazz. Shepp sprach von
den Jazzclubs als von »miesen Ställen, wo schwarze Männer gestriegelt
und dressiert würden wie Vollblutpferde, damit sie rennen, bis sie bluten«[26].

John Coltrane: »Es gibt einfach keinen Sinn, wenn jemand mitten in
Jimmy Garrisons Solo ein Glas runterwirft oder Geld kassieren will ...«[27]

Cecil Taylor: »So wie die Clubs heute funktionieren, ist unsere Musik über die Struktur dieser Clubs hinausgewachsen.«[28]

Eines der bemerkenswertesten Dokumente für den Widerstand der Musiker gegen die entwürdigenden Arbeitsbedingungen in den Jazz- und Nightclubs verdanken wir Charles Mingus, musikalischer Wegbereiter des Free Jazz und spirituelles Leitbild einer aufmüpfigen Generation von Jazzmusikern. 1959 hatte Mingus mit seiner Gruppe ein längres Engagement im New Yorker Club Five Spot. An einem Samstagabend, das Lokal war voll besetzt und das Publikum laut, ergriff Mingus das Mikrophon und hielt eine Ansprache, die ich wegen der Eindringlichkeit, mit der sie das Problem widerspiegelt, ausführlich zitieren möchte:

»Ihr, mein Publikum, seid nichts als eine Bande von Knalltüten *(poppaloppers)*. Ihr taumelt herum, rennt vor euren unbewußten, unterbewußten Gehirnen davon. Gehirne? Gehirne, die euch nicht dazu kommen lassen, ein einziges Wort künstlerischer oder bedeutungsvoller Wahrheit zu hören. Ihr glaubt, alles muß in den prächtigsten Farben gemalt sein, so schön wie euer liebliches Ich. Ihr wollt euer häßliches Ich nicht sehen, die Unwahrheiten, die Lügen, mit denen ihr euer Leben ausfüllt.

So kommt ihr her zu mir, sitzt in der ersten Reihe und seid so laut wie nur möglich. Ich höre mir Millionen von euren Unterhaltungen an. Manchmal setze ich sie alle zusammen und schreibe eine Sinfonie daraus. Aber ihr hört diese Sinfonie niemals; diese Sinfonie, die ich jener Mutter widmen könnte, die eine Nachbarin mitgebracht hatte und die drei Sets und zwei Pausen über den alten Herrn von gegenüber redete, der es mit dem Sohn von Mrs. Jones treibt, in dem Appartement da unten, in dem die Lehrerin mit Cadillac Bill zusammenlebt. Und daß sie schon daran gedacht habe, wieder zu unterrichten, wenn Mary noch weitere Nerze wie diesen weißen bekommen würde, den sie gerade ihrer Schwester Sal gegeben hätte, die an Wochentagen komme und gehe und an den Wochenenden immer die Stadt mit ihrem Rolls Royce voller hübscher Lehrer verlasse. Und wie schwierig es sei, die Tatsachen des Lebens von ihrer Tochter Chi-Chi fernzuhalten ... Und der Versicherungsvertreter sei mir auch schon dreist gekommen ... Kicher, Kicher. Nur ein kleiner Kuß ... und oh! Wie muß er sich vorgekommen sein ...?

Ich bat sie schließlich, sich einen anderen Tisch zu suchen, wo sie besser reden könne, und ihren Tisch jemandem zu überlassen, der zuhören wolle. Und die jazzige Mutter erzählt mir, wie sie den ganzen Tag lang

Jazz hören würde, und ich solle sie nicht beschuldigen, daß sie das Zeug
nicht möge, sie könne ohne Jazz gar nicht leben ...

Also profitiere *ich* und nicht sie oder die meisten von euch, die ihr hier
heute nacht rausgehen werdet und behaupten werdet, ihr habt Charlie
Mingus gehört. Ihr habt noch nicht mal die Unterhaltung vom Nach-
bartisch gehört, und die ist das lauteste hier! Habt ihr während des ganzen Abends die Ansage eines einzigen Titels gehört? Oder eine Pause
zwischen zwei Stücken, in der wir hofften, ihr würdet euch selbst einmal
hören und dann ruhig werden und uns zuhören? ... Meine Band spielt
streckenweise laut, streckenweise auch häßlich, aber streckenweise auch
schön und streckenweise leise. Es gibt sogar Augenblicke der Stille.
Aber die Schönheit der Stille wird zugedeckt durch das Klirren eurer
Gläser und eurer allzu wundervollen Konversation.

Joe (der Clubbesitzer Joe Termini, E. J.) erzählt mir: Dieser Club wird
vor allem von den Künstlern aus dem (Greenwich-)Village besucht.
Würdet ihr Künstler eure Bilder gerne für blinde Leute ausstellen? Soll
ich meine Musik für taube Ohren spielen, Ohren, die durch den Lärm
und die Frustrationen ihrer alltäglichen Probleme zugestopft sind, und
für Egos, die ihre Gespräche führen, nur damit man merkt, daß es sie
gibt?

Man hat euch wohl noch niemals gesagt, wie unecht ihr seid. Ihr seid hier,
weil Jazz populär ist; und ihr möchtet gern mit dieser Sache etwas
zu tun haben. Aber ihr werdet nicht dadurch zum Kunstexperten, daß
ihr um die Kunst herumlungert. Ihr seid modebewußte Dilettanten.
Ein Blinder kann zu einer Ausstellung von Picasso oder Kline gehen;
und ohne etwas zu sehen, kann er hinter seiner dunklen Brille sagen:
›Wow, das sind die swingendsten Maler, die es je gab, riesig!‹ Nun, das
könnt ihr auch, mit euren dunklen Brillen und euren verstopften Ohren.
Ihr sitzt da vor mir und redet über euer banales Liebesleben ... Ihr sitzt
da alle und findet euch selbst und euch gegenseitig großartig; ihr schaut
in die Runde und hofft, daß man euch sieht und euch für ›hip‹ hält.
Ihr selbst seid das Objekt, das zu sehen ihr hergekommen seid. Und ihr
glaubt, daß ihr wichtig seid und daß ihr auf Jazz steht. Aber alles, worauf
ihr steht, ist eine blinde und taube Szenerie, die mit Musik nicht das
geringste zu tun hat.

Und die beklagenswerte Sache ist, daß ein paar Leute hier sind, die zuhören wollen. Und die Musiker ... wir wollen uns gegenseitig hören,
wollen hören, was wir uns heute abend zu sagen haben, denn wir haben
die Sprache gelernt. Aber stellt euch einen Meister der Rhetorik vor, der
mit der Fähigkeit zu denken ausgestattet ist, und der vor einem Publikum

auftritt, das ohne jedes Interesse an Kommunikation ist ... Stellt euch
vor, wie er eine sensible kommunikative Beziehung herzustellen versucht, in einer unmißverständlichen verbalen Sprache. Dann macht
eure Augen auf und schaut euch an, wie ihr als Musikhörer posiert,
als Hörer einer *andersartigen* Sprache, die um so vieles reichhaltiger
ist und intensiver, warm und kräftig, die Gedanken zum Ausdruck
bringt, wie ihr sie nur selten zu vermitteln imstande seid ...«[29]

Mingus' Publikumsbeschimpfung, emotional aufgeladen und spontan, ist
ziemlich einmalig in der Geschichte des Jazz und gewiß nicht typisch für
den Umgang von Jazzmusikern mit ihrem Publikum, weder in den 60er
Jahren noch sonst irgendwann. Sicher aber ist sie symptomatisch für den
wachsenden Überdruß der Musiker, ihre Musik als Klangtapete für
Whiskytrinker und Konversationsakrobaten zu produzieren; für ein Publikum, für das Jazz immer noch eine Art schicke Spelunkenmusik bedeutete und für das der Jazzmusiker eine besonders »hippe« Spezies von
Musicalclown darstellte oder aber als romantischer Outsider ein Identi-
fikationsobjekt für Snobs und Hipster abgab. Mingus sprach als erster
mit brutaler Offenheit direkt und ungeschützt aus, was zahllose Musiker
empfanden, jedoch in dem Netz von Abhängigkeiten, in dem sie gefangen
waren, nicht oder nur verklausuliert zu äußern wagten. Die Unzufrieden-
heit der Musiker mit den Präsentationsformen ihrer Musik unter den
Bedingungen des Nachtclub-Geschäfts, wie sie sich dann im Laufe der
60er Jahre mit zunehmender Häufigkeit in Interviews artikulierte, bildete
schließlich den Auslöser für Versuche, diese Präsentationsformen selbst –
in eigener Regie – zu gestalten; davon wird später die Rede sein.

Jazz und Politik

Die Auflehnung gegen die Entertainerrolle als Teil eines allgemeinen
Bewußtseinswandels ging bei einer Reihe von Musikern Hand in Hand
mit einer zunehmenden Politisierung. Dies war ein Phänomen, dessen
Ursachen in den gesellschaftlichen Umwälzungen und im mentalen
Klima der 60er Jahre unschwer erkennbar werden. Die Politisierung
äußerte sich nicht nur verbal, in Interviews und sonstigen Statements,

sondern auch musikalisch – und schließlich auch in Form praktischer, auf eine Veränderung der Jazzszene gerichteter Aktivitäten.

Auf dem musikalischen Sektor zeigten sich die Konsequenzen einer Intensivierung des politischen Bewußtseins von Jazzmusikern zunächst in einer Reihe von Schallplatteneinspielungen, die das Problem der Rassendiskriminierung thematisierten. Das sich anfangs lediglich in den Titeln von Kompositionen niederschlagende Engagement für die Bürgerrechtsbewegung und gegen den Rassismus löste in der überwiegend weißen Jazzkritik eine Welle der Entrüstung aus; von der Schallplattenindustrie wurde es zum Teil mit Repression quittiert.

Ein prägnantes Beispiel lieferte eine bereits 1958 von Sonny Rollins aufgenommene LP mit dem vergleichsweise unverfänglichen Titel *Freedom Suite*[30]. Die Proteste von seiten der konservativen Jazzpresse gegen eine befürchtete Politisierung des Jazz waren dermaßen vehement, daß die Firma Riverside sich entschloß, die Schallplatte schleunigst aus dem Verkehr zu ziehen, um sie kurze Zeit später unter dem schönen Titel *Shadow Waltz* erneut auf den Markt zu bringen. Die Manipulation fiel nicht schwer, denn Rollins' *Freedom Suite* war als rein instrumentale Musik allein durch die Veränderung ihres Titels jederzeit politisch zu entschärfen. Einen wesentlich größere Wirbel als die *Freedom Suite* von Rollins rief die 1960/61 von Max Roach gemeinsam mit seiner Frau, der Sängerin Abbey Lincoln, eingespielte LP *We Insist! Freedom Now Suite*[31] hervor. Die von Oscar Brown Junior verfaßten Texte nahmen so eindeutig gegen die amerikanische Rassenpolitik und für ein von Kolonialismus befreites Afrika Stellung, daß einige Jazzkritiker nun den Spieß umdrehen zu müssen glaubten, indem sie das Eindringen von Ideen der schwarzen Emanzipationsbewegung in den Jazz als seitenverkehrten Rassismus diffamierten.

Ira Gitler schrieb über Abbey Lincoln in einer Rezension ihrer LP *Straight Ahead* im *Down Beat:* »Wir können diesen Typus von Elijah Muhammed-Ideen im Jazz nicht gebrauchen« (Muhammed war Anführer der Black Muslims) und verhöhnte sie als »professionelle Negerin«[32].

Die vereinten Anstrengungen der Schallplattenbranche und Jazzkritik, den Jazz als Ausdruck selbstgefälligen Entertainments vom Eingriff politischer Tendenzen »rein« zu erhalten, waren längerfristig wenig wirksam. Stellten Werke wie die *Freedom Suite* von Sonny Rollins oder die *Freedom*

Now Suite von Max Roach im Bereich des Spätbop noch relativ seltene Erscheinungen dar, so nahm im Free Jazz der 60er Jahre die Tendenz zur Vermittlung von politischen Inhalten mit Hilfe des Mediums Musik an Intensität und Umfang stark zu. Dabei kristallisierten sich einige ganz unterschiedliche Ansätze heraus.

Ein grundsätzliches Problem jeder Art von sich als politisch verstehender Musik besteht im Verhältnis zwischen der politischen Botschaft, die zum Ausdruck gebracht werden soll, und den musikalischen Mitteln, *durch die* sie zum Ausdruck gebracht werden soll. Im Gegensatz zu Literatur und bildender Kunst – zumindest in ihren traditionellen Erscheinungsformen – sind die von der Musik getragenen Bedeutungsgehalte ja prinzipiell ungegenständlich: Sie weisen nicht über sich selbst hinaus, vermitteln nicht das Bild einer dinghaften Realität und vermögen allein aus sich heraus gesellschaftliche Realiät weder zu loben noch zu kritisieren.

Natürlich läßt sich von »affirmativer Musik« sprechen – als von einer Musik, die sich den herrschenden Konventionen und dominierenden Geschmacksrichtungen maximal anpaßt, nur das Bestehende bestätigt und zu keinerlei neuen Erfahrungen führt. Ebenso ließe sich eine Musik, die sich quer zu den allgemein akzeptierten Normen stellt, als »kritisch« bezeichnen. Aber hier wird die Sache schon fragwürdig: Denn *was* kritisiert diese Musik konkret? Wogegen und vor allem *wofür* setzt sie sich ein? Ist sie tatsächlich oppositionell oder vielleicht einfach nur anders?

Die während der Studentenbewegung der späten 60er Jahre bis zum Überdruß wiederholte Formel »Alles ist Politik« auf die Musik angewandt, hieß: Jede Musik ist politisch, d.h. auch – oder gerade – jene, die sich dezidiert unpolitisch gibt. Deren politische Funktion kann dann – zum Beispiel – darin bestehen, den Hörer von der Politik abzulenken und damit eine Politik ohne oder gegen ihn zu ermöglichen.

Zu unterscheiden hat man eine Musik, der eine politische Funktion allein durch ihren Gebrauch und ihre Wirkung in einem bestimmten sozialen Kontext zukommt, von einer solchen, die *bewußt* um ihrer politischen Funktion willen geschaffen wird, die als Mittel zum Zweck oder als Waffe im Kampf dient oder – nach dem Willen ihres Komponisten oder Spielers – dienen soll. Nur in diesem letzteren Fall läßt sich sinnvoll von politischer oder engagierter Musik sprechen.

Unter den verschiedenartigen Maßnahmen, die seit Anfang der 60er Jahre von Jazzmusikern zur Vermittlung einer politischen Botschaft ergriffen wurden, bestand die nächstliegende, einfachste und entsprechend am häufigsten vorgenommene in der Titelgebung ihrer Stücke. Dabei handelte es sich – meines Erachtens – zugleich auch um die anfechtbarste Maßnahme, denn die Beziehungen zwischen Titel und Musik waren nicht selten völlig beliebig. So konnte es durchaus vorkommen, daß einer freien Kollektivimprovisation nachträglich ein Titel wie »Der Imperialismus ist ein Papiertiger« aufgeklebt wurde[33] oder eine freundlich-friedliche Komposition von Mingus die Überschrift *This Nazi USA* erhielt[34]. Mingus' im Covertext zitierte Erklärung, er wolle mit derartigen Titeln »die Leute zum Nachdenken anregen«, ist akzeptabel, das ästhetische Problem löst sie natürlich nicht.

Fragwürdig blieb die Methode der Titelgebung noch in anderer Hinsicht: Wie am Beispiel von Rollins' *Freedom Suite* erkennbar wurde, ließ sich die der Musik lediglich durch ihren Titel zugeordnete politische Botschaft durch die bloße Veränderung des Titels jederzeit aufheben. Zudem blieb die Signalwirkung von Titeln vielfach zwangsläufig an einen bestimmten sozialen und chronologischen Kontext gebunden. Der Ruf eines Afroamerikaners nach mehr *freedom*, dem in den USA der 50er Jahre offensichtlich eine erhebliche soziale Sprengkraft zugemessen wurde (anders ist ja die Titelmanipulation durch Riverside Records nicht zu erklären), erwies sich für den ahnungslosen europäischen Jazzhörer unter Umständen als absolut unverständlich. Für jemanden aber, der Rollins' Suite zufällig im Radio hörte und die Ansage verpaßt hatte, konnte diese Musik kaum mehr bedeuten als ein ästhetisches Gebilde.

Einen wirksameren Weg, ihre Musik mit einer politischen Aussage zu verknüpfen, fanden die Jazzmusiker daher in der Hinzufügung eines Textes. Die Musik wurde dabei zum Vehikel für den Transport verbaler Inhalte, gleich, ob sie nun gesprochen oder gesungen wurden. Probleme ergaben sich hier vor allem im Verhältnis von Text und Musik: Gibt es Entsprechungen zwischen der strukturellen Beschaffenheit oder dem emotionalen Gehalt der Musik und dem Textinhalt? Vermag das eine das andere zu stützen oder zu verdeutlichen? Oder durchkreuzen bzw. widersprechen sich beide? Handelt es sich um eine bewußte Verfremdung des einen durch das andere oder liegt lediglich ein willkürliches Zusammenfügen ganz unterschiedlicher Bedeutungsebenen zu einem heterogenen Gebilde vor? Ein paar Beispiele mögen die Problematik verdeutlichen.

Im Oktober 1960 spielte Charles Mingus (gemeinsam mit Eric Dolphy, Ted Curzon und Dannie Richmond) eine Komposition mit dem Titel *Original Fables of Faubus* ein. Die Musiker sangen in ziemlich rüdem Tonfall einen »Song«, den Mingus als Attacke gegen die rassistische Politik des damaligen Gouverneurs von Arkansas, Orval Faubus, geschrieben hatte, der 1957 in Little Rock die Nationalgarde hatte aufmarschieren lassen, um ein paar schwarze Kinder am Betreten der per Gesetz verfügten integrierten Schulen zu hindern. Die politische Botschaft ist hier eindeutig an den Text geknüpft: »Faubus, why is he so sick and ridiculous ...« Wie aber steht es mit der Musik? Sind beide unabhängig voneinander? Oder trägt die Musik bereits einen Teil dessen, was der Text will, in sich? Der etwas komplizierten und nicht ganz untypischen Entstehungsgeschichte des Stückes verdanken wir eine wichtige Einsicht: Als Mingus das Stück 1959 zum ersten Mal aufnehmen wollte (es handelte sich um die LP *Mingus Ah-Um*), da erschien den verantwortlichen Produzenten von Columbia die Angelegenheit mit Faubus allzu brisant. Mingus, der Rebell, beugte sich der Macht des Kapitals; das Stück wurde ohne Text aufgenommen, und auch in dem Covertext der Schallplatte findet sich keinerlei Hinweis auf die intendierte politische Botschaft des Stückes. Dennoch ist in dieser ersten, textlosen Aufnahme bereits vieles von dem enthalten, was in der zweiten, gesungenen *manifest* wird. Dabei handelt es sich um mehr als nur rein emotionale Charakteristika. Eher wird man auf die Brechtsche Kategorie des Gestus zurückgreifen müssen, um die Übereinstimmungen zwischen beiden – Textaussage und musikalischem Ausdruck – auf den Begriff zu bringen. »Gestus« bedeutet in Brechts Theatertheorie mehr als nur »unterstreichende oder erläuternde Handbewegungen«, ist nicht mit Gestikulieren identisch, sondern bezeichnet »Gesamthaltungen«, beinhaltet für den Musiker die Möglichkeit, »musizierend seine politische Haltung einzunehmen«[35]. Der Gestus von Mingus' Instrumentalversion von Faubus ist aggressiv, aber nicht auf eine gewaltsame, sondern eher auf eine ironisch distanzierte Art, die den Angegriffenen nicht der Vernichtung, sondern der Lächerlichkeit aussetzt. Die Korrespondenzen zwischen vokaler und instrumentaler Version manifestieren sich dabei nicht nur in metaphorischen Entsprechungen oder in Analogien zwischen Textinhalt und musikalischer Struktur, sondern beruhen vor allem auch auf der Darbietungsweise, auf feinen Nuancen der Phrasierung und Artikulation, also auf Komponenten der Interpretation, die durch Notenköpfe nicht reproduzierbar sind. Natürlich transportiert diese Musik – von sich aus – nicht *mehr* als diesen Gestus; sie sagt nichts Konkretes aus über die Vorkommnisse in Little Rock und den Aberwitz des Gouverneurs Faubus. Aber sie demonstriert die *Grundhaltung* (im Brechtschen Sinne), welcher der Text die sachliche Konkretion verleiht. Insofern ist Mingus' *Fables of Faubus* als paradigmatisch für eine gelungene Verknüpfung von politischer Botschaft und musikalischen Ausdrucksmitteln anzusehen.

Eine in ihrer Grundkonzeption ähnliche, in der Wahl der Mittel jedoch deutlich von *Faubus* abweichende Art der Verschränkung von verbalem Inhalt und musikalischer Struktur findet sich in dem von Archie Shepp 1971 eingespielten *Money Blues*. Die zentrale Aussage des Stückes besteht in der Forderung nach gerechter Bezahlung der Arbeit: »I work all day and I don't get pay – Gimme my money!« Diese über eine ganze Plattenseite hinweg permanent wiederholte Phrase wird gestützt durch die enervierende Monotonie eines ostinaten Baß-Patterns und durch Bläser-Riffs, die es an Penetranz mit den aufreibendsten Pop-Backgrounds durchaus aufnehmen können. Ganz offensichtlich ist diese Reduzierung des musikalischen Materials und insbesondere auch das Insistieren auf den endlos wiederholten bzw. nur geringfügig variierten Mustern als bewußtes Gestaltungsmittel eingesetzt, um die Dringlichkeit der verbalen Forderung nach einem gerechten Lohn musikalisch zu bekräftigen.

Allerdings weist gerade dieses Beispiel *Money Blues* auf ein Phänomen hin, das für einen beträchtlichen Teil des sich als politisch engagiert verstehenden Free Jazz charakteristisch zu sein scheint: Das Bestreben, politische Aussagen mit Hilfe von Musik zu vermitteln, geht nicht selten einher mit einem Rückgriff auf einfachste Formen und Gestaltungsmittel, vor allem solche, wie sie die afroamerikanische Populärmusik außerhalb des Jazz hervorgebracht hat. Es mag das Ziel von Musikern wie Archie Shepp oder Eddie Gale *(Ghetto Music)* gewesen sein, die Entfremdung der Masse der afroamerikanischen Bevölkerung von den neueren Entwicklungen des Jazz zu überwinden und ihre politische Botschaft durch die Anpassung ihrer musikalischen Ausdrucksmittel an die Hörerfahrungen und Präferenzen des schwarzen Unterschichtpublikums allgemein zugänglich zu machen. Der vom Marxismus beeinflußte Shepp mag einen Satz wie den Hanns Eislers von der »planmäßigen Liquidation des Gegensatzes zwischen ernster und leichter Musik«[36] im Sinn gehabt haben, als er Ende der 60er Jahre dazu überging, die Free Jazz-Elemente seiner politisch engagierten Musik zu reduzieren zugunsten einer zunehmenden Hinwendung zu Ausdrucksmitteln des Rhythm & Blues und der populären Soul Music.

Die Versuche zur Liquidation des Gegensatzes zwischen Free Jazz und schwarzer Popularmusik erwiesen sich jedoch in mancher Hinsicht als problematisch. Die sich in Einspielungen wie Shepps *Attica Blues* oder *The Cry of My People* oder *Ghetto Music* abzeichnende Popularisierung der Gestaltungsmittel, eingesetzt zum Zweck massenhafter Verbreitung politischer Inhalte, erwies sich in musikalischer Hinsicht letztlich als eine Anpassung an das Niveau kommerzieller Massenkultur, dem die Free Jazz-Musiker selbst in der ersten Hälfte der 60er Jahre bewußt entgegengetreten waren. Die Aufhebung des Gegensatzes zwischen dem avancierten Materialstand des Free Jazz und jenem der Popularmusik fand in den Soul Music-Anspielungen der Free Jazzer nicht statt, sondern eher eine bloße Ersetzung des einen durch das andere. Dabei stellte sich ein anderer Gegensatz ein, nämlich jener zwischen dem politischen Anspruch des Textes und der musikalischen Dürftigkeit, die ihm beigesellt wurde. Der angestrebten Beeinflussung bzw. Erweiterung des sozialen Bewußtseins stellte sich die potentielle Verkümmerung des musikalischen gegenüber.

Ob schließlich gerade diese Art von Popularisierung ihren politischen Zweck zu erfüllen vermochte, blieb fragwürdig insofern, als die auf Hochglanz polierten Arrangements der kommerziellen Soul Music im Motown- oder Philly-Sound den Hörgewohnheiten des avisierten Publikums noch allemal weit mehr entgegenkamen als die vergleichsweise kargen und bisweilen dilettantisch anmutenden Chor- und Streichersätze in Shepps Musik. Deren Dürftigkeit jedoch als Ausdruck eines Protestes gegen kommerzielle Glätte und Stromliniensound zu werten, hätte zweifellos die Interpretationsbereitschaft der angesprochenen Hörergruppe überfordert.

Der Vermittlung politischer Aussagen durch die Verbindung von Text
und Musik, wie ich sie hier an Beispielen von Mingus und Shepp veranschaulicht habe, wurde von anderen Jazzmusikern ein Verfahren gegen-
übergestellt, das sich zwar auch des Wortes als sinntragendes Element
bediente, dabei jedoch eine grundsätzlich andere Relation zwischen
Text und Musik herstellte. Das Ziel war hier nicht die wechselseitige
Stützung von Text und Musik (wie in *Fables of Faubus* oder *Money Blues*),
sondern die ironisierende Durchkreuzung des einen durch das andere.
Zwei Beispiele mögen dies verdeutlichen.

In Ornette Colemans *We Now Interrupt for a Commercial*[37] geht es um
die Karikierung der Plattheit und Kulturfeindlichkeit kommerzieller
Werbemethoden in den Massenmedien, bei denen musikalische oder
dramatische Zusammenhänge willkürlich auseinandergerissen werden,
um Platz für einen Werbespot zu machen. Die Kombination der so offenkundig unkommerziellen Musik Colemans mit dem Satz »Wir unter-
brechen jetzt für einen Werbespot« schafft – zumindest potentiell – beim
Hörer einen Aha-Effekt und damit unter Umständen Bewußtsein für
die aufdringliche Lächerlichkeit derartiger Werbepraktiken.

Auf ähnliche Weise sorgte das Art Ensemble of Chicago für eine
verfremdende Durchkreuzung von Wort und Musik, wenn es auf ein Stereotyp gebrülltes *Get in Line!* (Stillgestanden!) eine chaotisch anmutende,
sehr dichte Kollektivimprovisation folgen läßt[38] und damit darauf aufmerksam macht, daß militärische Disziplin und Chaos einander keineswegs ausschließen, sondern im Gegenteil, wie jeder beliebige Krieg
verdeutlicht, prinzipiell miteinander korrelieren.

In dieser musikalisch-verbalen Darstellung des paradoxen Verhältnis-
ses von Disziplin und Chaos durch das *Art Ensemble* ebenso wie in der
Denunzierung des Schwachsinns von Werbemethoden durch Ornette
Coleman besteht die Funktion der Musik nicht mehr bloß in einer mehr
oder minder gelungenen Untermalung eines Textes, der im übrigen auch
von sich aus, d.h. ohne Musik, verständlich wäre; sondern Musik und
signalartig eingeworfenes Wort schaffen zusammen eine neue Qualität,
die ihnen isoliert nicht zukommt, nämlich Kritik.

Das bekannteste Beispiel für das Eindringen politischen Engagements
in den Free Jazz stellt die 1970 unter der Leitung des Bassisten Charles
Haden eingespielte LP *Liberation Music* dar. Anders als Roach, Mingus

oder Shepp verzichtete Haden auf den unmittelbaren Bedeutungsgehalt von Texten und griff statt dessen zu einem musikalischen Material, dessen politischer Sinn sich dem Hörer mittelbar, auf dem Umweg über das Gedächtnis erschloß oder doch zumindest erschließen konnte. Den Kern der *Liberation Music* bilden sozialistische Kampflieder aus dem Spanischen Bürgerkrieg, daneben – als Ouvertüre – das *Einheitsfrontlied* von Hanns Eisler sowie der im Rahmen der amerikanischen Bürgerrechtsbewegung bekannt gewordene Protestsong *We Shall Overcome*. Diese aus einem alten englischen Kirchenlied abgeleitete, inoffizielle Hymne des gewaltlosen Widerstands hatte allerdings zu dem Zeitpunkt, als Haden sie programmatisch verwendete, von ihrem guten Ruf schon einiges eingebüßt – vor allem dadurch, daß ihr Titel von Lyndon B. Johnson in einer Kongreßrede zur politischen Losung erhoben worden war[39].

Die dem von Haden verwendeten thematischen Material innewohnende politische Tendenz war Resultat des historischen Kontextes, in dem dieses Material entstand und in dem es sich zum sinntragenden ästhetischen Objekt entwickelte. Mit anderen Worten: Die (politische) Bedeutung dieser Musik hatte sich durch deren Gebrauch innerhalb eines bestimmten politischen Verwendungszusammenhangs etabliert. Die Entzifferung ihres politischen Gehalts durch den Hörer war damit wiederum letztlich an die Kenntnis dieses ursprünglichen (oder zwischenzeitlichen) Verwendungszusammenhangs gebunden: Wer nicht wußte, daß es sich da z.B. um ein sozialistisches Kampflied aus dem Spanischen Bürgerkrieg gegen Franco handelte, war schwerlich in der Lage, herausfinden, worin das politische Anliegen Hadens bestand oder ob er überhaupt eines hatte. Als zusätzliches Problem kam nämlich in diesem Fall dazu, daß bereits das Ausgangsmaterial, die Lieder aus dem Spanischen Bürgerkrieg, wiederum Kontrafakturen (d.h. Umtextierungen) von Liedern aus einem anderen Kontext waren, etwa von Volksliedern. So hatte etwa der Kampfgesang *El Quinto Regimiento* (Das Fünfte Regiment) seinen Ursprung in dem alten spanischen Volkslied *El Vito*. Dieses wiederum hatte schon 1961 als Vorlage für die Coltrane-Komposition *Olé* gedient[40], wobei seinerzeit wohl kaum jemand hinter dieser Musik ein Stück Politik vermutet hätte.

Charles Haden dürfte sich der Problematik seines Unternehmens und der Tatsache bewußt gewesen sein, daß nicht alle (oder nur wenige) seiner

Hörer den historisch-politischen Kontext seines thematischen Materials kannten und damit zu einer Dechiffrierung seines politischen Anliegens in der Lage waren, denn er fügte seiner Schallplatte einen ausführlichen Kommentar hinzu, in dem er nach einer Erläuterung der Bedeutung der einzelnen Titel und Themen zu folgendem Schluß kommt:

> »Die Musik auf dieser Platte ist der Schaffung einer besseren Welt gewidmet; einer Welt ohne Krieg und Mord, ohne Rassismus, ohne Armut und Ausbeutung; einer Welt, in der alle Regierenden die vitale Bedeutung des Lebens erkennen und danach streben, es zu schützen, anstatt es zu zerstören. Wir hoffen, einmal eine neue Gesellschaft voller Aufklärung und Weisheit zu erblicken, in der der kreative Gedanke die dominierende Kraft im Leben aller Menschen sein wird.«[41]

Ein wesentliches Merkmal der *Liberation Music* war, daß dort der Rückgriff auf ein assoziationsstiftendes, gleichsam im Sinne von Zitaten eingesetztes thematisches Material keineswegs zum musikalischen Rückschritt führte. Denn trotz all ihrer traditionellen Elemente, die für die Vermittlung der politischen Botschaft Hadens – neben dem Covertext – letztlich die entscheidenden waren, blieb die *Liberation Music* zeitgenössischer Jazz im besten Sinne – mit all seinen Ungereimtheiten und seinen (gegen eine klassische, auf innere Geschlossenheit insistierende Ästhetik gerichteten) Widersprüchen.

Das politische Engagement amerikanischer Free Jazz-Musiker, soweit es sich mittels ihrer Musik und deren verbalem Beiwerk artikulierte, hatte seine Auslöser und Anknüpfungspunkte in der Bürgerrechts- und Black Power-Bewegung, in der Studentenrevolte und in den Anti-Vietnamkriegs-Initiativen der sogenannten Neuen Linken. Doch während all diesen unmittelbar auf politische Aktionen gerichteten Protestbewegungen eine gesellschaftliche Wirkung mit Sicherheit nicht abzusprechen ist, hat man sich natürlich zu fragen, ob auch dem engagierten Jazz der 60er und frühen 70er Jahre eine politische Wirkung zuzumessen war, welcher Art diese gewesen sein könnte und – wenn es sie gab – wie sie zustande kam. Zu unterscheiden hätte man dabei eine Wirkung, die positiv ist in dem Sinne, daß sie den vom Musiker intendierten Bewußtseinsbildungsprozeß beim Hörer durchsetzt, von einer negativ gerichteten Wirkung, die sich vor allem als Abwehrreaktion gegen den betreffenden Musiker, seine

Musik und das ihr immanente und als solches identifizierte gesellschaftliche Engagement zu erkennen gibt.

Da sich die Neinsager in der Regel wesentlich lautstärker artikulieren als die Jasager, läßt sich die letztere Art von Wirkung natürlich eher in den Griff bekommen; häufig dürfte sie die einzige eindeutig registrierbare sein.

Die politische Brisanz des Titels *Freedom Suite* von Sonny Rollins wurde für viele Zeitgenossen erst in *dem* Augenblick offenbar, als sich herausstellte, daß die Schallplattenindustrie sich weigerte, die Musik unter dem Titel herauszubringen. Ähnliche Reaktionen des Widerstands gegen eine befürchtete Politisierung der heilen Jazzwelt kamen seit Anfang der 60er Jahre in großem Umfang in den Leserbriefen von Jazz-Zeitschriften sowie in den Kolumnen von konservativen Jazzjournalisten zum Ausdruck, alle in die Forderung mündend, den Jazz nun doch endlich wieder von seinen politischen Auswüchsen zu säubern. Bisweilen trugen derartige Appelle den Charakter von Hysterie. Einige Beispiele mögen dies verdeutlichen.

Im *Down Beat* vom 24. März 1966 findet sich der folgende erstaunliche Leserbrief: »Seit dem Anbruch der Avantgarde hat ›Down Beat‹ an Qualität und Anziehungskraft eingebüßt ... Mit der Unterstützung von Dunkelmännern wie Archie Shepp, LeRoi Jones und Nat Hentoff wurde ›Down Beat‹ ultraliberal, sozialistisch und linksgerichtet.«[42]

Wesentlich stärkere Munition verwendet ein *Down Beat*-Leser namens Roger Schwartz, dessen Brief speziell gegen Hadens *Liberation Music* gerichtet ist. Schwartz schreibt: »Einer der Songs auf dem Album ist das Einheitsfrontlied von Hanns Eisler und Bertolt Brecht. Uns lediglich diese Information zu geben und sonst nichts über den Hintergrund dieser Gentlemen zu sagen, ist so ähnlich, wie wenn man lesen würde, Adolf Hitler sei der Autor von ›Mein Kampf‹ und sonst gar nichts ...«

Es folgt eine längere und wüste, im McCarthyismus verankerte Beschimpfung von Eisler und Brecht, worauf der Schreiber im Hinblick auf Hadens Schallplatte fortfährt: »Alles in allem ist das möglicherweise eine wertvolle Propaganda für die Kommunisten, die in unserem Lande am Werke sind. Und es versetzt mich einfach in Erstaunen, daß Musiker von einem solchen Kaliber wie Charlie Haden, Roswell Rudd, Don Cherry und Paul Motian sich von etwas aufsaugen lassen, das so wenig mit der

Musik selbst zu tun hat und das sie so offenkundig zum Linksradika-
lismus treibt.« Der Briefschreiber unterzeichnet seinen Beitrag als »ein
Mann, der für den Sieg der Amerikaner in Vietnam ist, der eine große
Liebe zum Jazz, zu Bird, Bud, Miles, Mingus, Trane, Evans, Baker, Mulligan, Dorham, Cannonball usw. hegt und eine Schallplattensammlung
von über 500 Exemplaren sein eigen nennt.«[43]

Aufschlußreich für das Selbstverständnis der Jazzpresse zu dieser Zeit
ist in diesem Zusammenhang die Antwort des seinerzeit als *Down Beat*-
Herausgeber tätigen Dan Morgenstern auf einen Leserbrief Charlie
Hadens, in welchem sich Haden gegen die Angriffe zu verteidigen versuchte. Nachdem Morgenstern seine Bewunderung für den *Musiker*
Haden und seine Sympathien für die »spanische Sache« bekundet und
Haden darauf hingewiesen hat, daß dieser eigentlich noch viel zu jung sei,
um sich über den Spanischen Bürgerkrieg Gedanken zu machen, kommt
er zu dem Fazit: »Die Debatte ist hiermit beendet. Diese Zeitschrift be-
faßt sich mit Musik und nicht mit Politik.«[44]

Auffällig an den Polemiken und Maßnahmen gegen die Symptome
politischen Engagements im Neuen Jazz war, daß die Musik selbst nur
äußerst selten den Anlaß dazu bot. Zwar gab es den betrüblichen Fall des
in den USA lebenden englischen Jazzkritikers und Ellington-Experten
Stanley Dance, der sich während eines monatelangen, in Leserbriefen
geführten Streites mit seiner Kollegin Valerie Wilmer dazu verstieg, den
Free Jazz pauschal als »Nouvelle Gauche« (Neue Linke) zu etikettieren[45];
doch war im allgemeinen die Empörung über die politischen Aspekte des
Free Jazz natürlich nicht an seine strukturelle Beschaffenheit geheftet,
sondern vielmehr an die Tatsache, daß ihm irgend etwas hinzugefügt
wurde, sei es ein Text, ein Titel oder eine persönliche Stellungnahme oder
Aktion der Musiker. Insbesondere die letzteren beiden Aspekte – persönliche politische Statements oder Aktionen – forderten bisweilen Reaktionen von seiten der Obrigkeit heraus.

Als z.B. der Trompeter Clifford Thornton im Februar 1971 auf dem
Pariser Flughafen Orly landete, wurde er von der französischen Polizei
gezwungen, mit der nächsten Maschine in die USA zurückzufliegen. Und
natürlich galt diese Maßnahme nicht seiner Musik, deren Eigenschaften
dem französischen Innenministerium schwerlich bekannt gewesen sein
dürften, sondern allein der Tatsache, daß Thornton bei einem voran-

gegangenen Aufenthalt in Frankreich den Behörden als Sprecher bei einer Versammlung der Black Panther Party aufgefallen war.

Ebenso stand, als Charlie Haden in Lissabon von Caetanos Geheimdienst kurzzeitig inhaftiert wurde, natürlich nicht der revolutionäre Gestus seiner *Liberation Music* zur Debatte, sondern einzig und allein die Tatsache, daß er seiner vom *Ornette Coleman Quartet* dargebotenen Komposition *Song for Che* eine Ansage vorausgeschickt hatte, in der er dieses Stück den Freiheitskämpfern von Mozambique und Angola widmete.

Es ist zu vermuten, daß die zum Teil sehr vehementen Reaktionen gegen das politische Engagement von Jazzmusikern auf seiten der Hörer die potentiell aufklärende, kritische Wirkung der Musik verstärkten, daß gerade die Erfahrung des Gegendrucks das Bewußtsein auch für den der Musik innewohnenden Druck schärfte, unter Umständen vielleicht auch überhaupt erst auslöste. Auf diese Weise wären dann die im engeren Sinne außermusikalischen Komponenten des politisch engagierten Jazz (Titel, Texte und materialbedingte Assoziationen) gerade durch den Einspruch von außen gegen die Politisierung des Jazz in das vorderste Bewußtsein eines bis dahin ausschließlich seinem ästhetischen Genuß hingegebenen Hörers transportiert worden – im Sinne einer außermusikalischen Wirkung zweiten Grades. Für eine ähnliche externe Verstärkung des Wirkungsgrades von politisch engagiertem Jazz dürfte als ein weiterer Faktor die persönliche Identifikation des Hörers (Fans) mit dem Musiker bedeutsam gewesen sein: »Wenn ein von mir hochgeschätzter Musiker wie Haden (Mingus, Shepp, Thornton, Jarman usw.) diese Position einnimmt, dann muß da schon etwas dran sein . . .«

Aber natürlich ist all dies Spekulation, denn im Gegensatz zu den vielfältig sich manifestierenden Abwehrreaktionen, die der Niederschlag politischen Engagements im Jazz herausforderte, gibt es für seine positiven, d.h. von den Musikern *intendierten* Wirkungen keine empirische Evidenz. Dies ist nicht zufällig so, denn wer mit etwas einverstanden ist, sich bestätigt oder überzeugt fühlt, macht dies in der Regel nicht zum Inhalt von Leserbriefen oder hängt es auf eine andere Weise an die große Glocke. Statt dessen hat man wohl davon auszugehen, daß ein politischer Bewußtseinsbildungsprozeß unter den Anhängern von Shepp, Haden, Mingus usw. – wenn es ihn überhaupt gab – sich im stillen vollzog und sich in außermusikalischen Denkweisen und Aktionen niederschlug, die ihren ursprünglichen Auslöser im Jazz kaum noch erkennbar werden ließen. Aber wie auch immer es um die gesellschaftliche Wirkung des politisch engagierten Jazz der 60er und frühen 70er Jahre konkret bestellt gewesen sein mag, so steht es doch allemal außer Frage, daß dieser – als Ausdruck eines radikalen Wandels im Selbstverständnis zahlreicher Jazzmusiker – eines der bemerkenswertesten Phänomene seiner Zeit darstellte.

Nach dem Wandel von der Rolle des außengeleiteten Entertainers im Swing zu der des selbstbewußten Außenseiterkünstlers im Bop manifestierte sich nun – im politisch engagierten Jazz – ein neuer Musikertypus. Dies war, zumindest von seinem Selbstverständnis her, kein Außenseiter mehr, keiner, der sich den großen gesellschaftlichen Bewegungen gegenüber passiv verhielt und die Jazzwelt als eine Welt für sich sah. Sondern dies war einer, der sich einmischte, der parteilich war über den engen Bereich seiner eigenen materiellen Existenz hinaus und der schließlich auch seine Musik als Vehikel für den Transport seiner Ideen und Ideale einsetzte. Wie sehr dieser Typus von Musiker, der nicht nur seine Überzeugungen hegte, sondern sie auch öffentlich artikulierte, an eine bestimmte historischgesellschaftliche Situation gebunden war, wird deutlich, wenn man sich noch einmal die Chronologie des politisch engagierten Jazz in Erinnerung ruft: Die ersten, zunächst vor allem auf die Rassismusproblematik bezogenen programmatischen Stücke entstanden zu Ende der 50er Jahre, als die schwarze Bürgerrechtsbewegung ihre ersten spektakulären Auftritte hatte. Während der 60er Jahre – zur Zeit des Vietnamkrieges, der Ghettorevolten und der Studentenbewegung – drangen verstärkt Antikriegsthemen in die Musik ein sowie solche, die die Probleme der Dritten Welt betrafen. Mitte der 70er Jahre, parallel zum Abschlaffen des allgemeinen politischen Elans und dem Einsetzen einer restaurativen Phase in vielen Bereichen gesellschaftlichen Lebens, verschwand auch der politisch engagierte Jazz weitgehend von der Bildfläche.

Afrikanisches Erbe

Nicht nur große Politik und epochale gesellschaftliche Bewegungen fanden ihren Niederschlag im Free Jazz, sondern ebenso die geistigen Strömungen, welche die Zeit bestimmten. Bedeutsam wurde dabei zum einen die zunehmende kulturelle Orientierung der Afroamerikaner am »Mutterland« Afrika und zum anderen die Tendenz zu einer (nicht-institutionalisierten) Religiosität und zum Mystizismus, wie sie zunächst in einzelnen Bereichen der jugendlichen Underground-Kultur auftrat.

Die Rückbesinnung auf das afrikanische Erbe *(African heritage)* bedeutete in der Geschichte der Afroamerikaner nichts grundsätzlich Neues, sie hatte innerhalb des Emanzipationsprozesses seit jeher eine Rolle gespielt. Selbstbewußte Afroamerikaner in den Nordstaaten der USA hatten bereits im 19. Jahrhundert gegenüber dem Begriff *negro*, der ihnen von den Sklavenhaltern aufgezwungen worden war, die Bezeichnung *African* für ihre kirchlichen und sozialen Institutionen durchgesetzt. So wurde zum Beispiel 1817 in Philadelphia eine Free African Society gegründet. In Boston gab es eine afroamerikanische Freimaurerloge namens African Lodge of Prince Hall Masons und in New York ein African Grove Playhouse. Ebenso führten zahlreiche schwarze Kirchengemeinden wie die African Protestant Episcopal Church of St. Thomas das Attribut »afrikanisch« in ihrem Namen[46].

Bereits aus dem 18. Jahrhundert sind Emigrationsprojekte freier Afroamerikaner bekannt, die von Boston aus nach Afrika zurückkehren wollten. Und spätestens bei der Gründung Liberias im Jahre 1847 wurde deutlich, daß Afrika für die Protagonisten des frühen schwarzen Nationalismus mehr beinhaltete als lediglich einen verschwommenen Wunschtraum vom verlorenen Paradies.

Afrikaorientierte Bewegungen, die sich zu Anfang des 20. Jahrhunderts bildeten, wie die von W. E. B. Du Bois initiierte Panafrikanismus-Bewegung oder die mit dem Slogan *Back to Africa* werbende Universal Negro Improvement Association (UNIA) des 1916 aus Jamaika eingewanderten »Schwarzen Zion«, Marcus Garvey, hatten primär politische Ziele und weniger kulturelle. Letztere traten nach dem Zweiten Weltkrieg vor allem im Rahmen der Harlem Renaissance in den Vordergrund, in der ein idealisiertes Afrikabild als Antithese zu den erbärmlichen Zu-

ständen in den USA entworfen wurde, wobei es auch im Showbusiness
und im Jazz zu Afrikanisierungseffekten kam, zu Exotismen, die als
»Primitivismus« und »Vitalismus« paradoxerweise besonders begeistert
vom weißen Publikum konsumiert wurden. Die *African craze*, die mit der
Wirtschaftskrise 1929 ein jähes Ende fand, war eher eine intellektuelle
Mode als der Ausdruck eines Bewußtseinsbildungsprozesses. Am schwarzen Mittelstand ging sie ohnehin spurlos vorüber.

E. Franklin Frazier, der in seinem Buch *Black Bourgeoisie* eine der umfassendsten Analysen dieser Bevölkerungsgruppe leistete, schrieb 1957:
»Sie leben in einer Scheinwelt und weisen eine Identifikation mit den
kulturellen Traditionen der amerikanischen Neger wie mit ihrem afrikanischen Ursprung zurück. Sie suchen Anerkennung durch die weißen
Amerikaner um den Preis des völligen Verlustes ihrer rassischen und kulturellen Identität und des Aufgesogenwerdens durch das weiße Amerika.«[47] Das allgemein verbreitete negative Afrikabild wurde den Angehörigen der afroamerikanischen Mittelschicht bereits in frühester
Kindheit eingepflanzt. Die farbige Journalistin Eva Bell Thompson
berichtete rückschauend: »Ich war nur auf mein rotes und weißes Blut
stolz und schämte mich meines schwarzen Blutes, denn ich wuchs unter
dem Glauben heran, daß schwarz schlecht war, daß schwarz schmutzig,
arm und falsch war. Schwarz bedeutete Afrika. Ich wollte keine Afrikane-
rin sein.«[48] Ebenso beschrieb Malcom X in seiner Autobiographie seine
frühen Vorstellungen von Afrika als Ergebnis eines rassistischen Er-
ziehungssystems: »Mein Bild von Afrika bestand zu jener Zeit aus nack-
ten Wilden, Kannibalen, Affen, Tigern und dampfenden Dschungeln.«[49]

Der systematischen Abwertung Afrikas in der Schule und im Eltern-
haus entsprach die Degradierung der afrikanischen Menschen und ihrer
Kultur in den Massenmedien, insbesondere im Film. Die Schriftstellerin
Lorraine Hansberry schildert ihre frühen Erfahrungen mit Afrika:

> »Alles Abstoßende und Schmerzliche wurde mit Afrika assoziiert. Das
> kam von den Schulen, den Kinos und unseren eigenen Leuten, die das
> hinnahmen ... Die meisten Kinder nahmen das in sich auf und schämten
> sich zutiefst ihrer afrikanischen Vergangenheit ... Wenn im Kino ein
> weißer Mann Tausende von Afrikanern mit seinem Gewehr in Schach
> hielt, standen alle Kinder auf seiten des Helden, doch ich hielt zu den
> Afrikanern.«[50]

Stimmen gegen dieses negative Afrikabild, wie es im überwiegenden Teil der schwarzen Bevölkerung der USA herrschte, wurden während der Harlem Renaissance und danach vor allem unter afroamerikanischen Intellektuellen sowie unter den dem Garveyismus nahestehenden Gruppen lauter. Doch fanden sie bis weit in die 50er Jahre hinein wenig Resonanz, so daß noch 1956 die Soziologin Margaret Just Butcher behaupten konnte: »Die Werte, Ideale und Ziele des amerikanischen Negers sind vollständig und uneingeschränkt amerikanisch.«[51]

Erst zu Anfang der 60er Jahre setzte, bedingt durch die politische Entwicklung in den USA *und* in Afrika, ein Umschwung ein, in dessen Folge sich nunmehr auch in den breiten Massen der afroamerikanischen Unter- und Mittelschicht das negative Afrikabild in ein positives zu verwandeln begann.

Der »kulturelle Nationalismus« *(cultural nationalism)* mit seinen Hauptvertretern LeRoi Jones und Ron Karenga propagierte das Bild eines vom Kolonialismus befreiten Afrika, das sich dem politischen wie dem kulturellen Imperialismus der Weißen Welt als überlegen erwiesen hatte und das für die Emanzipation des *African American* – so die neue Selbstdefinition – als beispielhaft bewertet wurde.

Die im Rahmen der schwarzen Kulturrevolution sich ausbreitende Rückbesinnung auf das »afrikanische Erbe« manifestierte sich in den verschiedensten Bezirken gesellschaftlichen Lebens: In schwarzen Schulen und in den *Black Studies*-Programmen der Universitäten wurden schwarze Schüler und Studenten erstmals mit der Geschichte Afrikas und der Afroamerikaner konfrontiert; schwarze Kinder begannen, mit schwarzen Puppen zu spielen; schwarze Frauen verlangten nach schwarzen Frisuren (»Afro-Look«) und »Afro«-Kleidung wie Dashikis oder Geles. In Abendkursen lernten Bewohner der schwarzen Ghettos Suaheli und machten sich mit alten afrikanischen Religionen und Gebräuchen vertraut (von denen sich die Afrikaner selbst immer stärker distanzierten). »An die Stelle des Hasses auf alles, was schwarz war und an Afrika erinnerte, trat die Begeisterung für beides.«[52]

Die Symptome des schwarzen kulturellen Nationalismus der 60er Jahre waren sichtbarster Ausdruck einer Kontra-Akkulturation, in der das »afrikanische Erbe« zum ideologischen Fixpunkt eines neuen Selbstbewußtseins wurde. Gleichzeitig aber wurde Afrika zu einem wesent-

lichen Faktor in der bald folgenden Kommerzialisierung dieser Kulturrevolution durch das weiße Amerika und – in geringerem Maße – durch
die schwarze Bourgeoisie selbst, für die sich mit der neuen *African craze*
ein neuer, gewinnbringender Markt erschloß. Dem schwarzen Proletariat
jedoch, dessen Probleme in Arbeitslosigkeit, Wohnungsnot, mangelhafter
Ausbildung und Bezahlung bestanden, konnte die schwarze Kulturrevolution mit ihrer Begeisterung für Afrika keine wirkliche Alternative
aufzeigen. Für sie mußte die Rückbesinnung auf Afrika als einer fernen
kulturellen Heimat Ideologie – im Marxschen Sinne von »gesellschaftlich
notwendig falschem Bewußtsein« – bleiben.

Die Kluft zwischen den afrikaorientierten Programmen der vor allem
in ästhetischen, psychologischen oder rassischen Kategorien denkenden
»kulturellen Nationalisten« und ihrem Desinteresse an der Lösung konkreter sozialer und ökonomischer Probleme der afroamerikanischen
Unterschicht wurde vor allem von der militanten Black Panther Party
kritisiert, die in dem Ausweichen auf die Ebene des kulturellen Überbaus
einen faulen Kompromiß mit dem weißen Amerika sah. Huey P. Newton, einige Jahre lang »Verteidigungsminister« der Partei, schrieb 1969:

> »Der kulturelle Nationalist sucht nach einem Schutz, indem er sich auf
> irgendwelche alten afrikanischen Gebräuche und Kulturformen zurück-
> zieht und sich weigert, jene Kräfte zu berücksichtigen, die auf seine
> eigene Gruppe wie auf die Welt insgesamt wirken. Der revolutionäre
> Nationalist sieht dagegen, daß es keine Hoffnung für eine kulturelle oder
> individuelle Ausdrucksweise gibt ..., solange die bürokratischen Kapi-
> talisten die Kontrolle ausüben. Die Black Panthers sind revolutionäre
> Nationalisten. Wir glauben nicht, daß es notwendig ist, zur afrikanischen
> Kultur des 11. Jahrhunderts zurückzukehren. In Wirklichkeit müssen wir
> uns mit der dynamischen Gegenwart auseinandersetzen, um eine fort-
> schrittliche Zukunft zu gestalten. Wir haben kein Bedürfnis, in die
> Vergangenheit zurückzukehren, wenn wir auch unser afrikanisches Erbe
> respektieren.«[53]

Versuchen wir, ein Resümee zu ziehen.

Die Rolle Afrikas als Bezugsgröße im afroamerikanischen Emanzipa-
tionsprozeß ist ambivalent. Während auf der einen Seite die Berufung auf
das »afrikanische Erbe« einen wesentlichen Faktor bei der Durchsetzung

eines neuen Selbstbewußtseins der afroamerikanischen Mittelklasse darstellte, ging sie zugleich an der Lösung der real existierenden sozialen
Probleme der schwarzen Unterschicht vorbei. In der Transformation zur
Mode und in deren kommerzieller Auswertung durch das – überwiegend
weiße – Kapital entwickelten sich die Afrikanismen schließlich zum
Bumerang – ein Phänomen, das in der Geschichte der afroamerikanischen Kultur ja nicht neu war.

Der Prozeß der Aufwertung Afrikas im Weltbild des Afroamerikaners
vom verdrängten Negativimage zum neuen kulturellen Fokus und die
schließlich einsetzende Vereinnahmung der Ergebnisse dieses Prozesses
durch die (Kultur-)Industrie bildete den Bezugsrahmen für eine partielle
Re-Afrikanisierung des Jazz durch einige seiner bedeutenden Vertreter.
Nicht immer ging es jedoch um eine Afrikanisierung des musikalischen
Materials, sondern man begnügte sich damit, in den Kompositionstiteln Assoziationen mit Afrika herzustellen und im übrigen – wenn überhaupt – durch die Hinzuziehung eines oder mehrerer Perkussionisten
(meist aus der Karibik) afrikanisches Kolorit zu erzeugen.

Eine der ersten Anspielungen enthält eine frühe Komposition von
Sonny Rollins (ca. 1953): *Airegin* ist keine seltene Ginsorte, sondern die
Umkehrung von Nigeria; das Stück weist in musikalisch-struktureller
Hinsicht keinerlei Anklänge an afrikanische Musik auf. Entsprechendes
gilt für zahlreiche Stücke, die Coltrane nach 1957 einspielte und deren
Afrikanismus sich im Titel erschöpft: *Dakar* (1957), *Gold Coast, Dial
Africa* und *Tanganyika Strut* (1958), *Liberia* (1960), *Dahomey Dance* und
Africa (1961). Im gleichen Jahr wie *Africa* nahm Coltrane den Titel
India auf – äußeres Zeichen einer Umorientierung, auf deren Bedeutung
noch zurückzukommen sein wird.

Nicht bei allzu vielen Hardbop-Musikern drang Ende der 50er Jahre
die Botschaft der *African heritage* tiefer als in den Titel ihrer Stücke.
Zu den bedeutendsten unter jenen, die Afrika nicht nur verbal heraufbeschworen, sondern musikalisch zu integrieren versuchten, gehörte der
Schlagzeuger und Bebop-Veteran Art Blakey. Nach einigen Jahren im
Orchester von Billy Eckstine, einer zentralen Experimentierwerkstatt des
Bop, hatte Blakey Ende der 40er Jahre einige Zeit in Nigeria und Ghana
verbracht, wo er sich – nach eigenen Worten – nicht nur von der Alltags-
philosophie der einheimischen Musiker beeindrucken ließ, sondern sich

auch einige ihrer Spieltechniken und rhythmischen Muster aneignete[54]. Blakey spielte, nachdem er vorher vielfach mit lateinamerikanischen Trommlern zusammengearbeitet hatte, 1962 gemeinsam mit sieben Perkussionisten aus Senegal, Nigeria, Jamaica und den USA eine LP unter dem Titel *The African Beat*[55] ein, die insbesondere in ihren Perkussions- und Vokalparts und deren Überlagerung durch Yusef Lateefs Saxophon, Flöte und Oboe eine relativ gelungene Verschmelzung von authentischen Afrikanismen mit Ausdrucksmitteln des Jazz erreichte.

Andere Versuche, Afrika über eine rein nominelle, im Titel gegebene Reverenz hinaus musikalisch ins Spiel zu bringen, waren weniger erfolgreich. Cannonball Adderleys für Capitol mit Chor und Orchester eingespielte *Accents of Africa* erwies sich als ein buntes Gemisch divergierender Material- und Ausdrucksebenen, wobei die eingestreuten Afrika-Assoziationen eher in Richtung Hollywood wiesen, als daß sie einen Blick auf die musikalische Realität Afrikas freigegeben hätten. Ähnliches gilt für Blue Mitchells LP *Bantu Village*, deren Afrikanismen in der Funktion von additiven Stilmitteln verbleiben und die vom Spätbop/Funk geprägten Gestaltungsmittel weitgehend unberührt lassen.

Insgesamt läßt sich feststellen, daß für die dem Hardbop-Funk-Soul-Syndrom nahestehenden Musiker (vielleicht mit Ausnahme von Blakey) die Bezugnahme auf Afrika, so wichtig sie in ihren ideologischen Aspekten auch sein mochte, in musikalisch-struktureller Hinsicht nicht von tiefgreifender Bedeutung war. Diese Afrikanismen blieben – im großen und ganzen – der Musik äußerlich. Sie würzten, färbten, erweckten Assoziationen, aber sie griffen nicht in das Innere der musikalischen Struktur ein, tangierten nicht die traditionellen Steuerungsmechanismen der Jazzimprovisation mit ihren so durch und durch unafrikanischen Taktschemata und Akkordsequenzen.

Für die Musiker des Free Jazz, die sich im Laufe der 60er Jahre der afrikanischen Musik zuwandten, sei es als Quelle musikalischer Inspiration oder sei es als symbolischer Ausdruck kultureller Identität (oder beides), stellte sich die Situation grundsätzlich anders dar: Sie arbeiteten nicht innerhalb eines fest umrissenen, traditionell gewachsenen Bezugsrahmens von Regeln (Formschemata, Funktionsharmonik, Fundamentalrhythmus usw.), sondern vielmehr auf einer *Tabula rasa* standen, die theoretisch die Einbeziehung *jeder* Art von Material erlaubte.

Das heißt nicht, daß es nicht auch im Free Jazz zu rein verbalen Ver-
beugungen vor Afrika kam, die sich auf die Kompositionstitel beschränkten und die musikalischen Ausdrucksmittel unberührt ließen. Auch oberflächlich als Exotismen aufgesetzte Afrikanismen waren zu verzeichnen,
etwa indem in einem Stück eine Zanza (ein »afrikanisches Daumen-
klavier« genanntes Lamellophon) oder ein Balafon (Marimba) verwendet
wurde, ohne daß einem dieser Instrumente eine signifikante Funktion
innerhalb des Gesamtkontextes zugekommen wäre. Auf der anderen Seite
jedoch gab es im Free Jazz – mehr als je zuvor – Beispiele für eine gelungene Verschmelzung von Elementen afrikanischer Musik mit der befreiten Ästhetik des *new thing*. Besonders in einigen Produktionen Archie
Shepps wie *The Magic of Juju* (1967) und *Yasmina, a Black Woman* (1969)
sowie in einer Reihe von Einspielungen des *Art Ensemble of Chicago* und
des *Sun Ra Intergalactic Research Arkestra* zu Anfang der 70er Jahre wurde
ein hohes Ausmaß an Integration zwischen den beiden Sphären erreicht,
wobei es in vielen Fällen gelang, die Spannung zwischen den Polen Afrika
und Afroamerika in einer Weise zu nutzen, daß eine neue Qualität hervortrat – eine Musik, die ihre Ingredienzien vergessen ließ und für sich als
Ganzes Bestand hatte.

Dritte Welt, Spiritualismus und Mystizismus

Die gesellschaftlich bedingte Afrikaorientierung zahlreicher Jazzmusiker
seit den späten 50er Jahren kann nicht isoliert gesehen werden. Sie stand
im Zusammenhang mit einer unter weiten Teilen der schwarzen Intellektuellen (aber nicht nur dort) verbreiteten Abwendung vom Normenkanon
westlicher (d.h. europäischer und euroamerikanischer) Kultur, Ästhetik
und Philosophie und – damit verbunden – einer politisch und spirituell
motivierten Hinwendung zu den Kulturen der Dritten Welt. War Afrika
für die schwarzen Amerikaner der unmittelbare, herkunftsmäßige Bezugspunkt, so rückten nun die Länder der Dritten Welt insgesamt aufgrund ihrer politischen Entwicklung in den Brennpunkt ihres Interesses.
Die Idee, daß das schwarze Amerika als eine »unterdrückte Kolonial-

nation« in Wirklichkeit ein Teil der *new world* der sich befreienden farbigen Nationen sei, wie Rolland Snellings 1964 in seinem Essay *Toward
Repudiating Western Values* schrieb[56], war nicht grundsätzlich neu. W. E.
Du Bois, der geistige Vater des Panafrikanismus, hatte bereits 1933
gefordert, die Schwarzen sollten sich mit ihren natürlichen Verbündeten,
den Kolonialvölkern, vereinigen, denn sie hätten die gleichen Interessen:
»... die gleichen Probleme der Bevorzugung einer Hautfarbe, der Diskriminierung, der Ausbeutung um des Profits willen, der öffentlichen Be-
leidigung und Unterdrückung, über die die farbigen Völker Mexikos,
Lateinamerikas, Westindiens, ganz Afrikas und eines jeden Landes in
Asien klagen ... Es ist deshalb nur eine Frage des gewöhnlichen gesun-
den Menschenverstandes, daß diese Völker näher aneinanderrücken sollten.«[57] Entsprechend erklärte Stokely Carmichael, einer der prominentes-
ten Vertreter der Black Power-Bewegung: »Unsere Welt kann nur die
Dritte Welt sein, unser Kampf nur für die Dritte Welt, unser einziger
Gedanke der der Dritten Welt.«[58]

Die fortschreitende Solidarisierung Afroamerikas mit den Ländern
der Dritten Welt während der 60er und frühen 70er Jahre fand ihren
Niederschlag in der wachsenden Bereitschaft zahlreicher Free Jazz-Musiker, sich mit den musikalischen Gestaltungsprinzipien dieser Länder aus-
einanderzusetzen[59]. Die Probleme, die sich dabei ergaben, waren ganz
ähnlicher Art wie die im Zusammenhang mit Afrika erörterten.

Auch hier gab es Anknüpfungen, die sich auf das Verbale beschränkten, bei denen also lediglich der Kompositionstitel eine Affinität zu einem
bestimmten Land signalisierte. Dies ist beispielsweise bei dem oben erwähnten *India* von John Coltrane der Fall, welches − abgesehen von der
Tatsache, daß es wie viele andere Stücke Coltranes auf einer modalen
Skala basiert − keinerlei Beziehungen zur indischen Musik aufweist.

Auch Exotismen sind zu verzeichnen, bei denen einige wenige Kli-
schees einer jazzfernen Musik übernommen wurden, ohne daß dabei auch
nur der leiseste Versuch gemacht wurde, die essentiellen Gestaltungsmittel der betreffenden Musikkultur zu berücksichtigen. Die Resultate
derartiger Zitierungen hatten häufig den Charakter von musikalischen
Reiseandenken, deren exotisches Lokalkolorit ebensowenig authentisch
wie musikalisch ergiebig war. Prägnante Beispiele hierfür bieten Pharoah
Sanders' Komposition *Japan*[60] oder Bobby Fews *China*[61].

Neben solchermaßen oberflächlichen Adaptationen von jazzfernen Exotismen brachte andererseits jedoch die Orientierung an den Musikkulturen der Dritten Welt gleichzeitig eine Vielzahl von gelungenen musikalischen Synthesen mit sich, von in sich stimmigen Grenzüberschreitungen, die zu einer erheblichen Erweiterung des allmählich sich verfestigenden Materialreservoirs des Free Jazz beitrugen. Zu den wichtigsten Ergebnissen dieser bewußten Kontra-Akkulturation, in der die Einflüsse der westlichen Musikkultur verdrängt und jene der Dritten Welt dominant wurden, gehörten:

- eine erhebliche Ausweitung des klangfarblichen Spektrums durch die Einbeziehung von bis dahin im Jazz ungebräuchlichen Instrumenten;
- die Erschließung neuer Möglichkeiten der Materialorganisation in Form von Modi (z.B. jenen der arabischen Musik) und Rhythmuspatterns;
- ein neues Verhältnis zur Zeit, welches sich in einer Spielhaltung manifestiert, die nicht auf Entwicklungsprozesse abzielt, in denen die Zeit durch eine Mannigfaltigkeit wechselnder Ereignisse gefüllt und gegliedert wird, sondern die zu in sich ruhenden Bewegungszyklen tendiert, wobei es weniger darum geht, daß etwas »passiert«, als darum, daß etwas »ist«.

Anders als die Afrikaorientierung der Free Jazz-Musiker, die neben ihren musikalischen Motiven meistens auch politische Akzente trug, war ihre Hinwendung zu den anderen Musikkulturen der Dritten Welt, insbesondere Asiens – wenngleich durch Gesellschaftliches angestoßen –, kaum politisch besetzt, sondern eher spirituell, philosophisch; bisweilen trug sie eskapistische Züge. Die Musiker lagen damit auf einer Wellenlänge mit einer Strömung, die für das geistige Klima der 60er Jahre ebenso charakteristisch war wie die des politischen Protestes: die romantische Religiosität der jugendlichen Subkultur mit ihrer Neigung zum östlichen Mystizismus, zur Transzendentalen Meditation und zu einem unorthodoxen und nicht-institutionalisierten Christentum. Die neue Religiosität, die Tendenz zum Spirituellen und zum Mystizismus, die das Bewußtsein eines Teils der Jazzavantgarde prägte, äußerte sich in zahlreichen Kompositionstiteln der Zeit, die in dieser Hinsicht – wie stets zuvor – als ein zuverlässiges Barometer für die herrschenden ideologischen Strömungen fungierten. Ein paar Beispiele:

- John Coltrane: *A Love Supreme*, mit den Sätzen *Acknowledgement, Resolution, Pursuance, Psalm* (1964); *Ascension* (1965); *Dear Lord, Prayer and Meditation, Amen, Om, The Father and the Son and the Holy Ghost* (1965); *Offering* (1967).
- Albert Ayler: *Spirits, Holy Holy, Saints, Holy Spirits* (1964); *Holy Ghost, Holy Family, Spirits Rejoice, Angels, Prophet* (1965); *Our Prayer* (1966).
- Pharoah Sanders: *Aum* (1966); *Karma, Hum-Allah* (1969); *Morning Prayer, Let Us Go into the House of the Lord* (1970).
- Don Cherry: *Nu Creative Love, Om Nu* (1966); *Complete Communion* (1968); *Sita Ra Ma* (1971); *Tantra* (1973).

Eine extreme Position innerhalb der zum Mystizismus tendierenden Gruppen von Free Jazz-Musikern nahm der Pianist, Komponist und Orchesterchef Sun Ra ein. Sun Ra, der sich selbst als eine Art Botschafter des Weltraums präsentierte und der durch seine bunte, dem afroamerikanischen Vaudevilletheater verpflichtete Aufführungspraxis bei der Jazzkritik eine erhebliche Irritation auslöste, sagte 1968 in einem Interview: »Die Realität ist tot. Es gibt keine Realität, die den Mythos überprüfen könnte.«[62]

Das Eindringen politischen Bewußtseins in die Jazz-Avantgarde, die Hinwendung zur Musik der Dritten Welt und die Tendenz zum Mystizismus – all dies waren Reflexe von gesellschaftlichen Bewegungen, die sich primär im Überbau der Jazzszene manifestierten, im veröffentlichten Bewußtsein der Musiker und in ihrer ästhetischen Praxis. Darüber hinaus jedoch bahnte sich in den 60er Jahren auch an der Basis der Szene ein Strukturwandel an, der – in einem dialektischen Verhältnis zum Bewußtseinswandel der Musiker stehend – sich vor allem im organisatorischen und ökonomischen Bereich realisierte. Zu den wichtigsten Stationen dieses Wandels gehörten das Alternative Newport Festival von 1960, die October Revolution in Jazz von 1964, die Gründung der Jazz Composers' Guild und zahlreicher anderer Musikerorganisationen seit 1965, das Jazz and People's Movement von 1970, und parallel zu den genannten Aktivitäten die Gründung musikereigener Schallplattenlabels, die Loft-Bewegung und der Einzug der Musiker als Lehrer in die Colleges und Universitäten. Auf all diese für die Sozialgeschichte des Jazz in Amerika außerordentlich bedeutsamen Erscheinungen soll im folgenden eingegangen werden.

Das Newport Festival und seine Alternative

Das Newport Jazz Festival, das 1954–1971 alljährlich im Juli in Newport, Rhode Island, veranstaltet wurde und seither in New York stattfindet, war zwar nicht – wie seine Initiatoren vorgaben – das erste amerikanische Jazzfestival, aber es war und ist zweifellos das kommerziell erfolgreichste. Seine Existenz verdankt es der Initiative einiger wohlhabender und gelangweilter Vertreter der Geldaristokratie von New England, die ihre Winter auf Capri und ihre Sommer auf Rhode Island verbrachten und die meinten, es wäre doch amüsant, statt der sommerlichen Sinfoniekonzerte mal etwas ganz Exotisches zu machen[63]. Die High Society fand Unterstützung bei George Wein, in jener Zeit ein kleiner Jazzclub-Manager und Amateurpianist und später einer der größten Unternehmer im internationalen Jazzgeschäft.

Von Anfang an war Newport nicht das, was es zu sein vorgab, nämlich ein Non-Profit-Unternehmen, bei dem es primär um die Musik ging oder darum – wie es im ersten Programmheft hieß –, »Amerikas Freude am Jazz zu bestärken und die Auseinandersetzung mit der einzigen eigenständigen Kunstform zu fördern«[64]. Statt dessen spielte bei den Veranstaltern stets der Kommerz eine hervorragende Rolle. Dies fing damit an, daß der erste Präsident der Gesellschaft Jazz Festival of Newport Inc., Louis P. Lorillard, wie zufällig auch gleichzeitig der Besitzer der Reiseagentur war, welche die Touren von New York nach Newport samt Unterbringung, Tickets usw. arrangierte[65]; und dies fand seinen Höhepunkt in Auftritten ebenso jazzferner wie publikumswirksamer Musiker wie den *Four Freshmen,* dem *Kingston Trio,* Pat Suzuki, Eartha Kitt, Diana Ross, Frank Sinatra sowie Ike und Tina Turner.

Für das überwiegend jugendliche Collegepublikum jedoch entwikkelte sich das Newport Festival im Lauf der Jahre zunehmend zu

einem willkommenen Anlaß für ein Wochenende voller Saufgelage und
Krawall. 1960 mußte das Festival zum ersten Mal abgebrochen werden,
als betrunkene und entfesselte Teenager die Stadt demolierten, das Festi-
valgelände stürmten und Polizei und Nationalgarde die Probleme mit
Gummiknüppeln und Tränengas zu lösen versuchten. Im *Providence Journal* schrieb der Reporter Jack Williams: »Zweimal in meinem Leben
habe ich echt Angst gehabt; das eine Mal in der Schlacht in Europa während des Zweiten Weltkrieges und das andere Mal Sonnabendnacht in
Newport.«[66]

Die *New York Herald Tribune* kommentierte in ihrem Leitartikel:

> »Vielleicht der entmutigendste Aspekt dieses ganzen traurigen Schla-
> massels bestand in der Sinnleere und Nutzlosigkeit des Ganzen. In New-
> port hat die amerikanische Jugend an diesem Wochenende einen neuen
> Tiefpunkt erreicht. Hier kam es zu massenhafter Gewalt, gemeiner Ge-
> walt. Potentiell tödliche Wurfgeschosse wurden auf völlig Unbekannte
> geschleudert, ohne Sinn und Verstand; und das von einigen tausend die-
> ser gescheiterten Collegestudenten, die unsere Hoffnung von morgen
> sein wollen. In den Hauptstädten der Welt haben in der letzten Zeit ver-
> zweifelt ernsthafte Studenten demonstriert, häufig in aufrührerischer
> Weise, aber es geschah stets für eine Sache, mit einem Ziel. Manche die-
> ser Ziele waren gut, manche schlecht; es ist so, als ob eine Epidemie von
> gewalttätiger Leidenschaft die nationalen Grenzen überspringt und sich
> von einer Universität auf die anderen ausbreitet. Aber diesen jungen
> Amerikanern ging es nicht um eine Sache. Sie machten Terror aus der
> perversen Lust an der Gewalt. Ihr Hedonismus war wild geworden, hatte
> sich in eine unverantwortliche, animalische Hemmungslosigkeit verwan-
> delt, die ein schlechtes Licht auf ihre Generation wirft.«[67]

Ich meine, daß der ungenannte New Yorker Leitartikler mit seiner moralisierenden Interpretation der jugendlichen Exzesse schieflag und daß
er das Problem am falschen Ende anpackte. Zum einen randalierten diese
alkoholisierten Collegeboys mit Sicherheit nicht grundlos. Nur lagen die
Ursachen tiefer, als daß sie sich in einer programmatisch benennbaren
»Sache« hätten artikulieren können. Die jugendliche Zerstörungswut von
Newport war nichts anders als ein besinnungsloser und daher natürlich
auch sinnlos erscheinender Vorläufer der Unruhen der späten 60er Jahre –
Unruhen, deren Ursachen in einer tief empfundenen und später auch

bewußt gemachten Frustration lagen, in einem grundsätzlichen Zweifel an dem, was man pauschal als »System« verstand[68].

Daß dieser besinnungslose Aufstand ausgerechnet bei einem Jazzfestival zustandekam, das dazu dienen sollte, dem Jazz größere Anerkennung zu verleihen, war mehr oder minder zufällig. Daß er aber gerade bei George Weins Newport Festival losbrach, war kein Zufall, denn viele Faktoren trugen dazu bei, einen Anlaß für das, was geschah, zu liefern: die Programmierung des Festivals mit Popstars, die musikalische Bedürfnisse ansprach, die von den Jazzmusikern dann nicht befriedigt wurden; das Gewinnstreben der Getränkehändler, die sich zum Zweck der Profitmaximierung großzügig über alle Verordnungen hinwegsetzten; und die Unfähigkeit bzw. Unwilligkeit der Stadtväter und Einwohner von Newport, rund 20 000 zugereiste Festivalteilnehmer angemessen zu beherbergen.

Das Lamento in der amerikanischen Presse über das Desaster von Newport 1960 war groß, und selbst die sowjetische *Iswestija* erregte sich über die Dekadenz der westlichen Jugend. Nur einer zeigte sich zufrieden mit dem Verlauf der Dinge: Charles Mingus. Er sagte einem Reporter des *Providence Journal*: »Es war genauso, wie es sein sollte. Sie waren selbst daran schuld. Und sie verdienen es, weil sie den Jazz mit dem Rock 'n' Roll durcheinandergebracht haben. Sie haben ihre Identität mit dem Jazz verloren.«[69]

Bei allem Wirbel, den das 1960er Newport Festival auslöste, wäre es – jazzhistorisch gesehen – kaum erwähnenswert, wenn nicht gleichzeitig am gleichen Ort ein anderes Ereignis stattgefunden hätte, das von den »Newport-Rebellen« Charles Mingus und Max Roach inszenierte Alternative Newport Festival. Mingus' und Roachs Unternehmen war zu verstehen als die Reaktion von Musikern, die es leid waren, als Statisten bei einem kommerziellen Mammutspektakel mitzuspielen, welches für eine Vermittlung ästhetischer Erfahrungen absolut ungeeignet war und bei dem sich die als Programm proklamierte Formel vom »Bringing Dignity to Jazz« in ihr Gegenteil verkehrte. Das Alternativ-Festival wurde in allen Details von den Musikern selbst organisiert und durchgeführt. Musiker sorgten für die Reklame und kümmerten sich um die Presse; Musiker verkauften Tickets, bauten eine Bühne und die Verstärkeranlage auf und stellten die Stühle in die Reihe; Musiker dekorierten die Bühne mit roten Fahnen und machten die Ansagen[70].

In stilistischer Hinsicht wurde das Festival von einer bunten Mischung von Musikern bestritten. Neben den Initiatoren Roach und Mingus spielten Hardbopper wie Kenny Dorham und Art Taylor, Free Jazz-Leute wie Don Cherry und Ornette Coleman und Veteranen wie Coleman Hawkins und Roy Eldridge. Die letzteren waren als »Sympathisanten« vom Hauptfestival dazugestoßen.

Finanziell gesehen war die Aktion der Newport-Rebellen kein Erfolg. Lediglich ein paar hundert Zuhörer kamen zu den Konzerten an dem idyllisch am Meer gelegenen *cliff walk*. Doch lag die Funktion dieses ersten Alternativfestivals der Jazzgeschichte weniger im Ökonomischen als im Ideellen. Denn der Aktion der Newport-Rebellen kam ohne Zweifel Symbolcharakter zu. Sie setzte ein Zeichen dafür, was potentiell machbar war, wenn Musiker zusammenhielten und die Initiative ergriffen, wenn sie die Produktionsmittel ihrer Kunst in die eigene Regie nahmen und den *middle man* ausschalteten, der sonst ihre musikalischen Aktivitäten regulierte.

Eine der Konsequenzen des Alternativfestivals bestand in der Gründung der Jazz Artists Guild durch Mingus und Roach im Jahr 1960. Ziel dieser ersten Musikerkooperative war es, das Management der beteiligten Musiker selbst zu betreiben, Auftritte zu organisieren usw. Die Guild veranstaltete einige Konzerte in einem kleinen Theater in Manhattan, stellte dann jedoch bald ihre Aktivitäten wieder ein; es fehlte an organisatorischen und geschäftlichen Erfahrungen und an Kapital.

October Revolution in Jazz

Ein höherer Stellenwert auf dem Wege zu einer verstärkten Selbstorganisation von Jazzmusikern ist der von ihren Initiatoren so genannten October Revolution in Jazz beizumessen. Dabei handelte es sich um ein viertägiges Festival, welches im Oktober 1964 im Cellar Cafe, einem Uptown-Kaffeehaus in New Yorks 91. Straße, stattfand und bei dem rund zwanzig Gruppen aus dem Kreis der jungen New Yorker Jazz-Avantgarde auftraten, darunter Musiker wie Paul Bley, Bill Dixon, David Izenson, Mike Mantler, Roswell Rudd, Guiseppi Logan, Alan Silva, John Tchicai.

Neben den schon nachmittags beginnenden Konzerten gab es mitternächtliche Podiumsdiskussionen zu Themen wie »Ökonomie des Jazz« und »Jim Crow und Crow Jim« sowie ein Komponisten-Symposium, an denen Musiker wie Cecil Taylor, Archie Shepp, Sun Ra und eine Reihe von Jazzkritikern teilnahmen.

Die eigentlich revolutionären Aspekte dieser musikalischen Oktoberrevolution bestanden einerseits darin, daß auch dieses Festival allein aufgrund der Initiative von Musikern zustande gekommen war, und zum anderen darin, daß hier erstmalig deutlich wurde, daß für diesen Neuen Jazz – im Widerspruch zu den Behauptungen von konservativen Clubbesitzern – durchaus ein Publikum vorhanden war, und zwar eines, das (wie Jazzkritiker Dan Morgenstern irritiert vermerkte) geradezu »beängstigend aufmerksam« zuhörte[71]. »Es war absolut kein Geld im Spiel«, erinnerte sich Cecil Taylor später, »aber es war das erste Mal in New York, daß deutlich wurde, daß es so etwas wie die ›New Music‹ gab und daß sie auch bedeutungsvoll für andere Musiker war.«[72]

Die tiefere Bedeutung des Festivals aus der Sicht der beteiligten Musiker veranschaulichen die folgenden Bemerkungen Cecil Taylors:

> »Während wir mit dieser ›October Revolution in Jazz‹ beschäftig waren, begann etwas sehr Schönes zu passieren. Zuerst bemerkten wir, die wir an dieser Bewegung beteiligt waren, daß wir als Musiker nicht isoliert waren. Und dann kam uns die Einsicht, daß wir uns auch als Menschen nicht fremd gegenüberstehen mußten. Das war uns vorher niemals so richtig klar gewesen; aber dadurch, daß wir da mitmachten, begannen wir menschlich zu wachsen und uns einander näherzukommen. Es entwickelte sich also zu einem gesellschaftlichen Phänomen, das über sich hinausreichte und auch andere Leute anstieß. Später organisierten wir eine Konzertserie in der Judson Hall, und die Leute begannen mich anzurufen, ganz aufgeregt, um zu erfahren, was wann stattfinden würde; junge Leute, total aufgedreht ... Und für uns entwickelte sich aus dieser ›October Revolution‹ dann die Idee zur Gründung einer Jazz-Kooperative, der ›Jazz Composers' Guild‹.«[73]

Jazz Composers' Guild

Zu der Guild, deren Name offenbar durch die viele Jahre zuvor von
Edgard Varèse gegründete International Composers' Guild angeregt wor-
den war, gehörten neben Cecil Taylor so prominente Musiker wie Sun Ra,
Archie Shepp, Paul und Carla Bley, Roswell Rudd, John Tchicai und
Burton Green.

Der eigentliche Initiator der Kooperative, der Komponist und Trompeter Bill Dixon, formulierte ihr Programm:

> »Der Mangel an Repräsentation, den die vitalsten Elemente innerhalb
> des Hauptstroms der zeitgenössischen amerikanischen Musikkultur er-
> fahren, hat es notwendig gemacht, daß die am härtesten betroffenen
> Komponisten und Interpreten sich zur Erreichung der folgenden Ziele
> vereinigen: der Musik ihren rechtmäßigen Platz in der Gesellschaft zu
> verschaffen; das musikalische Bewußtsein der Massen für die Musik zu
> wecken, die für ihr Leben essentiell ist; Musiker und Komponisten vor
> Ausbeutung zu schützen; dem Publikum die Möglichkeit zu bieten, diese
> Musik zu hören; Einrichtungen zu schaffen, die angemessene Voraus-
> setzungen für das Komponieren, Einstudieren, die Aufführung und die
> Verbreitung dieser Musik bieten.«[74]

Zur Konkretion dieser hochgesteckten Ziele sagte Cecil Taylor:

> »Eines der Prinzipien der Jazz Composers' Guild war es, die damals als
> ›Avantgarde‹ qualifizierten Musiker zusammenzubringen und dadurch zu
> einer politischen Kraft zu gelangen, deren Existenz sich auf spektakuläre
> Weise bemerkbar machen sollte … Die Guild nahm sich vor, die Mecha-
> nismen der Schallplattenindustrie zu analysieren und verstehen zu lernen.
> Alle Mitglieder der Organisation sollten sich verpflichten, nicht mehr in
> den Nachtclubs des Establishments zu spielen. Wir dachten, indem wir
> uns verweigerten, würden wir die Schallplattenindustrie und die Ver-
> anstalter dazu zwingen, uns einmal zur Kenntnis zu nehmen und uns
> angemessen zu bezahlen. Wir hatten noch andere Ideen, zum Beispiel ein
> eigenes Gebäude zu erwerben, ein eigenes Schallplattenstudio auf-
> zubauen und Unterrichtszentren.«[75]

Die Jazz Composers' Guild veranstaltete eine Reihe von Konzerten; man
traf sich regelmäßig in einem über dem Village Vanguard Club gelegenen

Raum zu Beratungen und zu Sessions; die Jazzpresse begann sich in
verstärktem Maße für das Unternehmen zu erwärmen. Gelinder Optimismus breitete sich unter den Musikern aus und die Hoffnung, auf der
Grundlage ihrer Initiative und Solidarität zu einer echten Verbesserung
ihrer ökonomischen und sozialen Situation zu gelangen. Dennoch brach
die Guild bald schon wieder auseinander (vermutlich im Sommer 1965).
Persönliche Differenzen zwischen den Musikern, Mißtrauen und Rassen-
vorurteile[76] sowie die Tatsache, daß einige Guild-Mitglieder trotz eines
gemeinsam beschlossenen Boykotts Verträge mit großen Schallplattengesellschaften abschlossen, ließen die Kooperative scheitern, noch ehe sie
sich voll entfalten konnte.

Cecil Taylor kommentierte im Dezember 1965:

> »Die Musiker haben es in der Gesellschaft nicht nur mit Kunst zu tun.
> Sie *sind* selbst die Gesellschaft, auch wenn sie sich nur an ihrer Peripherie
> befinden. Entweder aktiv oder unbewußt lehnen sie sich gegen eine
> bizarre Gesellschaft auf. Ich glaube, die Guild hat deshalb nicht überlebt,
> weil die Leute, die sich damit befaßt haben, nicht genügend soziales
> Bewußtsein aufbrachten; sie haben all das vernachlässigt, was für den
> Menschen, der heute in New York lebt und der nicht nur seinen Lebens-
> unterhalt verdienen, sondern sich dabei auch noch ehrlich ausdrücken
> will, zum Alltag gehört ... Wir haben eine Möglichkeit verpatzt. Aber
> wir haben wenigstens etwas unternommen. Schade, daß es nicht gelaufen
> ist. Wenn gewisse Mitglieder sich als ein wenig stärker erwiesen hätten
> und ihren eigenen Versprechungen gegenüber treuer, wenn sie ihre
> Aktionen mit ihren Ideen zur Übereinstimmung gebracht hätten, dann
> würde es die Guild heute noch geben. Aber all dies war trotzdem nicht
> vergebens: Wir sind da ein bißchen schlauer draus hervorgegangen.«[77]

Musikerkooperativen

Die Jazz Composers' Guild war in der kurzen Zeit ihrer Blüte die meist-
publizierte, jedoch keineswegs die einzige Jazzmusiker-Kooperative in
den USA. Ebenfalls 1964 formierte sich in Watts, dem schwarzen Ghetto
von Los Angeles, die der Black Panther Party nahestehende Musikerinitiative Underground Musicians Association (UGMA), die sich vor

allem um die musikalische Fortbildung der Jugendlichen im Ghetto kümmerte.

1968, im Jahr des großen Aufbruchs in allen Bereichen gesellschaftlichen Lebens, wurde in Saint Louis die *Black Artists Group (BAG)* gegründet, aus der so prominente Musiker wie Oliver Lake, Julius Hemphill, Hamiet Bluiett, Olu Dara und Bobo Shaw hervorgingen. Die BAG
beschränkte sich nicht aufs Musikalische, sondern bezog das ganze
Spektrum der darstellenden Künste ein, also auch Theater, Tanz, Panto-
mime usw.

Im gleichen Jahr wie die *BAG* formierte sich in Detroit die Creative
Musicians Association, aus der dann 1969 die Kooperative STRATA
hervorging. Ebenfalls in Detroit entstand Tribe (wörtlich: Stamm), eine
Musikerkooperative mit starken politischen Akzenten, deren Programm
Phil Ranelin wie folgt umriß: »The time is now! Die Zeit ist gekommen,
daß Einheit besteht unter den Leuten! Die Zeit ist gekommen, daß die
Menschen über ihr eigenes Geschick bestimmen! Die Zeit ist gekommen,
daß Schluß gemacht wird mit Unterdrückung, Rassismus, Neid, Haß und
Armut!«[78]

Die, insgesamt gesehen, bedeutendste Vereinigung von Jazzmusikern
war und ist die Association for the Advancement of Creative Musicians in
Chicago. Die Bedeutung und der internationale Ruf der AACM resultierten nicht nur aus ihrer Effektivität im Organisatorischen, sondern vor
allem auch aus ihrem musikalischen Ertrag, der aus der Bezeichnung
AACM so etwas wie ein Gütezeichen für eine kreative Musik ersten
Ranges machte. Der Initiator der AACM war der Pianist/Komponist
Muhal Richard Abrams. Bereits zu Anfang der 60er Jahre hatte er jene
Experimental Band gegründet, die sich später zur Keimzelle der AACM
entwickelte. Wie aus Berichten von Chicagoer Musikern hervorgeht, die
in der *Experimental Band* spielten, war diese von vornherein offenbar
mehr als nur ein Orchester, in dem sich Individualisten zum Zweck des
Musikmachens versammelten.

Ein starkes Gefühl der Gruppenzugehörigkeit gegenüber dieser vom
ökonomischen Standpunkt her gesehen keineswegs attraktiven Vereinigung kommt in den Worten des Saxophonisten Joseph Jarman zum
Ausdruck, der 1961 zur *Experimental Band* stieß:

»Bevor ich Richard Abrams zum erstenmal traf, war ich wie all die anderen ›hip‹ Ghetto-Neger. Ich war cool, ich nahm Rauschgift, rauchte Marihuana und kümmerte mich einen Teufel um mein eigenes Leben. Dadurch, daß ich die Chance hatte, mit Richard und den anderen Musikern in der *Experimental Band* zusammenzuarbeiten, merkte ich zum erstenmal, daß es einen Sinn gab, überhaupt irgend etwas zu tun. Diese Band und die Leute in ihr waren für mich das Wichtigste, was mir jemals zugestoßen ist.«[79]

Das wachsende Wir-Gefühl innerhalb der *Experimental Band* sowie die Einsicht, daß eine Institutionalisierung der Gruppe auch deren Wirkung nach außen hin verstärken würde, führte im Mai 1965 zur Gründung der AACM. Über die Motive und Ziele der Vereinigung sagte Jarman:

»Die Association for the Advancement of Creative Musicians, eine vom Bundesstaat Illinois eingesetzte Non-Profit-Organisation, wurde ... ins Leben gerufen, als eine Gruppe von Musikern und Komponisten aus Chicago und Umgebung sich der Notwendigkeit bewußt wurde, eine authentische Musik in die Öffentlichkeit zu bringen, die unter dem bestehende Establishment von Veranstaltern, Agenten usw. nicht zu ihrem Recht kam. Eines der wichtigsten Ziele unserer Vereinigung bestand darin, eine für ernsthafte Musik förderliche Atmosphäre zu schaffen.«[80]

An anderer Stelle konkretisiert Jarman die Arbeitsweise der AACM:

»Wir taten uns zusammen und machten es selber. Wenn wir eine Gruppe von neun Leuten waren und drei von uns wollten etwas aufführen, dann hieß es: Okay, die drei, die auftreten werden, fangen gleich an zu proben. Und von denen, die nicht auftreten, wird einer zur Druckerei gehen, ein anderer zum Rundfunksender, ein anderer zur Zeitung, ein anderer ruft die Leute an ... Wir machten alles selbst, so daß wir auch die ganze Angelegenheit unter Kontrolle hatten. Diese Art der Organisation lief darauf hinaus, daß wir in der Lage waren, die Dinge nach *unseren* Vorstellungen zu regeln und nicht unter Bedingungen, die uns The Man setzte. (*The Man* heißt für den schwarzen Ghettobewohner stets »der weiße Mann«, und das heißt wiederum: die herrschende Klasse; E. J.) Wir fingen also an, Konzerte zu veranstalten und Dichterlesungen; wir hatten sogar ein Filmprojekt laufen; und wir begannen darüber zu diskutieren, was man essen und wie man leben sollte. Dann eröffneten

wir die Schule. Die Schule war vermutlich das beste, denn all diese
armen schwarzen Kinder, für die überhaupt nichts lief, bekamen so
die Möglichkeit, sich selbst auszudrücken und ihre Energie auf eine
positive Sache hin auszurichten, ohne daß sie von all dem Scheiß-
dreck kontrolliert werden, der im Zusammenhang mit dem Bildungs-
system der weißen Machtstruktur in diesem Land läuft. Wir gaben ihnen
eine Alternative zu der Gehirnwäsche, aus der sie doch nur als Junkies
und so was hervorgegangen wären.«[81]

Unter den weitgestreuten Aktivitäten der AACM nahm stets die *Experimental Band* eine zentrale Position ein. Sie wirkte als Katalysator
für die verschiedenartigsten musikalischen Ansätze, als ein großes und
ständig in Bewegung befindliches musikalisches Laboratrium und als eine
Lehrwerkstatt für eine Vielzahl von – später international renommierten
– Chicagoer Musikern. Zu den bemerkenswertesten festen Gruppen, die
sich als direkte oder indirekte Ableger der *Experimental Band* formierten, gehören das *Art Ensemble of Chicago,* das *Revolutionary Ensemble,* das
Trio *Air* und später das *Ethnic Heritage Ensemble.* All den genannten Formationen war gemeinsam, daß es sich dabei um kooperative Gruppen
handelte, bei denen auf die Unterscheidung zwischen *leader* und *sideman,*
Star und Begleitern, Chef und Angestellten verzichtet wurde. Jeder der
Beteiligten war gleichberechtigt, erhielt die gleiche Gage und trug
die gleiche Verantwortung. Zwar stellten kooperative Ensembles nichts
grundsätzlich Neues im Jazz dar. So berichtet etwa der Posaunist Dicky
Wells, daß er schon in den 20er Jahren in einer derartig organisierten
Band spielte[82]. Daß jedoch diese für den vom Star-Syndrom bestimmten
amerikanischen Jazz ganz und gar untypische Organisationsform gerade
im Chicago der 60er Jahre und gerade im Rahmen der AACM besondere Geltung erfuhr, war natürlich kein Zufall, sondern Ausdruck des
gesellschaftlichen Bewußtseins der AACM-Leute[83].

Gegen Ende der 60er Jahre kamen auch in New York wieder einige Musikerkooperationen zustande. Die langfristig erfolgreichste unter
ihnen war die 1969 gegründete Collective Black Artists, Inc., eine Vereinigung von ausschließlich afroamerikanischen Musikern, die stilistisch
zum Spätbop tendierten und in politischer Hinsicht dem *black cultural
nationalism* nahestanden. In einem programmatischen Leitartikel der
CBA-Zeitschrift *Expansion* liest sich dies so:

»Zu einem Zeitpunkt in der Geschichte, an dem die Dinge auseinander-
fallen, steht die Kreativität der afrikanischen Gemeinschaft (*community*)
überall in der Welt wie eine Frühlingsblume in höchster Blüte. Und eben
diese Kreativität ist es, die Amerika kulturell am Leben erhält. (Schaut
euch nur einmal New York City an: Wie haben Broadway, die Kinos, die
Konzertsäle, die Museen usw. überlebt? Durch afrikanische Kreativität.)
Die Zeit ist gekommen, daß wir realistisch werden. Die afrikanische
Gemeinschaft in Amerika muß in ihren Überzeugungen stärker werden.
Und diese Stärke muß in der Tat aus unseren Kunstformen (Kultur)
erwachsen. Unsere Musiker/Künstler sind die Sprecher unserer Gemeinschaft. Sie sind nicht verschieden oder abgetrennt von ihrer Gemeinde
(community). Wir alle arbeiten zusammen, *kollektiv*.«[84]

Jazz and People's Movement

Eine Musikerinitiative ganz anderer Art als die bisher genannten formierte sich 1970 in New York: Das Jazz and People's Movement (JPM)
war keine festgefügte Organisation, kein Verein, sondern – wie sein Name
sagt – eine Bewegung, die sich mehr oder minder spontan um den Saxophonisten Rahsaan Roland Kirk zusammengefunden hatte, mit dem Ziel,
etwas für eine angemessene Berücksichtigung der afroamerikanischen
Musik in den Massenmedien zu unternehmen.

Die erste spektakuläre Aktion des JPM bestand in einem Go-in bei
einer der beliebtesten TV-Talkshows, der Merv Griffin Show. *Down Beat*
schildert das Ereignis wie folgt:

»Als Rahsaan Roland Kirk und Lee Morgan eine Gruppe von rund
60 Musikern und Jazzfreunden zu einer Demonstration führten, die die
Aufzeichnung der Merv Griffin Show vom 27. August in den CBS-
Studios unterbrach, da initiierten sie eine Bewegung, die sich für mehr
Jazz und *blackmusic* im Fernsehen einsetzt und die zunehmend an Bedeutung zu gewinnen verspricht ... Schon seit einiger Zeit hatten Kirk
und andere Jazzmusiker versucht, Gastauftritte in derartigen Shows zu
erhalten, aber die Versuche führten unweigerlich zu der Antwort ›nicht
interessiert‹. Also entschlossen sie sich zu einer unorthodoxen Vor-
gehensweise.

Am 27. August versammelten sich die Leute an der Ecke 6. Avenue/
47. Straße, wo Kirk jeden mit einer Holzflöte begrüßte und sie instruierte,
darauf laut zu blasen, sobald das Signal dazu erklang. Auch erhielt jeder
Teilnehmer ein paar Handzettel zum Verteilen an das Publikum. Dann
reihten sich die Demonstranten in die Schlange der Wartenden für die
Griffin Show ein ... Etwa eine halbe Stunde, nachdem die Aufzeichnung
begonnen hatte, stand Kirk auf und ging – unterstützt von Joe Texidor –
zur Bühne und spielte dabei seine Hörner. Die Demonstranten begleiteten ihn von ihren Sitzen aus auf Flöten und Trillerpfeifen und begannen,
die Handzettel zu verteilen.
Einige jüngere Musiker und Studenten hielten Transparente hoch mit
Slogans wie ›Dieser Protest ist erst der Anfang‹, ›Stoppt die Weiß-
wäscherei jetzt, engagiert mehr schwarze Künstler im TV‹ usw. Inzwischen spielte die Hausband *Lover*, lauter und lauter. Aber selbst eine
ganze Studioband konnte es mit den Demonstranten nicht aufnehmen –
und über allen anderen drang Kirk durch, laut und klar. Die Band gab
schließlich auf ... Einige Leute aus dem Studiopublikum machten
Bemerkungen wie: ›In Rußland hätte man die schon vor fünf Minuten
ins Gefängnis gesteckt‹ und ›Wie können sie dies dem armen Merv nur
antun!‹«[85]

Das von Rahsaan Roland Kirk und seinen Mitdemonstranten veranstaltete Pfeif-Happening fand übrigens seinen musikalischen Niederschlag in der Schallplattenaufnahme: *Here Comes the Whistle Man.*[86]
    Das Go-in in der Merv Griffin Show war in der Tat nur der Anfang.
In den folgenden Wochen begannen sich die Anhänger des Movement
regelmäßig im Village Vanguard zu treffen, das seine Räumlichkeiten zur
Verfügung gestellt hatte, um weitere Schritte zu planen. Beabsichtigt war,
den Fernsehgesellschaften einen Programmbeirat von Jazzmusikern auf-
zudrängen, der dafür sorgen sollte, daß Jazz, Rhythm & Blues und Gospel
Music regelmäßig und angemessen kommentiert präsentiert würden und
daß dafür als »Gasteber« Talkshow-Master engagiert werden sollten, die
etwas von der Sache, d.h. von der afroamerikanischen Musik verstünden.
    Der Schlagzeuger der *Cecil Taylor Unit*, Andrew Cyrille, formulierte
im *Down Beat* die wichtigsten Vorwürfe, die das JPM gegenüber dem
existierenden Mediensystem erhob:

»Wenn wir – wie gestern – unsere Stimme in der Cavett Show erhoben haben, dann geschah das, um die Aufmerksamkeit einmal darauf zu lenken, daß verdienstvolle schwarze kreative Musiker von den Massenkommunikationsmedien ausgeschlossen bleiben. Wir fühlen, daß die eigentlichen Ursachen dafür, daß nicht mehr schwarze Musiker im Fernsehen zu sehen, im Radio zu hören oder überhaupt kommerziell erfolgreich sind, im Rassismus liegen … So lange wir zurückdenken können, wissen wir aus eigener Erfahrung, aus der Erfahrung anderer oder aus der Musikliteratur, daß die Jazzmusiker unter den immer und ewig gleichen Problemen gelitten haben. Diese Probleme bestanden in Arbeitslosigkeit, im Mangel an Anerkennung, häufig im Fehlen einer angemessenen Distribution und Werbung für ihre Schallplatten und in der Schwierigkeit, überhaupt Schallplatten machen zu können, in dem Vorurteil, daß Jazz keine seriöse Musik sein könne, weil seine größten Innovatoren Schwarze sind und weil diese Musik im wesentlichen aus dem Ghetto kommt und infolgedessen als lebensfähige und eigenständige Kunstform nicht viel wert sein kann.«[87]

Das Jazz and People's Movement machte in der folgenden Zeit noch einige spektakuläre Go-ins in populären TV-Shows. Ihren Höhepunkt an Publizität erlangte es, als eine Gruppe von Musikern, darunter Roland Kirk, Charles Mingus, Archie Shepp und Roy Haynes, in der national ausgestrahlten Ed Sullivan Show Mingus' kämpferisch aggressiven *Haitian Fight Song* intonierte. Dann wurde es wieder still um diese spontaneistische Bewegung, die zwar kurzfristig, indem sie eine der heiligen Kühe der amerikanischen Gesellschaft unsanft berührte, den wohl größten Wirbel aufzurühren verstand, den eine Jazzmusikerinitiative je verursachte, die aber dennoch – oder vielleicht auch deshalb – völlig ineffektiv blieb.

Praktische Konsequenzen
eines neuen Selbstverständnisses

Der sozialgeschichtliche Stellenwert der Musikerassoziationen, -kooperativen und -initiativen der 60er und frühen 70er Jahre bestand vor allem darin, daß sich – unabhängig davon, wie erfolgreich oder erfolglos sie

waren – in ihnen ein neuer Typus von Jazzmusiker manifestierte. Denn
die revolutionären Aspekte all der vielen, mehr oder minder idealistischen
oder politisch konkreten Programme und Proklamationen, die in jenen
Jahren verfaßt wurden, bestanden nicht allein in ihren Inhalten, sondern
ebensosehr in der Tatsache, daß sie von Jazzmusikern stammten – einer
sozialen Gruppe also, die sich bis dahin stets als soziale Randgruppe verstanden hatte (und verstanden worden war), der institutionalisierte Organisationsformen über die unmittelbaren musikalischen und ökonomischen Erfordernisse des Zusammenspiels hinaus in der Regel als unnötige
Zugeständnisse an bürgerliche Verhaltensnormen erschienen sein mußten, nach dem Motto: Laßt die Spießbürger Vereine gründen, wir machen
Musik. Die hinter den Programmen und Aktionen der genannten Initiativen stehenden Ideen trugen somit vielfach den Charakter einer Antithese zur herkömmlichen Rollendefinition des Jazzmusikers als romantischer Außenseiter. Insbesondere die jüngeren, dem Avantgarde-Jazz
zuneigenden Musiker verstanden sich dabei in zunehmendem Maße
offensichtlich nicht länger als unfreiwillige Entertainer, die für eine angemessene Gage zähneknirschend ihre Gestaltungsprinzipien den musikalischen Hörgewohnheiten ihres Publikums anpaßten oder aber – wie
die Bebopper der 40er Jahre – auf Pressionen von außen mit erhöhtem
Drogenkonsum, Exzentrik und Selbstisolation reagierten. Vielmehr verstand sich dieser neue Musikertypus als Repräsentant einer aktiven
Gegenkultur, einer musikalischen Ausdrucksform, der er gegen mannigfache Widerstände von seiten der Clubbesitzer, Konzertagenten, Schallplattenproduzenten und Medienleute Gehör zu verschaffen versuchte,
ohne künstlerische oder menschliche Kompromisse einzugehen.

Neben den kollektiven Anstrengungen, wie sie sich in der Herausbildung von Assoziationen und Kooperativen manifestierten, gab es individuelle Aktivitäten, die den einzelnen Musiker oder die einzelne Gruppe
betrafen; vielfach überschnitten sich beide.

Agenturen und eigene Labels

Eine der wesentlichsten Anstrengungen im kollektiven wie im individuellen Kontext galt der Ausschaltung des *middle man* oder des »Zehn-
prozenters« *(tenpercenter)*, wie die Manager und Buchungsagenturen
von den Musikern wegen der von ihnen erhobenen Vermittlungsgebüh-
ren genannt wurden. Um zu verstehen, welche Bedeutung dieser Be-
freiungsakt für die Musiker hatte, ist es notwendig, das Verhältnis zwischen Musikern und Agenturen in den 50er Jahren etwas näher zu beleuchten.

Manager von einzelnen Musikern oder Gruppen erhielten während
der 50er Jahre eine gesetzmäßig verankerte Beteiligung von fünf Prozent der Gesamtgage; meist wurde der Anteil durch einen Privatvertrag
um weitere fünf Prozent aufgestockt. Agenturen erhielten zehn Prozent
der Gage für längerfristige Engagements und 15 Prozent für Einzeljobs, sogenannte *one-nighters*[88].

Ralph Gleason, renommierter Kolumnist des *San Francisco Chronicle*,
schreibt:

> »Daß das Feld der Künstleragenturen als ein unsauberes Geschäft be-
> zeichnet werden kann und daß Entertainer, Bandleader und Musiker
> seit Jahren ausgeplündert wurden, ist für niemanden im Gewerbe ein
> Geheimnis. Persönliche Manager haben auf Kosten erfolgreicher Künst-
> ler Vermögen für sich angehäuft. Künstleragenturen haben Imperien auf
> windigen Praktiken aufgebaut. Und manch ein Bandmanager baute sein
> Haus, indem er die Einnahmen bei Einzelauftritten *(one-nighters)* fri-
> sierte, denn – wie jeder Bandleader zu seinem Kummer erfahren muß-
> te – man kann nicht Musik machen und gleichzeitig die Eingangstür
> im Auge behalten. Ehrlichkeit und Integrität sind im Buchungs- und
> Managementbereich fast ebenso selten wie Phantasie und guter Ge-
> schmack ... Es ist – wie man es auch dreht und wendet – ein Dschungel;
> und die wenigen Gesetze, die es gibt, funktionieren nur dann und wann.«[89]

Nat Hentoff konkretisiert die Problematik im Hinblick auf die Situation
des Jazzmusikers im Nightclub-Geschäft der 50er Jahre:

> »Eine Prognose darüber, ob man den Jazz aus den Nightclubs herausbrin-
> gen kann, fällt schwer. Das fundamentale Hindernis besteht in der Allge-

genwart und der Macht, welche den Künstleragenturen im Jazz zukommt.
Der Jazzmusiker mag in der Zeitung lesen, daß er Triumphe von Respektabilität feiert, daß er von der Bundesregierung oder sogar von ›Jazz-
Priestern‹ akzeptiert wird. Aber von den meisten Agenten und Clubbesitzern wird er so engagiert und behandelt, als wäre er ein Komiker, ein
exotischer Tänzer oder der Dompteur in einer Hundedressur ... Mit sehr
seltenen Ausnahmen machen sich die Agenten wenig aus dem Jazz, verstehen kaum etwas davon und respektieren die Spieler nicht im geringsten; und so kann man nur schwerlich von ihnen erwarten, daß sie die
ihnen anvertrauten Karrieren unter irgendeiner längerfristige Perspektive
lenken wollen oder können. Sie vermitteln eine Jazzgruppe wohin auch
immer, solange sie sicher sind, daß sie ihre Beteiligung kassieren; oft mit
gigantischen Entfernungen zwischen den einzelnen Auftritten und ohne
sich viel um die Bedingungen zu kümmern, die Art des Raumes, die Aku-
stik und den Zustand des Pianos, denen sie eine Gruppe aussetzen.«[90]

Dizzy Gillespie brachte seine Erfahrungen mit den Agenturen auf den
kurzen Nenner: »Sie wollen nicht glauben, daß sie für *uns* arbeiten. Sie
denken, wir arbeiten für sie. Und wenn wir sie in diesem Glauben lassen,
dann werden sie's uns beweisen.«[91]

Die Umgehung von »Vermittlern«, die im Jazzmusiker nichts sahen
als ein Ausbeutungsobjekt, war eines der wesentlichsten Ziele, die sich
zahlreiche Musiker seit den 60er Jahren setzten. Die Wege dahin waren
verschieden. In einigen Fällen übernahmen Musikerorganisationen wie
die Collective Black Artists organisatorische Aufgaben im Zusammenhang mit der Vermittlung von Engagements z.B. dadurch, daß sie den
institutionellen Rahmen für die Beantragung von Subventionen lieferten,
mit deren Hilfe Konzertreihen, Workshops und ähnliches durchgeführt
wurden. Im individuellen Bereich waren häufig die Frauen von Musikern
bei der Umgehung des *middle man* behilflich, indem sie organisatorische
Aufgaben des Managements übernahmen[92].

Bei kooperativ organisierten Ensembles wurde häufig die musikalische, ökonomische und statusmäßige Gleichberechtigung der Mitspieler
von einer differenzierten Arbeitsteilung in Sachen Promotion und Job-
Beschaffung begleitet, was wiederum die Eliminierung des Agenten als
vermittelnde und kassierende Instanz erleichterte.

Eine andere Strategie, den *middle man* auszuklammern und die Produktionsmittel in die eigene Regie zunehmen, bestand in der Gründung

musikereigener Schallplattenlabels und Verlage. Dieses Phänomen war nicht neu. Bereits 1952 hatten Charles Mingus und Max Roach, die späteren Newport-Rebellen, die Firma Debut Records und Woody Herman seine Mars Records gegründet. Doch keines der beiden Unternehmen erwies sich als erfolgreich. Die späten 60er und die 70er Jahre erlebten dann eine Fülle von Neugründungen musikereigener Labels unterschiedlichsten Anspruchs und Formats. Zum Teil hatten sie das Ziel, eine Musik unter die Leute zu bringen, für die sich die großen, ausschließlich am Profit orientierten Konzerne aufgrund des geringen »Marktwertes« der betreffenden Musiker und Gruppen nicht interessierten; es ging also primär darum, einen Musiker und seine Musik überhaupt erst einmal bekannt zu machen. Darüber hinaus jedoch ging es diesen Labels vielfach darum, dem Einfluß der A & R-Leute (für: *artists and repertoire*) in den großen Gesellschaften zu entrinnen, einem Einfluß, der bis in die Feinstrukturen der Musik hinein wirksam werden konnte.

Die musikereigenen Schallpattenlabels bargen manche, zum Teil schwerwiegende Probleme in sich. Zum einen erforderten sie einen gewissen organisatorischen Aufwand und absorbierten dabei einen Teil jener Energien, die die Musiker ansonsten in ihre Musik hätten investieren können. Das größte Problem lag jedoch in der Effektivität dieser kleinen Firmen, die ja zunächst einmal kaum die Möglichkeiten für eine intensive Werbung hatten und die vor allem durch das Fehlen eines Vertriebssystems den Großen in der Branche hoffnungslos unterlegen waren. Kein Wunder also, daß einige Labels nicht mehr als ein, zwei LPs herausbrachten und untergingen. Andere Firmen jedoch, wie die von Mike Mantler und Carla Bley initiierte JCOA Records oder Gunther Hampels Birth Records, brachten es – zum Teil mit Hilfe von Subventionen – zu einem beachtlichen Katalog und internationaler Anerkennung.

Loft-Szene New York City

Ein in den 70er Jahren vielbeachteter Versuch, die kommerziellen Mittler aus der Ökonomie des Jazz herauszuhalten, bestand in der New Yorker Loft-Szene[93]. Lofts – das sind große, meist ganze Stockwerke ein-

nehmende Räume in mehrstöckigen Lagerhäusern und Kleinindustrie-
gebäuden, wie sie in New York vor allem an der Südostseite von Man-
hattan anzutreffen sind, in SoHo (South of Houston Street), dem East
Village und der zum Slum heruntergekommenen Lower East Side.
Als in den 60er und verstärkt in den 70er Jahren das kleinindustrielle
Gewerbe die in der verstopften und verschuldeten City gelegenen Lofts
aufzugeben begann, um an den Stadtrand, nach Long Island oder
New Jersey zu niedrigeren Steuern, besseren Verkehrsbedingungen und
Expansionsmöglichkeiten zu ziehen, da rückten – neben Malern, Bild-
hauern, Tänzern und Theaterleuten – auch etliche Musiker des New
Yorker Free Jazz-Zirkels nach. Zu Anfang dienten die Lofts diesen
Musikern vor allem als preisgünstige Wohnungen und – da sie in der
Regel in geräuschunempfindlichen Bezirken lagen, die kaum als Wohn-
gegend dienten – als Probenräume und informelle Kommunikations-
zentren für die allmählich sich herausbildenden Cliquen der Avantgarde-
szene. In diesen frühen Lofts bildeten Wohnen und Spielen, Leben und
Musik eine Einheit. Und wie aus verschiedene Berichten von Musikern
hervorgeht, müssen sich ab Mitte der 60er Jahre in ihnen wahre Musi-
zierorgien in Form von Tage und Nächte andauernden Marathon-
Sessions abgespielt haben.

Der deutsche Vibraphonist Karl Berger, der in den 60er Jahren nach
New York übersiedelte, schildert die Situation:

> »Als ich in der Eldrige Street lebte, da passierte es mir plötzlich, daß die
> Musik für mich zum *trip* wurde, zu etwas, was du nicht mehr los wirst.
> Wir haben da Sessions gemacht, mit Barry Altshul, Alan Silva und Becky
> Friend, die gingen um 8 Uhr abends los, und um 6 Uhr morgens waren
> wir immer noch am Werk. Pharoah Sanders kam, Dave Burell, der ganze
> Verein. Tag und Nacht wurde da ununterbrochen gespielt. Und wenn
> nicht gespielt wurde, dann ging einem das Zeug im Kopf rum. Man hat
> etwas probiert, etwas geschrieben. Es klingt wie im Paradies, aber in
> Wirklichkeit war es ein verrückter Zustand.«[94]

In dieser ihrer Funktion als Experimentierwerkstätten und Session-Orte
haben die Lofts ihre Vorläufer in den Souterrains der späten 40er und
50er Jahre, in denen die Cool Jazz-Leute um Gil Evans, Lee Konitz,
Gerry Mulligan usw. experimentierten[95].

In den frühen 70er Jahren begannen einige Musiker, ihre Lofts – über deren Wohn- und Probenraum-Funktion hinaus – für die Veranstaltung von öffentlichen Konzerten umzugestalten. Den Anfang machte Ornette Coleman mit seinem Artists House, einem glücklosen Unternehmen, das aufgrund von Unstimmigkeiten mit den Hausbesitzern bald abgebrochen werden mußte. Jedoch es folgten andere Konzert-Lofts, so daß man Mitte der 70er Jahre von einer regelrechten Loft-Szene zu sprechen begann. 1976 gab es immerhin sechs Lofts, in denen regelmäßig Jazz der neueren Spielarten dargeboten wurde.

Für die Musiker der New Yorker Jazz-Avantgarde entwickelten sich die Lofts zur wesentlichen Alternative gegenüber dem herkömmlichen Jazzclub-Betrieb mit seinen inhumanen Arbeitszeiten, seinen ständig klingelnden Registrierkassen und seinen aufdringlichen Kellnern. Denn davon abgesehen, daß sie in diesem Betrieb aufgrund der weitgehenden Mißachtung des Neuen Jazz durch die Mehrzahl der Clubbesitzer ohnehin kaum eine Chance hatten, war die legendäre »Clubatmosphäre« für die Gestaltungsprinzipien und die Aufführungspraxis ihrer Musik kaum förderlich. Bezeichnend hierfür sind die Bemerkungen von Buell Neidlinger über Erfahrungen, die er in den 60er Jahren als Bassist von Cecil Taylor machte:

> »In Clubs ist die Musik Taylors völlig unverkäuflich, vor allem deswegen, weil jede Komposition eineinhalb Stunden dauert oder jedenfalls dauern könnte. Barbesitzer sind an so etwas nicht interessiert, denn wenn es etwas gibt, was sie hassen, dann sind es Gäste, die mit offenem Mund dasitzen und völlig von der Musik in Anspruch genommen werden. Clubbesitzer wollen Getränke verkaufen. Doch wenn Cecil spielt, sagen die Leute dem Kellner allenfalls, daß er gefälligst den Mund halten solle.«[96]

Die Abkehr der Free Jazz-Musiker von den Clubs war also keineswegs *nur* eine Reaktion auf eine »Aussperrung« von seiten der Clubbesitzer, also eine Reaktion des Fuchses, dem die Trauben zu hoch hingen, sondern zugleich eine Aktion mit starken kulturpolitischen Akzenten und Ausdruck ihres Selbstverständnisses als Vertreter einer legitimen musikalischen Gegenkultur. Anstatt ihre Musik wie bisher als Stimulans zum Verkauf von Getränken einzubringen und ihre Arbeitskraft in den Dienst der Profitmaximierung von Kleinkapitalisten zu stellen, übernahmen sie

nun auch in den Lofts als Produzierende die Produktionsmittel in die
eigene Hand, gewannen Kontrolle über Eintrittspreise und Arbeitszeiten,
Programmgestaltung und Präsentationsformen. Zu Anfang spielten die
Musiker in den Lofts in der Regel *for the door*, d.h. für die Einnahmen, die
aus dem Eintrittsgeld zusammenkamen, wobei im allgemeinen ein bestimmter Prozentsatz zur Deckung der Unkosten des Musikers abgezo-
gen wurde, der den Loft betrieb. Später gelang es einigen Lofts auf dem
Marsch durch die Institutionen des offiziellen Kulturbetriebes, etwa vom
National Endowment for the Arts Subventionen für die Durchführung
von Konzerten und Festivals zu erhalten.

Die New Yorker Loft-Jazzszene der 70er Jahre war, solange sie blühte,
eines der vielversprechendsten Symptome für den Bewußtseinswandel der
Jazzmusiker vom abhängigen Angestellten profitorientierter Unternehmer hin zum selbstbestimmten und eigenverantwortlichen Kunstprodu-
zenten; und sie war Ausdruck einer wachsenden Solidarität unter den
Musikern − oder sie schien es doch zumindest zu sein. Jedoch war jeder
Optimismus hinsichtlich einer »besseren Jazzwelt« verfrüht. Wie in so
vielen anderen teilkulturellen Bereichen erwies es sich auch hier als
unmöglich, eine Gegenwelt am Leben zu erhalten in einem gesellschaftlichen Umfeld, das nach grundsätzlich anderen Gesetzmäßigkeiten funktionierte. Die Schwierigkeiten begannen damit, daß sich mit dem wachsenden Erfolg der Loft-Szene die Initiatoren und Operateure einiger
Lofts unfreiwillig in die Rolle von Clubbesitzern gedrängt sahen, die
Musikern − ihren Kollegen − Arbeit gaben (oder nicht) und Gagen zahl-
ten (oder nicht) und die infolgedessen − wie vorher die Clubbesitzer − von
den Musikern mit Argwohn und Mißtrauen betrachtet wurden. Hinzu
kam, daß die regelmäßig in den Lofts auftretenden Musiker, von der
Presse prompt als *loft musicians* etikettiert, sich zunehmend gegen diese
Etikettierung zu wehren begannen, die ihnen so etwas wie ein Under-
ground-Image verlieh, auf das sie selbst keinerlei Wert legten.

Der aus dem Kreis der in St. Louis ansässigen Musikerkooperative
BAG hervorgegangene Baritonsaxophonist Hamiet Bluiett sah das so:
»Das einzige, was mir an der Sache nicht gefiel, war, wie die Presse sie mit
einem Etikett versah und wie dann die Loftbesitzer anfingen, daraus
Gewinn zu schlagen ... Aber ein Loft ist nur eine Gebäude, es bedeutet
sonst gar nichts. Aber sie nahmen den Begriff und machten ›Loft Jazz‹

daraus. Ich habe früher meine eigenen Produktionen in den Lofts gemacht, also das, was man später fälschlicherweise als ›Loft Jazz‹ bezeichnete und woraus man dann diese Sharecropper-Sache machte, die alles zerstörte. Früher haben die Musiker sich selbst produziert, dann entwickelte sich dieses Sharecropper-System, und jetzt passiert überhaupt nichts mehr.«[97] Sharecropper – man erinnert sich – sind Landarbeiter, die ihren Lohn in Form einer Beteiligung am Ernteertrag erhalten.

Neben dem Mißfallen der Musiker an dem ihnen aufgedrängten Etikett *loft musician* und Loft Jazz und ihrem Mißtrauen gegenüber den Loft-Besitzern trug schließlich vor allem ein wachsender Konkurrenzkampf unter den einzelnen Lofts zum rapiden Niedergang der so hoffnungsvoll gestarteten Bewegung bei. Zwar gab es noch im Juni 1977 eine beeindruckende New York Loft Jazz Celebration, ein dreitägiges Festival, an dem vier Lofts beteiligt waren. Doch schon einen Monat später kam es zwischen zwei der bekanntesten Lofts, dem Ladie's Fort und dem Studio Rivbea zu einer Kontroverse, die von der Presse sogleich unter dem reichlich überzogenen Titel »Loft-Krieg« hochgespielt wurde. Geschehen war folgendes: Ladie's Fort und Studio Rivbea, beide am Rand der Lower East Side in der Bond Street gelegen, waren angetreten, um dem vom Großveranstalter George Wein durchgeführten kommerziellen Newport in New York-Festival ein Alternativfestival entgegenzusetzen, mit dem Resultat, daß sich schließlich die beiden Lofts Konkurrenz machten, indem sie sich gegenseitig die Musiker wegengagierten. Die *Village Voice* kommentierte höhnisch in Anspielung auf den Wall Street-Börsenkrach von 1929: »In the Lofts: Bond Street Breakdown.«[98]

Ist somit von dem bescheidenen Ruhm der Loft-Bewegung auch manches abgebröckelt und die Desillusionierung unter den Beteiligten auch groß, so steht die jazzhistorische Bedeutung der Lofts doch außer Frage. Nicht nur boten sie in der ersten Hälfte der 70er Jahre das wichtigste Präsentationsforum des Neuen Jazz, sondern gleichzeitig ermöglichten sie die produktive Zusammenarbeit zahlreicher Musiker, die außerhalb der Lofts kaum jemals Gelegenheit erhalten hätten, miteinander zu spielen. Insbesondere bildeten die Lofts nicht selten den Startpunkt für eine internationale Karriere junger, aus dem amerikanischen Hinterland, aus dem Mittleren Westen und Kalifornien nach New York zugezogener Musiker.

Einen guten Einblick in die Arbeit der mit dem verpönten Begriff Loft Jazz assoziierten Musiker vermittelt die aus fünf LPs bestehende Serie *Wildflowers: The New York Loft Jazz Sessions*, die im Mai 1976 im Studio Rivbea aufgenommen wurde[99].

Abgesehen von ihrer fraglos vorhandenen innermusikalischen Bedeutung für den Fortgang der Material- und Strukturentwicklung des Jazz der 70er Jahre hinterließ die Loft-Bewegung einen faden Nachgeschmack. In ihrem raschen und von manchen persönlichen Konflikten begleiteten Niedergang deutete sich einmal mehr die Unfähigkeit der amerikanischen Jazzmusiker an, sich effektiv zu organisieren – gegenüber einem soziokulturellen System, das ihnen alles andere als freundlich gesonnen war. Diese Unfähigkeit war nicht die Folge mangelnder Einsicht in die Wirkungszusammenhänge dieses Systems oder das Resultat organisatorischer Inkompetenz, sondern sie war Teil einer auf Konkurrenzdenken und individuelles Erfolgsstreben gerichteten Ideologie – der Ideologie der sozial dominierenden Klasse. Das Versagen der Loft-Bewegung bestand vor allem darin, daß sie dieser Ideologie keine praktikable Alternative entgegenstellen konnte, so sehr sie dies auch ursprünglich intendiert hatte.

8 Fusion Music und Bebop Revival

Die europäische Jazzszene und die Durchsetzung der Fusion Music

Beim traditionsreichen Frankfurter »Deutschen Jazzfestival« im März 1970 wurde das überwiegend jugendliche Publikum mit einem Programm konfrontiert, das man in Kritikerkreisen je nach Standort entweder als außerordentlich wagemutig oder als schwachsinnig bewertete. Neben einigen wenigen dem Spätbop oder Modern Jazz verpflichteten Formationen traten rund ein Dutzend überwiegend westdeutsche Gruppen auf, die in ihrer stilistischen Orientierung allesamt in Richtung Avantgarde wiesen, darunter die Gruppen von Peter Brötzmann, Manfred Schoof, Pierre Favre, Joachim Kühn, Gunter Hampel, Herbert Joos und Michael Sell. *Jazz Podium*-Herausgeber Dieter Zimmerle versah seine Rezension des Festivals mit der Überschrift »Der breite Vorstoß in den Free Jazz« und kommentierte: »Die Jazzszene ist aktiv, und der Entwicklungsprozeß erfährt keine Unterbrechung … Mehr als auf anderen Gebieten der Musik machen sich kreative Kräfte bemerkbar, die heute das Neue schaffen, das morgen oder übermorgen einem großen Musikmarkt Auftrieb gibt.«[1]

Das bemerkenswerte Ereignis, das in Auszügen auf einem 3-LP-Album dokumentiert ist[2], signalisierte auf besonders spektakuläre Weise zweierlei: erstens eine partielle Verlagerung der kreativen Impulse des Neuen Jazz nach Europa und zweitens die Herausbildung institutioneller Voraussetzungen für die Entfaltung einer ökonomisch und publikumsmäßig fundierten, europäischen Free Jazz-Szene, die – wie ich im vorigen Kapitel andeutete – über kurz oder lang auch für die amerikanischen Musiker relevant wurde; das letztere in einem weitaus stärkeren Maße, als es den europäischen Musikern lieb sein konnte. Die relativ große Aufgeschlossenheit des europäischen Publikums, insbesondere in der Bundes-

republik, Frankreich und den Niederlanden, die relativ hohe Risikobereitschaft einiger europäischer Veranstalter und die für den Jazz relativ gün-
stige Subventionspolitik einiger Institutionen der »öffentlichen Hand«
(relativ immer in Relation zu den USA) – all dies machte Europa in den
70er Jahren zum wichtigsten Forum gerade auch für die Vertreter der
afroamerikanischen Jazzavantgarde, die im eigenen Lande eine Existenz
im Underground führten und sich durch ihre Jobs in den Lofts und den
Coffee Houses nur schlecht und recht über Wasser hielten. Der Neue Jazz
war, wie mir in einem Interview der Saxophonist Charles Tyler noch 1976
versicherte, in den USA eine »unverkäufliche Ware«[3].

In den USA, und von dort ausgehend natürlich auch in der übrigen
Welt, begann sich derweilen eine Musik in das vorderste Bewußtsein
großer Teile des jugendlichen Publikums zu drängen (bzw. gedrängt zu
werden), für die sich mit der Zeit die Bezeichnungen Rockjazz, Electric
Jazz, Crossover Music oder Fusion Music etablierten. Die Fusion Music,
wie ich sie im folgenden entsprechend ihrer in den USA am meisten
propagierten Bezeichnung nennen will, verdankt ihre Existenz primär
den Versuchen einiger Jazzmusiker, zu einer Verschmelzung von Stilmitteln des Jazz mit solchen der Rockmusik zu gelangen. Ihren Namen und
ihre massenhafte Durchsetzung verdankt sie vor allem den Anstrengungen der Schallplattenindustrie, die zu Anfang der 70er Jahre auf dem
Rocksektor sich abzeichnenden Stagnationserscheinungen durch die Erschließung und Auswertung neuer musikalischer Reize zu kompensieren.
Diese fand man vorrangig im Jazz bzw. in dessen Mutationen. Der Begriff
»Jazz«, aus der Sicht der Medienkonzerne und der mit diesen liierten
Presse ein eher werbehemmendes Etikett, wurde dabei zunehmend in den
Hintergrund gedrängt. Sowohl Warner Bros., die Anfang der 70er Jahre
eine Abteilung Jazz and Progressive Music eröffneten, als auch Elektra
mit ihrem Jazz/Fusion-Label strichen Jazz nach kurzer Zeit wieder aus
ihrem Programm[4]. Als bezeichnend für die Furcht, durch das als kommerziell schwer verwertbar und zudem als antiquiert verdächtigt Label
»Jazz« potentielle, vor allem junge Käuferschichten abzustoßen, kann, –
nebenbei gesagt, – auch die Tatsache gewertet werden, daß die Zeitschrift
Down Beat – bis dahin *die* Jazz-Zeitschrift – seit 1971 *Jazz-Blues-Rock*
und seit 1974 *The Contemporary Music Magazine* als Untertitel führte.

Schallplattenbranche
und Jazz

Um den Prozeß der Entstehung und Vermarktung des Rockjazz-Fusion-Funk-Syndroms besser verstehen zu können, ist es günstig, einen Blick auf die ökonomische Struktur und die daraus resultierenden Mechanismen der US-amerikanischen Schallplattenindustrie der späten 60er und 70er Jahre zu werfen[5]. 1968 gab es in den USA fünf große Gesellschaften, die allein 55 Prozent aller umgesetzten Schallplatten verkauften; der Rest ging an weitere 90 kleinere Konkurrenten[6]. Die großen Gesellschaften, im Branchenjargon »Major Companies« genannt, sind im allgemeinen aus mehreren Firmen bestehende Konglomerate. CBS, eine der größten Gesellschaften der Branche, hatte 1970 elf Labels auf dem Markt, darunter die Columbia, die im Zusammenhang mit unserem Thema eine besondere Rolle spielt. Der Columbia wiederum gehören sieben große Rundfunkstationen, weitere 237 Sender im ganzen Land sind ihr angeschlossen. Fender, einer der wichtigsten Hersteller von elektroakustischen Musikinstrumenten (Gitarren, Klaviere, Verstärkeranlagen usw.), ist Teil der zu Columbia gehörenden Instrumentenbranche. Und über Personalverflechtungen in Direktorien, Aufsichtsräten usw. ist die Columbia verbunden mit der Rockefeller Foundation, der Atlantic Refining Company (Ölgesellschaft), dem Council of Foreign Relations und der CIA. Analoge Verflechtungen lassen sich für alle übrigen Majors nachweisen[7].

Die Größe einer Gesellschaft ist nun von immenser Bedeutung für die Art und die Menge der Produktionen, die sie auf den Markt bringt. Die Columbia, um bei dem Beispiel zu bleiben, muß, um ihren gigantischen Apparat von Produktion, Vertrieb, Verwaltung, Werbung und Administration ständig in Betrieb zu halten, permanent große Mengen produzieren, und dies um so mehr, als sich von zehn herausgebrachten Platten im allgemeinen nur drei wirklich gut verkaufen[8]. Dieser von der ökonomischen Struktur der Majors her bedingte Zwang zum Erfolg aber macht Jazz – und zumal solchen, der sich den eingefahrenen Hörgewohnheiten großer Hörermassen widersetzt – für die Schallplattenproduzenten in den großen Gesellschaften weitgehend unattraktiv. Der polnische Violinist Michal Urbaniak, der in den USA lebt und eine Art rock-inspirierten, elektrischen Jazz spielt, führt hierzu aus: »Verkaufszahlen, die in Europa als Knüller gewertet werden, bedeuten in den USA nichts ... Um eine Plattenfirma dort wirklich für sich zu interessieren und sicher zu sein, daß sie sich auch weiterhin für einen einsetzt, müssen die Absatzziffern ebenso hoch sein wie die der erfolgreichen Popbands ... Ab 100 000 verkauften Platten wird man in den USA für eine Plattenfirma interessant. Das ist das Minimum.«[9]

Ein Vertreter der Capitol-Exekutive bemerkte, daß Klassik und Jazz für seine Firma nicht profitabel seien. Seine Argumentation: Wenige Jazzplatten – mit Ausnahme von Erroll Garners *Concert by the Sea*, Dave Brubecks *Take Five* und Miles Davis' *Bitches Brew* – haben jemals die Umsatzgrenze von 200 000 erreicht. Ein erfolgreiches Popalbum verkaufe sich hingegen in zwei bis fünf Millionen Exemplaren, mit Gewinnen zwischen 10 bis 25 Millionen Dollar[10]. Die Gewinne sind deshalb so hoch, weil sich praktisch alle Instanzen vom Studio über die Pressung, den Vertrieb bis in die Ladenkette in einer Hand befinden.

Erschwerend für die Durchsetzung des Jazz in der Organisationsstruktur der Majors wirkte sich darüber hinaus die Tatsache aus, daß in einigen Firmen wie CBS der Jazz in der Marketingabteilung für Black Music untergebracht war[11]. Dies hatte den Effekt, daß die weißen Mitarbeiter in der Gesellschaft Jazz als etwas ansahen, was vor allem die Schwarzen anging und womit sie selbst sich nicht zu befassen brauchten. Die Musik jedoch, für die sich die Marketingabteilung Black Music vor allem interessierte, war die Musik, die über die schwarzen Radiostationen lief; und das waren Soul, Rhythm & Blues und Black Disco[12].

Der in den großen Konzernen dominierende Zwang zum Erfolg, der immer ein Zwang zu großen und vor allem auch zu schnellen Umsätzen ist, kann den Gedanken nicht aufkommen lassen, daß das Medium Schallplatte unter Umständen auch dazu herhalten könnte, dem Hörer ungewohnte und daher unbequeme Klänge näherzubringen. Als der Free Jazz-Schlagzeuger Andrew Cyrille 1969 John Hammond, dem einflußreichen Columbia-Produzenten, Benny Goodman-Schwager und selbsternannten »Entdecker« von Count Basie und Billie Holiday, eine Soloplatte zur Produktion vorschlug und ihm eine Probeaufnahme auf den Plattenteller legte, nahm Hammond nach 30 Sekunden den Tonarm hoch und sagte: »Der Computer ist an kreativem Schlagzeugspiel nicht interessiert, der Computer ist am Geldverdienen interessiert.«[13]

Die Konsequenz dieser Haltung ist, daß das von den Majors auf den Markt geworfene Produkt den Rezeptionsgewohnheiten des sogenannten Massenpublikums optimal angepaßt ist. Dies kann einerseits so erfolgen, daß Musiker und Gruppen lanciert werden, die diesen Rezeptionsgewohnheiten ohnehin vor allem kommen (das trifft vor allem auf den Popmarkt zu), und dies kann andererseits so erfolgen, daß den bereits unter Vertrag stehenden Musikern, die den gewünschten Anforderungen nicht entsprechen, mehr oder minder direkt nahegelegt wird, ihre kommerziell schwer verwertbaren Gestaltungsprinzipien den Erfordernissen des Marktes anzupassen. Auf diesen letzteren Aspekt wollen wir uns hier konzentrieren.

Miles Davis

In seiner Dissertation *Miles Davis. Stilkritische Untersuchungen zur musikalischen Entwicklung seines Personalstils* schreibt Franz Kerschbaumer:

> »Aufgrund des zurückgegangenen Plattenverkaufs, der nicht zuletzt auf die fortgeschrittene freie Tonalität der letzten Jahre und auf den für einen großen Publikumskreis zu hohen Kompliziertheitsgrad in Davis' Musik ... zurückzuführen ist, riet ihm seine Schallplattenfirma ›Columbia‹, den Stil seiner Musik zu ändern, um einen größeren Publikumskreis anzusprechen. Das gute Verhältnis zu ›Columbia‹ sowie wirtschaftliche und soziale Aspekte veranlaßten Davis schließlich, nicht die Plattenfirma zu wechseln, sondern deren publikumswirksame Tendenzen in sein sich ständig änderndes musikalisches Konzept miteinzubeziehen.«[14]

Der von Columbia vorprogrammierte Erfolg ging zum erstenmal in dem 1970 produzierten Doppelalbum *Bitches Brew* in Erfüllung. Das Album verkaufte sich in einer Auflage von über 500000 Stück[15]. Der inszenierte Stilwandel kam bereits im poppig-surrealistischen Schallplattencover zum Ausdruck. Musikalisch fand er – vordergründig – seinen Niederschlag in einer dem gängigen Spätbop-Format gegenüber radikal veränderten Besetzung und Elektrifizierung: Drei Bläser (Trompete, Sopransaxophon und Baßklarinette) agierten vor einem Hintergrund von bis zu drei elek-

trischen Klavieren, elektrischer Gitarre, zwei Bässen und vier Schlag-
zeugen. Diesem instrumentalen Aufwand gegenüber steht eine bemerkenswerte Reduzierung der musikalischen Mittel. Am offensichtlichsten
zeigt sich dies im Rhythmischen. An die Stelle von spontan sich voll-
ziehenden Tempowechseln und polyrhythmischen Überlagerungen, wie
sie für vorangegangene Davis-Aufnahmen typisch waren, tritt ein stereotyp durchgehaltener 8/8-Beat, der durch *offbeat* eingesetzte Akzente zwar
belebt, aber niemals gefährdet wird. Freie Modalität mit wechselnden
Bezugstönen wird ersetzt durch das Festhalten an einer Skala, deren harmonische Ausdeutung sich vielfach auf einen Akkord beschränkt. Melodische Entfaltung reduziert sich auf floskelhaft eingesetzte Motive mit
Signalcharakter.

Es gehört zu den wesentlichen Merkmalen industriell produzierter
Massenkultur, daß die Produkte, die sie auf den Markt wirft, in hohem
Grade standardisiert sind. Dafür, daß sich die Standardisierung in der
Musik Miles Davis' vor allem im rhythmischen Bereich niederschlug,
ohne allerdings die anderen Bereiche unberührt zu lassen, waren nicht
zuletzt die Bedürfnisse und Erfahrungen des jugendlichen Publikums
verantwortlich, das von Columbia als Zielgruppe angepeilt wurde. Die
musikalischen Erfahrungen dieses Publikums lagen vornehmlich im Bereich der Pop- und Rockmusik, deren Entwicklung und deren Umsätze,
wie gesagt, in dieser Zeit zu stagnieren begannen.

Der Bassist Dave Holland, der in der Phase des stilistischen Umbruchs
bei Miles Davis arbeitete, äußerte sich 1971 hierzu folgendermaßen:

> »Dem Publikum, das in Massen zu den Auftritten der Miles Davis
> Gruppe strömte, nachdem mit *Bitches Brew* ein durchschlagender Erfolg
> erzielt worden war, konnte man anmerken, mit welch oberflächlicher
> Haltung es der Musik zuhörte. Die meisten verstanden nicht, was wirk-
> lich gespielt wurde, und nahmen nur einige Aspekte der Musik wahr ...
> Solange wir etwas spielten, was einen Rock-Beat hatte, gingen sie mit,
> sobald wir uns aber auf ein anderes Gebiet wagten, verloren sie blitzartig
> das Interesse und fingen an zu reden.«[16]

Zur Musik selbst führt Chick Corea, einer der Pianisten der Davis-
Gruppe jener Jahre um 1970, aus: »Langsam kristallisierte sich bei Miles
immer dieselbe Konzeption, derselbe Rhythmus heraus. Die Musik vari-

ierte einfach nicht mehr.«[17] Und Dave Holland fügt hinzu: »Das *Filmore-Album* ist ein gutes Beispiel dafür. Zuerst hat man den Eindruck, die Musik sei unheimlich magisch. Aber wir, die wir so oft in dieser Art gespielt haben, machten die Erfahrung, daß die Magie völlig verloren ging. Es fehlte an jener Subtilität, die in erster Linie durch ständigen Wandel in der Musik erreicht wird. Das Publikum wird das eines Tages ebenso merken.«[18]

Miles Davis' Biograph Bill Cole kommentiert: »So entfernte sich Miles vom Hauptstrom afroamerikanischer Musik, indem er den besten Rock auf der Szene spielte, indem er sich sämtliche technische Mätzchen *(gimmicks)* aneignete, die ihm unter die Finger kamen, und alles mit dem Ziel, eine Supermusik zu machen. Er schloß seine Musik an Computer an, verwendete Echokammern, Wah-Wah-Pedale, elektrische Klaviere und jeden anderen nur vorstellbaren Trick, um sich musikalisch zu entfalten und um einer Musik Glaubwürdigkeit zu verleihen, die künstlerisch weit unter seinem Niveau lag.«[19]

Der Erfolg von Davis' Konzeption (oder genauer gesagt: jener der Konzeption von Columbia) brachte schon bald eine Reihe von Gruppen auf den Plan, deren Musik mehr oder minder stark nach den Rezepten der Davis-Gruppe ausgerichtet war. Den Kern all dieser Formationen – oder doch der erfolgreichsten unter ihnen – bildeten Musiker, die vorher in der Gruppe von Miles Davis gedient hatten: *Weather Report* um den Pianisten Joe Zawinul und den Saxophonisten Wayne Shorter; *Return to Forever* des Pianisten Chick Corea; die Gruppe *Mahavishnu* des Gitarristen John McLaughlin und schließlich die Gruppe um den Pianisten Herbie Hancock. All diese Musiker waren durch die Zusammenarbeit mit Miles Davis mehr oder minder stark beeinflußt, und so sehr sie sich auch im Laufe der Zeit stilistisch auseinanderentwickelten, so bewahrten sie doch lange Zeit einige wesentliche Charakteristika, die sie allesamt als Nachkommen von *Bitches Brew* ausweisen.

Parallel zu den genannten Gruppen, die den eigentlichen Kern der sogenannten Fusion Music ausmachen und über die im folgenden ausführlicher zu sprechen sein wird, entwickelte sich eine andere Strömung, die sich in stärkerem Maße der spezifisch *schwarzen* Populärmusik annäherte, insbesondere dem Funk, der freilich mit dem Funk Jazz der 50er Jahre nichts mehr zu tun hatte. Hierzu sind vor allem die bei CTI unter Vertrag stehenden Musiker wie Freddie Hubbard, George Benson und Stanley Turrentine zu rechnen – Musiker, von deren einstiger kreativer Kapazität im Rahmen des Disco-Sound kaum noch etwas zu spüren ist.

Musikalische Merkmale der Fusion Music

Zu den Gemeinsamkeiten der für die Fusion Music repräsentativen Gruppen gehören die folgenden Merkmale:

1. *Elektrifizierung nahezu des gesamten Instrumentariums*, wobei der Faktor der technischen Ausstattung der Gruppen nicht zuletzt Reklame für die Elektroindustrie war. Das schlug sich einerseits in den penibel genauen Angaben aller verwendeten Instrumente samt Firmenbezeichnungen auf den Plattenhüllen nieder, andererseits in zahllosen Interviews, in denen die betreffenden Musiker von Jazzkritikern eingehend nach ihrer technischen Ausstattung befragt wurden.
   Die Bedeutung der Rolle, die die Jazzkritik in diesem Zusammenhang als Werbeagent der Industrie spielte, mag man sich an den Dimensionen des betreffenden Marktes veranschaulichen: Im Jahre 1973 wurden allein in den USA zur Verstärkung von elektrischen Gitarren, Bässen, Klavieren und Synthesizern 133 980 Verstärker und 20 000 sogenannte P.A.-Systeme verkauft. Die Gesamtausgaben von Musikern für technisches Gerät beliefen sich auf 1,5 Milliarden Dollar[20].
2. *Weitgehendes Festhalten am durchlaufenden Fundamentalrhythmus* bzw., wenn man es am Free Jazz messen will, Re-Installierung des *beat*. Auf diesen Punkt und seine Bedeutung für die Publikumswirksamkeit der Musik wurde schon im Zusammenhang mit Miles Davis hingewiesen. Bei den hier zur Diskussion stehenden Fusion Groups vollzog sich diese Re-Installierung des *beat* abhängig von der jeweiligen stilistischen Ausrichtung entweder in Form des binären Rockbeats oder in Adaptionen von Elementen der indischen Musik in Form von komplexeren, ungeradzahligen Patterns (besonders bei McLaughlin).
3. *Beschränkung auf mehr oder minder einfache harmonische Strukturen und eindeutige tonale Bezüge*. Orville Sanders, Gitarrist der von Donald

Byrd initiierten Gruppe *Blackbyrds,* erklärte einem Reporter von *Billboard*: »Wir glauben daran, daß bestimmte Akkorde Geld einbringen und andere nicht.«[21] Ausführlicher und zugleich deutlicher formulierte es der Schlagzeuger Billy Cobham:

> »Auf meiner neuen LP werden Stücke sein, die der Platte dazu verhelfen werden, in die Hitlisten zu kommen. Ich muß sicherstellen, daß ich auch *die* Leute erreiche, die bei einem Ab^{7b5}-Akkord in Panik geraten und sich fragen: ›Mein Gott, was versucht er denn da?‹ Alles, was über eine I-IV-V-Harmonik hinausgeht, bringt einen in Schwierigkeiten, ist nicht mehr kommerziell. Ich gebe den Leuten zehn Minuten lang ein paar I-IV-V-Harmonien mit einem *beat* drunter, der immer schön am gleichen Platz bleibt, und nach dem jeder tanzen kann. Es läuft ungefähr so: Ich gebe euch wenig und hoffe, daß ich viel dafür bekomme.«[22]

4. *Hervorkehrung der instrumentalen Virtuosität:* Die genannten Gruppen wurden im Branchenjargon als Supergroups bezeichnet, ein Begriff, der von der Rockpublizistik für Gruppen aufgebracht wurde, die sich ausschließlich aus hochkarätigen Virtuosen zusammensetzten. Die sportlichen Qualitäten des »Schneller – höher – lauter« haben in der Geschichte des Jazz in bestimmten Stilbereichen schon wiederholt eine Rolle gespielt, und es gehört zu den Verdiensten der Free Jazz-Musiker vor allem aus dem Chicagoer Zirkel, daß diese Art von Sportsgeist im Jazz bewußt in Frage gestellt wurde. Die zentrale Bedeutung, die in den 70er Jahren im Rahmen der Fusion Music der instrumental-technischen Virtuosität beigemessen wurde, kam nicht von ungefähr, sondern hing unmittelbar mit der angestrebten Massenwirksamkeit der Musik zusammen. Virtuosität – oder sagen wir es präziser: Geschwindigkeit – ist die für einen musikalisch unvorbelasteten Hörer am leichtesten identifizierbare Qualität und insofern bestens geeignet, musikalischen Leerlauf zu verdecken.

Supergroups wurden häufig *gemacht*, indem erfolgversprechende Solisten vom Management einer Firma zusammengebracht wurden; und sie wurden als Supergroups deklariert, noch bevor sie als Gruppe einen Ton zusammengespielt hatten. Beispielhaft hierfür ist die von den beiden Managern Sid Bernstein und Billy Fields initiierte Gruppe *Weather Report*, für die eine weltumspannende Publicity in Gang

gebracht wurde, noch ehe die erste Platte auf dem Markt war. Bernstein, der dadurch bekannt geworden war, daß er die *Beatles* in die
USA geholt hatte, erklärte 1971 in einem Interview, daß Clive Davis,
Präsident von Columbia, die Gruppe allein auf Grund ihres Rufes
unter Dauervertrag genommen habe. Über die Qualitäten der Gruppe
selbst machte Bernstein die folgenden – ein wenig tautologischen –
Angaben: »Für mich ist sie die Super-Supergruppe von Amerika. Ich
glaube, es ist Amerikas erste Super-Supergruppe. Es ist wahrhaftig
eine Super-Supergruppe.«[23]

5. Ein weiteres Kriterium, das allerdings nicht ohne weiteres aus der
Musik von Miles Davis abzuleiten ist, auch nicht für alle genannten
Gruppen gleichermaßen galt, dafür aber weit über diesen Kreis hin-
auswies, war die *Re-Installierung eines harmonisch-melodischen Schön-
klanges.* Hatte man im Free Jazz der 60er Jahre die Melodie als feti-
schisierten Träger des Warencharakters von Musik – bewußt oder
unbewußt – zum Teil zu den Akten gelegt oder sie doch so deformiert,
daß an ein »Kann man getrost nach Hause tragen« nicht mehr zu denken war, so rückte in der Fusion Music eine wahre Melodienseligkeit
in den Vordergrund, mit Griffen in das Motiv- und Klangreservoir der
abendländischen Musik des 19. Jahrhunderts. Besonders deutlich wird
dies in Soloaufnahmen von Pianisten wie Chick Corea und Keith
Jarrett, in denen Wohlklang und romantisch-impressionistische Ver-
sonnenheit herrscht, eine Art Salon-Debussy dargeboten wird, mit
einer zaghaft interpolierten Jazzrhythmik und -harmonik, der jede
Reibungskraft entzogen ist.

Zu fragen wäre, welche Funktionen dieser Wohlklang aus einer – zumindest im nachhinein – als heil angesehenen Welt haben könnte.
Ganz offensichtlich entsprach er den Bedürfnissen einer Hörerschaft,
für die die radikalen Umwälzungen im Jazz der 60er Jahre eine Be-
leidigung darstellten, für die Coleman und Taylor, Brötzmann und
Schlippenbach den Untergang des Jazz signalisiert hatten und für die
die von Corea und Jarrett hervorgezauberte »blaue Blume der Romantik« eine Wiedergewinnung des inneren musikalischen Friedens bedeutete. Beim näheren Hinhören wurde allerdings deutlich, daß dort
eine musikalische Scheinwelt aufgebaut wurde, ein Schönheitsideal,
das verlogen war. Denn diese Musik, die weniger auf das breite Rock-

jazz-Publikum zielte als auf eines, das sich als Bildungspublikum verstand, spekulierte genau genommen auf die musikalische Unbildung ihrer Hörer. Auf Leute, die sich jemals ernsthaft mit den »Originalen«, d.h. mit Schumann, Ravel oder Debussy, auseinandergesetzt hatten, mußten Coreas und Jarretts Romantismen und Impressionismen schlicht epigonal und langweilig oder komisch wirken.

Ideologische Tendenzen

Überlegungen über das Eindringen marktbedingter Phänomene in die musikalische Struktur erfassen *eine* Seite der Sache; eine andere bildet der ideologische Bezugsrahmen, in den all dies gestellt wird. Hierzu zunächst ein paar illustrative Zitate.

Chick Corea zur Bedeutung des Namens seiner Gruppe *Return to Forever:*

> »Wenn dir das Musikhören ein echtes Erlebnis vermittelt, wenn du irgend etwas Schönes geschaffen hast und Zeit, Raum, Probleme, Konflikte und überhaupt alles um dich herum vergißt und auf einmal spürst, daß du ganz du selbst bist, ganz intensiv lebst, dich glücklich fühlst, dann ist das ein Zustand, den man mit ›forever‹ bezeichnet. Es bedeutet Zeit ohne Ende. Nur der Moment, die Gegenwart zählt. *Return to Forever* heißt: Laßt uns zu diesem Glücksgefühl, zu diesem paradiesischen Zustand zurückkehren, laßt uns immer so sein.«[24]

John McLaughlin:

> »Die Musik öffnet uns dem Ewigen gegenüber. Deshalb liebt sie jeder. Sie ist eine Sprache des Jenseitigen und nicht den irdischen Normen mit ihren Unvollkommenheiten und Frustrationen, wie wir sie alle kennen, unterworfen. Sie ist der Atem des Göttlichen aus dem Jenseits – daher ist jeder ihr gegenüber empfindsam, denn wir gehören alle zur Welt des Ewigen, und die Musik erinnert uns daran. Sie ist Schönheit und führt uns unsere eigene Schönheit vor Augen. Alles, was ich will, ist, ein perfektes Instrument dieser Sprache zu sein.«[25]

Beide Zitate sind nicht singulär, nicht mühselig zusammengesucht; ähnliche ließen sich in nahezu jedem der überaus zahlreichen Interviews mit Corea, McLaughlin und anderen Musikern dieses Zirkels finden. Derartige Äußerungen wurden bisweilen begriffen als Symptom für den Bewußtseinswandel unter den Jazzmusikern der 70er Jahre gegenüber jenen der 60er Jahre. Damals formulierte Archie Shepp sinngemäß: »Meine Musik ist eine Waffe im politischen Kampf und sonst gar nichts.« In Wahrheit jedoch dürften Äußerungen wie die zitierten mehr sein als nur individuelle Glaubensbekenntnisse, deren Berechtigung nicht in Frage zu stellen ist. Vielmehr fungierten sie als ideologischer Deckmantel zur Verhüllung gigantischer ökonomischer Operationen. Kommerzieller Ruhm legitimierte sich durch göttlichen Ruhm, wenn etwa McLaughlin in seinem Erfolg nichts als die »Manifestation göttlicher Gnade« erblickte, wenn er »das Geld als die in die Hände des Menschen gelegte Macht des göttlichen Wesens« bezeichnete oder wenn er ausführte: »Das Geld gehört dem Göttlichen, und das Göttliche benötigt zu seiner Manifestation Millionen und Abermillionen.« Hier hat man es nicht nur mit einer der originellsten ökonomischen Theorien seit dem *Kapital* zu tun[26], sondern mit einem Etikettenschwindel, der die riesigen Profite der Mahavishnu Enterprise, der Forever Unlimited Productions Inc. und wie sie alle heißen unter einem pseudoreligiösen Gewand versteckte oder – um im Bild zu bleiben – bei dem das Etikett »Kapitalismus« ganz einfach durch Etikette wie »Gott«, »Ewigkeit«, »Glück« usw. überklebt wurde.

Während man von seiten der maßgeblichen amerikanischen Fachpresse den im Free Jazz verankerten, avantgardistischen Strömungen der afroamerikanischen Musik kaum Beachtung entgegenbrachte (man braucht nur einmal die entsprechenden Jahrgänge des *Down Beat* durchzublättern), wurden die nebulösen Verlautbarungen einiger Fusion-Musiker mit einem erheblichen publizistischen Aufwand belohnt – in einem Ausmaß, das es schwer macht, dahinter *kein* System zu vermuten. Denn natürlich waren Zeitschriften wie *Down Beat* von den Anzeigen jener kapitalstarken Firmen abhängig, die das aufwendige Instrumentarium und elektrische Equipment der Fusion-Supergroups produzierten.

Die Musiker des traditionellen Lagers und mehr noch die politisch engagierten Vertreter des Neuen Jazz standen der Fusion-Welle mit erheblicher Skepsis, bisweilen mit unverhohlener Abneigung gegenüber.

Bezeichnend hierfür einige Bemerkungen des Schlagzeugers und Bop-Innovators Max Roach, dessen *Freedom Now Suite* einstmals den Grundstein für einen sich als politisch verstehenden Jazz gelegt hatte. Roach sagte 1980 in einem Interview:

> »Fusion ist das Produkt der Vorstellungskraft von Leuten, die keine kreativen Künstler sind. Es ist ein Geschäft. Man muß auf jemanden hören, der einen Computer hat, der den Leuten sagt, daß man in dieser Woche grüne Krawatten und rote Socken und gelbe Anzüge trägt; daß man sich so anziehen sollte, wenn man über die Runden kommen will. Für mich hat Fusion mit Kreativität nichts zu tun. – Politisch halte ich sie für eine imperialistische Form von Musik. Alles ist überarrangiert, stilisiert. Jeder soll *funky* aussehen, aber niemand soll *funky* klingen.«[27]

Die Fusion Music war zwar nicht ausschließlich, aber doch zum überwiegenden Teil die Angelegenheit weißer Musiker. Daß bei alledem der wesentlichste musikalische Impuls von demselben afroamerikanischen Trompeter und Bandleader, Miles Davis, ausging, der schon rund 20 Jahre zuvor bei der Hervorbringung des »weißen« Cool Jazz als Initiator fungierte oder doch zumindest als solcher betrachtet wurde, mag ein Zufall sein oder auch nicht.

Fusion Music und verwandte Genres wie Funk waren der Beitrag der 70er Jahre zur kulturellen Enteignung der afroamerikanischen Musik und insofern ein traditionsreiches Phänomen. Die Chick Coreas und John McLaughlins der 70er Jahre waren nichts anderes als die Paul Whitemans und Glenn Millers der 20er und 30er Jahre: außerordentlich kompetente Musiker, die aus der afroamerikanischen Musik Gewinn zogen, indem sie sie domestizierten. Neuartig waren also nicht die Phänomene selbst, sondern vor allem die Dimensionen, in denen sie sich abbildeten, und neuartig auch die ideologischen Purzelbäume, die man vollführte, um diese Dimensionen zu rechtfertigen.

Die 60er Jahre sind vorbei:
Zurück zur »Normalität«?

David Pichaske schreibt:

> »Irgendwann in der Zeit um 1970 begann sich im öffentlichen Leben
> der USA ein anhaltender Rückzug zur Normalität abzuzeichnen, der sich
> für die ›Kinder der 60er Jahre‹ wie ein großes Abschalten der Lichter und
> wie ein tiefer Schlaf ausnahm ... Der Krieg (in Vietnam) ging seinem
> Ende zu, Nixon war im Weißen Haus, Studenten hatten ihre Examen
> gemacht und waren auf der Jagd nach Jobs, und das Pendel war von der
> Aktivität zur Nachdenklichkeit geschwungen. ... Die Leute der 60er
> Jahre fanden die 70er praktisch unbewohnbar: Gesetz und Ordnung,
> Struktur, Todesstrafe, kurze Haare, ... Nazis marschieren in Illinois,
> Guyana, Punk Rock, Leistung/Darstellung: Image ohne Substanz, Illu-
> sion, Formeln. Reichlich wenig Imagination – außer in Richtung Ortho-
> doxie. Weniger Exzentrizität und mehr Uniformität. Weniger Sponta-
> neität, Verrücktheit, weniger Visionen und Experimente. Gesenkte
> Erwartungen und Erfüllungen. Weniger Bewegung.«[28]

Die regressiven Tendenzen im geistigen Klima der 70er Jahre, das Nach-
lassen des Elans und der Energie sowie der Rückzug in Haltungen, die
man als »normal« verstand – all dies hatte seine Ursachen in einer Reihe
von Faktoren. Sicherlich waren einige der Helden der 60er Jahre müde
geworden, waren – wie Ian Anderson von der Rockgruppe *Jethro Tull*
ironisch vermerkte – »zu alt für den Rock 'n' Roll und zu jung zum
Sterben«[29]. Aber darüber hinaus gab es äußere Umstände im sozialen und
politischen Gefüge der USA, die einer Entfaltung von Phantasie und
Initiative nicht gerade förderlich waren.

Ab 1973 wurde unter dem Einfluß der Energiekrise eine allgemeine
Verlangsamung des Lebensrhythmus spürbar. 1974 erlebten die USA den
größten Produktionsrückgang und verzeichneten zugleich die höchsten
Preissteigerungen der letzten 30 Jahre. Rund fünf Millionen Arbeitslose
drängten sich vor den Schaltern der Sozialfürsorge. Die Stadt New York
stand kurz vor dem finanziellen Bankrott. Hinzu kam eine tiefe Vertrauenskrise der Bevölkerung gegenüber der Rechtschaffenheit und Kompetenz ihrer Regierung. Ausgelöst durch den Watergate-Skandal konzentrierte sich das allgemeine Unbehagen zunächst auf die Person Präsident

Nixons, verwandelte sich schließlich in ein tiefes Mißtrauen gegenüber »denen in Washington«, als ab Ende 1974 im sogenannten CIA-Skandal gravierende Verletzungen von Bürgerrechten in Form der Bespitzelung von Vietnamkriegsgegnern durch die CIA bekannt wurden und CIA-Pläne zur Ermordung ausländischer Staatsmänner an die Öffentlichkeit gerieten. Zwar setzte ab Mitte 1975 ein leichter Konjunkturaufschwung ein; aber noch immer gab es 1976 ein Heer von nunmehr sieben Millionen Arbeitslosen, die sich schwerlich über das mit viel Pomp und großem Aufwand gefeierte zweihundertste Geburtsjahr der Vereinigten Staaten gefreut haben dürften. Als schließlich im April 1978 die Amerikaner vom Gallup-Institut nach ihrer Meinung über die Regierungsführung ihres Präsidenten Jimmy Carter befragt wurden, da erklärten sich nur noch 39 Prozent mit dessen Politik einverstanden.

An der Situation der afroamerikanischen und anderen farbigen Minderheiten hatte sich unterdessen seit Ende der 60er Jahre kaum etwas geändert. Die Misere der schwarzen Ghettos hatte sich zu einem resignativ ertragenen Status quo von Armut und Kriminalität verfestigt, zu einem Dauerzustand der Angst und der Hoffnungslosigkeit, der nur selten und dann nur durch Zufall die Aufmerksamkeit der breiten Öffentlichkeit auf sich zog, wie es 1967 der Fall war, als während des großen Blackout, des Zusammenbruchs weiter Teile des Elektrizitätsnetzes im Nordosten der USA, Tausende von New Yorker Ghettobewohnern die Geschäfte plünderten und Brände legten. »Die armen Leute haben seit Jahren darauf gewartet, daß diese Lichter einmal ausgehen«, sagte eine schwarze Frau, als sie von einem Reporter der *Amsterdam News* nach ihrer Meinung zu den Plünderungen befragt wurde[30]. 1976 lebten 31 Prozent aller schwarzen Amerikaner auf einem Niveau unterhalb der staatlich festgelegten Armutsgrenze.

Es ist bekannt, daß sich ökonomische Krisenzeiten und die damit einhergehenden psychosozialen Veränderungen und Verunsicherungen nicht nur auf die Produktion avancierter Kunst oder widerborstiger Ideen hemmend auswirken können, sondern daß insbesondere auch in der Sphäre der Rezeption sich gravierende Änderungen abzuzeichnen beginnen. Die Jahre um 1975 wiesen in dieser Hinsicht für die USA mancherlei Parallelen zu der Zeit kurz nach 1945 auf. Daß dabei in beiden Fällen gerade ein Krieg zu Ende gegangen war, mag nicht einmal das Ausschlaggebende

gewesen sein, zumal die Amerikaner aus Vietnam erheblich deprimierter
hervorgingen als aus ihrem Kampf gegen den Hitler-Faschismus. Jedoch
war in beiden Fällen die Grundstimmung ähnlich: Es herrschte Irritation
und Beklommenheit; Angst vor dem Umkippen des Kalten Krieges in
einen heißen im ersten Fall, Angst vor dem wirtschaftlichen Desaster, der
Zerstörung der Umwelt und schließlich – zu Ende des Jahrzehnts – vor
einer drohenden Kriegsgefahr im zweiten. Und es herrschte die gleiche
Neigung zum Konservativismus, zum »Auf-Nummer-Sicher-Gehen«
und zur Losung »Keine Experimente!«.

Bebop Revival

Es überrascht unter diesen Voraussetzungen kaum, daß die 70er Jahre –
analog zum Dixieland Revival der 40er – eine Revival-Bewegung hervorbrachten. Und es gehört zu den feinen Ironien der Rezeptionsgeschichte
des Jazz, daß das Objekt dieses 70er Revivals eben jene Musik war, die
30 Jahre zuvor durch das Dixieland Revival nicht unerheblich behindert
worden war: der Bebop.

In der Bebop-Renaissance der 70er Jahre trafen verschiedene Impulse
aufeinander, wobei es schwer auszumachen ist, woher der erste Anstoß
kam, aus der veränderten Bedürfnislage der Hörerschaft oder aus der
planvollen Inszenierung der »Wiedergeburt« des Bebop durch das Management. Jedenfalls spielten beide Faktoren eine Rolle und bedingten
sich schließlich wechselseitig.

Für das Jazzpublikum bzw. große Teile von ihm mußte sich dieser
Neobop nach den Zeiten der Verunsicherung durch den Free Jazz und
den Jahren der Reizüberflutung durch den Electric Jazz wie eine Oase des
Friedens, der Entspannung, der Sicherheit ausnehmen. Und er korrespondierte darin ganz offensichtlich mit der oben analysierten Bewußtseinslage und mit den aus ihr resultierenden Bedürfnissen. Und es ist gewiß kein Zufall, daß der seit 1976 am meisten umworbene und geförderte
Bopmusiker, der aus dem Exil in Kopenhagen in die USA zurückgekehrte
Dexter Gordon, zugleich einer der rhythmisch entspanntesten und ag-
gressionsfreiesten Improvisatoren unter den Bebopveteranen ist; ein

Musiker, der in seinem emotionalen Habitus wesentlich näher bei Lester Young als bei dem explosiven Charlie Parker steht.

Die Schallplattenindustrie und das Jazzclub-Management gingen auf die veränderten Bedürfnisse des Publikums sehr rasch und mit großem Elan ein. CBS engagierte zu diesem Zweck sogar einen für die Vermarktung des Hardbop besonders kompetenten Mitarbeiter, den durch seine Arbeit für das Blue Note-Label qualifizierten George Butler[31]. Nie zuvor gab es in der Geschichte des Jazz eine Werbekampagne wie jene, die von CBS für Dexter Gordon inszeniert wurde. Und Gordon gab zweifellos in mehrfacher Hinsicht ein äußerst dankbares Objekt für die Strategien der Promotionexperten ab. Gordon war nicht nur ein exzellenter Musiker. Er war zugleich eine legendäre Figur, der mit Parker gearbeitet hatte, von dem Coltrane sagte, daß er zu seinen wichtigsten Einflüssen gehörte. Er war eine beeindruckende Persönlichkeit, gutaussehend, souverän und entspannt, ein – wie CBS eines seiner Alben titulierte – *Sophisticated Giant*. Und – was für die Werbekampagne einen ganz zentralen Punkt bedeutete – er kam nach fast 15 Jahren im Ausland »nach Hause« in die Vereinigten Staaten zurück; in das Land, das er 1962 verbittert und desillusioniert verlassen hatte, weil man ihm als Drogenabhängigem die Cabaret Card und damit die Existenzgrundlage entzogen hatte[32]. Die Spekulation auf die unterschwellig vorhandenen patriotischen Gefühle des Neobop-Publikums manifestierte sich im Titel der ersten LP, die CBS 1976 mit Dexter Gordon aufnahm: *Homecoming* – Heimkehr.

Homecoming wurde mit über 40 000 verkauften Exemplaren die erfolgreichste Schallplatte, die Dexter Gordon jemals produziert hatte, sie war – wie der seinerzeit bei CBS als »Pressereferent für Jazz« tätige Peter Keepnews vermutet – überhaupt das meistverkaufte Bebop-Album aller Zeiten[33]. Nun bedeuteten allerdings 40 000 Exemplare für die an Hit Umsätzen von einigen Millionen interessierten Marketingleute von CBS zweifellos nichts Besonders; und es hat den Anschein, daß die Jazz-Ambitionen der marktbeherrschenden Konzerne schon Ende der 70er Jahre erheblich nachzulassen begannen[34]. In der Zeit jedoch, als die Vermarktung des Neobop auf Hochtouren lief, ließ man sich viel einfallen, um ihn unter die Leute zu bringen, und zwar nicht nur von seiten der großen Schallplattenkonzerne, sondern auch im kleineren Maßstab der Konzertagenturen und Clubbesitzer.

Ein Attribut, das man dem Neobop dabei bevorzugt zuordnete und in welchem man zweifellos mit einem ideologischen Grundmuster der als Zielgruppe angepeilten Hörerschaft korrespondierte, hieß *straight ahead*, geradeaus. Bebop war – nach diesem Verständnis – eine Musik, in der es geradeaus ging, die keine Zickzacks machte und Kapriolen schlug wie der Free Jazz, die »natürlich« war und keine elektrischen Hilfsmittel benötigte wie die Fusion Music.

Eines der ideologischen Sprachrohre der Fraktion, die zu einer Rückbesinnung auf die alten Werte des »swingenden Jazz« aufrief, war die New Yorker Zeitschrift *Jazz Spotlite News*, als deren Herausgeber der Tenorsaxophonist Frank Foster zeichnete, der auch als Autor einer Broschüre mit dem Titel *In Defense of Bebop* in Erscheinung trat. Die ideologischen Nuancen der Zeitschrift, die fast ausschließlich Artikel über Vertreter des Spätbop druckte, kamen weniger im redaktionellen Teil zum Ausdruck als in den Annoncen: Da warb eine »neue *pure* Jazzgruppe« für sich; eine andere Gruppe pries sich unter dem Namen »Non-Electric Company« an; da verkündete die Firma Ms-Managment, »Bebop ist die Musik der Zukunft«, und warb für ihre »Verpackung von Jazz ohne außermusikalischen Mystizismus«, und da annoncierte Dexter Gordon persönlich (oder seine Agentur): »Ich glaube an den Bebop, wie steht's mit dir?«

Als mit den steigenden Schallplattenumsätzen von Musikern wie Dexter Gordon, Woody Shaw, Cedar Walton usw. der Neobop auch auf den Konzertpodien und bei Festivals erfolgreich zu werden begann, nahm auch die Clubszene – insbesondere in New York – einen neuen Aufschwung, wobei es sogar zu Neugründungen kam, die speziell auf die Präsentation dieses Idioms ausgerichtet waren. Salt Peanuts, ein in unwirtlicher Hafengegend von Manhattans Südwestseite gelegener Jazzclub, warb mit dem Slogan: »Bebop is Preserved Here«, und lieferte damit eindeutige Assoziationen an die *Preservation Hall* in New Orleans, die sich seit 1961 die »Bewahrung« des ganz alten Jazz zur Aufgabe gemacht hat.

Die Rolle, die die Musiker bei alledem spielten, war uneinheitlich. Zum Teil waren sie selbst als Ideologieproduzenten an der Zelebrierung der Vergangenheit beteiligt, etwa wenn sie in den *Jazz Spotlite News* ein romantisch verklärtes Bild der guten alten Bebopzeiten entwarfen oder

einem Purismus des Echten und Wahren huldigten, der mancherlei
Ähnlichkeiten mit der Intoleranz der Oldtimefanatiker der 40er/50er
Jahre aufwies. Auf der anderen Seite war es allerdings mehr als verständlich, wenn sie die Gunst der Stunde zu nutzen versuchten, die ihnen der
Umschwung im Publikumsinteresse und die Anstrengungen des Managements beschert hatte. Viele Musiker tauchten auf diese Weise wieder aus
der Versenkung auf, aus Studioorchestern und aus dem europäischen Exil,
und bewiesen, daß sie an musikalischer Kompetenz und Expressivität
kaum etwas eingebüßt hatten. Ebensooft jedoch wirkte dieser Neobop der
70er Jahre wie ein schaler Aufguß einer einstmals aufmüpfigen Musik, die
eben damals in den schwierigen Zeiten ihrer frühen Blüte keineswegs
straight ahead verlief.

Vom Bebop Revival profitierten zum überwiegenden Teil schwarze
Musiker, Bopveteranen wie Howard McGhee und Sonny Stitt, sowie
auch solche Musiker, die erst mit der Hardbopära der 50er Jahre in Erscheinung getreten waren, wie Barry Harris, Clifford Jordan und Woody
Shaw. Daneben zog die Bewegung auch zahlreiche junge Musiker in
ihren Bann, die an der Seite der Alten das Bopidiom aufarbeiteten. Eine
wesentliche Rolle, spielte dabei der sich an den Universitäten und Colleges der USA zunehmend durchsetzende Jazzunterricht, der sich zum
überwiegenden Teil auf die Vermittlung der traditionellen Improvisa-
tionspraktiken konzentrierte.

*

Die Rückwendung zur Geschichte, sobald sie mehr will als die Herstellung von Traditionsbewußtsein, sondern auf eine Transposition von Ver-
gangenem in eine als mies empfundene Gegenwart abzielt, hat vielfach
Fluchtcharakter. Das Bop Revival der 70er Jahre ist in dieser Hinsicht
nicht isoliert zu sehen, sondern fügt sich nahtlos in eine Reihe
ähnlich gelagerter soziokultureller Phänomene, die für die Zeit symptomatisch wurden. Dazu gehört nicht nur die außerordentliche Beliebtheit, welche die 50er Jahre und ihre Artefakte in Musik, Mode, Design
usw. erlangten, sondern ebenso der Boom, den die populärwissenschaft-
liche Literatur über frühgeschichtliche Völker und Kulturen erlebte, und
die massenmediale Vermarktung der afroamerikanischen Geschichte in
Fernsehserien wie *Roots*, die von der kritischen schwarzen Zeitschrift

Black Scholar als »elektronische Onkel Toms Hütte« apostrophiert wurde[35].

Natürlich waren auch die 70er Jahre – wie jedes andere Jahrzehnt – kein in sich geschlossener, homogener historischer Block. Ganz abgesehen davon, daß Jahrzehntgrenzen niemals mehr als Denk- und Orientierungshilfen darstellen – willkürliche Zäsuren, die von der Realität der Ereignisse jederzeit übersprungen werden –, herrschte auch innerhalb dieser Markierungen keine Einheitlichkeit der Entwicklung. Es gab offensichtlich dominierende Trends, wie eben die Fusion Music und den Neobop, Trends, die andere Entwicklungen stark in den Hintergrund (Untergrund) treten ließen. Aber es gab natürlich auch weiterhin die freien Spielweisen, den Mut zum Experimentellen und zum Widersprüchlichen, zur Opposition. Wann sich all dies aus dem Hintergrund wieder in den Vordergrund würde drängen können, blieb vorerst eine offene Frage.

9 Das letzte Kapitel?

Ist es nur der Mangel an historischer Distanz, der uns die Wege des Jazz durch die beiden letzten Jahrzehnte des vergangenen Jahrhunderts so seltsam unübersichtlich erscheinen läßt? Oder ist diese Unübersichtlichkeit selbst eines der bestimmenden Merkmale dieser Phase des jazzhistorischen Prozesses, die weder eine herausragende Musikerpersönlichkeit mit dem Charakter eines weitreichend verbindlichen Leitbildes hervorbrachte (keinen Parker und keinen Coltrane), noch einen wegweisenden Stilbereich, mit dem sie später einmal im Sinne einer bestimmten Ära – so wie die Swingära oder die des Bebop oder Free Jazz – zu identifizieren wäre?

Die 80er und 90er Jahre im Jazz sind geprägt durch die große Unübersichtlichkeit[1] eines so nie dagewesenen stilistischen Pluralismus, durch ein nur schwer entwirrbares Geflecht miteinander konkurrierender Trends und Tendenzen. Aber nicht nur dies. Sie sind ebenso geprägt durch eine Reihe von grundsätzlichen Fragen, die sich wie ein Kontinuum und mit der Eindringlichkeit einer ostinaten Baß-Figur durch Gespräche unter Musikern und Fans und insbesondere durch publizistische Verlautbarungen nahezu jeder Art ziehen: Fragen nach der Funktion und nach den ästhetischen Prämissen des Jazz, Fragen nach dem richtigen oder falschen Weg, nach seiner Zukunft und seinem Ende … Die wenigsten dieser Fragen sind neu. Und insbesondere die Frage, ob dieses oder jenes nun eigentlich *Jazz* sei oder nicht, gehört bekanntlich zu den ältesten Patterns jazzästhetischer Wahrheitssuche. Die Häufigkeit jedoch, mit der diese Fragen in den vergangenen beiden Jahrzehnten gestellt wurden, und ihre Allgegenwart in den verschiedensten situativen und publizistischen Zusammenhängen, deuten darauf hin, daß es sich dabei nicht bloß um eine neue Form journalistischen Schattenboxens handelt, sondern um ein wirkliches Problem, vermutlich sogar um den Ausdruck einer veritablen Krise.

Ronald Reagan und die Neue Rechte

Am 4. November 1980 wählten 28 Prozent der stimmberechtigten Amerikaner (47 Prozent von ihnen waren zu Hause geblieben) Ronald Reagan zu ihrem neuen Präsidenten[2]. Der Nachfolger von Jimmy Carter war in den 40er Jahren zunächst als Hollywood-Filmstar bekannt geworden (Mitwirkung in etwa 50 Filmen). Ab 1947 hatte er als Präsident der kalifornischen Filmschauspieler-Gewerkschaft und in enger Zusammenarbeit mit dem Komitee für unamerikanische Aktivitäten erfolgreich dafür gesorgt, daß jenen Kollegen, die als Kommunisten oder als deren Sympathisanten in Verdacht gerieten, die Türen der Filmstudios versperrt blieben. 1962 trat er der Republikanischen Partei bei, vier Jahre später wurde er zum Gouverneur von Kalifornien (1967–1975) gewählt.

Reagan gehörte dem konservativen Flügel der Republikanischen Partei an und konnte sich auf eine einflußreiche, den protestantischen Kirchen nahestehende Vereinigung stützen, die unter der Bezeichnung »The New Right« gegen den »kulturellen und moralischen Verfall« der Vereinigten Staaten zu Felde zog. Die Kampagnen dieser »Neuen Rechten« richteten sich insbesondere gegen sexuelle Freizügigkeit, Pornographie und Schwangerschaftsunterbrechung, machten Front gegen eine liberale Gesetzgebung zur Homosexualität und gegen die Initiativen zur Durchsetzung von Bürgerrechten *(equal rights)*, wie sie u.a. in der Praxis der afroamerikanischen Busboykotts *(busing)* zum Ausdruck kamen. Propagiert wurden die Beibehaltung des Schulgebetes in öffentlichen Schulen sowie eine Erhöhung militärischer Anstrengungen, um einer sowjetischen Herausforderung zu begegnen[3].

Die »New Right«, die nach einer Umfrage Ende der 70er Jahre rund 50 Millionen Wahlberechtigte hinter sich sah, verstand sich als Sprachrohr des amerikanischen Durchschnittsbürgers. Der Wahlsieg Ronald Reagans (mit 44 Millionen Stimmen) und die geradezu vernichtende Niederlage seines demokratischen Kontrahenten Jimmy Carter (35 Millionen) schienen ihr Recht zu geben. Der Anteil afroamerikanischer Wählerstimmen an der Wahl eines Präsidenten war allerdings in der gesamten Geschichte der USA noch niemals so niedrig gewesen wie bei dieser Wahl.

Die von den Republikanern propagierte Formel für die Errettung der USA aus der Misere der vergangenen Jahre hieß »dynamischer Konservatismus« *(dynamic conservatism)* – eine gelungene terminologische Spitzfindigkeit, die das Festhalten an den alten und »rechten« Werten in den Rahmen eines dynamischen Prozesses stellte, der schließlich zu einer neuen, intakten und – vor allem – wohlhabenden Gesellschaft führen würde. Den Weg dazu sahen Reagan und seine Anhänger einerseits in einer signifikanten Steuersenkung, die eine Intensivierung privater Initiativen bewirken sollte, und andererseits (und als Voraussetzung dafür) in einer radikalen Reduktion staatlicher Ausgaben. Die unter dem Titel »Reaganomics« firmierenden Maßnahmen bedeuteten daher auch: Abbau von Sozialleistungen, Streichung staatlicher Programme zur Durchsetzung von Bürgerrechten und zur Förderung ethnischer Minderheiten sowie drastische Einschnitte in die Förderung von Bildung, Kunst und Kultur. Für das letztere war seit 1965 vor allem die staatliche Kunst- und Kulturstiftung National Endowment for the Arts (NEA) zuständig, die nunmehr unter kontinuierlichen Etatkürzungen zu leiden hatte. Dramatische Einschnitte im kulturellen Bereich gab es übrigens noch weit über die Ära Reagan und die darauf folgende Regierungszeit George Bushs sen. hinaus: Noch 1996 (inzwischen regierte der Demokrat Bill Clinton – allerdings gegen einen republikanischen Kongreß) wurden die jährlichen Mittel für das NEA um 40 Prozent auf 99,5 Millionen Dollar gekürzt, ein Betrag, der weit unter jenem lag, der zur gleichen Zeit vom Staat für die Unterhaltung von Militärbands ausgegeben wurde[4].

Der politische Umschwung und seine Folgen für die Jazzszene

Die mit dem Sieg der Republikaner verbundene Stärkung der Ideale der »Neuen Rechten« führte somit in der amerikanischen Gesellschaft zu einer Reihe von materiellen und mentalen Veränderungen, die auch auf der Jazzszene der USA ihre Spuren hinterließen. Über die Zusammenhänge zwischen den unter der Herrschaft Reagans sich verstärkenden konservativen Tendenzen im mentalen, politischen und sozialen Bereich einerseits und dem im Jazz jener Jahre verstärkt um sich greifenden Trend zum Neokonservatismus andererseits kann man nur mutmaßen. Immer-

hin hatten sich, wie im vorigen Kapitel am Beispiel des Bebop-Revivals
dargestellt wurde, bereits während der 70er Jahre entsprechende Entwicklungen abzuzeichnen begonnen. Die Vehemenz allerdings und der Erfolg,
mit der sich die rückwärtsgewandte Fraktion der amerikanischen Jazzszene im Laufe der 80er Jahre auf allen Ebenen Gehör zu verschaffen
begann, gewinnt vor dem Hintergrund allgemeingesellschaftlicher Bewegungen einiges an Plausibilität.

Unmittelbarer als in der Sphäre des Mentalen zeigten sich die Folgen
des politischen Wandels im materiellen Bereich der Jazzszene. Zu den
ökonomischen Konsequenzen der Reaganomics gehörte nämlich die Bedrohung des Schicksals einer Reihe kleinerer Institutionen, die für die
Struktur und die Ökonomie der Jazzszene bis dahin eine durchaus wichtige Rolle gespielt hatten. Dazu gehörten zahllose musikereigene Lofts
und Kleinlabels, musikbezogene Community-Projekte, in denen Jazzmusiker aktiv waren, Konzertreihen wie jene des New Yorker Jazzmobiles,
das während der Sommermonate eine Serie von Jazzkonzerten in soziale
Brennpunkte wie Harlem, Bronx und Brooklyn brachte; von Musikern
initiierte Vertriebsorganisationen wie der New Music Distribution Service, der sich um den Vertrieb zahlreicher anderer *Independant Labels*
kümmerte; jazzpädagogische Programme wie jene des Creative Music
Studios in Woodstock, in dem eine unkonventionelle Form von Jazzpädagogik praktiziert wurde, die sich auf wohltuende Weise vom Einerlei
institutionalisierter *Jazz Education* abhob. Der größte Teil dieser Unternehmungen war kommerziell unergiebig, für private Sponsoren nur selten
attraktiv und infolgedessen auf staatliche oder kommunale Förderungen
angewiesen. Nicht wenige von ihnen fielen den durch die Reaganomics
ausgelösten Kürzungen im kulturellen Bereich zum Opfer.

Jazz-Boom?

Restriktive Maßnahmen dieser Art betrafen im allgemeinen eher die
Randbezirke der Jazz-Community und wurden von der Öffentlichkeit
nur selten zur Kenntnis genommen. Der sich dem unbefangenen Be-
obachter beim Blick auf die Jazzszene der 80er Jahre am ehesten auf-

drängende Eindruck war vielmehr der eines ungeheuren Booms. Jazz war wieder »in«. Das Wort »Jazz«, während der 70er Jahre als hoffnungslos veraltet betrachtet und durch zahlreiche Ersatzbegriffe wie Crossover, Fusion Music oder Great Black Music abgelöst, bekam einen neuen Klang. »Jazz« stand nunmehr für Elan, Dynamik, Jugendlichkeit. Eine Autofirma taufte eines ihrer Modelle auf den Namen »Jazz«, ein Kosmetikhersteller benannte seine Kreationen mit »Jazz« und bewirkte, daß sich die Dekorationen feiner Parfümerien den Schaufenstern von Musikalienhandlungen annäherten. Eine Bierbrauerei organisierte unter dem Titel »Schlitz Jazz Sounds '86« einen Wettbewerb für Nachwuchsmusiker; ein Tabakkonzern schickte die *Phillip Morris Super Band*, eine aus Swing-, Bebop- und Hardbop-Veteranen bestehende Bigband im Stil der 50er Jahre, weltweit auf Reisen. Multis der Pharmaindustrie und Elektronikgiganten finanzierten Jazzfestivals.

Die Filmindustrie entdeckte den Jazz und widmete seinen Heroen einen guten (*Round Midnight*, 1986) und einen schlechten Film (*The Bird*, 1988). Die Art, wie sie im Falle des letzteren mit der Musik umging, gehört zu den großen Abscheulichkeiten der Epoche: Charlie Parkers Originalimprovisationen wurden mit Hilfe aufwendiger technischer Verfahren mit einer neuen, angeblich dem musikalischen Zeitgeist entsprechenden Rhythmusgruppe unterlegt, ganz so, als käme es auf die Musik einstiger musikalischer Weggefährten Parkers wie Max Roach, Al Haig, John Lewis oder Duke Jordan nicht mehr an. Bei dem legendären Blues *Parker's Mood* von 1948 eliminierte man nicht nur die Beiträge von John Lewis, Curley Russell und Max Roach und ersetzte sie durch die *overdubs* mittelmäßiger Studiomusiker, sondern mischte dem ganzen auch noch eine dicke Streichersoße hinzu: Bebop für Yuppies. Daß der einstige Verteidiger des Bop gegen traditionalistische Attacken, der berühmte Jazzkritiker Leonard Feather, dieser Form musikalischer Falschmünzerei in seinem Covertext auch noch seinen Segen gab, ist wohl nur durch altersbedingte Schwerhörigkeit oder durch Geldgier zu erklären[5].

Der Schallplattenmarkt:
Majors und Independants

Wichtigstes Verbreitungsmedium des Jazz ist auch weiterhin die Schallplatte bzw. seit Mitte der 80er Jahre die CD. Den internationalen Schallplattenmarkt teilen sich einige wenige große Konzerne, die sogenannten
Major Companies, mit vielen Tausenden von kleinen Schallplattenfirmen,
genannt Independants – ein irreführender Begriff, denn diese »unabhängigen« Kleinlabels sind nicht selten an die Vertriebswege der Majors angeschlossen, weshalb man sie im Jargon der amerikanischen Medienszene
mitunter auch als *mindies* bezeichnet[6], oder aber sie sind – als echte *Indies*
– vertraglich an spezielle Vertriebsfirmen gebunden, von deren Funktions-
tüchtigkeit und Zahlungsmoral sie unweigerlich abhängen.

Die Geschichte der Majors – fünf an der Zahl beherrschen in wechselnden Konstellationen seit vielen Jahren den internationalen Schallplattenmarkt – ist die unendliche Geschichte verwickelter geschäftlicher
Transaktionen, die mit Musik nicht viel zu tun haben; es ist die Geschichte von Fusionen und unfreundlichen Übernahmen, verkauften Ka-
talogen und Urheberrechten, frustrierten Produzenten und entrechteten
Künstlern. Als Bestandteile gigantischer und global operierender Misch-
konzerne (Elektronik- und Kommunikationsindustrie, TV-Gesellschaf-
ten, Verlage) verkörpern die Majors die gleiche Instabilität wie Börsen-
kurse und Erdölpreise. Zum Beispiel: Die EMI wird 1980 durch die
britische Fernsehgesellschaft Thorn übernommen und erwirbt ihrerseits
den Schallplattenkatalog von United Artists, später auch den von Blue
Note. RCA verkauft seinen traditionsreichen Schallplattenzweig 1986 an
den westdeutschen Medienkonzern Bertelsmann AG (BMG), der sich
bereits einige Jahre zuvor das jazzfreundliche Label Arista einverleibt
hatte. Der japanische Elektronikriese Sony übernimmt 1987 für 20 Milliarden Dollar die Schallplattenproduktion von CBS. Warner wird 1989
vom Verlagskonsortium Time Corporation geschluckt. Die Polygram,
ursprünglich das Ergebnis einer Fusion der deutschen Siemens mit der
niederländischen Philips, übernimmt 1989 die britische Firma Island
und 1993 das Black Music-Label Motown und fusioniert 1999 mit der
Universal Music Group, die ihrerseits das Traditionslabel Verve einschließt[7].

Über die Unabwägbarkeiten in den Beziehungen zwischen Majors und Independants im Bereich des Jazz gibt auf drastische Weise ein Fall Auskunft, der Mitte der 90er Jahre für Aufsehen sorgte. Der Münchener Produzent Stefan Winter hatte sich in den 80er Jahren mit dem von ihm gegründeten Independant-Label JMT unter die Fittiche von Polygram begeben. Es winkten Produktionsetats und Vertriebswege, wie sie ein unabhängiges Label von sich aus niemals hätte gewährleisten können. In seinen sorgfältig vorbereiteten und penibel durchgeführten Produktionen widmete sich Winter vorzugsweise der jungen Garde des zeitgenössischen amerikanischen Jazz, darunter Steve Coleman, Cassandra Wilson, Tim Berne, Herb Robertson, Gary Thomas, Robin Eubanks und Uri Caine. Die Kooperation zwischen dem »unabhängigen« Produzenten Winter und seinen Partnern im Großkonzern funktionierte offenbar reibungslos: »In der japanischen Polygram, für die Winter überwiegend produziert, findet er ideale Partner«, berichtet Werner Stiefele im November 1985 in der Zeitschrift *Jazz Thing*[8], und Winter ergänzt: »Sie geben mir alle Freiheiten von der Produktion bis zum Coverdesign.« Nur wenig später – mit »seinen« Musikern und einem großen Presseaufgebot hatte Winter in der New Yorker Knitting Factory gerade den zehnjährigen Geburtstag seines Labels gefeiert – mußte er überraschend das Ende seiner Zusammenarbeit mit Polygram bekanntgeben: »Polygram hat heute beschlossen, mich zu feuern. Das ist das Ende von JMT ... Wir werden ein neues Label starten, aber diese Zehn-Jahres-Feier ist das Ende von JMT.«[9] Wie konnte dies passieren, nach all den Jahren erfolgreicher Zusammenarbeit? Wulf Müller, International Marketing Director von Polygram International, gibt Auskunft:

»Der Repertoire-Eigentümer von JMT war ja Polydor Japan ... Nun hat Polydor Japan ein neues Management bekommen und in diesem Zusammenhang auch eine neue Finanzchefin, die sich alles ganz genau angesehen hat ... Und wenn ein neuer Finanzchef in ein Land kommt und feststellt, die machen nicht genug Profit, dann schaut er sich alle Unternehmensbereiche an und sagt dann jeweils den Leuten in diesen Bereichen, daß sie etwas zu tun haben. JMT war eben einer dieser Bereiche ... Wechsel im Management haben im Musikgeschäft immer dramatische Folgen.«[10]

Die Existenz des praktizierenden Jazzmusikers im großen Apparat eines
Majors, wenn er von diesem denn erst einmal als ausreichend profitabel eingestuft wurde, ist nicht minder problematisch als die des Produzenten, denn wie dieser muß er sich mit seinem – möglicherweise etwas sperrigen – »Produkt« in einem Kontext behaupten, in dem Markt-
gängigkeit die höchste Maxime ist. Daß es für einen kreativen Musiker,
dessen Einspielungen sich lediglich in einer Höhe von einigen Tausend
Stück verkaufen, während zur gleichen Zeit in der benachbarten Pop-Ab-
teilung Millionenumsätze registriert werden, unter diesen Bedingungen
nicht einfach ist, seine eigenen Vorstellungen durchzusetzen, läßt sich anhand der Schallplattenkarrieren einiger renommierter Protagonisten des
sogenannten Avantgardezirkels wie Anthony Braxton, Henry Threadgill
oder Tim Berne leicht nachvollziehen. Nicht selten litten ihre Produktionen unter unzureichender Werbung oder einem mangelhaften Vertrieb. Und nicht selten war ihren Ausflügen in die lukrativen Gefilde der
Majors ein jähes Ende beschieden. Doch selbst dort, wo die Zusammenarbeit zwischen Musiker und Major offenbar reibungslos verlief, der
Musiker genügend Profit erwirtschaftete und die Firmenchefs ihm nicht
in seine Arbeit hineinredeten, gab es genügend Konfliktpotential. Altsaxophonist Steve Coleman, seit mehreren Jahren unter Vertrag bei BMG
France:

> »Ich war vor allem über den Vertrieb meiner CDs in den USA enttäuscht
> und frustriert. BMG ist so riesengroß, daß jede nationale Unterabteilung
> ihre eigenen Entscheidungen darüber trifft, was sie veröffentlicht und
> was nicht. So beschloß beispielsweise BMG Japan, meine für BMG
> France aufgenommenen Alben nicht herauszubringen. Ich bekomme
> unendlich viele E-Mails von Fans, die sich darüber beschweren, daß sie
> meine Platten nicht bekommen. Ich habe 15 Alben aufgenommen, aber
> nur vier davon sind zu haben.«[11]

Re-Issues, »junge Löwen« und
die europäischen Plattenlabels

Nachdem sich die großen Konzerne mit dem Ausklingen des populären Rockjazz Ende der 70er Jahre aus dem Jazzgeschäft weitgehend zu-
rückgezogen hatten, begannen sie sich während der 80er Jahre erneut für
den Jazz zu erwärmen. Seinen Ausdruck fand dies einerseits in Form von
lawinenartig auf den Markt geworfenen Re-Issues historischer Einspielungen und andererseits darin, daß man das Publikum regelmäßig mit jugendlichen Pseudogenies versorgte, die sich der Wiederbelebung des Jazz
der 50er Jahre verschrieben hatten und die nunmehr unter dem werbewirksamen Label »The Young Lions« vermarktet wurden.

Der Boom der Wiederveröffentlichungen stand in engem Zusammenhang mit der Renaissance der älteren Jazzstile, die bereits in den 70er
Jahren ihren Anfang genommen hatte. Nun, in den 80ern, wurde er begünstigt durch die Einführung der neuen digitalen Technologie, die preis-
günstig und praktisch war, die viele Hörer dazu animierte, ihre zerkratz-
ten Vinylplatten durch die rauschfreien Digitalscheiben zu ersetzen, und
die zugleich die Herausgabe immer umfangreicherer Anthologien und
Gesamtausgaben nahelegte. Mitunter erschienen derartige Editionen
sogar im Abstand von einigen Jahren in mehreren Versionen: Wann immer nämlich festgestellt wurde, daß die erste Veröffentlichung einer
Anthologie versehentlich noch auf der Basis einer Bandkopie »zwei
ter Generation« produziert worden war, beeilte man sich, unter dem
werbewirksamen Etikett einer *sonic upgrade* (klangliche Wiederaufbereit-
tung) eine auf dem nagelneuen »20-bit Equipment« produzierte zweite
Version nachzuschieben, mit Vorteilen, die musikalisch gesehen recht unerheblich waren und vor allem auf die Freunde hoher Frequenzen und
rauschfreier Hörerlebnisse abzielten.

Bei der Herausgabe nekrophiler Kompilationen jazzhistorischer Hel-
denfiguren unter dem Motto »The complete recordings of so and so ...«
kam es jedoch noch zu anderen fatalen Begleiterscheinungen. Im Bestreben, nun wirklich auch jeden jemals im Schallplattenstudio festgehaltenen Ton eines legendären Jazzhelden auf CD zu lasern, brachte man
auch offenkundig mißlungene Takes und Fehlstarts heraus, bei denen sich
der betreffende Künstler – aus welchen Gründen auch immer – in un-

überhörbar schlechter Verfassung befunden und weit unter seinem Niveau gespielt hatte. Nachzuvollziehen ist dies auf geradezu schmerzhafte Weise anhand der Edition *The Complete Bud Powell on Verve*, in welcher der große, kranke Bebop-Pianist vergeblich versucht, mit den Akkordprogressionen von *Like Someone in Love* klarzukommen, und scheitert. Daß diese Edition von der Jazzkritik später als »editorische Meisterleistung« apostrophiert wurde, ist wohl nur durch die korrumpierenden Wirkungen einer großzügigen »Bemusterung« seitens der Schallplattenindustrie zu erklären.

Der Anteil der Re-Issues am Gesamtvolumen der Jazzveröffentlichungen der Majors wurde nie genau ermittelt. Ein flüchtiger Blick in die Kataloge von Vertriebsgesellschaften oder die Listen von Mail Order-Firmen signalisiert jedoch, daß dieser Anteil jenen der Neuproduktionen bei weitem übertrifft und daß es sich dabei um ein gewaltiges Geschäft handeln muß, sind doch die Kosten derartiger Wiederaufbereitungen vergleichsweise gering.

Die Renaissance der älteren Stilbereiche des Jazz und insbesondere des Bebop veranlaßte die Schallplattenbranche jedoch nicht nur zu einer massenhaften Wiederveröffentlichung historischer Aufnahmen, sie stimulierte die Majors zugleich dazu, den Jazz der Vergangenheit zu dem der Gegenwart und schließlich auch dem der Zukunft zu deklarieren und ihn gewissermaßen *live* bzw. durch Neueinspielungen »im alten Stil« zu re-inszenieren. Zu Hilfe kam ihnen dabei eine junge Generation von Musikern, die soeben im Begriff war, die Musik ihrer Väter wiederzuentdecken und, unter Ausblendung sämtlicher inzwischen stattgefundenen stilistischen Umbrüche, zu der ihren zu machen. Die Umarmung dieser alsbald als »Young Lions« titulierten Musiker durch die A&R-Abteilungen der großen Schallplattenkonzerne markierte den Startpunkt einer neuen Welle der Popularität und des Konservatismus im Jazz, mit deren musikalischen und soziologischen Begleiterscheinungen wir uns an anderer Stelle dieses Kapitels befassen werden.

Während die Majors den amerikanischen Jazzplattenmarkt der 80er und 90er Jahre somit vor allem in den finanziell lukrativen Bereichen der Re-Issues und des Neo-Bebop beherrschten, waren für die innovativen Tendenzen und jazzmusikalischen Abenteuer abseits des Mainstreams fast ausschließlich die kleinen Labels zuständig, wobei auffällt, daß sich

unter diesen gegenwartsbezogenen, der Avantgarde zuneigenden Independantfirmen bemerkenswert viele europäische befanden: Hat Hut/Hat
Art (Schweiz), Soul Note/Black Saint (Italien), Criss Cross (Niederlande)
und ECM, Enja, Sound Aspects und JMT/Winter & Winter (Deutschland). Noch deutlicher treten die Bindungen des zeitgenössischen Jazz in
den USA an die europäischen Schallplattenproduzenten hervor, wenn
man sich die diskographischen Daten einiger seiner profiliertesten Vertreter etwas genauer anschaut: Zu den mit ECM zusammenarbeitenden
Musikern gehörten und gehören u.a. Keith Jarrett, Dave Holland, Pat
Metheny und Bill Frisell, jedoch auch das Art Ensemble of Chicago und
die verschiedenen Gruppen Lester Bowies. Mark Helias nahm anfangs
vorzugsweise für Enja auf. Tim Berne begann bei Soul Note, wurde
zwischenzeitlich vom Marktriesen CBS adoptiert, jedoch bald wieder
fallengelassen, und wechselte zu JMT. Die New Yorker Downtown-Szene
im Umkreis von Dave Douglas, Uri Caine und Roy Nathanson arbeitet
vor allem mit Winter & Winter, der Nachfolgefirma von JMT zusammen.
Die meisten Musiker aus dem M-Base-Zirkel, darunter Geri Allen,
Robin Eubanks, Greg Osby und Cassandra Wilson, absolvierten ihre
ersten Einspielungen für JMT. Und auch Steve Coleman startete dort
seinen bizarren Funk Jazz, bevor er beim Major BMG landete, mit diesem
brach und schließlich sein eigenes Label gründete: »Das wichtigste für
mich ist es, die Musik unter die Leute zu bringen. Vom Verkauf von CDs
kann man ohnehin nicht leben. Der Vorschuß ist alles, womit man jemals
rechnen kann. Außerdem sind die CDs viel zu teuer. In meinem Konzept
kommen Schallplattenläden nicht vor. Ich wende mich direkt an die Leute – in Konzerten, über Mail Order oder via Internet.«[12]

Die hier von Steve Coleman propagierte Flucht in die Gründung
eines musikereigenen Labels wird erleichtert durch die digitalen Aufnahme- und Bearbeitungsverfahren und durch die Verbreitungswege des
Internet. Sie bildet mittlerweile für zahlreiche Musiker den langersehnten Ausweg aus dem konfliktreichen Verhältnis zwischen jenen, die die
Musik machen, und jenen, die sie verkaufen. Jazzhistorisch gesehen ist
dies ein traditionsreicher Weg, der sich bis zu dem von Charles Mingus
gemeinsam mit Max Roach gegründeten Debut-Label zurückverfolgen
läßt. Es ist jedoch gleichzeitig ein problematischer Weg, denn nicht nur
sind seine Möglichkeiten, ein größeres Publikum zu erreichen, bislang

noch sehr eingeschränkt; auch birgt er die Gefahr in sich, einen erheblichen Teil jener Energien zu absorbieren, die dem Musiker ansonsten für
die Weiterentwicklung seiner Kunst zur Verfügung stünden. Auf jeden
Fall und jenseits aller ökonomischen Erwägungen besitzen diese Musi-
ker-Labels eine überaus wichtige Funktion: die der Dokumentation einer
kommerziell wenig erfolgreichen, da anspruchsvollen Musik, die im
Rahmen von ausschließlich profitorientierten Produktionszusammenhän-
gen unweigerlich in der Versenkung verschwände.

Jazzclubs: Blüte und Niedergang

Daß man, wie der alles andere als erfolglose Steve Coleman behauptet,
auch in den 80er und 90er Jahren vom Verkauf von Schallplatten bzw.
CDs nicht leben kann, gilt gewiß nicht für alle Jazzmusiker, wohl aber für
die meisten. Wie aber steht es mit dem zweiten traditionell wichtigen
Standbein jazzmusikalischer Ökonomie? Wie steht es um die Jazzclubs?
Jazzclubs, man erinnere sich, das waren jene legendären Nachtlokale, in
denen die sogenannte »Atmosphäre« zur entspannten Jazzrezeption angeblich besonders förderlich gewesen sein soll, in denen man sich zum
Jazz angeregt unterhalten, trinken und mitunter auch tanzen konnte.
Von den Free Jazzern der 60er Jahre als entwürdigend disqualifiziert und
durch die Loft Jazz-Generation der 70er mit einigermaßen erfolgreichen,
wenngleich nur kurzfristigen Alternativen beantwortet, standen die New
Yorker Jazzclubs seit Mitte der 80er Jahre wiederum in voller Blüte. Ja, sie
hatten gegenüber früher offenbar sogar noch an Attraktivität gewonnen,
denn man pflegte in ihnen nunmehr auch zu speisen. 29 Jazzclubs ver-
zeichnete Francis Marmande 1989 in seinem *La Grande Bouffe* betitelten
Artikel[13], 29 Etablissements, in denen auf die Hörer von Dizzy Gillespie, Phil Woods, Lester Bowie oder Betty Carter ein ausführliches Menü
wartete. Aber sind dies eigentlich Jazzclubs, in denen man etwas zu essen
bekommt, fragte sich Marmande, oder sind es Restaurants, in denen Jazz
gespielt wird? Die Frage ist so bedeutungslos wie die nach der wirklichen
Farbe des Zebras. Worauf es ankam bei dieser unheiligen Allianz zwischen Gastronomie und jazzmusikalischer Praxis, wie übrigens auch bei

jener zwischen Jazz und Werbung, war, daß diese Musik hier erneut in einen funktionalen Bezugsrahmen gestellt wurde, von dem sie sich zwischenzeitlich gründlich emanzipiert glaubte.

Die Szene der Jazzclubs in den USA der 80er und 90er Jahre bietet ein unausgeglichenes Bild. Im amerikanischen Hinterland, im Mittleren Westen und entlang des Pazifischen Ozeans existieren nur noch wenige Clubs, in denen regelmäßig Jazz gespielt wird. Rich Taylor, ein intimer Kenner der Szene und Mitarbeiter der Managementfirma Jazz Tree, die so renommierte Jungstars betreut wie Joshua Redman, Christian McBride und Benny Green, zählt quer durch die USA gerade einmal 13 Clubs auf, in die er seine Klienten vermitteln kann[14]. Der Gitarrist John Scoffield kommentiert: »Es gibt heute allenfalls noch ein Zehntel der Live-Gigs wie vor 15 Jahren.« Ausführliche Touren reisender Bands auf der Basis von Club-Engagements sind damit so gut wie ausgeschlossen. Demgegenüber gibt es in New York, im Viereck zwischen 14th und Canal Street, 7th Avenue und Broadway, nach wie vor eine Vielzahl von Jazzclubs jeder Art und Größenordnung. Gemeinsam ist ihnen, daß sie enorme Eintrittspreise fordern, die nach jedem Dreiviertelstunden-Set aufs neue zu entrichten sind, daß sie sich schwerpunktmäßig an ein Touristenpublikum wenden, das vor allem aus Japanern besteht, und daß sie eine überwiegend konservative Programmpolitik betreiben, die für zeitgenössische Ausdrucksformen des Jazz nur selten Raum bietet. Hierzu 1993 David Such: »Die Mehrzahl der in New York City lebenden Avantgardemusiker *(out musicians)* dürfen sich höchstens zwei- bis dreimal der Möglichkeit erfreuen, in einem professionellen Kontext öffentlich aufzutreten, es sei denn, sie sind bereits wohletabliert und einigermaßen populär.«[15] Den prinzipiell konservativen Zug der amerikanischen Clublandschaft betont auf unfreiwillig kuriose Weise der langjährige Chef des legendären Chicagoer Jazz Showcase, Joe Segal: »Die Clubbesitzer, die wir kennen, sind heute fast alle 60 bis 70 Jahre alt. Und Bebop ist immer noch die Musik der Zukunft und wird es auch bis zu meinem Lebensende bleiben.«[16]

Durchbrochen wird die Mainstream-Welt der New Yorker Clubs durch zwei mittlerweile überregional bekannte Aufführungsorte, die nicht nur in ihrer unkonventionellen Programmpolitik, sondern leider auch in ihrer ökonomischen Funktionsweise die Tradition der Lofts der 70er Jahre in das 21. Jahrhundert hinein fortsetzen. Der eine ist das von der

Musikethnologin Vera Gillis geführte Soundscape in der 62nd Street West. Über das finanzielle Prozedere der Einrichtung berichtet David Such 1993:

> »Gelegentlich erhalten die Musiker eine Gage und einen Teil des Eintritts. Ein anderes Mal bekommen sie lediglich die Einnahmen aus der Kasse. Da aber die Zuhörerzahl von der Popularität der Musiker, der Werbung und dem Wochentag abhängt, an dem sie auftreten, reagieren die Musiker auf solche Abmachungen gewöhnlich mit gemischten Gefühlen. ›Commitment‹ z.B. ist ein Quartett …, das eine starke Gruppenphilosophie entwickelt hat und trotz geringer Auftrittsmöglichkeiten zusammengeblieben ist. Wenn es im Soundscape auftritt, kommen unter Umständen nicht mehr als 10 oder 15 Leute. Und wenn dann die Gruppe lediglich für das Eintrittsgeld spielt, bekommt jeder gerade einmal seine Fahrtkosten zusammen«.[17]

Kreatives Zentrum Knitting Factory

Das Soundscape ist eine der letzten beiden Bastionen des zeitgenössischen Jazz in New York. Die andere ist die Knitting Factory. Die »Strickwarenfabrik«, gelegen im East Village von Manhattan in der Nähe von SoHo und Little Italy, gelangte seit den späten 80er Jahren zu internationalem Ruhm, vergleichbar mit jenem des Minton's Playhouse oder des Birdland – wohlgemerkt zu *internationalem* Ruhm, denn innerhalb der USA wurden die Aktivitäten dieser legendären Experimentierwerkstatt des zeitgenössischen Jazz kaum zur Kenntnis genommen.

Zur Vorgeschichte der Knitting Factory notiert Jürgen Spieß[18]:

> »Als es 1986 den 24jährigen Studenten Michael Dorf von Milwaukee nach New York verschlug, hatte er nicht im Traum daran gedacht, einen Jazzclub zu eröffnen. Er managte die Band seines Schulfreundes Bob Appel und sah es als seine Aufgabe, den ersten Plattenvertrag für *Swamp Thing* abzuschließen. Dazu kam es nie, doch die darüber geknüpften Kontakte in der New Yorker Musikszene brachten ihn auf die Idee, etwas ganz Neues auszuprobieren. Nach fünf Monaten Renovierungsarbeiten eröffneten Dorf und Appel … im Februar 1987 die Knitting Factory.

Zunächst als Café und Galerie für jede Art von Performance gedacht, veranstaltete der Keyboarder Wayne Horvitz, der für seine Band Auftrittsmöglichkeiten suchte, dort die ersten Jazzkonzerte. Die beiden Direktoren Dorf und Appel boten von der Dichterlesung bis zum improvisierten Theater alles an, aber zum Publikumsrenner wurden die experimentellen Konzerte von Wayne Horvitz und John Zorn mit ihren Bands.«

Im Jahre 1990 berichtet ein reisender Jazzfan über die Knitting Factory[19]:

»In einer für empfindsame Touristen wenig ansprechenden Umgebung an der breiten Houston Street, nicht weit vom Broadway, haben junge Leute in der Nähe einer ehemaligen Strickwarenfabrik unter Beibehaltung des Namens einen Kunstraum eröffnet, der allen Formen von Musik gewidmet und gleichzeitig auch als Galerie für wechselnde Ausstellungen gedacht ist. Die Knitting Factory bietet im Souterrain ein Restaurant, in dessen Vorraum auch das ›Kartenhäuschen‹ untergebracht ist, wo man ab 14 Uhr Karten für die Abendveranstaltungen kaufen kann. Im Hochparterre, das man über eine winklige Stiege vom Restaurant aus erreicht, befindet sich der Musikraum, der eigentlich aus zwei schlauchartigen, ineinander übergehenden Zimmern besteht. Vorn, zur Straßenseite hin, nimmt ein kniehohes Podium den Raum vor den mit schwarzen Tüchern verhängten Fenstern ein. Das rückwärtige Zimmer wird von der schlichten Bar beherrscht, an der man sein Bier direkt kaufen kann. Was an ›freiem‹ Raum übrig ist, ist mit winzigen Caféhaustischchen bestückt, um die entgegen allen physikalischen Raumgesetzen bis zu sechs (!) mehr oder weniger klapprige Sitzgelegenheiten gestellt sind. Dies führt regelmäßig zu beängstigenden Erfahrungen von Enge und Drangsal, durch die sich auch noch einige Freizeitbedienungen mit ihren Getränketabletts kämpfen müssen. Nur die sprichwörtliche Gelassenheit und Rücksichtnahme der New Yorker macht die Situation erträglich. Nicht weniger eng und spartanisch geht es für die Musiker zu, die, wenn sie von der Bühne und durch die angrenzende Tür gehen, sich im offenen Treppenhaus wiederfinden. All die Unannehmlichkeiten werden jedoch von allen Beteiligten gern in Kauf genommen, weil die Knitting Factory und ihr Programm heute als die Speerspitze der Jazzentwicklung gelten.«

Seit 1994 gibt es, nicht weit entfernt von der alten Knitting Factory, in der Leonard Street, ebenfalls in Downtown Manhattan, einen weiteren Club gleichen Namens – mit größeren Räumlichkeiten und der Möglichkeit, mehrere Veranstaltungen zur gleichen Zeit stattfinden zu lassen. In der alten wie der neuen Factory spielt man – wie im Soundscape – zumeist ohne feste Gage »auf Eintritt«. Dennoch spielen und spielten dort so renommierte Musiker wie Cecil Taylor, Don Cherry, Dewey Redman, Charlie Haden, Lester Bowie, Sonny Sharrock, Ronald Shannon Jackson, James »Blood« Ulmer ... Wie ist dies zu erklären?

Zunächst einmal bildet die Knitting Factory gewissermaßen den geographischen Kristallisationspunkt der sogenannten Downtown-Szene, einer hochintegrierten Schar von überwiegend weißen Komponisten und Improvisatoren im Umkreis von John Zorn, Elliott Sharp, Wayne Horvitz, Bill Frisell und Tim Berne, einer Clique von Musikern, die sich in immer neuen personellen Konstellationen zu verschiedenen Formationen zusammenfindet. Zum anderen aber ist die Factory tatsächlich seit vielen Jahren der *einzige* Ort im sogenannten Jazz-Mekka New York, in dem regelmäßig die avancierteren Spielarten des Jazz zum Zuge kommen – eine Experimentierwerkstatt zeitgenössischer musikalischer Ausdrucksformen wie seinerzeit das Minton's und zugleich ein Szenetreffpunkt wie einstmals das Birdland. Wer also auch immer auf der New Yorker Avantgardeszene der späten 80er und frühen 90er Jahre einen Namen hatte, kam folglich um die Knitting Factory kaum herum. Und wann immer es einen einigermaßen bekannten europäischen Musiker der gegenwartsbezogenen Stilbereiche nach New York verschlug, er war früher oder später unweigerlich auf einem der Podien der Knitting Factory zu hören. Der über die Kanäle der internationalen Jazzpresse und die Flüsterpropaganda der reisenden Musiker sich ausbreitende Ruhm der Factory war damit unvermeidlich. Er hatte jedoch noch weitere Ursachen: Rund zweihundert Rundfunkstationen, zumeist Collegeradios, konnte der agile »Fabrikbesitzer« Dorf im Laufe der Zeit für Live-Übertragungen aus der Knitting Factory gewinnen[20]. 1989 schloß Dorf mit A&M Records einen Vertrag über die Produktion von vier CD-Kompilationen unter dem Titel »Live at the Knitting Factory« ab und gründete anschließend das Label Knitting Factory Works, bei dem mittlerweile rund 100 CDs erschienen sind. 1987 schickte Dorf ein größeres Kontingent seiner Downtown-Improvisatoren zu einem Festival in die Niederlande. Und im Frühjahr 1990 machte sich eine aus sechs Gruppen mit 27 Musikern, Soundpersonal, Plattenverkäufern und zwei Busfahrern bestehende Factory-Delegation auf eine vierwöchige Tour quer durch Europa[21]. Der finanzielle Ertrag dieser 56 Konzerte in 13 Ländern war zwar minimal; jedoch allein die Tatsache, daß hier gewissermaßen ein Club auf Tournee ging, um die ihm verbundenen Musiker einer internationalen Öffentlichkeit zu präsentieren, sorgte allseits für Aufmerksamkeit. Spätestens jetzt hatte sich »The Knitting Factory« als Markenzeichen etabliert.

Was ist die Moral aus dieser hier nicht von ungefähr so ausführlich nacherzählten Geschichte der New Yorker »Strickwarenfabrik«? Verschiedene Aspekte rücken ins Licht. Das Schicksal bestimmter Ausdrucksformen des Jazz – wie jeder anderen Kunst – ist offenbar nicht allein abhängig von den großen gesellschaftlichen Bewegungen oder den Gesetzmäßigkeiten des Marktes, sondern gründet sich wesentlich auch auf die Motivation einzelner, die Initiative zu ergreifen, und auf die Bereitschaft vieler, ihre Kunst auch unter extrem widrigen Umständen durchzusetzen (hierzu gehört das Spiel *for the door* ebenso wie die Europatournee im Kleinbus). Zu den wichtigen Voraussetzungen für ein Gelingen derartiger Unternehmungen gehört offenbar jedoch auch die Anpassung an die Gesetzmäßigkeiten der Warenästhetik: Der multidimensionale Erfolg der Knitting Factory beruhte nicht zuletzt darauf, daß ihr Name den Charakter eines Markenzeichens annahm und die verschiedenen, mit diesem Markenzeichen verbundenen Inhalte dadurch zum *Produkt* stilisierte, das man verkaufen und kaufen kann.

Festivals, Jazzparties und Jazz auf hoher See

Zu den wichtigen Faktoren der Rezeption ebenso wie der Ökonomie des Jazz gehören die Festivals. Es gibt sie seit vielen Jahren, wobei festzustellen ist, daß hier, sowohl historisch gesehen als auch in quantitativer Hinsicht, Europa eine weitaus größere Rolle spielt als die USA. Blenden wir zurück.

Wenngleich es festivalähnliche Veranstaltungen bereits in den späten 30er Jahren gab (z.B. die 1938/39 in der New Yorker Carnegie Hall von John Hammond organisierten »Spirituals to Swing«-Konzerte), beginnt die eigentliche Geschichte der Jazzfestivals erst 1948 mit einem vom Hot Club de France initiierten und der Stadt Nizza durchgeführten Festival, bei dem u.a. Louis Armstrong mit Jack Teagarden und Earl Hines sowie Mezz Mezzrow, Stéphane Grappelli und Django Reinhardt auftraten. In seiner Wirkung bedeutender war wenig später das 1949 in der Pariser Salle Pleyel veranstaltete Festival International de Jazz, bei welchem einige der wichtigsten Innovatoren des modernen Jazz erstmalig in Europa zu hören waren, darunter Charlie Parker und Miles Davis. Seit den 50er Jahren breitete sich dann die Idee, Jazz im Rahmen von Festivals zu präsentieren, sehr schnell weltweit aus. Wichtige Stationen waren dabei (in chronologischer Reihenfolge): Zürich (Schweiz) 1951, Frankfurt am Main 1953, Newport (USA) 1954, San Remo (Italien) 1955, Zopot (Polen) 1956, Monterey (USA) 1958, Comblain-la-Tour (Belgien) 1959, Chicago (USA) 1959, Warschau (Polen) 1959, Ljubljana (Jugoslawien) 1960, Antibes (Frankreich) 1960, Molde (Norwegen) 1961, Lugano (Schweiz) 1962, Berlin 1964.

Seit den 80er Jahren setzte in Europa ein regelrechter Boom der Jazzfestivals ein. Allein in Deutschland, Frankreich und Italien finden, zusammengenommen, alljährlich mindestens 400 Festivals statt, wobei drei Tendenzen zu verzeichnen waren:

1. Festivals entwickelten sich zu einem wichtigen Wirtschaftsfaktor der Tourismusbranche, was u.a. die Gründung zahlreicher großer und internationaler Festivals in Provinzstädten zur Folge hatte.
2. Die größten unter den jährlich stattfindenden Festivals entwickelten sich zunehmend zu multimedialen Großereignissen, die nicht nur auf mehreren Bühnen gleichzeitig stattfanden und zahlreiche jazzferne musikalische Genres einschlossen, sondern die durch das Angebot von Ausflugsprogrammen, Filmdarbietungen und Tanzabenden dem allgemeinen Trend zum Eventcharakter kultureller Darbietungen folgten.
3. Große Festivals wurden zunehmend in den Kreislauf internationaler Tourpläne amerikanischer Agenturen eingebunden, wodurch ihre Programme einander immer ähnlicher und vorhersagbarer wurden.

Auf die Bedeutung der europäischen Jazzfestivals für den amerikanischen Jazz der 80er und 90er Jahre wird zurückzukommen sein. Wie aber steht es um die Festivalszene in den USA selbst? Eine kleine statistische Untersuchung soll zur Lösung dieser Frage beitragen.

Seit mehreren Jahren veröffentlicht die amerikanische Zeitschrift *Jazziz* alljährlich einen Festivalführer, in welchem sie die Jazzfestivals des Jahres auflistet und die Angaben zu Terminen, Adressen usw. durch kurze Hinweise auf Programme und veranstalterische Besonderheiten der einzelnen Festivals ergänzt. Den folgenden Ausführungen liegt die Analyse des *Jazziz*-Festivalführers von 1994 zugrunde, ein willkürlich herausgegriffenes Jahr, das jedoch – wie stichprobenartige Vergleiche mit anderen Jahrgängen ergaben – durchaus als symptomatisch angesehen werden kann[22]. Der Festivalführer verzeichnet, nach Bundesstaaten und Nationen geordnet, insgesamt 191 Jazzfestivals, von denen 155 in den USA und 36 außerhalb der USA stattfanden: 14 in Kanada, sieben in der Karibik, zwölf in Europa und je eins in Japan, Brasilien und Indien. Die Amerikazentriertheit und damit Realitätsferne dieser Aufstellung ist unübersehbar, aber in diesem Zusammenhang belanglos. (Außerdem ist sie verständlich, denn wie viele amerikanische Jazzfans zieht es nach Europa oder Japan?)

Die geographische Verteilung der amerikanischen Jazzfestivals ist – wie nicht anders zu erwarten – uneinheitlich: An der Spitze steht Kalifornien mit 28 Festivals, gefolgt vom Staat New York (inklusive New York City) mit 14, Florida und Pennsylvania mit je zehn und Colorado mit neun Festivals; die Mehrzahl der anderen Bundesstaaten sind mit einem bis zu drei Ereignissen verzeichnet. Die für diese Ungleichverteilung verantwortlichen Gründe sind offensichtlich das Wetter, der Tourismus und die Dichte kultureller Institutionen innerhalb der verschiedenen Regionen. Die großen Festivals, die sich über mehrere Tage erstrecken, auf verschiedenen Bühnen ablaufen und viele hundert, zumeist international renommierte Mitwirkende präsentieren, finden vor allem in urbanen Zentren wie New York, Chicago und San Francisco statt.

155 Jazzfestivals. Ein kritischer Blick in den Festivalführer von *Jazziz* läßt es angezeigt erscheinen, ein wenig auszusortieren, denn die Hinweise auf Ambiente und Rahmenbedingungen der einzelnen Ereignisse deuten darauf hin, daß nicht alle dieser als »Jazzfestivals« aufgelisteten Veranstaltungen als solche gelten können. Einige bemerkenswerte Beispiele mögen dies belegen:

- Das Columbus Jazz & Rib Festival im Juni 1994 kündigt sich an als »eine festliche Freiluftangelegenheit und ein multikulturelles Event mit großartiger Musik und über hundert international bekannten Rippenspeer-Verkäufern. Eintritt frei.«

- Das Main Street Fort Worth Arts Festival im April 1994 wirbt so: »Ein viertägiges Fest der visuellen und darstellenden Künste. Herausragende musikalische und künstlerische Talente jeder Art präsentieren sich vor 400000 Besuchern. Über 120 Live-Darbietungen und 200 ›dekorative‹ Künstler versorgen zehn Straßenblocks mit Kunstausstellungen und Wettbewerben.«

- Das von der California University of Pennsylvania im April 1994 veranstaltete Festival California Jazz Experience XII kündigt als Mitwirkende nicht mehr und nicht weniger an als das »United States Army Blues Jazz Ensemble«, das »United States Navy Commodores Jazz Ensemble« und das »Wright-Patterson Air Force Base Jazz Ensemble«.

Es sind wohl also nicht alles Jazzfestivals im »engeren Sinne«, die von *Jazziz* als solche annonciert werden. In vielen Fällen handelt es sich um Messen, Volksfeste (viele Festivals sind als *food & music festivals* angekündigt), Kunstmärkte oder genre-übergreifende Musikfeste, bei denen unter anderem *auch* Jazz dargeboten wird. Daneben gibt es einige als Festival deklarierte Konzertreihen sowie eine größere Zahl von College- und Universitätsfestivals, bei denen – zum Teil in Wettbewerbssituationen – ausschließlich Schul- und Collegebands, also Amateurformationen, auftreten, Festivals mithin, die für die professionelle Musikszene letztlich nicht von Belang sind. Verbleiben 100 Veranstaltungen, die man – gemäß jazzsoziologisch bewährter Kriterien – als Jazzfestivals »im eigentlichen Sinne« klassifizieren kann.

Wer veranstaltet diese 100 Festivals? Lediglich die vorher erwähnten Mammutfestivals wie jene in New York, Chicago oder San Francisco werden entweder von den Kommunen oder von bekannten Impresarios wie George Wein organisiert und von großen Wirtschaftsunternehmen finanziert. Anders als in Europa, wo selbst Jazzfestivals in der Provinz ohne erhebliche Subventionen durch die sogenannte »öffentliche Hand« (Staat, Land, Gemeinden) kaum denkbar sind und als Veranstalter nicht selten die Gemeinden selbst in Erscheinung treten, basieren in den USA regionale Festivals außerhalb der urbanen Zentren zum überwiegenden Teil auf den Initiativen und finanziellen Mitteln von Privatleuten, von Colleges und Universitäten, die mitunter nicht nur »Schülerkonzerte«, sondern durchaus auch professionelle Festivals veranstalten, von regionalen Jazzvereinen (sogenannten *jazz societies*), sowie von Firmen oder Produktionsgesellschaften, die speziell zur Organisation und Durchführung der betreffenden Festivals installiert wurden (Festival Productions Inc.). Die meisten dieser Unternehmungen sind von privaten Sponsoren abhängig und damit auf die Popularität und Unterhaltungsqualitäten ihrer Programme angewiesen. Der Jahrmarktcharakter vieler amerikanischer Jazzfestivals findet hier eine zumindest partielle Erklärung.

Während die organisatorischen Rahmenbedingungen und das Ambiente amerikanischer Jazzfestivals eine vergleichsweise große Variationsbreite aufweisen, ist – anders als in Europa – eine stilistische Differenzierung nur in einer einzigen Hinsicht möglich, nämlich die zwischen den Oldtime-Festivals und allen anderen. Es gibt unter den 100 in *Jazziz* aufgelisteten Veranstaltungen immerhin 17, die sich – erkennbar am Titel oder an der Liste der Mitwirkenden – ausschließlich den traditionellen Stilbereichen des Jazz widmen. Sie haben Namen wie Desert Dixieland Jazz Fest, Sacramento Jazz Jubilee oder Montana Traditional Jazz Festival und finden meistens in ländlicher und landschaftlich reizvoller Umgebung statt: »Hot Jazz in einer kühlen Gebirgslandschaft« (bei Denver, Colorado); »Im Herzen der Rocky Mountains. Die Atmosphäre ist entspannt und die Musik vorzüglich« (Glenwood Springs Summer of Jazz). Die restlichen Festivals sind stilistisch durchmischt – mit hohen Anteilen von Mainstream und Pop Jazz und einer minimalen Präsenz des zeitgenössischen Jazz. Was die stilistische Zuordnung einzelner Festivals auf der Basis der *Jazziz*-Liste betrifft, so ist übrigens Vorsicht geboten: Eine Angabe wie »contemporary jazz artists« steht keineswegs für die bekannten Protagonisten »zeitgenössischer« Spielarten des Jazz, sondern für populäre Entertainer wie Kenny G., George Benson, Tito Puente, Spyro Gyra oder Tania Maria. Und hinter der Bezeichnung »Free Jazz Festival« verbirgt sich nicht mehr und nicht weniger als der Hinweis darauf, daß hier der Eintritt frei ist.

Zwei sehr spezielle Formen von Jazzfestivals bleiben zu erwähnen, die einige Gemeinsamkeiten aufweisen und die wohl in Zukunft an Bedeutung gewinnen werden: Gemeint sind damit die Jazzparty und das Jazzfestival auf See. Prototyp der Jazzparty ist die bereits seit 1965 alljährlich stattfindende Colorado Jazz Party. Ihr Erfinder, der Investmentbanker Dick Gibson aus Denver, Colorado, widmete sich später ganz seinen veranstalterischen Aktivitäten und exportierte seine Party-Idee in zahlreiche andere Regionen. Lokalisiert zunächst im kleinen Feriendomizil Vail, später in Aspen, dann in Colorado Springs und schließlich im Fairmont Hotel in Denver, besteht die dreitägige Jazzparty im wesentlichen aus einer Folge von Jam Sessions, an denen ein Pool ausgewählter Swing- und Bebop-Musiker in immer neuen Konstellationen teilnimmt. Es gibt keine festen Gruppen, das Ambiente ist betont informell. Geselligkeit steht im Vordergrund. Das Schema gilt seither für fast alle Jazzpartys.

Eine recht anschauliche Schilderung einer typischen Jazzparty samt der ihr innewohnenden Probleme liefert der kanadische Jazzkritiker John Norris. Sein Bericht über die Paradise Valley Jazz Party, die im März 1989 im Camelback Inn in Scottsdale, Arizona, stattfand, verdient es, ein wenig ausführlicher zitiert zu werden[23].

»Während der 80er Jahre entwickelten sich die Jazzpartys zu einem wichtigen Bestandteil des Jazzkalenders. Ebenso wie die Festivals bringen sie einige der besten Musiker zusammen und lassen sie in kompatiblen Kombinationen miteinander spielen. Der inhaltliche Schwerpunkt der Veranstaltung wird gewöhnlich durch die Organisatoren bestimmt, und oft sind die musikalischen Konstellationen weit von jenen entfernt, für die sich die Musiker von sich aus entscheiden würden. Daß die Resultate dabei sehr unterschiedlich ausfallen können, versteht sich von selbst. Die Inspiration für derartige Ereignisse lieferte die von Dick Gibson alljährlich am Labor Day-Wochenende in Colorado veranstaltete Party. Ein früher Ableger davon war die Blue Angel Jazz Party. Seit den 80er Jahren aber entwickelte sich die Jazzparty innerhalb der US-Jazz-Community zur Branche mit den größten Zuwachsraten. Die Musik spricht ein älteres und wohlhabendes Publikum an, das über viel Freizeit verfügt und über die Finanzen, um unbeschwert reisen zu können. Es gibt mehrere solcher Veranstaltungen sowohl in Florida als auch in Wilmington in North Carolina, Odessa und Midland in Texas, Menlo Park in Kalifornien, in Minneapolis und eben in Paradise Valley in Scottsdale. Don und Sue Miller sind die Köpfe und die Energiequellen hinter dieser Veranstaltung, die dieses Jahr zum siebenten Mal stattfindet. Eine konsequente Programmpolitik und organisatorisches Geschick sorgten schließlich für ein volles Haus. Nachdem auf diese Weise die Party von ihren Eigentümern durch die mageren Jahre gebracht wurde, sind heute die 400 Plätze sehr schnell ausverkauft. Für die diesjährige Party wurden 22 Musiker ausgewählt, die stilistisch gesehen den Raum zwischen Louis Armstrong und Charlie Parker abdecken. Bei allen handelt es sich um vollkommene Musiker, die jedes Stück Musik augenblicklich in eine persönliche Aussage übersetzen können und die flexibel genug sind, um sich mit anderen Dialekten der gleichen Sprache zu verständigen. Vier Sessions (zwei pro Tag) boten den Gästen über 18 Stunden hinweg ein nahezu kontinuierliches Programm. Jeder Set dauerte rund 25 Minuten, mit lediglich einem Minimum an solistischen Alleingängen. Die meiste Zeit traten jeweils drei Bläser mit wechselnden Rhythmusgruppen auf. Um dabei jedem einzelnen ausreichend Gelegenheit zur Entfaltung zu geben, jonglierte der veranstaltende ›Produzent‹ zwar ausgiebig mit den Besetzungen herum, jedoch das ständige Hin und Her, so angenehm es für das Publikum auch gewesen sein mag, ließ den einzelnen Kombinationen zu wenig Zeit, um miteinander warm zu werden.«

Um einen Eindruck von der stilistischen Bandbreite dieser von John Norris beschriebenen Jam Sessions zu vermitteln, sei nachgetragen, daß daran unter anderem Clark Terry, Billy Butterfield, Al Grey, Urbie Green, Buddy Tate, Pepper Adams, Ralph Sutton, Ray Bryant, Barney Kessel, Richard Davis, Milt Hinton, Butch Miles und Bobby Rosengarden beteiligt waren – eine bunte Schar von Improvisatoren, denen im wesentlichen ihre Abstinenz gegenüber den gegenwartsbezogenen Varianten des Jazz gemeinsam ist.

Das Jazzfestival zur See funktioniert im Prinzip wie die Jazzparty, nur daß es während einer Kreuzfahrt stattfindet und wesentlich kostspieliger ist als sein Pendant zu Lande. Zwei Beispiele aus dem *Jazziz*-Festivalkalender 1994:

• »Monterey Jazz Festival at Sea ... lädt Sie ein zu einer phantastischen Jazzkreuzfahrt auf dem Kreuzfahrt-Luxusliner *Viking Serenade* von Los Angeles, Kalifornien, nach Ensenada, Mexiko. An drei sonnenreichen Tagen und drei sternenklaren Nächten werden Sie sich an intimen Jazzkonzerten und an dem ganzen Luxus einer Königlich Karibischen Kreuzfahrt erfreuen. Unter den Künstlern sind Pancho Sanchez, Arturo Sandoval, Gene Harris, die *MJF Allstars* und einige

ausgewählte Studenten-Jazzbands und Chöre. Die Kosten sind ab-
hängig von den Kabinenpreisen.«
• »Holland America Jazz & Wine Cruise: Abfahrt in New Orleans,
  Louisiana, mit Stops in Ochos Rios, Cozumel und auf den Grand
  Cayman Inseln. Acht Tage und sieben Nächte lang besucht die Jazz
  & Wein-Kreuzfahrt auf einem der luxuriösesten Kreuzfahrtschiffe
  exotische Häfen. In diesem unvergleichlichen Ambiente können die
  Gäste 24 Stunden Jazz hören. Tickets: 1000–2500 Dollar.«

Einhundert Jazzfestivals pro Jahr. Für das Mutterland des Jazz und zudem für ein Land in der Größenordnung der USA ist dies nicht besonders viel. Die Aussicht, auf einem dieser hundert Festivals aufzutreten,
ist für einen professionellen Jazzmusiker in den USA, selbst bei gleichen
Chancen für alle, verschwindend klein. Aber es gibt natürlich keine gleichen Chancen für alle, denn bei vielen dieser Festivals – wie den meisten College- und Dixieland-Festivals – sind kaum professionelle Jazzmusiker zu hören. Und bei anderen tauchen immer die gleichen Musiker und
Gruppen in den Programmen auf. Im Bereich des Mainstream Jazz sind
dies vor allem ältere Topstars wie Betty Carter, Joe Henderson, James
Moody, Oscar Peterson, Lou Rawls, Sonny Rollins und Jimmy Smith,
oder jüngere Musiker, die bei Majors unter Vertrag sind und von diesen
kostengünstig an die Festivals vermittelt werden, wie Terence Blanchard,
Joey DeFrancesco oder Roy Hargrove. Zu den Stammgästen amerikanischer Festivals im Bereich des Pop Jazz gehören Musiker wie Kenny
G., David Sanborn, George Benson und Bob James.

Fluchtpunkt Europa

Und der zeitgenössische Jazz? Die avancierten Spielarten? Die Avantgarde? An dieser Stelle kommt Europa ins Spiel und wird zum Schauplatz
der Sozialgeschichte des amerikanischen Jazz. Denn der Gegenwarts-
bezug des Jazz in den USA verwirklicht sich spätestens seit den 80er Jahren auf den Podien der vielen großen und kleinen europäischen Festivals.
    Die Bandbreite der europäischen Festivallandschaft hinsichtlich musi-

kalischer Angebote, stilistischer Orientierung, Publikumszahl, Zeit und Ort ist immens groß. Da gibt es einerseits jene Massenveranstaltungen wie die in Den Haag oder Montreux, bei denen 70 000 bis 150 000 Zuhörer und Zuschauer Hunderte von Musikern im Schnelldurchgang und simultan auf zehn Bühnen erleben dürfen, Mammutfestivals, die – ebenfalls unter Ausklammerung gegenwartsbezogener Ausdrucksformen – ein buntgemischtes Programm aus Jazz, Pop, Ethno und diversen anderen musikalischen Bizarrerien bieten und bei denen man die Besucher darüber hinaus dazu animiert, im Rahmen von *off festivals* an sogenannten Events wie Boat Rides, Workshops und Techno Partys zu partizipieren.

Den auf maximale Publikumswirksamkeit zielenden Mammutfestivals gegenüber stehen eine Reihe ebenfalls großer und renommierter Festivals wie jene in Berlin, Grenoble, Leverkusen, Molde, Nancy, Pori usw., die bereits seit vielen Jahren existieren und die auf hohem Niveau ein breites stilistisches Spektrum bieten, ohne sich jedoch den kommerziellen Zwängen des Marktes ganz und gar zu unterwerfen. Und schließlich gibt es – und dies im krassen Gegensatz zu den USA – eine Vielzahl mittlerer und kleiner Festivals, die sich schwerpunktmäßig den zeitgenössischen Strömungen des Jazz verschrieben haben oder diesen zumindest einen breiten Raum widmen, wie beispielsweise die Festivals in Bergamo, Cascais, Le Mans, Münster, Mulhouse, Saalfelden und Willisau.

Die europäische Festivalszene bildet für amerikanische Musiker seit geraumer Zeit eine der wichtigsten Existenzgrundlagen. »Ich habe festgestellt, daß die Europäer dem schwarzen Jazzmusiker im allgemeinen wesentlich mehr Respekt entgegenbringen als die Amerikaner«, sagt 1983 Johnny Griffin, einer der renommiertesten Jazzemigranten der 60er Jahre, in einem erhellenden Beitrag, der es verdient, ein wenig ausführlicher zitiert zu werden:

> »In Europa trat ich in den gleichen Konzertsälen auf wie Arthur Rubinstein, zum Beispiel in der Berliner Philharmonie. Aber das Ausschlaggebende waren eigentlich nicht so sehr die Säle, in denen wir spielten, als vielmehr die Leute, die dort arbeiteten: Die respektierten uns als Musiker. Nimm demgegenüber einmal die Carnegie Hall in New York. Die Angestellten dort scheinen Jazzmusiker zu hassen. Die Bühnenarbeiter unternehmen alles nur Denkbare, um dir das Leben schwer zu machen. In Europa wirst du als Künstler behandelt, sowohl vom Publikum

als auch von den offiziellen Stellen. Dort stehst du gleichrangig neben
den ›klassischen‹ Musikern. In Amerika hingegen wird Jazz als etwas
Alltägliches angesehen. Genau genommen ist Jazz in diesem Lande so
etwas wie ein Schimpfwort. Schau dir mal eine Redewendung wie ›all
that jazz‹ an. Das ist doch abwertend gemeint! Die Europäer würden
aus der Kunstform Jazz niemals so ein Graffiti machen wie die Amerikaner. Europäer wissen über amerikanische Jazzmusiker mehr als die Musiker über sich selbst. Sie studieren Jazzkomponisten auf die gleiche Art,
wie sie Bach, Beethoven oder Brahms studieren. Sie betrachten den Jazz
als eine eigenständige Kunstform.
Wir schreiben Juli 1983. Ich wette, daß in Europa in diesem Moment
mehr amerikanische Jazzmusiker arbeiten als in Amerika. An diesem
Wochenende findet in Holland das North Sea Festival statt. In einem
riesigen Gebäude laufen dort vom frühen Nachmittag bis vier Uhr mor-
gens sieben Konzerte gleichzeitig. Da findet man in einem einzigen Gebäude mindestens 550 amerikanische Jazzmusiker. Zur gleichen Zeit gibt
es in Schweden ein anderes großes Festival. Das Festival in Nizza,
in Frankreich, hat gerade begonnen und wird etwa zehn Tage dauern.
Außerdem finden Festivals überall in Italien und in Frankreich statt,
im Herbst dann in Deutschland. Viele dieser Festivals werden von den
Regierungen gefördert, besonders in den Niederlanden. Europa rettet
den Jazz. Und es hat mit Sicherheit mein Leben gerettet.«[24]

Mehr noch als für Bebop-Veteranen wie Johnny Griffin stellt der alljähr-
liche Kreislauf der europäischen Festivals für die Protagonisten der gegenwartsbezogenen Spielarten des amerikanischen Jazz eine existentielle
Notwendigkeit dar. Die Klagen über den Mangel an Auftrittsmöglichkeiten in den USA und die Äußerungen der Erleichterung darüber, daß
es glücklicherweise immer noch Europa und Japan gäbe, ziehen sich seit
den 80er Jahren wie ein roter Faden durch zahllose Interviews mit
amerikanischen Jazzmusikern.
    »Sie leben in Baltimore. Welche Erfahrungen machen Sie mit Ihrer
Musik im heutigen Amerika?«, fragt im April 1993 der deutsche Jazz-
journalist Christian Broecking den afroamerikanischen Saxophonisten
Gary Thomas. Und der antwortet:

    »Keine. Ich trete in Amerika kaum auf. Im vergangenen Jahr habe ich
    ganze sieben Gigs in den Staaten gespielt, dort wo ich lebe. Drei bis vier

Monate toure ich also in Übersee, mit meinen Gruppen, mit Jack De-
Johnette und anderen. Ich spiele eigentlich ausschließlich in Europa und
Japan. Die Amerikaner sind so abhängig von ihren Kategorien, daß ich
da nicht reinpasse. Sie wissen nicht, wo sie mich hinstecken sollen. Auch
denke ich, daß meine Musik vielleicht zu aggressiv ist für das amerikanische Publikum. Hier (in Europa; E.J.) scheint es anders zu sein. Aber
wenn ich in Amerika sage, ich spiele Jazz, antworten die: ›Yeah, Mann,
wir mögen Jazz‹, und erwarten dann jene *easy listening*-Schnulzen, die sie
Jazz nennen. Wenn wir dann spielen, fragen sie: ›Warum seid ihr so laut,
warum so zornig?‹ Was dann heißt, daß sie uns nicht gebrauchen können.
Jedenfalls nicht so wie Kenny G., nicht so wie die Young Lions, die die
Jazz-Masters der 50er Jahre imitieren.«[25]

Der Pianist Richie Beirach, der 2001 an der Musikhochschule in Leipzig
eine Professur annahm, erklärt:

> »Ich habe jetzt 35 Jahre in New York gelebt, das reicht. Außerdem ist
> das Klima für den Jazz, den ich spiele, dort nicht mehr sehr günstig.
> Man denke nur ans Lincoln Center, wie unwahrscheinlich konservativ es
> da zugeht. Nur Bebop, das ist idiotisch. Ich mußte entdecken, dass es in
> den Vereinigten Staaten kaum mehr Arbeit für mich gibt, das meiste
> habe ich zuletzt in Europa oder Japan gemacht. Meine Musik wird in
> Europa besser verstanden als in meinem eigenen Land – es tut mit leid,
> das zu sagen, aber es ist wahr«.[26]

Delfeayo Marsalis, Posaune spielender Bruder von Wynton Marsalis,
bekennt: »Als Jazzmusiker kann man kaum existieren in Amerika. Deswegen bin ich auch froh, jetzt durch Europa zu touren.«[27] Und der Mul-
tisaxophonist James Carter bilanziert: »Nach wie vor werden neun von
zehn Jazzdeals in Europa oder mit Europäern getätigt.«[28]

Das Phänomen einer ständigen und massenweisen Präsenz amerika-
nischer Musiker auf der europäischen Jazzszene ist vergleichsweise neu.
Zwar gab es seit jeher Jazzemigranten wie Johnny Griffin, die den USA
aus den verschiedensten Gründen für mehr oder minder lange Zeit den
Rücken gekehrt hatten, um sich in Europa niederzulassen[29]. Während
ausgedehnte Tourneen amerikanischer Jazzleute durch die Clubs und
Festivals Europas jedoch noch bis in die frühen 70er Jahre hinein eher die
Ausnahme bedeuteten, ist die Allgegenwart amerikanischer Musiker auf

europäischen Podien jeder Art seit den 80er Jahren mehr als selbstverständlich. Dafür gibt es eine Reihe von Ursachen; die meisten sind – wie
kann es anders sein – ökonomischer Art. Der schwache Dollarkurs spielte
eine Zeitlang eine gewisse Rolle und auch die vergleichsweise niedrigen
Flugpreise. Der Hauptgrund aber liegt seit langem in der desolaten ökonomischen Situation des Jazz in den USA selbst. Kaum ein amerikanischer Musiker kann heute allein von seinen jazzmusikalischen Aktivitäten im eigenen Lande existieren. In New York pulsiert – wie oben
beschrieben – die Clubszene, jedoch verdient dabei kaum jemand so viel,
daß er davon existieren könnte.

Eines der Ergebnisse dieser ökonomischen Misere besteht darin, daß
jeder amerikanische Musiker, der irgendwann und irgendwie die Chance
erhält, in Europa (oder auch Japan) zu arbeiten, sie begierig und zu welchen Bedingungen auch immer ergreift. Das führt dann dazu, daß europäische Agenten Konzerttourneen mit namhaften amerikanischen Musikern zu Pauschalpreisen buchen und diese Musiker an ihren konzertfreien
Tagen (den sogenannten *days off*) zu stark reduzierten Preisen an die
regionale Clubszene weiterreichen, nach dem Motto: »Auf diese Weise
bekommen wir wenigstens einen Teil unserer Reisekosten und die Über-
nachtung herein.« Die Folge davon ist schließlich, daß europäische Musiker bei ihren Bemühungen um einen Clubauftritt bei einer angemessenen
Gagenforderung immer häufiger mit dem Argument abgewiesen werden,
dafür bekäme man ja leicht zwei amerikanische Gruppen.

Die Invasion amerikanischer Musiker auf die europäische Jazzszene
hat allerdings nicht allein ökonomische Beweggründe. Eine wichtige
Rolle spielt auch das – bereits im Interview mit Johnny Griffin angeklun-
gene – geringe kulturelle und gesellschaftliche Prestige, das dem Jazz als
einer im Kern afroamerikanischen Minderheitsmusik in den USA zugemessen wird. Die Diskrepanz zwischen dem eigenen künstlerischen
Selbstverständnis und der soziomusikalischen Realität bringt sehr prägnant der Bassist Barre Phillips auf den Punkt, der als »Expatriate« seit vielen Jahren in Europa lebt: »Hier in Europa darf ich ein kreativer Musiker
sein, während ich in den USA nur ein professioneller Musiker wäre.«[30] An
anderer Stelle des gleichen Interviews sagt Phillips: »In New York wäre
ich ein Freelancer, aber in Europa bin ich ein Künstler.«

Drastischer als Barre Phillips umreißt der afroamerikanische Trompeter Lester Bowie, Initiator und musikalischer Motor des legendären *Art Ensemble of Chicago*, das Problem:

> »Hier in Europa ist kulturell alles viel mehr entwickelt. In diesem Sinne passiert hier auch mehr. Den größten Teil unserer Arbeit machen wir in Europa und in Japan ... In Amerika haben wir die dümmsten Leute der Welt, die kümmern sich einen feuchten Dreck um den Jazz ... Das ist kulturell bedingt, die Leute sind so armselig ausgebildet, daß sie nicht einmal wissen, daß es so etwas wie Jazz überhaupt gibt. Was ich sagen will ist, daß der Durchschnittsamerikaner überhaupt keine Ahnung hat, was im Jazz passiert ... In den Staaten ist man an der Weiterentwicklung dieser Musik nicht im geringsten interessiert. Die Vereinigten Staaten sind konservativ, weil man daran interessiert ist, die Leute dumm zu halten.«[31]

Stilpluralismus ohne Leitbild

Die 80er und 90er Jahre – so formulierte ich eingangs dieses Kapitels – sind geprägt durch die große Unübersichtlichkeit eines so nie dagewesenen stilistischen Pluralismus, durch ein nur schwer entwirrbares Labyrinth miteinander konkurrierender Trends und Tendenzen. Und nicht nur das: Sie sind zugleich dadurch geprägt, daß es innerhalb dieser Vielfalt – abgesehen von der unübersehbaren Prädominanz konservativen Denkens, Tuns und Hörens – offenbar keine wegweisenden Richtungen gibt. Hochgradig heterogen war der Jazz im Laufe seiner Geschichte schon mehrmals: besonders ausgeprägt in den 50er Jahren, als Bebop und Hardbop mit Cool und Westcoast Jazz konkurrierten; kaum weniger heterogen in den 60ern, als neben den diversen und äußerst verschiedenartigen Personal- und Regionalstilen des Stilkonglomerats Free Jazz so bedeutende Individualstile wie jene von Davis und Coltrane das jazzmusikalische Geschehen bestimmten; oder in den 70ern, als im Rücken des Rockjazz der Loft Jazz entstand und die europäischen Free Jazzer ihre diversen musikalischen Dialekte entwickelten. Dennoch, die stilistische Pluralität vergangener Jahrzehnte verhinderte niemals, daß sich so etwas wie ein Bild der jeweiligen Epoche ausprägte, das sie als solche jazzhistorisch identi-

fizierbar machte. So waren die 50er Jahre eben nicht nur die einer ver-
wirrenden stilistischen Jambalaya, sondern markierten die Zeit des Wett-
streits zwischen Westcoast und Hardbop. In den 60ern dominierte – von
Befürwortern mit positiven und Gegnern mit negativen Kommentaren
quittiert, von beiden jedoch als solcher zur Kenntnis genommen – der
Free Jazz. Und die 70er bildeten – ob man dies nun begrüßte oder nicht –
unzweifelhaft die hohe Zeit des Rockjazz und seiner Verwandten. Wofür
aber stehen die 80er und 90er Jahre im Jazz – außer für einen nicht weiter spezifizierbaren Stilpluralismus oder für den Triumph des Konservatismus? Gewöhnlich pflegt man solchen Fragen mit der fatalistischen
Antwort »Die Zeit wird es zeigen« zu begegnen. Ich wähle den unbe-
quemeren Weg und wende mich den Details zu, um sie analytisch unter
die Lupe zu nehmen.

Der in den letzten Jahrzehnten des 20. Jahrhunderts um sich greifende
stilistische Pluralismus ist nicht isoliert zu sehen, sondern ein Phänomen,
das in anderen gesellschaftlichen Bereichen und vor allem auch in anderen Künsten der Zeit eine wichtige Rolle spielte und das dort unter dem
Begriff der Postmoderne ausführlich diskutiert wurde. Seltsamerweise
fand diese Diskussion, bezogen auf den Jazz, nicht statt. Vermutlich
schaute die Jazzpublizistik zu wenig über den Tellerrand des eigenen
Gegenstandsbereiches, als daß sie Diskussionen in anderen Disziplinen
zur Kenntnis nehmen und nutzbar machen konnte. Auf jeden Fall ist dieses Phänomen eines stilistischen Pluralismus nicht isoliert auf die Jazzszene bezogen zu sehen und auch nicht als ein rein ästhetisches, sondern
als eines, das im gesellschaftlichen Kontext des ausgehenden 20. Jahrhunderts verankert ist – was es zu einem soziologisch relevanten Phänomen macht, das über den ästhetischen Bereich hinausweist.

Reflexionen zum Stilbegriff

Bevor wir zur Sache kommen, müssen wir uns jedoch noch einmal dem
Stilbegriff zuwenden, denn er ist für die folgenden Überlegungen von
zentraler Bedeutung. Der Begriff des Stils in der Musik ist, wie in der
Einleitung zu diesem Buch dargestellt, ein theoretisches Konstrukt – ein

Gedankengebilde, das sich auf eine Fülle von Einzelbeobachtungen stützt, mittels derer eine Konstellation von regelmäßig gemeinsam auftretenden Merkmalen schließlich zu einem als solchem identifizierbaren Ganzen zusammengefügt werden kann: dem Stil. *Den* Cool Jazz (als eine real erklingende Musik) gab es nicht, wohl aber gab es in einer Kollektion konkreter Musikbeispiele eine bestimmte Anzahl von gemeinsamen Merkmalen, die *so* bei anderen Musikbeispielen nicht auftraten und die uns in die Lage versetzten, das eine Stück als Cool Jazz und das andere als Nicht-Cool Jazz zu identifizieren. Die Entstehung eines bestimmten Stilbegriffs setzt also gewissermaßen eine kollektive – und in der Regel unbewußt durchgeführte – Analyse voraus, die eine jeweils charakteristische Konfiguration musikalischer Merkmale zutage fördert. Dieser Stilbegriff bewährt sich in seiner Tauglichkeit als Mittel der Verständigung (»Ich weiß schon, was du meinst, wenn du Cool Jazz sagst«), und er scheitert, wenn er Verständnislosigkeit provoziert oder mehrdeutig bleibt. Die Bezeichnung »traditioneller Jazz« ist beispielsweise in dieser Hinsicht mehrdeutig, denn sie läßt offen, ob damit der Traditional Jazz im Sinne der Stilbereiche des Jazz vor dem Swing gemeint ist oder der harmonisch und rhythmisch gebundene Jazz vor dem Free Jazz.

Der Jazz hat bislang acht als solche identifizierbare, »große« Stilbereiche hervorgebracht: New Orleans/Dixieland Jazz, Chicago Jazz, Swing, Bebop, Cool Jazz/Westcoast Jazz, Hardbop, Free Jazz und Rockjazz. Man könnte diese Stilbereiche als Makrostile bezeichnen, die in sich zahlreiche Mikro- oder Substile einschließen: verschiedene Regionalstile, Gruppenstile, »Schulen«, die sich an einer herausragenden Musikerpersönlichkeit festmachen lassen, und schließlich Individual- oder Personalstile. Es ergibt sich hieraus ein äußerst komplexes Beziehungsgefüge, das zwangsläufig zahlreiche Unschärfen aufweist und für Umdeutungen und Neuinterpretationen weiten Raum läßt.

Festzuhalten bleibt, daß der Stilbegriff in der Musik in der Regel ein musikalisches Korrelat voraussetzt. Wie jedoch bereits ein flüchtiger Blick in die Jazzpresse oder die Verlautbarungen der Schallplattenbranche der 80er und 90er Jahre zeigt, treten dort in zunehmendem Maße solche Bezeichnungen in den Vordergrund, die zwar als Stilbegriffe verstanden sein wollen und als solche das Vorhandensein eines musikalischen Korrelates suggerieren, *de facto* jedoch gar keines aufweisen. In diesem Zu-

sammenhang kommt eine Kategorie ins Spiel, die im Jazz, wie in anderen
»vermarkteten« Künsten auch, immer schon eine gewisse Rolle spielte, nun
aber verstärkt an Bedeutung gewinnt: das Markenzeichen. Begriffe wie
Loft Jazz, Harmolodics oder Lite Jazz sind solche Markenzeichen, die –
wie zu zeigen sein wird – kein eindeutiges musikalisches Korrelat aufweisen, die zwar durchaus dazu geeignet sind, Assoziationen zu stiften
(und damit gegebenenfalls zum Kauf anzureizen), deren assoziativer Gehalt jedoch zumeist außermusikalischer Natur ist. Auf diese Weise kann
es ohne weiteres geschehen, daß Musiken, die in struktureller Hinsicht
kaum etwas miteinander zu tun haben, aus Gründen der besseren Ver-
marktbarkeit unter einem Etikett zusammengefaßt werden, eine Strategie,
die bereits im Zusammenhang mit der Knitting Factory sichtbar wurde,
der jedoch ebenso am Beispiel von Steve Colemans *M-Base* oder John
Zorns Radical Jewish Music nachgegangen werden könnte. Während hier
innermusikalische Differenzierungen durch die Einführung von Markenzeichen verdeckt werden, ist auch der gegenteilige Fall nicht auszuschließen, daß nämlich ein und dieselbe Musik (der gleiche Stil) unter verschiedenen Etiketts in Erscheinung tritt (Free Jazz = Great Black Music), ein
Phänomen, das im Musikerjargon mit der ironischen Wendung *different
label – same shit* (neues Etikett, gleicher Mist) kommentiert wird.

Fassen wir zusammen: Der Stilbegriff im Jazz der letzten beiden Jahrzehnte wird in stärkerem Maße als früher überlagert durch eine Kategorie, die sich innermusikalischer Kriterien verweigert und vielmehr den
Gesetzmäßigkeiten der Warenästhetik folgt. Oder, um es mit den schar-
fen Worten von Elliott Sharp zu sagen: »Im Ethos der New Yorker Szene
geht es um Novitäten. Jeder versucht den neuesten Dreh zu finden, bevor
irgend jemand anderes auf die Idee gekommen ist, sein Markenzeichen
durch einen bestimmten Gimmick zu etablieren.«[32] Dies hat man – im
Sinne einer Warnung – einzukalkulieren, wenn man sich auf eine Analyse
der Vielfalt jazzmusikalischer Erscheinungsformen am Ausgang des
20. Jahrhunderts einläßt.

Erscheinungsformen
jazzmusikalischer Postmoderne

Der stilistische Pluralismus im Jazz des ausgehenden 20. Jahrhunderts manifestiert sich auf verschiedenen Ebenen.

Auf der ersten Ebene gibt es viele Stile gleichzeitig. Dies ist der Pluralismus der unverbunden nebeneinanderstehenden Idiome, der breiten und unübersichtlichen stilistischen »Palette«, auf der einzelne Musiker entweder ihre mehr oder minder klar definierten Positionen einnehmen oder die sie als ein offenes Terrain für Positionswechsel jeder Art benutzen. Es ist dies die Ebene, die uns am ausführlichsten beschäftigen wird.

Auf der zweiten Ebene spielt ein und derselbe Musiker mit verschiedenen stilistischen Identitäten, die er entweder simultan (z.B. in den verschiedenen Titeln einer CD) oder in rascher zeitlicher Abfolge (z.B. von einer CD-Einspielung zur nächsten) realisiert. Folgende Faktoren können dabei eine Rolle spielen:

*   Das auf innermusikalische Motive sich gründende Bestreben, sich nicht festzulegen, verschiedene stilistische Terrains zu erkunden, vielseitig zu sein. Als ein typischer Repräsentant dieser Position kann der Klarinettist Don Byron angesehen werden, der neben seinen Jazzaktivitäten scheinbar mühelos u.a. vom Klezmer zur Musik der europäischen Romantik wechselt. Diese Form des *style hopping* birgt in sich das Risiko, daß man sich den verschiedenen musikalischen Idiomen in der Rolle des »Touristen« nähert, ohne ihnen in ihrer Essenz gerecht zu werden. Von Byrons Klezmer-Exkursionen sagt sein Klarinette spielender Kollege David Kracauer nicht ganz zu Unrecht, sie verwandelten Klezmer in Zirkus, machten ihn zum Varieté, zur Karikatur und damit vulgär[33].
*   Die Notwendigkeit, aus finanziellen Gründen in verschiedenen Gruppen und Projekten mitzuwirken. Dieser Faktor steht in engem Zusammenhang mit dem ökonomisch bedingten Niedergang der *working group* mit eindeutiger stilistischer Identität.
*   Das Bestreben, »auf einen Schlag« möglichst viele Zuhörer zu erreichen und so möglichst viele Platten zu verkaufen. Ein beeindruckendes Beispiel für diese hochgradig opportunistische Strategie liefert

der Posaunist Robin Eubanks in den Erläuterungen zum Programm seiner 1988 für JMT eingespielten CD *Different Perspectives:* »Ich wußte, daß die Japaner auf Standards stehen. Also wählte ich *Walkin'* und *You don't know what love is* für das Programm aus. In den USA ist man mehr pop- und kommerzorientiert, folglich nahm ich einen Stevie Wonder-Song ins Programm, den ich wirklich mag. Dann gibt es diese Art von ›Quiet Storm‹-Programmen, wie sie sie an der Westküste mögen …, ein wenig zurückgenommen, nach der Arbeit, abgekühlt, ein Gläschen Wein nach dem Essen, weiß der Teufel … Jedenfalls zielt der Titel *The Night before* in diese Richtung. Und *Midtown* ist eine Art von Funk. Und dann Europa! Die sind ja weit offen für alles mögliche. Ich habe das Ganze also so designed, daß es diese drei verschiedenen Richtungen anspricht … «[34]

Auf der dritten Ebene besteht die stilistische Vielfalt *innerhalb* ein und desselben Stückes, wird also selbst zum Stilmittel. Es ist sicherlich genau diese Form des Pluralismus, die der Pluralität als Schlüsselbegriff der Postmoderne-Diskussion im Sinne von Welsch[35] am nächsten kommt: die Pluralität der Stile im Kunstobjekt selbst, die Dezentrierung des Sinns, die Gleichzeitigkeit des Ungleichzeitigen. »Postmodernes liegt dort vor, wo ein grundsätzlicher Pluralismus von Sprachen, Modellen, Verfahrensweisen praktiziert wird, und zwar nicht bloß in verschiedenen Werken nebeneinander, sondern in ein und demselben Werk, also interferentiell.«[36] Die Gefahren? »Der Pluralismus erschwert die Stimmigkeit. Andererseits erleichtert er die Beliebigkeit. Diese wird darob zwar nicht zum Ziel, aber doch zur schier omnipräsenten Gefahr. Eine solche ist auch der oberflächliche Eklektizismus. Potpourri und Disneyland sind die naheliegenden Verfehlungen der angestrebten Vielfältigkeit. Daß sie Verfehlungen sind, ist leicht zu erkennen; ihre Potenzierung der Vielfalt steigert diese ja nicht, sondern löscht sie durch Vergleichgültigung.«[37] Einen internen stilistischen Pluralismus dieser Art finden wir vor allem in den Hervorbringungen der New Yorker Downtownszene: in den *game pieces* von John Zorn ebenso wie in den Adaptationen von Werken klassischer europäischer Musik mittels der Codes jazzmusikalischer Improvisation, wie sie uns auf exemplarische Weise der Komponist und Pianist Uri Caine vorexerziert.

Bis in die 70er Jahre hinein vollzog sich, abgesehen von einigen unwichtigen Revivalbewegungen, die stilistische Entwicklung des Jazz quasi linear. Zwar nicht unbedingt in Dekaden, wie jazzhistorische Überblicke bisweilen nahelegen, aber doch mit einer gewissen Regelmäßigkeit verfestigten sich neue Gestaltungsmittel zu neuen Stilbereichen, die für ein paar Jahre in den Vordergrund des Publikums- und Medieninteresses traten, um dann durch einen neuen Stil abgelöst zu werden. Auf der Rezeptionsseite mag dies etwas mit dem Wechsel von Moden zu tun gehabt haben, nicht aber auf der Produktionsseite, denn diese zeigte im Erschließen neuer Materialien, Techniken und Konstruktionsverfahren eine gewisse innere Logik. Diese innermusikalische Folgerichtigkeit eines rund 70jährigen Entwicklungsprozesses, die sich an Kriterien wie Materialermüdung und -erneuerung, schrittweiser Emanzipation von bestimmten normativen Prinzipien usw. festmachen ließ, bekam mit der vollen Entfaltung des Free Jazz bereits im Laufe der 60er Jahre einen fragwürdigen Charakter, wobei eine der Hauptfragen lautete: Was bleibt zu tun, nachdem nahezu alle bisher gültigen Regeln für null und nichtig erklärt worden sind.

Wynton Marsalis und der Neokonservatismus

Der weit verbreiteten Ratlosigkeit des Publikums gegenüber dem Stilkonglomerat Free Jazz, die durch den populären und schnell verglühenden Rockjazz nur kurzfristig gemildert wurde, entsprach die Unsicherheit vieler Musiker angesichts der von ihnen selbst installierten Tabula rasa. Das Bebop-Revival der 70er Jahre, durch welches eine Reihe prominenter Jazzveteranen der 50er erneut in das Rampenlicht der Medien- und Festivalöffentlichkeit katapultiert wurde, war unter anderem auch eine Folge dieser Situation. Die Flucht in die Retrospektive mit Hilfe der Helden von einst wäre jedoch ein Übergangsphänomen geblieben, hätte nicht gleichzeitig eine junge Generation von Jazzmusikern in großem Maßstab den Jazz der Vergangenheit für sich entdeckt und zum Jazz der Zukunft deklariert. Mit missionarischem Eifer, einem gut ausgeprägten Sinn fürs

Geschäft, vor allem aber mit tatkräftiger Unterstützung durch die Schallplattenkonzerne eröffneten die jungen Traditionalisten alsbald das Gefecht für die alten und ihrer Meinung nach ewigen jazzmusikalischen
Werte und gegen die durch den Free Jazz verursachten avantgardistischen
Irrwege. Die Presse ging ihnen dabei fleißig zur Hand, indem sie den
Streit zwischen den jungen »Bewahrern« und den alten »Umstürzlern«
sogleich zum »New Yorker Jazzkrieg« hochstilisierte. Die Welle des Neokonservatismus rollte an.

Schlüsselfigur der Neo-Bop-Bewegung war der Trompeter Wynton
Marsalis. Geboren 1961 als Sproß einer bekannten New Orleanser Jazz-
musikerfamilie, hatte er sich bereits in frühen Jahren durch seine Doppel-
begabung im Jazz und in der Klassischen Musik hervorgetan: Als Acht-
jähriger spielte er in Danny Barkers *Marching Band* beim New Orleans
Jazz and Heritage Festival, mit vierzehn war er mit dem New Orleans
Philharmonic Orchestra als Solist in Haydns Trompetenkonzert zu hören.
In den folgenden Jahren studierte er zunächst im Berkshire Music Centre
in Tanglewood und bald darauf an einer der berühmtesten Ausbildungs-
stätten im Lande, an der Julliard School of Music in New York. Noch
während seines Studiums bei Julliard heuerte ihn Art Blakey für seine *Jazz
Messengers* an. Ein – wie sich zeigen sollte – folgenreicher Schritt war
getan.

Der Schlagzeuger Art Blakey, Jahrgang 1919, gehörte zu den Pio-
nieren der Bebop-Revolution. Seine 1955 gegründeten *Jazz Messenger*
gehörten zu den stilbildenden Formationen des Hardbop. Zugleich waren
sie eine der wichtigsten und beständigsten »Lehrwerkstätten« des Jazz –
mit so erfolgreichen »Absolventen« wie Donald Byrd, Johnny Griffin,
Lee Morgan, Bobby Timmons, Wayne Shorter und Freddie Hubbard.
Als eine der stabilsten *working bands* der Jazzgeschichte hatten die *Messengers* die freitonalen Stürme des Free Jazz ebenso überstanden wie die
hohen Phonzahlen des Electric Jazz und galten zu Anfang der 80er Jahre
als wichtigste Bastion der Jazztradition.

Als Wynton Marsalis gemeinsam mit seinem älteren Bruder Branford
1980 in Blakeys Band zu spielen begann, war er auf der Jazzszene völlig
unbekannt. Er selbst kannte auch nicht viel davon: »Bevor ich mit Blakey
spielte«, so Marsalis in einem Interview mit Ben Sidran, »hatte ich keine
Ahnung, wie man Jazz macht und damit seinen Lebensunterhalt ver-

dient ... Ich kannte auch die alten Schallplatten von Trane mit Miles aus
den 60er Jahren nicht, als es innerhalb dieser Gruppe eine wirkliche Interaktion gab. Ich hatte niemals Louis Armstrong gehört und auch nicht
Ornette Coleman. Als ich bei Blakey anfing, kannte ich noch nicht einmal dessen eigene ältere Aufnahmen.«[38]

Ein wirklicher Neuling also aus der jazzmusikalischen Provinz, dem
es gelungen war, die mühevolle Phase des »Lehrgeldzahlens« *(paying the*
dues) erfolgreich zu überspringen. Denn weiterhin ging es steil bergauf.
Noch während seines Engagements bei Blakey tourte der Newcomer
Marsalis mit einer anderen Gruppe von legendären Helden der Jazzgeschichte, dem phänomenalen Rhythmusteam des *Miles Davis Quintet*
der mittleren 60er Jahre, bestehend aus Herbie Hancock, Ron Carter und
Tony Williams. Miles Davis kommentierte diese Zusammenarbeit angeblich mit der rhetorischen Frage: »Haben wir es denn beim ersten Mal
nicht gut genug gemacht?«[39]

1982 verließ Marsalis die *Jazz Messengers* und gründete – wiederum
unter Mitwirkung seines Bruders Branford – sein erstes eigenes Quintett.
Branford Marsalis berichtet in bemerkenswerter Offenheit über die An-
fänge der Gruppe:

> »Wir waren total blauäugig. Wir hatten einen Sound im Ohr, den wir
> entwickeln wollten. Aber die Leute wollten nicht ehrlich zu uns sein,
> sie wollten nicht zugeben, daß wir nichts als kleine Neulinge waren ...
> Wynton wußte noch nicht, wie man eine Gruppe leitet; und wir wußten
> nicht, wie man sich in eine Gruppe einfügt. Ich fing gerade an, Tenor
> zu spielen. Wir hatten noch keine Persönlichkeit. Man hat uns keine
> Zeit gelassen. Man hat uns in den Vordergrund der Szene gestoßen. Und
> dann warf man uns vor, daß wir klingen würden wie Miles Davis in sei-
> nen Anfängen.«[40]

Der rasche Aufstieg des Wynton Marsalis zunächst zum jugendlichen
Helden und Sprecher der neokonservativen Schule des Jazz und schließlich zu nationaler und internationaler Prominenz hängt mit Faktoren
zusammen, die weit über seine Fähigkeiten als Trompeter und Komponist hinausweisen und die auch nicht allein durch die emsigen Bemühungen des ihn betreuenden Schallplattenkonzerns zu erklären sind. Zu
den selbstverständlichen und daher im allgemeinen kaum für erwähnens-

wert gehaltenen Voraussetzungen seines Erfolges gehörte, daß er erstens
schwarz und zweitens jung war – zwei Attribute, die in der Folge auch für
die Inszenierung der *Young Lions* essentiell wurden. Die Akzentuierung
der afroamerikanischen Fundamente des Bebop-Revivals versteht sich
von selbst. Ein weißer Retter der traditionellen Werte afroamerikanischer
Musik hätte zweifellos ein absurdes Bild abgegeben. Die Betonung der
Jugendlichkeit korrespondierte mit dem Geist der Zeit: Jugend stand –
nicht nur in der Sprache der Werbung – für Elan, Dynamik, Energie und
Zukunft. Daß diese Zukunft in Marsalis' Fall in der Vergangenheit lag,
gehört zu den feinen Ironien jazzhistorischer Zickzackbewegungen.

Ein jugendlicher afroamerikanischer Musiker, der hervorragend Trompete spielen kann: Für die Ausfüllung einer Rolle als wichtigste Identifi-
kationsfigur des jazzmusikalischen Neokonservatismus hätte allein dies
nicht gereicht. Zu den Vorteilen, die Wynton Marsalis für seine Karriere
darüber hinaus verbuchen konnte, gehörte weiterhin, daß er an einer der
renommiertesten Institutionen akademischer Musikausbildung in den
USA studiert hatte, vor allem aber, daß er sich als Trompeter schließlich
nicht nur im Jazz, sondern auch in der Klassischen Musik seine Meriten
erworben hatte. Tatsächlich war er der erste Jazzmusiker, der (1983) mit
dem von der National Association of Recordings Arts and Sciences ver-
gebenen Grammy Award gleichzeitig sowohl in der Kategorie Jazz als
auch in der Klassiksparte ausgezeichnet wurde: das erstere für seine LP
Think of One und das letztere für seine Einspielungen einiger Trompeten-
konzerte von Haydn, Hummel und Leopold Mozart. Ein Jazzmusiker,
der sich in den Gefilden der hohen Kunst bewährt hatte! Die Nobilitierung
des Jazz durch die Verbeugung vor den Denkmälern abendländischer
Musikkultur. Der bürgerliche Jazzhörer mit Bildungsanspruch konnte
zufrieden sein. Die Elite der amerikanischen Hochkultur applaudierte
heftig. Und der große französische Trompetenvirtuose Maurice André,
der Marsalis einstmals als Vorbild gedient hatte, ernannte diesen nun zum
besten Trompeter der Welt.

Marsalis wurde dem Image des kultivierten Künstlers auf seine Weise
gerecht: Elegante Anzüge, kein Alkohol, Eloquenz mit einem Schuß *hip-
ness*. In seinem Insistieren auf Disziplin, Ordnung und Sauberkeit *(clean-
ness)* wurde Marsalis vorbildhaft für eine große Schar jugendlicher Jazzmusiker. In einem Interview für *Wire* im Januar 1982 erklärte er:

»Wenn die Leute in ein Konzert kommen, dann schauen sie *auf* die Band. Seriöse Musiker sollten nicht aussehen, als ob sie Fußball spielen ... Leute, die Eintritt zahlen, sollten mehr als nur Musik dafür erhalten. Was musikalisch passiert, verstehen ja wirklich nur die wenigsten Leute. Sie können sich lediglich damit auseinandersetzen, was sie sehen und welchen Eindruck sie davon haben, wie die Musik präsentiert wird. Wenn du es ernst meinst mit dem, was du tust, dann sollte alles darauf *hinweisen*, daß es dir ernst ist. Ich habe schon Bands gesehen, die sich der Musik gegenüber völlig respektlos verhielten. Ich bestehe darauf, daß meine Gruppe immer pünktlich ist ... Vielleicht gelingt es uns, einiges von der Respektabilität unserer Musik zu bewahren.«[41]

Der 1981 mit Columbia Records abgeschlossene langfristige Schallplattenvertrag bildete die Voraussetzung für umfangreiche Konzertreisen und Festivalauftritte in aller Welt – mit Gagen, von denen andere Gruppen nur träumen konnten. Nach Aussagen seines Freundes und Mentors Albert Murray verdiente Marsalis »allein bei einer Tour durch die europäischen Sommerfestivals 200 000–300 000 Dollar«[42].

Columbia Records investierte in die Laufbahn ihres neuen Superstars immense Summen für Werbung und Promotion. Am 22. Oktober 1990 brachte *Time Magazine* eine Cover-Story über Wynton Marsalis, in der zu lesen war: »Columbia sorgte dafür, daß ihr Star sichtbar blieb. Der Konzern stellte ihm mit Marilyn Laverty eine hochkarätige Presseagentin zur Seite, die bereits für den Rockstar Bruce Springsteen gearbeitet hatte und die dafür sorgte, daß bald jede Menge Artikel über ihn erschienen.«

Es dauerte nicht lange, und Marsalis fand in der Redaktion von *New York Times* gleich drei ihm treu ergebene Berichterstatter (Tom Piazza, Jon Pareles und Peter Watrous), die keine Gelegenheit ausließen, ihn in den höchsten Tönen zu loben und seine Bedeutung für die neue Blüte des Jazz hervorzuheben. Peter Watrous: »Wynton Marsalis konnte seine Position als wichtigster aktiver Jazzmusiker weiter festigen, und zwar sowohl in politischer als auch in musikalischer Hinsicht.«[43]

Die feine Adresse:
Jazz at Lincoln Center

Ein Höhepunkt in der steilen Karriere des Wynton Marsalis kam mit
seiner Berufung zum musikalischen Direktor der Konzertreihe Jazz at
Lincoln Center (JALC). Das Lincoln Center for the Performing Arts, ein
im Herzen Manhattans gelegenes, großdimensioniertes Kulturzentrum,
beherbergt neben der neuen Metropolitan Opera, mehreren Konzert-
sälen, Theatern und Bibliotheken auch die Julliard-Musikhochschule und
fungiert damit gewissermaßen als offizieller Tempelbezirk euroamerikanischer Hochkultur. Daß hier nunmehr die afroamerikanische Musik in
Gestalt des Jazz ihren Einzug hielt, wurde auf der Jazzszene allgemein mit
Genugtuung quittiert. Der Ernennung von Wynton Marsalis zum musikalischen Direktor und Leiter des dem Programm zugeordneten Jazz-
orchesters begegnete man allerdings mit gemischten Gefühlen, denn von
vornherein war klar, daß hier ein konservativer, den zeitgenössischen
Strömungen des Jazz Widerstand bietender Wind wehen würde. Erste
Konflikte bahnten sich bereits bei der Eröffnung der Konzertreihe an.
Christian Broecking berichtet:

> »Am 27. Mai 1992 fand die Uraufführung von *In This House, On This
> Morning* in der Avery Fisher Hall statt, der zweitgrößten Konzerthalle
> des Lincoln Center mit 2700 Plätzen. Daß Crouch in den *CD-Liner
> Notes* zu dieser Marsalis-Komposition ganze zehn Seiten braucht, um sie
> zum Meisterwerk emporzuschreiben, hat wiederum seine Vorgeschichte.
> Begann doch mit dieser Aufführung ein Kritikerabgesang, der während
> der letzten zwei Jazzdekaden an Turbulenz, in Ton und Schärfe ohne-
> gleichen ist.
> Die Kritiker wähnten das Marsalis-Septett schlechtgeprobt und die
> Komposition unvollendet, harrten aber aus, obwohl sich viel Publikum
> schon während des Konzerts verdrückte, und stimmten schließlich ins
> große Grübeln darüber ein, wem es denn nütze, wenn gleich der erste
> Jazz-Kompositionsauftrag des Lincoln Center vom hauseigenen musi-
> kalischen Direktor eingeheimst werde.
> Seitdem löste ein Skandal den anderen ab. Begleitet von einem Kündi-
> gungsschreiben Gibsons an alle über 30jährigen Mitglieder des Lincoln
> Center Jazzorchesters (Marsalis selbstredend ausgenommen) bis zu eska-
> lierenden Rassismusvorwürfen ... bröckelte die Fassade schnell. Selbst

die als durchaus kooperativ einzustufende National Jazz Service Orga-
nization (NJSO) versäumte nicht, darauf hinzuweisen, daß der letzte
Überdreißiger des JALC-Orchesters, Bill Easley, in der folgenden Saison
der einzige Musiker ohne Solo war. Und als jene dritte Saison im letzten
Herbst noch mit Auftragskompositionen der Marsalis-Seilschafter Roy
Hargrove und Terence Blanchard begann, zweifelte kaum mehr einer,
daß hier eine mit aggressiver Selbstgefälligkeit und Rhetorik hausierende
Cliquenwirtschaft zum fadgekochten Eintopf lädt.«[44]

Zum besseren Verständnis dieses Textes sei angemerkt, daß der erwähnte
Covertextschreiber Stanley Crouch ein mit Marsalis befreundeter Journalist ist, der in unserer Geschichte noch eine wichtige Rolle spielen wird,
und daß der Kündigungsschreiber Rol Gibson der geschäftsführende Direktor des Jazz at Lincoln Center-Programms war, der die überraschend
verordnete Verjüngungskur des Orchesters nach außen hin zu verantwor-
ten hatte. Diese alsbald unter dem Motto »Lincoln Center Massacre« heftig diskutierte Entlassung (fast) aller Musiker über dreißig, die offensichtlich mit dem von der Schallplattenbranche unter dem Label »Young Lions«
propagierten Jugendkult zu tun hatte, war zwar ein Streich ohnegleichen
und mußte aufgrund verfassungsrechtlicher Vorbehalte schon bald wieder
zurückgenommen werden. Noch heftigere Kritik – von Musikern wie von
Kritikern gleichermaßen – wurde Marsalis jedoch aufgrund seiner Programmpolitik zuteil. Zwar stand das JALC in der Tradition des sogenannten Jazz Repertory Movement, einem groß angelegten Versuch der
Wiederbelebung traditioneller und als »historisch bedeutsam« erkannter
Repertoirebestände, der in den 70er Jahren durch die von Gunter Schuller initiierte Scott Joplin-Renaissance eingeleitet worden war und in dem
von John Lewis geleiteten *American Jazz Orchestra* seine Fortsetzung fand.
Jedoch sollte JALC – gemäß der Konzeption von Marsalis und seinem
Team – von vornherein mehr sein als nur ein Museum für die Zurschau-
stellung historischer Meisterwerke, das heißt, für die mehr oder minder
notengetreue Reproduktion »klassischer« Kompositionen von Henderson,
Ellington, Basie usw. Das neue JALC sollte demgegenüber einen Weg
gehen, der die Tradition mit der Gegenwart verband, einen Weg, der über
die Vergabe von Kompositionsaufträgen an bewährte, d.h. kompositorisch
ausgewiesene und kreative Zeitgenossen führen sollte. Marsalis vergab
Kompositionsaufträge; jedoch er vergab sie zum überwiegenden Teil an

sich selbst und an eine kleine Schar von ihm nahestehenden Kollegen, die seiner eigenen konservativen stilistischen Orientierung entsprachen. Dies bedeutete, daß gegenwartsbezogene, innovative Konzeptionen und Kompositionen, wie sie von Musikern wie Anthony Braxton, Cecil Taylor, Henry Threadgill, aber auch von den »Klassikern der Avantgarde« Gil Evans und George Russell zu erwarten gewesen wären, in den Programmen des JALC keine Chance hatten.

Die sich mit dem Charakter einer Schlammschlacht ohne Ende über mehrere Jahre hinziehende Kontroverse um das Jazzprogramm des Lincoln Center war nicht nur eine Kontroverse über organisatorische Probleme, Intrigen, Cliquenwirtschaft oder eine richtige oder falsche Programmpolitik, es war zugleich ein Streit um den richtigen und den falschen Weg im Jazz überhaupt. Es war ein Streit um musikalische Weltanschauungen, die ja immer auch ein Teil allgemeiner Weltanschauungen sind.

Bevor wir uns den Einzelheiten dieser durchaus lehrreichen Auseinandersetzung zuwenden, erscheint es angezeigt, die Musik des Wynton Marsalis etwas genauer unter die Lupe zu nehmen, denn auch sie war Gegenstand des Disputes.

Neotraditionalismus innermusikalisch

Marsalis und seine Band (anfangs ein Quintett und später ein Septett) spielen im allgemeinen eine Musik, die man als Neo-Bop bezeichnen könnte. Abhängig vom thematischen Material improvisiert man über vorgegebene Akkordfolgen *(changes)* oder modale Bezugssysteme; freitonale Improvisationen und scharfe Dissonanzen sind verpönt, es sei denn, sie werden als temporäre Effekte im Sinne von Zitaten eingesetzt. Gespielt wird swingend, zumeist über einen durchlaufenden Fundamentalrhythmus, wobei das Spiel mit der *time* und um die *time* herum ein wichtiges Gestaltungsmittel bildet. An dieser Stelle trifft sich die Musik der Marsalis-Gruppen übrigens tatsächlich mit jener des *Miles Davis Quintet* der mittleren 60er Jahre, mit dem grundlegenden Unterschied allerdings, daß dieses Verfahren bei Davis noch eindeutig vom Geist des musikalischen

Abenteuers angetrieben wurde, während es zwanzig Jahre später eher zur Routine rhythmischer Feinarbeit gehört.

Daß Wynton Marsalis hervorragend Trompete spielen kann, wurde bereits erwähnt. Und keineswegs spielt er nur »geradeaus« *(straight ahead)*, ist auch kein virtuoser Blender, dessen hervorstechende Fähigkeit darin besteht, schnell zu spielen. Vielmehr beherrscht er souverän die verschiedensten Nuancen jazzmusikalischer Artikulation, wechselt mühelos zwischen diversen Dämpfertechniken und verfügt über eine breite und differenzierte Skala von expressiven Möglichkeiten. Schwer zu entdecken in diesem beeindruckenden Repertoire von technischen und expressiven Ressourcen ist allerdings die Person Wynton Marsalis, kaum identifizierbar ein unverwechselbares musikalisches Ego. Statt dessen gewinnt man den Eindruck, daß dieser Trompeter permanent an irgendeinen anderen erinnern will. Wir erkennen Rex Stewart, Bubber Miley, Clark Terry, Clifford Brown, Miles Davis (der Prä-Fusion-Zeit). Wir erleben »ein brillantes Jonglieren mit vielen Masken« (Stéphane Olivier)[45], eine »endlose Folge des ›Hutziehens‹ und der Aufforderungen zum Wiedererkennen« (Yannick Séité)[46]. Aber die traditionellen Ausdrucksmittel des Jazz (Glissandi, Growl, Shake, Dämpferkunststücke usw.) werden dabei nicht eigentlich als solche eingesetzt, sondern als effektvoll inszenierte Zitate. Es ist ein Spiel mit der Tradition, jedoch ein Spiel, das sehr viel mit Arbeit zu tun hat und das weder ironisch gebrochen noch von einer inneren Notwendigkeit angetrieben erscheint. Und vielleicht ist es kein Zufall, daß Marsalis auf die Frage hin, welche Schallplatte sein Leben am stärksten beeinflußt habe, gerade auf Coltranes *Giant Steps* verweist[47] – auf diese beeindruckende Etüde, die wie kaum ein zweites Werk Coltranes als Ausdruck nicht in erster Linie von Inspiration, Vitalität und Entspanntheit, sondern von Arbeit erscheint.

Als Komponist neigt Wynton Marsalis ab Anfang der 90er Jahre zur großen Besetzung, zur großen Form und zur Polystilistik, wobei das erstere gewiß mit der Tatsache zu tun hat, daß ihm mit dem Lincoln Center Jazzorchester jederzeit ein großes Ensemble zur Verfügung steht. Manches, was über Marsalis als Improvisator gesagt wurde, gilt auch für den Komponisten. Zu seinen bekanntesten großformatigen Werken gehören die Suite *In This House, On This Morning* (1992), das Ballett *Citi Movement* (1993), das »epische Oratorium« *Blood On The Fields* (1994)

und schließlich die Suite *All Rise* für Jazzbigband, Gospelchor und Sinfonieorchester. Am Beispiel des letztgenannten Werkes, das 2000 in New
York unter der Leitung von Kurt Masur und unter Mitwirkung der New
Yorker Philharmoniker uraufgeführt wurde, seien einige Merkmale der
kompositorischen Arbeit von Marsalis und ihrer Umsetzung exemplarisch veranschaulicht.

Die Suite, dargeboten von 200 (!) Mitwirkenden, umfaßt zwölf Sätze
(so viel, wie unser chromatisches Tonsystem Töne und der Blues Takte
hat) und dauert knapp zwei Stunden. Ein allererster und sich dann durch
das gesamte Stück hindurchziehender Eindruck besteht in einer merkwürdigen rhythmischen Starrheit, die zum Teil mit der swingfreien Phrasierung der Orchestermusiker zusammenhängen mag, zum größeren Teil
jedoch in der synkopierenden Schreibweise von Marsalis begründet ist.
Diese Form der Rhythmik, die man im Musikerjargon als *corny* (zickig)
bezeichnen würde, erinnert über weite Strecken an den rhythmischen
Gestus des Symphonic Jazz der 20er Jahre, wie er von Paul Whiteman
und seinem Orchester praktiziert wurde. Dieser Rhythmus fließt nicht
eigentlich, er hüpft vielmehr oder stampft. An den Symphonic Jazz der
20er Jahre erinnert in unangenehmer Weise jedoch auch die allzu pointiert und daher aufgesetzt wirkende Darstellung einiger blues- oder jazztypischer Ausdrucksmittel, insbesondere der Blue Notes, die im Sinne
der *falschen* Blue Notes des Sinfonischen Jazz als (Trauer signalisierende)
Moll-Terzen dargeboten werden und nicht, wie es dem emphatischen
Charakter der entsprechenden Passagen entspräche, als labil intonierte
Intervalle und *dirty tones*.

Die vielfältigen stilistischen Ebenen, die dieses umfangreiche Werk
bestimmen, gehören durchweg den traditionellen musikalischen Idiomen
an. Sie wechseln nicht nur von Satz zu Satz, sondern vielfach – zum Teil
schlagartig – auch innerhalb der einzelnen Sätze, so daß im Überblick der
Eindruck eines weit ausgebreiteten und ungeheuer bunten stilistischen
Flickenteppichs zustande kommt: So führen inbrünstig vorgetragene
Gospelgesänge in up-tempo dahinrasende Bebop-Unisoni, lateinamerikanische Sequenzen mit knalligen Bläsersätzen im Stile Stan Kentons
münden in kammermusikalische Strukturen, romantische Violinschwärmereien verlieren sich in von Blechbläsern produzierten »Train«-Assoziationen. Es gibt ein großes »afrikanisches« Trommeln und kurze Episo-

den mit Fiddler-Musik, immer wieder Anklänge an Strawinsky, mitunter
an Gershwin und einmal sogar an Gustav Mahler. Die Schlüsse der einzelnen Sätze wirken mit ihren überraschenden kleinen »Irreführungen«
nicht selten humorvoll und zum Schmunzeln anregend. Das Finale präsentiert sich auf publikumswirksame Weise auftrumpfend im Dixielandstil
und wird durch ein Schlagzeugsolo beendet, bei welchem die Bandmitglieder auf Zwei und Vier klatschen und das Publikum es ihnen gleichzu-
tun versucht.

»Es geht aber immer um die Unterschiede des Gutgehens, Daneben-
gehens und Zugrundegehens«, sagt Welsch über die zentrale Problematik
postmoderner Kunst[48]. Welche der drei Kategorien auf Marsalis' Kom-
positionsweise zutrifft, soll hier nicht entschieden werden. Die Gefahren
dieser Form stilistischer Pluralität jedoch liegen auf der Hand: die Tendenz
zum Potpourri, zum Episodenhaften, zum bloßen Zitieren divergierender
musikalischer Idiome, zu einer Aufzählung verschiedener Möglichkeiten,
die trotz einer illustrativen Ausdeutung der Chortexte – im Gegensatz zu
einer Erzählung – keinen roten Faden erkennbar werden läßt.

Kontroversen, Schlammschlachten, Argumente

Die »Unfertigkeit« der Kunst des Wynton Marsalis und ihr Mangel an
Originalität wurde in vielen Kommentaren hervorgehoben. Verwiesen
wurde dabei häufig auf die Jugend des Trompeters und auf die prinzipiell
bestehende Schwierigkeit, die von den »Giganten« der Jazzgeschichte
errichteten hohen Standards zu überwinden. Lee Konitz, maßgeblicher
Stilbildner des Cool Jazz, bezeichnete Wynton Marsalis als einen »der
bestbezahlten Jazzstudenten aller Zeiten«.[49] Der Saxophonist Greg Osby
nannte ihn »einen Künstler unter vielen«.[50] Und Stanley Crouch weiß zu
berichten, daß Marsalis nicht nur der beste Trompeter der Jazzgeschichte,
sondern auch der »avantgardistischste« sei[51], und daß »sein Spiel zur Apo-
theose der Trompete in der Musik dieser Nation« (USA) wurde[52].

Die Schärfe, welche die Diskussion über Marsalis und die Ideen, für
die er steht, im Laufe der Zeit annahm, wäre kaum erklärbar, würde man

nicht für kurze Zeit den verbalen Kanonaden Gehör schenken, mit denen
er selbst und seine beiden treuesten Mitstreiter die Jazzszene der 90er
Jahre unter Feuer nahmen.

Auftritt des Duos Stanley Crouch/Albert Murray: Der Publizist Stanley Crouch, ein verkrachter Schlagzeuger, der in der Loftszene der 70er
Jahre kurzfristig der Gruppe von David Murray angehörte und als Jazzkritiker zu den glühendsten Propagandisten der damaligen Avantgarde
zählte[53], entwickelte sich während der 80er Jahre zu einem ihrer größten
Feinde und zum bedingungslosen Verfechter des jazzmusikalischen Neokonservatismus. Für Marsalis fungierte er als Ideenproduzent, als Lehrmeister im Fach Jazzgeschichte, als Berater in organisatorischen Dingen
(vor allem bezogen auf das Lincoln Center), als Covertextautor und als
Sprachrohr im ideologischen Gefecht mit Kritikern und Musikerkol-
legen. Zu den vielfach kolportierten Aussprüchen von Crouch gehören
die Behauptung, der Pianist Bill Evans sei ein »Punk«, dessen Spielweise
schwerlich als Jazz bezeichnet werden könne[54], und auch Cecil Taylor
sei ebensowenig ein Jazzmusiker wie Anthony Braxton. Die Free Jazz-Ära
bezeichnete Crouch als die »Dada-Phase« der Jazzgeschichte. Und Miles
Davis nannte er den »Waldheim des Jazz«, den er – Davis – seit *Bitches
Brew* und durch seine Liaison mit der Rockmusik an den Popmarkt ver-
raten habe[55].

Als Covertextautor für Wynton Marsalis verstieg sich Crouch, der
gerne Wagner, Nietzsche und Schopenhauer zitiert und eine Vorliebe für
den Begriff des »Heroischen« erkennbar werden läßt, zu einigen der
aberwitzigsten Prosabeiträgen, die das Genre je hervorbrachte. Drei kurze
Beispiele mögen genügen. In seinem Text zur CD *Live at Blues Alley*
schreibt er: »Da gibt es Passagen, in denen Marsalis zu einer an Coltrane
gemahnenden Intensität gelangt, in denen sich Virtuosität, Leidenschaft
und konzeptuelle Brillanz zu einem ästhetischen Triangulum von ein-
schüchternden Proportionen zusammenfügen. Bereits in seinem Eröffnungsstück degradiert er ein für alle mal jeden Avantgardetrompeter –
durch ein so kräftiges Spiel und eine so kühne Geläufigkeit, daß man
sich fragen muß, welchen Verlauf die Jazzgeschichte genommen hätte,
wäre er zwanzig Jahre früher erschienen.«

Aus dem Begleittext zur Marsalis-CD *In this House, On this Morning*
erfahren wir: »Marsalis ist nicht nur einer der zwei oder drei weltbesten

Konzerttrompeter, nicht nur der weltbeste Jazztrompeter der letzten 30 Jahre, sondern auch der bedeutendste Bandleader seit dem *Modern Jazz Quartet*, seit Miles, Blakey, Silver, Mingus, Jamal und Coltrane, und womöglich auch das großartigste kompositorische Talent der gesamten zeitgenössischen amerikanischen Musik«.

Die Tendenz zum verbalen Delirium erfährt eine Steigerung in Crouchs nur schwer ins Deutsche übersetzbarem Text zu Marsalis' CD *Standard Time Vol. 2: Intimacy Calling*:

> »Mit ›Intimacy Calling‹ transformiert Marsalis seine eigene heroische Individualität in den Ausdruck von Zärtlichkeit, verstärkt und ins Gedächtnis gerufen durch eine Folge von Trompetentönen und Ensemblefarben, die ihrerseits kontrastiert werden mit dem feierlichen Swing von Erotizismus, aufsteigend zum diamantenen Ort romantischer Präzision. Die Darbietung der Songs erfolgt entweder in völliger Entspannung oder als Variation der Muskelkraft, die entsteht, wenn das Herz die Kraft eines Stieres annimmt, indem es seine Form gegen die magnetischen Rhythmen des Objektes der Leidenschaft wendet ... Marsalis verfügt heute über derart viele Möglichkeiten, daß in der Musik dieser Nation sein Spiel zur Apotheose der Trompete wird. Ihre demokratische Reichweite ist so allumfassend, daß die vielfältigen Reflexionen und Andeutungen romantischer Erfahrung, die Erinnerungen und Ermahnungen, die Träume und die Residuen des Blues ihm mit Leichtigkeit zur Verfügung stehen.«

Auffällig an Crouchs pseudoliterarischen Elaboraten ist, daß seine Anmerkungen zu innermusikalischen Details nur selten konkret sind, sondern meistens merkwürdig unscharf bleiben und sich im Metaphorischen verlieren. Könnte es sein, daß Crouch von diesen innermusikalischen Details nur wenig versteht? Der Saxophonist Greg Osby vermutet: »Im literarischen Sinne ist der Mann sicher top. Er weiß, wie man schreibt und mit Worten umgeht. Aber von Musik hat er eben keine Ahnung.«[56]

Der zweite Mann im Team der wichtigsten Marsalis-Apologeten ist der Schriftsteller, Literaturwissenschaftler und Luftwaffenmajor im Ruhestand Albert Murray, der einige vielbeachtete Bücher über die afroamerikanische Kultur und insbesondere auch die Musik geschrieben hat (darunter den Bestseller *Stomping the Blues*) und der für Crouch und Marsalis gleichermaßen die Funktion eines Beraters, Leitbildes, väterlichen Freun-

des und öffentlichen Befürworters erfüllt. Albert Murray ist ein hoch-
gebildeter und nicht nur in intellektuellen Kreisen des schwarzen Amerika überaus angesehener Mann. Er ist ein Konservativer, der – ganz im
Sinne der Neuen Rechten – die »Experimente der Linken für endgültig
gescheitert« erklärt und für den die Jazzavantgarde in Gestalt von Musikern wie Lester Bowie oder David Murray eine »verirrte Patrouille« darstellt, die »keinen gangbaren Weg gebahnt oder markiert« hat. Auch bei
Albert Murray, wie bei Crouch, kommen mitunter erhebliche Zweifel an
der Treffsicherheit seiner musikalischen Urteile und der Stichhaltigkeit
musikbezogener Erklärungsmodelle auf. Stimmt es wirklich, daß »Steve
Lacy nichts Neues entwickelte, das nicht schon Sidney Bechet vor ihm
etablierte«? Und was eigentlich hat man von der folgenden Antwort auf
die Bitte nach einer Definition des Jazz zu halten?

> »Die schwarzen Amerikaner verlagerten die Taktbetonung vom Walzer
> auf den 4/4-Takt. Das ist das Fundament des Jazz; wenn der Swing nicht
> da ist, muß man die Musik auch anders nennen. Alle Jazzmusiker haben
> sich immer darauf bezogen, Charlie Parker swingte. Und wie jeder
> Musiker aus Kansas City spielte er immer den Blues. Nichts anderes.
> Wenn man etwas anderes machen will, ohne den Swing und den Blues,
> warum sollte man das noch Jazz nennen? Ich wüßte jedenfalls nicht, war-
> um. Man kann das eben auch gut bei den Musikern selbst beobachten:
> Wenn sie vom Blues sprechen, dann reden sie nicht über Protest und
> Rebellion und auch nicht über den gesungenen Text, sondern von 12-, 8-
> oder 4-taktigen Formen und von bestimmten Akkordfolgen. Das ist die
> grundlegende Definition.«

Ein College-Examen in Jazztheorie, geschweige denn eine musikologi-
sche Zwischenprüfung hätte Albert Murray mit dieser Definition kaum
bestanden.

   Im Austeilen verbaler Sottisen kaum weniger erfinderisch und unver-
schämt als Crouch erweist sich Wynton Marsalis selbst. Über Anthony
Braxton läßt er verlauten: »Alle Welt hält ihn für einen Gott, und er bringt
es noch nicht einmal fertig, zwölf Takte in der Reihe korrekt zu spielen.
Ich weiß, was Musik ist, und ich sage euch, daß er Scheiße spielt.«[57]

   Zu David Murray fällt ihm ein: »Heute sehe ich jedoch überall nur
noch die sogenannten Avantgardemusiker, die kaum das Niveau von Zir-

kusmusik erreichen. Denken Sie an David Murray; ich habe in seinem Oktett gespielt. Er bräuchte unbedingt etwas Ausbildung auf seinem Instrument und Unterricht in Harmonik, unbedingt.« Und »mein Freund Lester Bowie ..., der sollte lieber mal etwas Trompetenunterricht am St. Louis Conservatory nehmen; heute könnte er noch nicht einmal in James Browns Band spielen, so steht es um diese Art von Avantgarde.«[58]

Wenn wir die musikalischen Glaubensbekenntnisse des neotraditionalistischen Triumvirates zusammenfassen, ergibt sich folgendes Muster:

Der Kampf gilt dem Free Jazz und der Fusion Music bzw. dem Rockjazz: Gegen Free Jazz wendet man sich, weil er von Scharlatanen gespielt wurde und sich zu sehr der europäischen Neuen Musik annäherte, um noch als Jazz gelten zu können. »Verirrte Patrouillen« wie Taylor, Braxton oder das *Art Ensemble of Chicago* sind folglich keine Jazzmusiker. Gegen die Fusion Music ist man, weil ihre Elektrifizierung der »Natürlichkeit« des Jazz entgegensteht und weil sie den Jazz an die Popmusik verriet.

Der echte und wahre Jazz ist der tonal gebundene und swingende Jazz der 50er Jahre. »Avantgarde« – im Sinne von Stanley Crouch – offenbart sich einzig und allein im geschickten Umgang mit dieser Art von traditionellem Jazz. Innovation ist überflüssig. Oder in Marsalis' Worten: »Ich möchte es lieber erleben, daß die Musiker gut spielen. Ob sie Innovatoren sind, ist nicht so wichtig.«[59]

Es liegt auf der Hand, daß solchermaßen schrille Töne nicht ohne Resonanz blieben, wobei auffällt, daß die Repliken der von Marsalis Attackierten oft wesentlich differenzierter ausfielen als die Attacken.

In einem Interview für die britische Jazz-Zeitschrift *Wire* sagt Lester Bowie über Wynton Marsalis und seine Mitstreiter 1986:

>»Siehst du, sie setzen dieses Konzept von Tradition dazu ein, um die Tradition zu zerstören. Denn Tradition bedeutet ja mehr als ein Stil, mehr als eine Methode des Spielens. Sie bedeutet ein ganzes Leben. Wie sieht es aus mit der Tradition von Kreativität, Innovation, Spiritualität, Individualität und Persönlichkeit? Von alledem ist jedoch in Wyntons Musik nichts zu hören. Nein, er hält keine Tradition aufrecht. Wie Miles schon sagte: 1955 wird nie wiederkommen, das ist vorbei! Typen wie Wynton – wir nennen sie ›Androiden‹. Wynton ist ein Medien-Darling. Es scheint, als hätten die Medien den Leuten eine Wollmütze über die Augen gezogen. Dies ist das erste Mal, daß ein Musiker als ›Trompeter Nummer

Eins‹ zu Prominenz gelangt, bevor er überhaupt einen eigenen Stil entwickelt hat. Ich habe jedenfalls unter den Top Five des *Down Beat* noch
niemals jemanden gefunden, der lediglich jemand anderes kopiert. Ich
kann mir nicht vorstellen, daß irgendwer auf so etwas hereinfällt. Ich
wuchs in Chicago auf. Wenn da irgendeiner genauso wie ein anderer
spielte, sagten die Leute: Der ist in Ordnung, er hat sein Ding bloß noch
nicht ganz beisammen.«[60]

Nicht nur unmittelbar Betroffene wie Lester Bowie oder David Murray
ließen sich zu Reaktionen auf Marsalis' und Crouchs Provokationen herausfordern. Auch die junge Garde der aktuellen New Yorker Szene
mischte sich ein – mit Tönen, die teilweise wesentlich schärfer klangen als
die ihrer älteren Kollegen.

Greg Osby 1994:

»Ich respektiere Wynton …, aber ich würde ihn nicht in einem Atemzug
mit den sogenannten Meistern des Jazz nennen. Und dieses ganze Ästhetik-Ding, das sie da am Lincoln Center durchziehen, ist ohnehin sehr
unglaubwürdig. Weil es doch praktisch so gestrickt ist, daß Wynton nur
seine Freunde aus New Orleans beschäftigen muß, um alles das abzudecken, was für ihn Jazz ist. Ehrlich gesagt, Wynton ist der engstirnigste
und respektloseste Typ, den ich in meinem Leben getroffen habe …
Wynton erledigt seinen Job in meinen Augen unproduktiv und ignorant.
Und er verschwendet zu viel Zeit damit, andere Musiker und Genres
niederzumachen, und die Zeit der Leute, die ihm zuhören. Nur weil
Stanley Crouch einen zum Helden erklärt, ist man noch keiner.«[61]

Don Byron 1995:

»Was ziemlich eigenartig und ungerecht erscheint, ist, daß die konservative Propaganda, wie sie von Stanley Crouch und Konsorten orchestriert
wird, einzig und allein auf schwarze Musiker zielt. Ich habe niemals gehört, daß Marsalis und Crouch auf ein Konzert von Tim Berne zeigen
und sagen: Das ist kein Jazz! Ihre Attacken richten sich immer gegen
schwarze Musiker wie Anthony Braxton oder Henry Threadgill. Zwischen den Zeilen ihres Diskurses deutet sich an, daß sie der Meinung
sind, daß diese Musiker, weil sie keinen traditionellen Jazz spielen, ›weniger schwarz‹ seien – obwohl sie das explizit natürlich so nicht sagen würden. Wenn es nach ihnen geht, hat man den Jazz als eine schwarze Musik
auf eine ganz bestimmte Art und Weise zu spielen. Wer die entsprechen-

den Codes nicht respektiert, dem bescheinigen sie, daß seine Musik nicht swingt, den Geist des Blues nicht atmet, nicht schwarz ist ... Sie versuchen, eine Definition des Jazz durchzudrücken, die so eng wie möglich ist, so als wollten sie eine neue Orthodoxie etablieren ... Aber wir haben es nicht nötig, daß ein Schwarzer einem anderen erklärt, auf welche Weise man schwarz zu sein hat ... «[62]

Steve Coleman über Stanley Crouch:

>Sicher, er kommt aus der Free Jazz-Szene und hat auch mal bei David Murray Schlagzeug gespielt, das ist aber nicht der Punkt. Crouch gehört zu der Sorte Musiker, die es nicht geschafft haben. Er wurde also zum Kritiker und jetzt, als Berater des Lincoln Center, ist er vollkommen verbittert und nimmt Rache. Leute wie Crouch üben einen schlechten Einfluß aus, zu Unrecht werden sie Traditionalisten genannt, obwohl sie unter Tradition lediglich verstehen, stilecht zu spielen.«

Man könnte eine Zitatenkollektion wie diese endlos fortsetzen. Und man könnte das Ganze als Ausdruck individueller Wichtigtuerei im Rahmen Szene-internen Gezänks interpretieren. Es bedeutet jedoch wesentlich mehr, denn Zeitgenossen wie Marsalis und Crouch artikulieren sich nicht als Einzelgänger, sondern als Vertreter einer einflußreichen Clique von militanten Traditionalisten, die nicht nur die hochsubventionierte Konzertreihe Jazz at Lincoln Center und das dafür zusammengestellte Orchester kontrollieren, sondern die mit ihrem verbalen Feldzug für die Bewahrung der als ewig deklarierten Werte des Jazz zugleich den multinationalen Großkonzernen die Legitimation und ideologische Basis für deren einseitig innovationsfeindliche Veröffentlichungspolitik liefern. Darüber hinaus beinhaltet das Ganze – wie Don Byron zurecht hervorhebt – in der Tat eine rassistische Komponente, die insbesondere auf alle jene Repräsentanten der afroamerikanischen Musik zielt, die sich – wie Anthony Braxton, Henry Threadgill oder Cecil Taylor – der vom Marsalis-Clan inszenierten Vermarktung von Négritude widersetzen. Besonders an den Erklärungen von Crouch fällt auf, daß dieser wiederholt die innovative Rolle weißer Musiker wie Don Ellis, Jimmy Giuffre und Paul Bley positiv hervorhebt, während er entsprechende Tendenzen bei schwarzen Musikern als »Verrat an der Sache der afroamerikanischen Musik« verteufelt.

Zu guter Letzt signalisieren diese Zitate ein überraschendes Phänomen jazzsoziologischer Art: das Ende des *beautiful syndrom*. Diese Form
des erstmals von Charles Nanry auf den Begriff gebrachten Verhaltens bezeichnet die Neigung vieler Musiker, untereinander auf Kritik zu verzich-
ten[63]. Ein Jazzmusiker, über das Spiel eines anderen ausgefragt, wird mit
großer Wahrscheinlichkeit antworten: »Oh man, he's beautiful.« Man
könnte dieses Verhalten als eine Mischung aus unterbewußtem Opportu-
nismus und jazzszene-spezifischer Solidarität interpretieren, auf alle Fälle
als ein Verhaltensmuster, das für die innere Stabilität und Funktionsfähig-
keit dieser Szene essentiell erschien. Die Härte und Unerbittlichkeit, mit
der nunmehr diese Neotraditionalismus-Debatte nicht nur von Journali-
sten, sondern auch von den Musikern selbst geführt wurde, mit starken
persönlichen Akzenten versehen und noch dazu in aller Öffentlichkeit, ist
ein neues Phänomen, das auf einen radikalen Klimawechsel auf der amerikanischen Jazzszene hindeutet.

Wer sind die »jungen Löwen«?

»Die *Young Lions*? Man sollte sie in den Zoo stecken, warten, bis sie groß
genug sind, und sie dann wieder aussetzen«, sagt Roy Nathanson, Saxophonist aus dem Umkreis der Knitting Factory und Co-Leader der
Gruppe *Jazz Passengers*[64].
    1997 erschien ein Buch unter dem Titel *Jazz-Profile. Der Geist der
Neunziger*[65]. Der im Verlagstext als »Jazzfan und praktizierender Rechtsanwalt« ausgewiesene Autor Reginald Carver veröffentlicht in diesem
Band Interviews mit 40 vorwiegend jüngeren Jazzmusikern, die – wie der
Titel nahelegt – für ihn den Geist der 90er Jahre verkörpern. Carver
arbeitet mit einer Kollektion recht belangloser und zum Teil suggestiver
Standardfragen – nach den frühen musikalischen Erfahrungen, welche
Vorbilder einflußreich waren und ob man auch den Eindruck habe, daß
der Jazz auf einer neuen Welle der Popularität schwömme. Das Ganze
bleibt alles in allem recht oberflächlich, wird für unsere Problematik
jedoch insofern aufschlußreich, als sich unter den 40 Befragten immerhin
22 Musiker befinden, die man – gemäß der Nomenklatur der Schallplat-

tenbranche – der Kategorie *Young Lions* zurechnen könnte. Was sind deren Charakteristika? Aus den von Carver gegebenen biographischen Daten wird folgendes deutlich:

1. Mit Ausnahme eines weißen und zweier lateinamerikanischer Musiker handelt es sich ausschließlich um solche afroamerikanischer Herkunft.
2. Zum Zeitpunkt der Interviews sind diese Musiker zwischen 25 und 37 Jahre alt, mit einem Durchschnittsalter von 31 Jahren. Zu Anfang der 90er Jahre waren sie also rund 24 Jahre alt.
3. Abgesehen von einigen Schlagzeugern haben alle an einem College oder an einer Musikhochschule studiert, allein sechs davon an der Berklee School of Music in Boston und zwei bei Julliard.
4. Fast alle Befragten haben mehrere (bis zu zwölf) Schallplatten unter eigenem Namen aufgenommen, und zwar fast ausschließlich für Major Labels wie Blue Note, Columbia, Warner oder Verve.
5. Mindestens fünf von Carvers Interviewpartnern waren Exmitglieder der *Jazz Messengers* von Art Blakey, sieben hatten mit Wynton Marsalis zusammengearbeitet oder taten dies immer noch.

Mit den *Young Lions* betritt Ende der 80er Jahre ein neuer Musikertypus die amerikanische Jazzlandschaft, der nicht nur für einen erheblichen Medienrummel sorgt, sondern gleichzeitig innerhalb der Szene zu einigen drastischen Kommentaren herausfordert. Die »jungen Löwen« (der Begriff ist eine Erfindung der Schallplattenindustrie) spielen eine bebopähnliche Musik, sie sind jung und schwarz und kommen zum überwiegenden Teil geradewegs von der Universität oder der Musikhochschule, wo sie zumeist eine ausgiebige jazzpädagogische Ausbildung absolviert haben. Dave Helland, Mitherausgeber des *Down Beat*, ist begeistert: »Roy Hargrove, Joey DeFrancesco, Ryan Kisor wurden alle als Preisträger von Hochschulauszeichnungen in der ›Audition‹-Rubrik von *Down Beat* vorgestellt. Wir haben beobachtet, wie sie sich entwickelten. Und sie sind gut! Und sie haben Schallplattenverträge! Es gibt wohl so etwas wie eine Progression von der Bigband-Praxis zum Bebop-Spiel, wie sie in keinem anderen Stilbereich gegeben ist.«[66]

Vom Glanz und Elend
der Jazzpädagogik
in den USA

Die Bigband-Praxis, von der Helland hier spricht, ist die Praxis der sogenannten *stage bands*, einer für die USA typischen Form universitären
Musiklebens, die bereits vor einigen Jahrzehnten den Grundstein amerikanischer Jazzpädagogik *(jazz education)* legte und noch heute vielfach
als deren zentraler Bestandteil gilt. Die Tatsache, daß ein großer Teil des
jazzmusikalischen Nachwuchses der 90er Jahre eben dieser Sphäre akademischer Jazzausbildung entstammt, läßt es nützlich erscheinen, einen
Blick auf diese Ausbildung zu werfen.

Der Jazz ist bekanntlich eine im wesentlichen nonliterate, oral tra-
dierte Musik. Zwar erwarben auch Jazzmusiker seit jeher ihr instrumentales Handwerkzeug und ihre musiktheoretischen Grundkenntnisse im
allgemeinen durch Privatunterricht oder im Rahmen akademischer Ausbildung. Jedoch die Kunst der Jazzimprovisation (die wichtigste Fähigkeit
eines Musikers), spezifische Nuancen der Rhythmik, Phrasierung und
Tonbildung erlernte man über viele Jahrzehnte hinweg autodidaktisch.
Entsprechend der quasivolksmusikalischen, nonliteraten Tradition des
Jazz lernte man auf der Basis von Imitation, indem man vorbildhaften
Musikern »auf die Finger schaute«, und durch das Prinzip von Versuch
und Irrtum. Die Niederlage bei einer Jam Session gehörte ebenso zu
den Schlüsselerlebnissen jazzmusikalischer Sozialisation wie die blitzar-
tig, mit dem Charakter einer Erleuchtung auftretenden Erkenntnis, daß
es *changes* gab, über die man improvisierte. Wichtigste Instanz in diesem
mitunter recht mühevollen Lernprozeß bedeutete das Hören, denn ge-
druckte Materialien lagen so gut wie nicht vor.

Erst nach dem Zweiten Weltkrieg begann sich die Musikpädagogik allmählich dem Jazz zu nähern. An vielen Hochschulen und Universitäten
der USA wurden die bereits erwähnten *stage bands* eingerichtet, in denen
Studierende die Grundlagen jazzmusikalischer Praxis erlernen konnten.
1945 gründete man in Boston das Schillinger House, benannt nach dem
Musiktheoretiker Joseph Heinrich Schillinger, eine Musikschule, aus der
wenig später das Berklee College of Music hervorging, das sich innerhalb
der folgenden Jahrzehnte zur international bedeutendsten »Jazzschule«

entwickelte. 1946 führte man am Los Angeles City College einen Studiengang namens »Commercial Music« ein, der Elemente von Jazzpraxis berücksichtigte[67]. 1947 folgte die North Texas State University mit einem Diplom in »Dance Band«. Jedoch ging die Entwicklung jazzpädagogischer Bemühungen nur langsam voran: Noch im Jahre 1974 ergibt eine Umfrage, daß von den 1250 kontaktierten Colleges und Universitäten lediglich 15 einen Hochschulabschluß im Fach Jazz ermöglichten.

Inzwischen gibt es in den USA, wie übrigens auch in Europa, Jazzstudiengänge und -kurse an zahlreichen Universitäten und Musikhochschulen, teils mit dem Ziel einer Ausbildung zum professionellen Musiker, teils zum Zwecke der musikalischen Horizonterweiterung angehender Musikpädagogen. Die Tendenz ist offenbar steigend: In ihrem jährlichen Überblick über die Institutionen jazzmusikalischer Ausbildung verzeichnet die Zeitschrift *Jazz Times* für das Jahr 1992 insgesamt 132 akademische Institutionen, an denen Jazz gelehrt und gelernt wird, 1995 sind es bereits 153, und im Jahr 2000 ist ihre Zahl auf 190 angestiegen.

Im Sommer 1988 bereisten die beiden Leiter der Jazz- & Rockschule Freiburg, Werner Englert und Reinhard Stefan, die USA, um sich über die dortigen Ausbildungsmöglichkeiten für Jazzmusiker zu informieren. Ihr Bericht enthält eine Reihe aufschlußreicher Beobachtungen und Fakten. Ich zitiere auszugsweise[68]:

> »Den stärksten Eindruck, den diese Fahrt in uns hinterließ, war die Tatsache, daß Jazzerziehung in den Staaten – wie wohl alles – ein Big Business ist und nach den Gesetzen des Marktes abläuft. Etwas weniger an den staatlichen Universitäten, aber dafür um so mehr an den privaten Colleges und Universitäten. Da in den Staaten Ausbildung vom Kindergarten an Geld kostet, ist es für jeden selbstverständlich, für das, was man lernen will, Geld zu bezahlen, egal, ob dies staatliche oder private Schulen sind. Die privaten haben in der Regel ein besseres Image und sind auch entsprechend teurer.
>
> Die Studiengebühren liegen bei 5000 bis 12000 Dollar im Jahr. Für finanziell Schwache stehen bei entsprechender Begabung (?) unterschiedliche Stipendien bereit.
>
> Einen weiteren starken Eindruck hinterließ der Einsatz neuester Technologien im Unterricht wie Videoteaching und Computerteaching. Vorbildlich und im großen Maßstab wird dies vor allem am Musicians Institute in Hollywood eingesetzt. Fertigkeiten, wie technische Probleme

beim Instrumentalspiel, Gehörbildung und Theorie, können mit Com-
puterprogrammen in selbstgewähltem Lerntempo erarbeitet werden.
Stücke und Stile werden auf Videotapes von Spezialisten demonstriert,
analysiert und bis ins Detail visuell, verbal und vor allem für das Gehör
zum Eigenstudium aufbereitet. Studiotechnik, Midi- und Sequenzer-
techniken gehören selbstverständlich zum Lehrprogramm (allerdings gegen beachtliche Aufpreise!).
Auffallend war das durchgängig erfrischende Engagement der Lehrer.
Jede Unterrichtsstunde, ja -minute, ist eine mitreißende, spannungs-
geladene Show … Die Spielpraxis nimmt innerhalb des Studiums einen
zentralen Stellenwert ein. Allerdings gilt es zu bemerken, daß die Lehrer
für deutsche Verhältnisse schlecht bezahlt werden. Das können sich die
großen Schulen leisten, da auf jede Lehrerstelle eine Menge von Be-
werbern wartet.
Die Dauer der Ausbildungsgänge ist unterschiedlich. Man studiert in
Berklee, Eastman und der Indiana University ca. vier bis fünf Jahre, an
der Grove School und dem Musicians Institute in Los Angeles aber nur
ein Jahr. Die letzteren werben mit ihrem Speed Learning Concept, das
es ermöglichen soll, in kürzester Zeit alle wichtigen Informationen zu
erarbeiten, die für den professionellen Musiker notwendig sind. Es ist anzumerken, daß die Qualität der einjährigen Ausbildung vom Einstiegs-
niveau und dem persönlichen Lerntempo abhängt. Wer gut einsteigt,
wird in einem Jahr noch besser werden können, wer schlecht einsteigt,
wird aber nicht unbedingt top in dieser kurzen Zeit.
Am Berklee College, der Grove School und dem Musicians Institute sind
die Einstiegsvoraussetzungen relativ niedrig. So leben diese Schulen von
der Masse derer, die Musik ›just for fun‹ betreiben (zwischen 1200 in der
Grove School und 3000 in Boston) …
Das reichhaltige technische Angebot ist realisierbar aufgrund der hohen
Studiengebühren und Studentenzahlen. Ähnlich hohe Gebühren wären
in Europa und speziell in Deutschland undenkbar, da man nicht gewohnt
ist, für Ausbildung Geld zu bezahlen.«

Bleibt ergänzend anzumerken, daß die Studiengebühren an diesen Institutionen inzwischen erheblich gestiegen sind und an einigen der
renommiertesten Institutionen durchaus über 20 000 Dollar im Jahr be-
tragen können (z.B. an der Eastman School of Music in Rochester)[69].
Neben den institutionalisierten Jazzprogrammen entwickelte sich
übrigens seit geraumer Zeit eine vielseitig aktive Workshopszene, die

Weiterbildungsangebote für Sänger, Instrumentalisten und Ensembles jeder Art bereitstellt, sowie ein umfangreicher Markt für jazzpädagogische Unterrichtsmaterialien, deren Spektrum von der schriftlichen Anleitung zur Improvisation über Instrumentalschulen, Play-Along-CDs und transkribierte Soli berühmter Jazzimprovisatoren bis hin zu Bigband-Arrangements jeder Stilistik und jeden Schwierigkeitsgrades reicht. Wie Englert und Stefan ganz richtig bemerkten: *jazz education* ist *big business*.

Mit dem Einzug der Jazzpädagogik in die Colleges, Hochschulen und Universitäten änderten sich die Modalitäten des Erwerbs jazzmusikalischer Fähigkeiten und Fertigkeiten auf radikale Weise. Das Erlernen der Improvisationskunst bedeutete nunmehr vorrangig das Lernen eines schriftlich formulierten Systems von Regeln. Die am Berklee College of Music in Boston entwickelte Harmonie-Skalen-Theorie legte fest, zu welchem Akkord man welche Skalen spielen sollte. Dutzende von Lehrbüchern erschienen auf dem Markt, Sammlungen mit Hunderten von Standardphrasen *(licks)* und harmonischen Wendungen *(turn arounds)*, Play-Along-Schallplatten mit Evergreens und Originalkompositionen, zu deren perfektem Gleichklang der Jazznovize zu jeder Zeit seine Improvisationsübungen ausführen konnte, ohne dabei dem Alltag der Jazzszene allzu nahekommen zu müssen.

Die Konsequenzen, die diese Form der Akademisierung des Jazzlernens nach sich zog, liegen auf der Hand. Die Normierung des Regelsystems und der Lernprozesse und die mühelose Zugänglichkeit schriftlicher Materialien jeder Art verhinderten die bis dahin bestehende regional- und situationsbedingte Vielfalt individueller Lernprozesse, schufen eine Situation, in der jeder das gleiche lernte, sorgten für Uniformität. Lediglich die freien Spielformen des Jazz konnten sich bis heute vom Zugriff pädagogischer Homogenisierungsversuche fernhalten. Und möglicherweise liegt hierin die Überlebenschance des Jazz als einer Kunst der Überraschung und des musikalischen Abenteuers.

Das historische Gravitationszentrum akademischer Jazzstudiengänge liegt gewöhnlich im Jazz der 50er Jahre, reicht von Parker bis Coltrane, allerdings nicht dem späten Coltrane, sondern dem bis etwa 1962. »Jazz spielen« heißt nach solchem Verständnis unweigerlich, sich der durch Bebop bis Modal-Jazz repräsentierten Tradition zu unterwerfen. Swing, der Vorläufer des Bebop, bleibt aus dieser durch einen verengten historischen Blickwinkel bestimmten Sichtweise ebenso ausgeblendet wie Free Jazz, den man als den jazzästhetischen Fehltritt einer durch politische Flausen verwirrten 68er Generation zu begreifen scheint. Die direkte und als solche proklamierte Rückbeziehung auf die vorbildhaften Modelle, also die einstigen Innovatoren, gilt dabei keineswegs als Schwäche, sondern vielmehr als Hinweis auf die Wahl des richtigen Weges. Originalität, vor noch nicht allzu langer Zeit unverzichtbares Kriterium für herausragende jazzmusikalische Leistungen, hat hier an Bedeutung verloren. Es geht vor allem darum, es *so* wie die anderen zu machen, nur besser.

Was den meisten der jungen Adepten einer dem Bebop ähnlichen Musik offenbar nicht bewußt ist, und auch dies ist wohl Folge des erwähnten allzu engen historischen Blickwinkels, ist die Tatsache, daß sie sich in der gleichen Rolle befinden wie jene jungen Musiker, die in den 50er Jahren das Dixieland-Revival vorantrieben, indem sie den New Orleans Jazz der 20er Jahre zu imitieren versuchten. Die Bebop- und Hardbop-Imitatoren von heute gehen mit einem wesentlich höheren professionellen Anspruch zu Werke, sie sind besser ausgebildet und technisch kompetenter als ihre zumeist amateurisch arbeitenden Vorgänger. Dennoch spricht manches dafür, daß ihre Musik sich zu den 30 Jahre zurückliegenden Quellen ihrer Inspiration ähnlich verhält wie einstmals der Revivaldixieland zum New Orleans Jazz, nämlich als Surrogat ohne Chance zu einer wirklichen Eigenständigkeit.

Resonanzen:
Noch einmal die »jungen Löwen«

Auf der Jazzszene kursiert das Gerücht, daß die *Young Lions* von den Schallplattenkonzernen, in der Hoffnung, neben vielen Flops auch einmal einen Volltreffer zu landen, gleich immer dutzendweise unter Vertrag genommen wurden. Der Wahrheitsgehalt dieses Gerüchts wurde nie überprüft. Wer jedoch die Produktionsbedingungen in der Popbranche kennt, die für die Majors letztlich die wegweisenden sind, wird ihn nicht ganz und gar von der Hand weisen. Die Tatsache, daß sich ein Großteil des jazzmusikalischen Nachwuchses, von dem hier die Rede ist, aus den

Hochschulen rekrutierte und, ohne erst mühsam Lehrgeld zahlen zu müssen *(paying the dues)*, unmittelbar von den Schallplattenfirmen unter Vertrag genommen wurde, zum Teil beträchtliche Vorschüsse kassierte und nach kurzer Zeit als Bandleader in Erscheinung trat, wurde nicht nur von älteren Musikern mit Verständnislosigkeit, bisweilen mit Verbitterung quittiert, sondern vor allem auch von solchen, die sich den regressiven Tendenzen des Jazz aus innermusikalischen Gründen widersetzten. Ich erinnere an das oben angeführte Zitat von Roy Nathanson.

Ben Sidran, Sänger, Pianist, Plattenproduzent und Autor eines lesenswerten Buches über afroamerikanische Musik[70], wurde 1992 gefragt, ob es noch eine kreative amerikanische Jazzszene gäbe. Sidran: »Oh ja, wie nie zuvor. So viele phantastische junge Musiker, wirklich phantastisch. Sie beherrschen alles, schon wenn sie vom College kommen. Phantastisch. Wirklich. So was gab es noch nie. Nur daß sie meist keinen eigenen Ton haben, keinen eigenen Sound. Und daß es keine Auftrittsmöglichkeiten gibt, also keine Arbeit und somit auch keine Gelegenheit, sich zu entwickeln. Aber: Ansonsten ist es wirklich phantastisch.«[71]

Auch der übermäßig »avantgardistischer« Ideen nicht ohne weiteres verdächtige Keith Jarrett meldete sich zu Wort. Unter der Überschrift »Das virtuelle Jazz-Zeitalter« *(The Virtual Jazz Age)* schrieb er für die Zeitschrift *Musician*:

> »Nun versucht man uns weiszumachen, daß ein neues Jazz-Zeitalter angebrochen sei. Und das von seiten der gleichen blinden Medienindustrie, die gemeinsam mit einer Bande von opportunistischen Kritikern, Lakaien, Zuhältern, Kumpeln und Schmarotzern die ›jungen Löwen‹ überhaupt erst möglich gemacht haben. Und die sind natürlich leicht zu handhaben, denn sie sind ultrakonservativ, risikoscheu und leicht aufzuspüren. Im Jazz geht es nun einmal aber darum, zugunsten der eigenen Kunst alles zu riskieren und die daraus resultierenden Konsequenzen zu akzeptieren.«[72]

Schärfer und dabei die politischen Aspekte des Ganzen akzentuierend, formuliert es der Pianist und Komponist Anthony Jackson:

> »Ich behaupte, diese neueste Horde von ›Erlösern‹ ist künstlerisch bankrott, in moralischer Hinsicht scheinheilig und historisch gesehen irrelevant, und zwar in einem Ausmaße wie keine zuvor. Wir erleben, meiner

Meinung nach, nicht mehr und nicht weniger als eine moderne kulturelle Parallele zur Entwicklung in Deutschland während der 30er Jahre, mit einem größenwahnsinnigen ›Richter über den guten Geschmack‹, der dabei ist, uns eine neue Definition und eine neue Klassifikation des expressiven Potentials eines ganzen Landes zu liefern, vorgeblich, um verunreinigende Einflüsse auszuschalten. Der dieser Tendenz zugrundeliegende Zweck besteht schlicht und einfach darin, all jene Leute zu unterdrücken und mundtot zu machen, deren expressive Kraft, Originalität und Vitalität stärker sind als die ihrer Anführer.« [73]

Stilistische Differenzierungen

Im Widerspruch zu den Prophezeiungen von Crouch und Murray ist es ziemlich unwahrscheinlich, daß wir den Namen Wynton Marsalis in den Jazzbüchern der nächsten Jahrzehnte einmal gleichrangig neben jenen von Armstrong, Ellington, Parker oder Coltrane wiederfinden werden. Wer Innovation so niedrig schätzt wie er, hat kaum die Chance dazu, in die Galerie der großen Meister des Jazz aufgenommen zu werden. Die historische Bedeutung Wynton Marsalis' besteht denn auch vielmehr in seiner Rolle als Symbolfigur des Neokonservatismus im Jazz des ausgehenden 20. Jahrhunderts und als Sprecher einer Schar von jüngeren Jazzmusikern, für welche die Zukunft des Jazz in seiner Vergangenheit zu liegen verspricht. Daß diese nach rückwärts gerichtete Strömung im Jazz mit einer ähnlich gearteten Tendenz im allgemein-gesellschaftlichen Kontext zusammenfällt, muß nicht unbedingt auf kausale Zusammenhänge hindeuten. Die Welle des Neo-Bebop wurde sicher nicht durch die Reagan/Bush-Ära verursacht, sie paßte jedoch sehr gut mit ihr zusammen.

Die Neokonservatismuskontroverse, der Streit um Post-Bop, Marsalis und die *Young Lions* waren Überbauphänomene, hinter denen die ökonomischen Bewegungsgesetze der Jazzszene nicht immer sehr deutlich hervortraten.

»Ich wette, daß bei der Herausstellung von Wynton Marsalis zum neuen Sprecher der afroamerikanischen Jazzelite vor allem die Ideologie und die *operativen Eigenschaften des Kapitalismus* als die wahren Kräfte am Werke sind«, schreibt Roger Riggins bereits im April 1986 im *Coda Magazine*[74] und erinnert damit an die ja keineswegs überholte Grunderkenntnis marxistischer Geschichtsphilosophie, daß noch allemal die Basis den Überbau bestimmt und nicht umgekehrt. Die Neokonservatismusdebatte bestimmte allerdings die Ideologieproduktion jazzmusikalischer Publizistik in einem Maße, daß andere Strömungen des Jazz, die sich unterhalb der Interessenschwelle der Major Companies entfalteten, von weiten Teilen der Jazzpresse kaum angemessen zur Kenntnis genommen wurden. Von diesen Strömungen, für die der Saxophonist Steve Coleman den alten Begriff *underground* wiederbelebt hat[75], soll im Folgenden die Rede sein.

Rockjazz und Fusion Music

Rockjazz, der dominierende Stilbereich im Jazz der 70er Jahre, schien zu Anfang der 80er zu verglimmen. Nicht daß seine wichtigsten Protagonisten mit einem Mal in der Versenkung verschwunden wären oder allesamt das stilistische Lager gewechselt hätten. Nur gab es offenbar kaum noch kreative Impulse, die diese Musik in irgendeiner Weise voran und zu anderen Ufern hätten treiben können. Als dann Miles Davis, einstmals wichtigster Initiator des Rockjazz der frühen 70er Jahre, nach einer mehrjährigen Abwesenheit von der Szene beim New Yorker Kool Jazzfestival 1981 mit großem Wirbel erstmalig wieder an die Öffentlichkeit trat, befand er sich mit seiner rock- und popinspirierten Musik in einer eigenartigen Situation. Bei *Weather Report*, wenige Jahre zuvor noch als *die* »Super Group« des Rockjazz gefeiert, hatte – wie berichtet wird – bereits vor der Pause die Hälfte des Publikums die Halle verlassen.[76] Zwei andere bei diesem Festival auftretende Superstars des Rockjazz, beide ehemalige Partner von Davis, hatten ihre Stilistik einer radikalen Revision unterzogen: Chick Corea spielte wieder akustisches Klavier (sprich: Flügel) und hatte für sein Quartett als Schlagzeuger den Bebop-Veteranen Roy Haynes engagiert. Herbie Hancock, dessen *Headhunters* mit ihrem Super-Electric-Funk-Rock-Jazz zu den härtesten Gruppen des Genres

zählten, spielte nunmehr mit dem Neobop-Star Wynton Marsalis sowie
Ron Carter am Baß und Tony Williams am Schlagzeug eine Musik im
Stil des *Miles Davis-Quintet* der späten 60er Jahre.

Was für ein Durcheinander! Miles Davis in der Rolle eines verspäteten
Retters des Rockjazz, der seine Saxophonisten wie Coltrane spielen ließ
(wenn er sie überhaupt spielen ließ) und der seine Gitarristen in eine Jimi
Hendrix-Stilistik drängte. Nur kurze Zeit wurde Davis jedoch dieser
Rolle gerecht, denn bald schon zog es ihn zur Popmusik: Black Disco,
Reggae-Patterns, gesampelte Sphärenklänge, Drum-Computer, Pop-
Tunes. »Miles Davis – Trompete, alle anderen Instrumente – Marcus Miller«. Das bedeutete: popindustrielle Produktionsweise. Miles Davis spielte
dabei – wie immer – hervorragend. Und Pop-Tunes? Was soll der vor-
wurfsvolle Ton? Pop-Tunes hatte Davis – wie all seine Zeitgenossen – auch
schon in den 50er Jahren gespielt: *Someday My Prince Will Come, The Surrey
With The Fringe On Top*; einfältige Broadway- und Hollywood-Songs, die
ihm jedoch damals lediglich als Material gedient hatten und die er mit
aktiver Unterstützung seiner jeweiligen Mitspieler stets in ein authen-
tisches Stück Miles Davis-Musik transformieren konnte. Bei Cindy Lau-
pers *Time After Time* jedoch kam von Authentizität, nicht zuletzt aufgrund
der durch und durch banalen Begleitung, nur noch wenig zum Vorschein.

Der Miles Davis der 80er Jahre war – soziologisch gesehen – der erste
wirkliche Superstar, den der Jazz je hervorbrachte, vergleichbar mit Größen wie Maria Callas, Mick Jagger oder Leonard Bernstein. Seine Rolle
als Leitbild und Wegbereiter jedoch, die er so lange und so konsequent
wie kein zweiter im Jazz gespielt hatte, diese Rolle hatte er längst aufgegeben. Für den aktuellen Jazz, gleich welcher Richtung, war der Miles
Davis der 80er Jahre – innermusikalisch gesehen – kaum noch von Bedeutung.

Der Rockjazz war unterdessen auf die Dimensionen eines »normalen«
Stilbereichs zurückgeschrumpft, war schwerpunktmäßig zur Angelegenheit einiger Gitarrenvirtuosen geworden, die ihm ihren Aufstieg und ihre
stilistische Identität verdankten und die ihn nach wie vor meisterhaft
praktizierten. Einige unter ihnen wie John Scoffield gingen allerdings
deutlich auf Distanz: »Was ich an der Fusion Music hasse, ist ihr gym-
nastischer Aspekt. Wir müssen häufig für ein Publikum spielen, das es
schnell und laut haben und von nichts anderem etwas wissen will.«[77]

Das Free Funk/No Wave/Punk
Jazz-Syndrom und der »letzte Ausweg«

Als entfernte Verwandte des Rockjazz bildeten sich zu Ende der 70er, Anfang der 80er Jahre einige vergleichsweise kurzlebige jazzverwandte Ausdrucksformen heraus, die unter Labels wie Free Funk, No Wave und Punk Jazz firmierten. Ronald Shannon Jackson, einer der bedeutendsten Protagonisten dieses heterogenen Stilsyndroms, Schlagzeuger und Leiter der Gruppe *Decoding Society,* benennt das Problem: »Das Problem besteht darin, daß die Medien bislang keinen Begriff zur Bezeichnung unserer Musik gefunden haben. Sie ist nicht Jazz, nicht Fusion, nicht Rock, nicht Harmolodic, nicht Klassik, nicht Pop. Sie ist alles zusammen. Sie ist wie ein Fenster, durch das man auf das Universum blickt, ein offenes Fenster ... «[78]

Im Unterschied zum Rockjazz, der eine integrative Angelegenheit war, insofern er gleichermaßen schwarze wie weiße Musiker einschloß, waren die eben genannten Genres zum überwiegenden Teil die Sache afroamerikanischer Musiker. Sie kamen zum Teil aus der Loft-Bewegung, also dem kreativen Zentrum des New Yorker Avantgardejazz der mittleren 70er Jahre, zum Teil aus der sogenannten »harmolodischen« Schule des Ornette Coleman, zum Teil aber auch aus dem amerikanischen Hinterland, wo sie Blues und Rhythm & Blues in ihren ursprünglichen Formen kennengelernt und praktiziert hatten.

Anders als in den Jahren zuvor die Loft-Szene, die durch eine enorme besetzungsmäßige Fluktuation geprägt war (jeder spielte jederzeit mit jedem) und feste Gruppen so gut wie nicht kannte, wurde das No Wave/ Free Funk-Stilsyndrom vor allem durch einige stabile Formationen repräsentiert: das *Music Revelation Ensemble* um den Gitarristen James »Blood« Ulmer, Ronald Shannon Jackson und seine *Decoding Society* und die äußerst vitale Gruppe *Defunkt* um den Posaunisten Joseph Bowie. Der Grund für diese Tendenz zur Arbeit in festen Gruppen war offenbar weniger soziologischer als vielmehr musikalisch-praktischer Art: Die genannten Formationen operierten durchweg mit einem detailliert ausgearbeiteten Repertoire von reproduzierbaren Stücken, waren auf eine gewisse besetzungsmäßige Kontinuität also angewiesen.

Free Funk/No Wave/Punk Jazz war eine einfache und draufgänge-

rische Musik: draufgängerisch in ihrer Lautstärke, ihrer emotionalen
Intensität und Unbekümmertheit um instrumentale Finesse und Kunst-
fertigkeit; einfach in der Kombination einer zumeist äußerst brachial
durchgesetzten Fundamentalrhythmik mit einem freitonalen Improvisa-
tionsstil, der seine Wurzeln im Free Jazz hatte, und einem thematischen
Material in der Nähe von musikalischen Abzählreimen. Eine der Kompositionen des Gitarristen James »Blood« Ulmer trägt den Titel *Baby Talk* –
und sie klingt auch so![79]

Neben seinen überwiegend vehementen Erscheinungsformen wies das
Genre einige gemäßigtere Varianten auf – mit Tendenz zur Pop- und Dis-
comusik, wie sie beispielsweise von Oliver Lakes Gruppe *Jump Up* unter
Einbeziehung von Reggae-Anspielungen praktiziert wurden. Oliver Lake
hatte sich bereits während der 70er Jahre für die Einheit aller Arten von
afroamerikanischer Musik stark gemacht. Bei den Live-Auftritten seiner
Gruppe im New Yorker Tin Pallace rezitierte er häufig seinen Text *Sepa-
ration* (»Trennung«)[80]:

> »Erst den Salat
>   dann das Fleisch
>   dann das Gemüse ...
>   ›WARTE‹
> Bring mir mein ganzes Essen auf einmal und auf dem gleichen Teller!
> Dixieland, Bebop, Soul, Rhythm & Blues, Cool School, Swing, Avant-
> garde Jazz, Free Jazz, Rock, Jazz Rock
> WAS FÜR EINE ART VON MUSIK SPIELST DU?
>   ›EINE GUTE ART VON MUSIK‹
> Aretha Franklin & Sun Ra sind die gleichen Leute,
> Coltrane & die Dixie zwitschernden Vögel – die gleichen Leute,
> Miles & Muddy Waters die gleichen. Es gibt keine ... es gibt keine ...
>   LABELS SPALTEN! TRENNEN
>   DAS ORALE VOM LITERATEN
> Eine Musik – unterschiedliche Gefühle & Erfahrungen, aber der gleiche
> ... der totale Klang – die Klangmasse – Höre alle Spieler als einen ein-
> zigen...
>
>   ...   .
>
>   KEINE TRENNUNG – Yeah, steck mich nicht in irgend eine
>   Kiste ...

Ich bin offen, kann alles machen. GIB MEIN GANZES ESSEN AUF
EINEN TELLER!

...

Lies die Musik! Spiel die Musik! Mach die Musik, lies die Musik!
Kannst du Musik lesen? Nee! Am meisten Spaß macht es, sie zu schaffen
& zu spielen
Das ist mehr direkt-t-t-t-t-t-t.«

Die hier auf poetische Weise proklamierte Idee einer »Einheit in der Vielfalt« praktizierte Oliver Lake später in eigener stilistischer Mehrgleisigkeit: afroamerikanisch-karibische Tanzmusik mit seiner Gruppe *Jump Up* auf der einen Seite und avancierte Kompositionstechniken und Klangkonstellationen mit dem *World Saxophone Quartet* auf der anderen.

Den Motiven auf den Grund zu gehen, die zur Entstehung von No Wave/Punk Jazz führten, ist nicht ganz leicht. Verdankte sich diese neue Einfachheit tatsächlich einer bewußten und programmatischen Rückbeziehung auf die *roots* afroamerikanischer Musik, war also gewissermaßen ideologischer Natur, oder handelte es sich ganz einfach um den gelungenen Versuch, die ökonomischen Mißerfolge des Loft Jazz zu kompensieren?

Wie dem auch sei – die als No Wave proklamierte Welle der neuen Tanzbarkeit in der Schwarzen Musik brandete hoch, verlief jedoch nach relativ kurzer Zeit im Sande. Allerdings gab es Nachzügler. Der emotional geglättete und strukturell elaborierte Zweig fand seine Fortsetzung in Gruppen wie Steve Colemans *Five Elements,* die in ihre Gestaltungsmittel u.a. auch hochgradig artifiziell arrangierte Funk- und Black-Disco-Elemente integrierten. Die rohe und draufgängerische Seite des Punk Jazz fand ihren Nachhall in der Musik einer Gruppe, auf die ich etwas näher eingehen möchte, denn sie schien seinerzeit auf seltsame Weise zugleich aktuell und historisch deplaciert zu sein.

Die Rede ist von dem Quartett *Last Exit,* besetzt mit dem Saxophonisten Peter Brötzmann, einem der heftigsten Exponenten des europäischen Free Jazz, dem Gitarristen Sonny Sharrock, der – ebenfalls im Rahmen der Free Jazz-Explosion der 60er Jahre – seinem Instrument neuartige und einigermaßen grelle Ausdrucksmittel erschloß, dem Schlagzeuger Ronald Shannon Jackson, der in den 70er Jahren einer der Wegbereiter jenes hybriden Genres namens No Wave oder Punk Jazz war, und schließlich dem E-Bassisten Bill Laswell, der nicht aus Zufall in keinem einschlägigen Jazzlexikon zu finden ist, denn er ist weniger als Instrumentalist hervorgetreten als vielmehr als Produzent so disparater musikalischer Charaktere wie Mick Jagger, Laurie Anderson, Manu Dibango und Miles Davis. Die Musik dieses europäisch-amerikanisch-schwarz-weißen Quartetts war frei improvisiert, man kam ohne Absprachen aus, Notentexte waren verpönt. Die Musik war überwiegend extrem laut, dicht und dissonant und bewegte sich fast immer auf höchstem emotionalen Pegel. Und diese Musik von *Last Exit* war wie kaum eine andere in dieser Zeit dazu geeignet, das Publikum zu polarisieren.

Tatsächlich war es bei den Auftritten der Gruppe kaum möglich, sich ein halbwegs klares Bild von den innermusikalischen Qualitäten ihrer lautstarken Performance zu machen. Es ging um Rock- und Funk-Rhythmen, um Geräuschballungen und schrille Klangflächen, um die Ästhetik des Schreis, sicherlich aber nicht um zielstrebig angesteuerte formale Entwicklungen oder strukturelle Vielfalt. Wechsel der instrumentalen Konstellation ergaben sich vor allem dann, wenn dem Gitarristen Sharrock eine Saite riß. Aber kam es auf die strukturelle Beschaffenheit dieser Musik, auf ihre innermusikalischen Details, überhaupt an? Nein, *Last Exits* vehemente Musik lieferte kaum einen Anlaß zum strukturellen Hören oder zur ästhetischen Reflexion, sondern wirkte vielmehr als ein soziomusikalisches Signal, das seine Bedeutung nicht aus seinen strukturellen Details, sondern vielmehr aus ihrem Gestus gewann, aus den musikalischen Haltungen, die hinter ihm standen und denen es sich verdankte. Diese Musik sagte nicht: Schaut her, wie schön ich bin und was ich alles kann! Sie sagte vielmehr: Wacht auf, Leute! Laßt euch nicht beruhigen durch stromlinienförmiges Virtuosentum, prä- oder postmodernen Schönklang oder aufgewärmten Pseudo-Bop.

Die Musik von *Last Exit* war eine extreme Musik. Und ob sie als Jazz gelten konnte oder wollte oder sollte, blieb – wie so oft in solchen Fällen – eine Frage von Definitionen. Was sie allerdings ohne Frage mit der Tradition des Jazz verband, mehr als alle vordergründigen Traditionalismen der verschiedenen Revivalbewegungen, war ihre Unbekümmertheit um etablierte Normen und ihr Mut zum Risiko. Hier wehte nicht der Geist der Restauration, sondern der des Widerstands.

Free Funk, No Wave und Punk Jazz (oder wie auch immer die Labels heißen mochten) waren vor allem auf der europäischen Festivalszene der

80er Jahre erfolgreich. In den USA und insbesondere in New York spielten die betreffenden Gruppen häufig in Diskotheken und standen damit,
soziologisch gesehen, dem Milieu der Rockavantgarde näher als der Jazzszene. Wobei allerdings – auf New York bezogen – auch in den 80er und
90er Jahren von *einer* Jazzszene kaum die Rede sein konnte. Denn nicht
nur gab es eine deutlich erkennbare Demarkationslinie zwischen dem erfolgreichen konservativen und dem weniger erfolgreichen zukunftsorien-
tierten Lager. Sondern vor allem auch die Szene des zeitgenössischen Jazz
war darüber hinaus in einige relativ klar konturierte Subszenen aufge-
spalten, die sich sowohl in musikalischer als auch in soziologischer Hinsicht voneinander unterschieden und die zudem – wie in der amerikanischen Gesellschaft des ausgehenden 20. Jahrhunderts kaum anders zu
erwarten – durch die Polarität »schwarz-weiß«, d.h. durch die ethnische
Zugehörigkeit ihrer wichtigsten Protagonisten geprägt waren.

Ins Blickfeld rücken – schlagwortartig und in historischer Reihenfolge
– drei Subszenen, die an der Entfaltung des zeitgenössischen Jazz in New
York und damit in den USA maßgeblich beteiligt waren: erstens die
»weiße« Downtown-Szene, lokalisiert im unteren Teil von Manhattan;
zweitens die Szene der von Brooklyn aus operierenden »schwarzen« Musikerkooperative M-Base und drittens die Szene der jüngeren Free Jazz-
Musiker im Umkreis des Kontrabassisten William Parker.

Post-Free Jazz und die Vorläufer
der Downtown-Szene

Am Anfang der Downtown-Szene – man könnte auch sagen: ihr vorgelagert – steht eine Gruppe von Musikern, denen zweierlei gemeinsam ist:
Ray Anderson, Marilyn Crispell, Marc Dresser, Marty Ehrlich, Mark
Helias und Gerry Hemingway sind zwischen 1950 und 1955 geboren und
haben während der 80er Jahre allesamt mit dem großen Konstruktivisten
des zeitgenössischen Jazz, Anthony Braxton, zusammengearbeitet. Ihr
stilistisches Profil deutet sich damit – zumindest umrißhaft – an. Sie
praktizieren eine tonal und rhythmisch ungebundene Form des Jazz, in
der die Komposition mit avancierten Mitteln eine zentrale Rolle spielt.

Sie alle sind erfahrene »freie« Improvisatoren, d.h., sie sind jederzeit in der Lage, ohne Absprachen und unabhängig von harmonisch oder rhythmisch determinierten Systemen zu improvisieren, bevorzugen in der Regel jedoch die motiv-generierende Kraft eines detailliert ausgearbeiteten kompositorischen Bezugsrahmens, der nicht nur die thematischen Materialien einschließt, sondern die Makrostruktur eines Stückes, mitunter auch eines ganzen Konzerts oder einer ganzen CD.

Zu diesem Zirkel von Ex-Braxtoniten kam bald ein weiterer Pool von Musikern, der sich um den Altsaxophonisten Tim Berne gruppierte, darunter Joey Baron, Hank Roberts, Herb Robertson und Ed Schuller.

Die Musik des hier bezeichneten Zirkels ist unüberhörbar in der Tradition des Free Jazz der 60er und 70er Jahre verankert, geht jedoch über diese hinaus. Vor allem aber rückt sie von jenen Aspekten musikalischer Spielpraxis ab, die seinerzeit das Bild des Free Jazz in der Öffentlichkeit am nachhaltigsten klischeehaft bestimmt hatten: ausgedehnte Kollektivimprovisationen auf höchster Energiestufe, Tendenz zur Undurchhörbarkeit und Tabuisierung von Tonalität, Melodik und *time*-Spiel.

Zu den konstitutiven Merkmalen dieser zeitgenössischen Variante des Free Jazz gehören die folgenden:

- Das Verhältnis zur Tonalität ist im allgemeinen flexibel. Stücke oder Struktureinheiten innerhalb einzelner Stücke können mehr oder weniger tonal gebunden sein; häufiger als früher improvisiert man modal oder quasimodal über ostinate Patterns. Reine Klangimprovisation ist in diesem Zirkel relativ selten, weitgehend verpönt das Improvisieren über funktionsharmonisch bestimmte Abläufe.
- Weniger flexibel als zur Tonalität ist generell das Verhältnis zum Rhythmus. Der Jazzcharakter der Improvisationen (im Gegensatz etwa zur freien Improvisationsmusik) manifestiert sich zumeist in der Hervorbringung einer Art von rhythmischer Energie, die – wie entfernt auch immer – mit dem traditionellen, spannungsbildenden Element des Jazz, nämlich mit *swing*, zu tun hat. Ein konsequenter Verzicht auf jede Form der Periodizität ist allerdings *ein* mögliches Stilmittel, genauso wie die Verwendung von Rock-, Polka- oder Tangorhythmen.
- Die Einstellung zum Instrumentarium ist vergleichsweise konventio-

nell und nicht sehr vielseitig. Die Gruppen von Berne, Ehrlich, Anderson, Hemingway und Helias weisen zumeist die typische Standardbesetzung des Jazz auf, bestehend aus zwei bis drei Bläsern, Baß und Schlagzeug. Gelegentlich kommt ein Cello zum Einsatz, nur selten ein Klavier (was auf den Einfluß durch Ornette Coleman zurückgehen könnte).

• Die kompositorische Arbeit spielt durchgehend eine wichtige Rolle und rangiert bedeutungsmäßig vielfach vor der Improvisation. Als zentrales Gestaltungsmittel tritt sie vor allem in der Musik von Tim Berne in den Vordergrund. Bei ihm verschärft sich der kompositorische Anspruch in einem Maße, das der individuellen improvisatorischen Expressivität der einzelnen Mitwirkenden mitunter im Wege zu stehen scheint.

Für das letzte dieser Merkmale hier ein Beispiel. Bei der von Berne und seinem Sextett 1983 eingespielten LP *The Ancestors* wirkt der stilistisch vielseitige und ausdrucksstarke Trompeter Herb Robertson mit, spielt jedoch kein einziges Solo. Tim Berne erläutert:

> »Bei dieser Musik geht es nicht nur um die Musik einer bestimmten Band. Es muß sich dabei schon um solche Mitspieler handeln, die sich nicht den Kopf darüber zerbrechen, wie viele Soli sie spielen dürfen. Sie müssen wirklich total selbstlos zu Werke gehen. Und so einfach sich dies auch anhören mag, ist es in Wirklichkeit keineswegs. Die ideale Situation besteht darin, es mit solchen Musikern zu tun zu haben, denen man, worüber auch immer, nichts vorschreiben muß, abgesehen von den Noten, die man ihnen vorlegt und ein paar Hinweisen auf das allgemeine Feeling, auf das man hinauswill. Und das ist hier der Fall. Ich versuche, die Musiker herauszufordern. Und wenn jemand ein Solo spielt, dann nicht einfach nur deshalb, weil er an der Reihe ist.«[81]

Es geht also um nicht mehr und nicht weniger als um die konstruktive Einbindung individueller Ausdrucksbedürfnisse in den kompositorischen Kontext und damit um eine Idee, wie sie den freien Spielformen des Jazz der 60er Jahre, in denen es darauf ankam, sich »voll auszuspielen«, im allgemeinen fremd war.

Die Musik der hier vorgestellten, dem zeitgenössischen Jazz zugewandten Fraktion New Yorker Musiker war in der Zeit ihrer Blüte in der

Öffentlichkeit wesentlich häufiger in Europa zu hören als im unteren Manhattan. Die Gruppen spielten auf Festivals wie jenen in Moers, Grenoble oder Saalfelden und nahmen ihre Schallplatten für europäische Labels auf wie Enja, Soul Note oder Leo Records. Bezogen auf die New Yorker Downtown-Szene agierten sie eher an deren Peripherie. Zwar gab es zwischen beiden Subszenen ein gewisses Zusammengehörigkeitsgefühl und vor allem auch eine Reihe personeller Überschneidungen. Doch wurde die »eigentliche« Downtown-Szene letzten Endes weit mehr durch eine Gruppe von Musikern geprägt, die sich um den Multi-Instrumentalisten und Komponisten John Zorn scharte und als deren logistisches Zentrum die Knitting Factory fungierte. Verglichen mit der Musik der Braxtoniten war jene der Musiker im engeren Zirkel der Factory eher jazzfern, was sicherlich nicht zuletzt mit dem musikalischen Werdegang, den Ambitionen und den Präferenzen ihrer zentralen Schlüsselfigur zusammenhängt.

John Zorn und seine *game pieces:* Musik als Gesellschaftsspiel?

Unter den Bewohnern der New Yorker Jazzszene gehört John Zorn zu den seltenen Exemplaren, die aus New York stammen. John Zorn versteht sich als Außenseiter:

> »Ich war hier in Amerika immer ein Außenseiter. Als ich in Queens aufwuchs, mit langen Haaren, schrägen Klamotten und dem Aussehen eines Hippies, da gaben mir die Leute alle möglichen bizarren Namen … Ich wuchs in New York City auf, als ein Medienfreak, schaute mir Filme an und Fernsehen, und kaufte mir Hunderte von Schallplatten. Es gibt eine Menge Jazz in mir, aber auch eine Menge Rock, klassische und ethnische Musik, viel Blues und viel Filmmusik. Ich bin eine Mixtur aus all diesen Dingen.« [82]

Das Außenseitertum, das Zorn für sich in Anspruch nimmt, ist kein individuelles, sondern ein gesellschaftliches Phänomen. Insofern ist es nicht psychologisch, sondern soziologisch relevant.

Geboren 1953, spielte Zorn in früher Kindheit Klavier, wechselte mit zehn Jahren zur Gitarre, anschließend zur Flöte. Mit 14 begann er, sich für die Komposition mit zeitgenössischen Mitteln zu interessieren, besonders für die Musik von Kagel, Ives und Stockhausen. Seine Auseinandersetzung mit der Musik von John Cage erweckte seine Aufmerksamkeit für die Möglichkeiten der Aleatorik und der Improvisation. Während seines Studiums in St. Louis entdeckte er den Jazz. Er hörte die Musiker aus der Künstlerkooperative *Black Artists Group* (Oliver Lake, Julius Hemphill, Joseph Bowie) und begeisterte sich für das Solo-Album *For Alto* von Anthony Braxton so sehr, daß er beschloß, das Saxophonspiel zu erlernen. Er brach sein Studium ab und ging zurück nach New York, wo er sich einem Kreis junger und experimentierfreudiger Musiker anschloß. Die Downtown-Szene begann sich zu formieren ...

Sieht so der zielstrebige Werdegang eines musikalischen Wunderkindes aus? Schwerlich. Eher handelt es sich hier um den von der »Versuch-und-Irrtum-Methode« vorangetriebenen Zickzackkurs eines äußerst neugierigen Zeitgenossen. John Zorn sollte diesen Kurs einigermaßen konsequent weiterverfolgen.

Während die Protagonisten der No Wave/Free Funk-Stilistik durchweg aus der Tradition der Black Music kamen, hatten die fast ausnahmslos weißen Musiker, auf die John Zorn bei seiner Rückkehr an New Yorks Lower Eastside traf, zum Jazz kein ausgesprochen enges Verhältnis. Ihr musikalisches Weltbild war vielmehr von der Idee einer »hybriden« Musik bestimmt, in der Jazz, Rock und Elektronische Musik miteinander vermischt wurden und das Geräusch den zentralen Parameter bildete. In ihrer Anfangsphase machten die Vertreter dieser Noise Music genau das, was der alsbald zum Stilbegriff sich verfestigende Name ihrer Musik sagte: Sie emanzipierten die Geräusche, d.h. mit unharmonischen Spektren ausgestattete Klänge und Impulse, von der Dominanz der Tonhöhe und improvisierten mit ihnen. Neu war dies freilich nicht, denn Entsprechendes hatten britische Free Jazz-Musiker und »Klangforscher« im Umkreis von Derek Bailey und Evan Parker bereits 15 Jahre vorher getan. Jedoch forschten die New Yorker Klangexperimentatoren natürlich anders als die Londoner und zeitigten insofern auch andere Ergebnisse. Das wichtigste Unterscheidungskriterium – wie kann es anders sein – hieß Geschwindigkeit, das Paradigma New Yorker Lebensgefühls.

Das Tempo als zentrales Gestaltungsprinzip brachte Zorn in einer seiner meistbeachteten Erfindungen zum Einsatz, in seinen *game pieces*. Der
Begriff ist ins Deutsche nur unzureichend übersetzbar, denn ein Wort wie
»Spielstücke« würde vermutlich nahelegen, daß es dabei um das Spielen
von Musik ginge. Es handelt sich jedoch in erster Linie um das Spielen
eines *Spiels*. John Zorns *game pieces* sind Kompositionen, die sich von
Kompositionen herkömmlicher Art vor allem dadurch unterscheiden,
daß sie keine oder nur in geringem Maße musikalische Inhalte festlegen,
sondern statt dessen Kommunikationsstrukturen vorgeben, Systeme be-
reitstellen, durch welche die Spieler in bestimmte musikalische Situationen versetzt oder zu bestimmten Reaktionen herausgefordert werden.
Gesteuert wird das Ganze durch Handzeichen oder das Vorzeigen von
Karten, die bestimmte Anweisungen signalisieren, wobei nicht allein der
Komponist Zorn als Zeichengeber fungiert, sondern – im Sinne eines
interaktiven Systems – auch die Mitspieler aktiv werden.

Viele seiner frühen »Spiele« benannte Zorn nach Sportarten: *Hockey*,
Pool (Billard), *Archery* (Bogenschießen), *Lacrosse* (Ballspiel). *Cobra*, sein
bekanntestes *game piece*, leitet seinen Namen von einem Computerkriegs-
spiel ab.

Was die Konstruktionsprinzipien und die praktische Ausführung seiner »Spiele« betrifft, erwies sich Zorn als sehr mitteilsam. So, als miß-
traute er der Aussagekraft seiner Musik, versorgte er seine Hörer mit ausführlichen Informationen. Zu *Archery* beispielsweise lieferte er auf dem
Plattencover eine Graphik der Stereoanordnung, eine Erläuterung der
Systeme, mittels derer die Spieler sich untereinander verständigen, eine
Transkription dessen, wie sie die Spielregeln interpretierten usw.

Im kanadischen *Coda Magazine* gab Zorn 1988 zu seinen *game pieces*
einen ausführlichen Kommentar:

> »Diese Spielpartituren *(game scores)* sind ein großes *spiel* (deutsch im
> Original!; E.J.), das endlos weitergehen kann. Meine Arbeit besteht im
> wesentlichen darin, daß ich für Musiker schreibe, die auf ihren Instru-
> menten eine individuelle Sprache entwickelt haben, etwas, was sich der
> Notation widersetzt, was nicht aufgeschrieben werden kann: all diese
> Geräusche und Klänge, die sie produzieren. Um diese Leute auf irgend-
> eine Weise in einer großen Gruppe zusammenzubringen, habe ich eine
> Form der Partitur entwickelt, in der überhaupt nicht von Klängen die

Rede ist, sondern in der die Gestaltung der Sounds ausschließlich den Mitwirkenden überlassen bleibt.

Ich könnte natürlich eine Folge von Noten zu Papier bringen, aber dadurch könnte ich die wirklichen Fähigkeiten dieser Leute niemals ausschöpfen. Indem ich also den Klang selbst völlig ignorierte, schuf ich eine Reihe von Spielsituationen als unterschiedliche Möglichkeiten der Wahl: *wann* jemand spielt und *mit wem* er spielt; nicht das Material, das er spielt, sondern *wann* er spielt und *wann nicht*.

So ein Spiel könnte beispielsweise aus zwölf Abschnitten bestehen, und wann immer die Spieler es wollen, können sie von einem Abschnitt zum anderen gehen. Die Spieler treffen die Entscheidungen ... Alles ist auf einem Blatt Papier schriftlich festgelegt, so daß jeder Mitwirkende weiß, was passiert. Aber da man zu jeder Zeit von einem Ding zum anderen gehen kann, funktioniere ich als Kommunikator. Die Spieler geben mir Zeichen, um mir zu signalisieren, daß sie jetzt zu dem und dem Abschnitt hingehen wollen. Und dann halte ich ein Zeichen hoch mit der Aufforderung: ›Mach dich bereit. Spiele diesen Abschnitt.‹ Und dann gebe ich den Einsatz, und wir spielen das. Und dann kommt ein anderer, wann immer er will, nach fünf Sekunden, einer Minute ... und sagt: ›Ich will woanders hingehen.‹ Und er gibt mir ein anderes Zeichen: ›Jetzt wollen wir diesen Abschnitt spielen.‹«[83]

Die Aufführungspraxis der *game pieces* und insbesondere die Frage, für welche Besetzung sie von Zorn konzipiert werden, hat natürlich auch eine pragmatische Dimension. Wie so oft geht es ums Geld:

»Ich habe ein Stück für sechs oder sieben Spieler, eins für zwölf und eins für 15 Spieler. Und wenn wir einen Auftrag für ein Konzert bekommen und es genug Geld gibt und die Situation in Ordnung ist, dann mache ich dieses Projekt. Aber mit vielen Mitwirkenden braucht man natürlich mehr Geld, und damit haben die Veranstalter zumeist Schwierigkeiten. In den letzten paar Jahren habe ich so etwas nur in Europa machen können. Hier in den USA habe ich nicht die Möglichkeit dazu.«[84]

Zorns *game pieces* bestimmen die erste Phase seiner musikalischen Entwicklung. Eine zweite Stufe gründet sich auf die von Zorn so genannten *file card compositions* wie *Goddard, Spilane* und *Forbidden Fruit*, deren zentrales Gestaltungsprinzip in der Aneinanderreihung von auf Karteikarten festgehaltenen musikalischen Ideen besteht und die in stärkerem Maße kompositorisch ausgearbeitet sind als die »Spiele«, die jedoch auch Improvisation zulassen. Eine weitere Dimension seiner kompositorischen Arbeit kommt in seinen »Tributen an ... « (Ennio Morricone, Ornette Coleman, Albert Collins, Sonny Clark) in Form von Bearbeitungen vorgefundener Materialbestände ins Spiel. Die dahinterstehende Philosophie: »Es geht mehr oder weniger darum, etwas relativ Obskures zu finden, sich dadurch anregen zu lassen, es mit anderen Leuten zu teilen und schließlich diesen großen Künstlern, die in Vergessenheit gerieten, den Tribut zu entrichten.«[85]

Tribute, schnelle Wechsel und die Liebe zum Film

Zu John Zorns merkwürdigsten, der Kategorie der »Tribute« zuzurechnenden Produktionen gehört seine Bearbeitung von Stücken Ornette Colemans, die er 1988 gemeinsam mit dem Saxophonisten Tim Berne, dem Bassisten Marc Dresser und den beiden Schlagzeugern Joey Baron und Michael Vatcher unter dem Titel *Spy vs. Spy* einspielte[86]. Die LP enthält 17 (!) Titel mit Kompositionen Ornette Colemans. Besonders drastisch fällt die A-Seite mit elf Titeln aus. Gespielt wird in einem aberwitzigen Tempo von bis zu 360 BpM *(beats per minute)*. Kaum ein Stück dauert länger als zwei Minuten (es gibt auch 1:08-Minuten-Stücke). Für Improvisationen bleibt dabei nicht viel Zeit. Die von den beiden heftig trommelnden Schlagzeugern produzierte rhythmische Grundierung ist streckenweise so dicht, daß sie wie ein schnelles Rumpeln erscheint und alles andere als swingt. Geschwindigkeit um ihrer selbst willen. Ornette Colemans Musik bleibt dabei weitgehend auf der Strecke.

Und warum macht man so etwas? John Zorn: »Es läuft ab wie WHAM!, in einem Stück vom Anfang bis zum Ende.« Und es geht darum, »es schneller und noch schneller, kürzer und noch kürzer, und damit noch kraftvoller und noch schärfer zu machen«.

Und er sieht die (gewünschte) Schockwirkung seines Werkes voraus: »Weil es so extrem ist, wird es sicher Kontroversen geben. Viele Leute werden es wirklich *hassen*, was wir gemacht haben ... Als Ornette Colemans Musik erstmals herauskam, hatte sie wirklich eine Schockwirkung. Und genau diese Art von Schärfe, dieses Element des Schocks war es, was ich mit meiner Platte erreichen wollte.«[87]

Steve Lake, der die Platte 1989 für *Wire* rezensierte, sieht das anders:

> »Die einzige Rolle dieses ›Clubs der trickreichen Downtown-Denker‹, dieses ›Knitting Factory-Strickvereins‹ besteht darin, uns zu beweisen, daß alles mit allem vereinbar ist und daß der Vorwurf des Mangels an Relevanz oder der Anspruch, seinen Morricone oder Ornette pur zu bevorzugen, letztlich nur zeigt, wie man sich selbst auf schamlose Weise als prä-postmodern zu erkennen gibt … Die Stücke auf der ersten Seite dieser Platten reduzieren Ornettes Musik auf einen bloßen Gimmick.«[88]

Die Ästhetik der *game pieces* beinhaltet eine Reihe von Gestaltungsprinzipien, die – mit unterschiedlichen Akzentuierungen – für die gesamte kompositorische Arbeit John Zorns konstitutiv sind und die bis zu einem gewissen Grade auch andere Sektoren der Musik der Downtown-Szene beeinflussen. Es sind dies:

1. das Prinzip der schnellen und abrupten Wechsel zwischen heterogenen Stilen und Ausdrucksebenen,
2. die Übernahme von ästhetischen Mitteln und Produktionstechniken des Films,
3. die Überlagerung der Kategorie des Spielens durch jene des Spiels und
4. die Vorrangstellung der Struktur vor dem Inhalt.

Alle diese vier Punkte hängen in einem komplexen Verhältnis wechselseitig miteinander zusammen.

Punkt 1: Zu seiner Vorliebe für schnelle Wechsel sagt Zorn:

> »Meine Aufmerksamkeitsspanne ist unglaublich kurz. In gewisser Weise stimmt es, daß meine Musik ideal für Leute ist, die ungeduldig sind, denn sie ist vollgepackt mit Informationen, die sehr schnell wechseln. Andererseits erfordert sie jedoch auch ein bißchen Geduld, denn wenn man an eine Stelle gelangt, die man nicht mag, dann muß man ungefähr zehn Sekunden warten, bis etwas anderes kommt … Immerhin muß man sich klar darüber sein, was Geschwindigkeit für unsere Welt heute bedeutet. Schau dir die Kinder an, wie sie mit Computern und Videospielen aufwachsen, die zehnmal schneller sind als die Spielautomaten, mit denen wir es damals zu tun hatten.«[89]

Und in einem Interview für das französische *Jazz Magazine* erklärt Zorn:

> »Meine Musik ist angefüllt mit ganz kleinen und sehr unterschiedlichen
> Stücken, einige schnell, die anderen langsam, einige brennend. Und
> alles folgt sehr schnell aufeinander. Ich glaube, das ist es, was die Leute
> heute wollen. Es ist wie beim Fernsehen, wo man ohne Unterbrechung
> von einem Kanal zum anderen zappt, von einer wissenschaftlichen zu
> einer Kindersendung, von einem Film zu einem Tennismatch. In meiner
> Musik ist es genauso. Wenn einem ein Stück nicht gefällt, wird einem
> vielleicht das folgende gefallen.«[90]

Mit anderen Worten: Bei Zorns kurzen Stücken und schnellen Wechseln
zwischen disparaten musikalischen Sprachen, emotionalen Haltungen,
historischen Ebenen handelt es sich um nichts anderes als um die Reproduktion des in der Medienrealität vorexerzierten Eklektizismus: zerstreu-
ter Fernsehkonsum, der Finger am Abzug der Fernbedienung, kein Er-
lebnis dauert länger als 23 Sekunden.

Punkt 2: Die Übernahme von ästhetischen Mitteln und Produktionstechniken des Films, zu denen ja auch die schnellen Wechsel gehören,
kommt weniger in den *game pieces* als vielmehr in Zorns »Tribut«-Stücken
wie *Spillane* oder *The Big Gundown* zum Tragen. In Zorns Covertext zu
Two Lane Highway, einer Hommage an den Bluesveteranen Albert Collins, der selbst an der Aufnahme beteiligt ist, gibt es immer wieder Film-
assoziationen und methodische Anknüpfungen an Verfahren der Film-
arbeit:

> »In diesem Fall glich meine Rolle eher der eines Organisators, Produzen-
> ten oder Regisseurs ... Ich hatte vor, ihn in eine Umgebung zu stellen, die
> für ihn zuweilen behaglich war, mitunter aber auch sehr herausfordernd
> und neu. Eine Situation, in der er *brennen* konnte. Ich habe monatelang
> über dieses Stück nachgedacht und nahezu jede Platte gehört, die Collins
> jemals aufgenommen hat. Während dieser Zeit konstruierte ich eine
> Handlung *(plot),* die Collins durch zwölf Szenen führte, mit unterschied-
> lichen Stimmungen, Tonarten, Tempi usw. Es war, als ob Albert Collins
> in der texanischen Landschaft umherwanderte.«[91]

Auch die Produktionsweise von *The Big Gundown* mit Bearbeitungen von
Stücken von Ennio Morricone hat viel mit den Prinzipien von Filmproduktion zu tun. Jede Episode bzw. jede Szene hat andere Mitwirkende,

Musiker aus einem großen Pool von Downtown-Künstlern, die in den
verschiedenen Sequenzen in verschiedenen »Rollen« zum Einsatz kommen. Der Covertext spricht nicht von ungefähr von einem *cast* von Musikern, ein Begriff, der in der Filmbranche zu Hause ist, nicht jedoch im
Jazz, wo die »Gruppe« noch immer den Standard musikalischer Beset-
zungsformen bildet. Zorn selbst führt dazu aus:

> »In gewisser Weise kann man den musikalischen Mahlstrom von heute
> mit der Filmindustrie vergleichen, wo viele spezialisierte Talente an der
> Entstehung eines Werkes beteiligt sind, das auf diese Weise viel reich-
> haltiger wird, als wenn es durch einen einzigen Geist hervorgebracht
> worden wäre.
> Meine Musik ist auf eine sehr spezielle Weise von meinen Mitarbeitern
> abhängig. Die meisten Leute, mit denen ich es zu tun habe, sind kreative
> Improvisatoren, die auf ihren Instrumenten hochgradig individuelle
> Ansätze entwickelt haben. Diese Klangfarben widersetzen sich der tradi-
> tionellen Notation mittels Partitur. Wir ›notieren‹ statt dessen unsere
> Musik auf dem Tonband und formen sie im Studio – auf die gleiche
> Weise, wie ein Bildhauer den Lehm in eine Form bringt.«[92]

Dazu ließe sich ergänzen: auf die gleiche Weise, wie ein Regisseur am
Schneidetisch die endgültige Version seines Films herstellt.

Punkt 3: Das musikalische Selbstverständnis des Jazzmusikers wird
im allgemeinen dadurch bestimmt, daß er *sich selbst* spielt, daß er *eine
Geschichte erzählt* und daß er mit anderen in einem interaktiven Prozeß
zusammenspielt, daß er mit ihnen dialogisiert. Die Mitwirkenden in Zorns
game pieces spielen zuallererst einmal Zorns Spiel. *Sich selbst* spielen können sie in diesem Kontext bis zu einem gewissen Grade auch, denn Zorn
hat sie schließlich wegen ihrer spezifischen musikalischen Charakteristika für eine bestimmte Rolle in seinem Spiel ausgewählt. Eine Erzähl-
struktur jedoch kann sich nicht entwickeln, denn die Spielregeln zielen
nicht auf eine Entfaltung von Sinn, sondern auf dessen Dekonstruktion.
Eine Interaktion zwischen den Spielern – das *sine qua non* kollektiver
Jazzimprovisation – findet in diesem Rahmen nur soweit statt, wie die
Regeln des Spiels es zulassen, was vor allem auf formaler Ebene geschieht
und nicht auf inhaltlicher. Die Spielhaltung, die Zorn von seinen Mit-
spielern hierbei fordert, unterscheidet sich damit grundsätzlich von jener

herkömmlicher Jazzpraxis einschließlich des Free Jazz, liegt näher bei
John Cages *Song Books* als bei Coltranes *Ascension*. Die Ursachen hierfür
liegen unter anderem im nächsten Punkt.

Punkt 4: »Ich spreche mit den Improvisatoren niemals über den Klang.
Ich bin nicht daran interessiert, wie etwas klingt, sondern nur daran, wie
es funktioniert, wie die Zusammenhänge aussehen«, sagt Zorn in einem
Interview für *Wire* im September 1996[93]. Es geht also immer wieder um
die Priorität der Form vor dem Inhalt. Aber ist beides voneinander iso-
lierbar? Ein weiteres Zitat:

> »Meine erste Entscheidung und, wie ich glaube, zugleich die wichtigste
> war, niemals etwas über die Sprache oder über den Klang zu sagen. Ich
> überließ dies ausschließlich den Spielern. Wofür ich zuständig war, war
> ausschließlich die Struktur. Was ich bestimme, ist lediglich, wann etwas
> passieren soll und wann es zu Ende ist, aber niemals, was es ist. Ich kann
> bestimmen, wer spielt oder wer mit wem etwas spielt, aber nicht, was
> gespielt wird. Ich kann vorhersagen: Hier wird sich etwas ändern, aber
> nicht, worin diese Änderung besteht ... Ich glaube, meine Musik kann
> von Musikern aus aller Welt gespielt werden, unabhängig von ihrem
> musikalischen Background. Es handelt sich dabei um eine wirklich uni-
> versale Sprache. Und genau darauf zielt meine Idee ab: Leute mit ganz
> unterschiedlichen Backgrounds im gleichen Schmelztiegel zusammen-
> zubringen, aus dem dann die Musik als eine Einheit herauskommt. Ich
> glaube, das hängt damit zusammen, daß ich in New York aufgewachsen
> bin. Eine zusammengemixtere Stadt als New York ist kaum vorstellbar.
> All die verschiedenen Sprachen, diese ganze Mixtur kommt in meiner
> Musik zum Ausdruck.«[94]

Bleibt zu fragen: Geht es hier wirklich um die Einführung einer »univer-
sellen Sprache«? Oder handelt es sich nicht vielmehr um die Abschaffung
der sinnstiftenden Funktion von Sprache zugunsten eines Spiels, in dem
sich zwar jeder in seiner eigenen Sprache artikuliert, jedoch keiner den
anderen versteht und Kommunikation einzig und allein mittels der formalen Regeln eines einsam formulierten Masterplans stattfindet?

Cobra
in zwei Versionen

Die Tauglichkeit von Konzepten erweist sich bekanntlich nicht so sehr durch die Analyse ihrer selbst als vielmehr durch einen Blick darauf, wie sie umgesetzt werden. Werfen wir daher einen Blick auf das bekannteste *game piece* John Zorns, werfen wir einen Blick auf *Cobra*.

Zorn konzipierte das Stück 1984. Eine Live-Aufnahme entstand im Oktober 1985, eine Studioversion im Mai 1986. Beide Fassungen wurden 1987 auf einer Doppel-LP des Schweizer Labels Hat Hut veröffentlicht. Die Mitwirkenden sind in beiden Fällen nahezu identisch, identisch auch mit dem harten Kern von Musikern, mit dem Zorn in dieser Zeit regelmäßig zusammenarbeitete. Zu den markantesten unter ihnen gehören die Gitarristen Bill Frisell, Elliott Sharp und Arto Lindsay, die Harfenistin Zeena Parkins, der Perkussionist Bobby Previte, die Pianisten und Keyboardspieler Anthony Coleman, Wayne Horvitz und David Weinstein, der Akkordeonist Guy Klucevsek, der Plattenspieler-Spieler Christian Markley und der Tonband-Spieler Bob James. John Zorn ist auf dem Plattencover als *prompter* aufgeführt, was soviel wie Souffleur, Urheber oder Anstifter bedeutet.

Beide Versionen von *Cobra* sind in mehrere Abschnitte oder »Sätze« gegliedert (die Liveversion in vier und die Studioversion in acht), die entsprechend den traditionellen Tempo- und Ausdrucksbezeichnungen der Klassischen Musik mit Titeln wie Adagio Maestoso, Allegro, Largo, Capriccio con gusto usw. versehen sind. Ob dies ironisch oder ernst gemeint ist, läßt sich ebensowenig entscheiden wie die Frage, ob diese Titel vorher da waren und quasi als Programm fungierten oder ob sie den einzelnen Abschnitten erst im nachhinein zugeteilt wurden. (Ich vermute, daß das letztere der Fall war.) Daß es Korrespondenzen zwischen den Satzbezeichnungen und den jeweils dominierenden musikalischen Gestaltungsmitteln gibt, ist unüberhörbar.

Vom Materialaspekt her gesehen handelt es sich bei dieser Musik im wesentlichen um Noise Music: Bearbeitet werden instrumental und elektronisch produzierte Klang- und Geräuschstrukturen sowie »konkrete« Materialien (im Sinne der Musique concrète) vom Tonband und vom Plattenspieler. Nur in Ausnahmefällen spielen Melodik und Harmonik eine Rolle, und zwar immer dann, wenn Beispiele idiomatisch gebundener Musik als Zitate das Geschehen durchsetzen.

Das zentrale Gestaltungsprinzip besteht – entsprechend der Grundmaxime Zornscher Ästhetik – in schnellen Wechseln auf allen Ebenen: agierende Personen, Klang- und Geräuschfarben, Registerlagen, Dynamikstufen, Bewegungs- und Klangdichte usw. Die hieraus resultierenden Ausdrucksebenen sind einem ebenso schnellen Wechsel unterworfen, und sie sind von einer so großen Vielfalt, wie sie es bei einem ausschließlich frei und spontan sich entfaltenden Improvisationsprozeß – ohne *prompter* und ohne Spielregeln – vermutlich nicht wären.

Verglichen mit den Improvisationen der britischen Klangforscher der späten 60er Jahre, die sich durch einen gewissen Purismus, emotionale Zurückhaltung und die Verfolgung zahlreicher Vermeidungsstrategien auszeichneten, erscheint die Musik der Experimentatoren von der Lower East Side der 80er Jahre im großen und ganzen vielfarbiger und unbekümmerter um stilistische Reinheit, allerdings auch durchsetzt von einem höheren Maß an Un-Ernst. Dabei ist die vergleichsweise große Vielfarbigkeit der New Yorker Musik nicht allein auf die Größe und Buntheit der Besetzung zurückzuführen, sondern vor allem darauf, daß es weniger Tabuzonen gibt als für die britischen Musiker: Instrumentaler Wohlklang ist zugelassen, insbesondere »weiche« Klänge von Orgel und Harfe; auf der Gitarre werden im »authentischen« Originalsound gespielte Rock 'n' Roll-Figuren produziert; opernhafte Trompetenklänge und Belcanto-Gesang kommen vom Band.

Es wird deutlich, daß wir es hier nicht mehr allein mit Klangimprovisation im Sinne einer Variation abstrakter klanglicher Mittel zu tun haben, wie es der Begriff der Noise Music nahelegt, sondern mit einem Spiel mit den musikalischen Idiomen.

Wie geht das vonstatten? Bereits im zweiten Satz der Studioversion von *Cobra*, im Largo, erklingt eines der abgenutztesten Zitate der Musikgeschichte, die Eröffnung zu Beethovens *5. Sinfonie*. Im siebten Satz, *Adagio Maestoso*, ist sie erneut zu hören. Der in seinen Grundzügen ernsthafte Charakter der Studioversion bleibt davon weitgehend unberührt, die Klanglandschaft trotz Hühnergackern, Telefonklingeln und den kuriosen Sounds aus dem Tierstimmen-Imitationsarsenal John Zorns durchweg intakt. Anders verhält es sich mit der Konzertversion des Stükkes. Hier sind der Zitierwut, insbesondere des Akkordeonisten Klucsevcek, kaum Grenzen gesetzt. Und seine Zitate sind teilweise von erschreckender Banalität und Albernheit: *A Sentimental Journey, Days of Wine and Roses,* die *Beer Barrel Polka* und *Rosamunde* sowie natürlich mehrfach und besonders ausgiebig das berühmt-berüchtigte *Allegro a la Turca* aus Mozarts *A-Dur Sonate* (KV 331).

Für John Zorn mag die Form alles und der Inhalt sekundär sein. Als Hörer jedoch wird man vom Inhalt dieser Art von musikalischen Pennälerwitzen nur schwer abstrahieren können.

Das Manifest der
Radical New Jewish Music
und *Masada*

1992 organisierte John Zorn im Rahmen des Münchener Festivals Art Projekt unter der Überschrift »Radical New Jewish Culture« zwei Konzertabende, zu denen er eine größere Gruppe von Musikern aus dem Kreis der New Yorker Downtown-Szene eingeladen hatte, darunter Laurie Anderson, David Kracauer, Richard Teitelbaum, Steven Bernstein, Shelly Hirsch, Marc Ribot, Elliott Sharp, Tim Berne, Zeena Parkins, Lou Reed, Ben Goldberg und sein *New Klezmer Trio,* Roy Nathanson und Anthony Coleman[95].

»Die Musiker waren alle jüdisch«, erklärt Ben Goldberg. »Aber es waren keineswegs Juden, die sich mit irgendwelchen Klängen beschäftigten, die man als ›jüdisch‹ identifizieren könnte. Die Art, wie Zorn das Programm zusammenstellte, war glänzend. Ohne groß etwas zu erklären, verdeutlichte es, daß jüdische Musik jede Musik war, die von Juden gespielt wurde. Diese Botschaft klang damals ganz erfrischend.«[96]

Im Rahmen des Münchener Festivals führte Zorn erstmals seine Komposition *Kristallnacht* auf. Harry Lachner berichtet:

> »Bei der Uraufführung wurde man am Eingang auf die möglichen Gesundheitsschäden durch die übergroße Lautstärke aufmerksam gemacht, die Tür wurde von außen verschlossen, so daß man diesen fast völlig

dunklen und von Menschen überfüllten kleinen Raum nicht vor Ende des Konzerts verlassen konnte. John Zorn spielte mit dem Gefühl der Klaustrophobie, mit dem leisen Hauch von Panik, die diese Umstände und die schrillen Dissonanzen hervorriefen – und trotz einiger Vorbehalte muß man ihm attestieren, daß er sein Ziel erreicht hatte: eine musikalische Reflexion über Gewalt und Terror, die sich auf der intellektuellen wie auf der emotionalen Ebene als nachhaltig wirksam erwies.«

Als Begleittext zu seinem Münchener Festival veröffentlichte John Zorn gemeinsam mit dem Gitarristen Marc Ribot unter dem Titel *Was genau ist diese »Radical New Jewish Culture«?* ein bemerkenswertes Manifest:

> »Immer schon wurde die neue amerikanische Musik ihrer Vielfalt wegen gerühmt. Sie ist nicht das Eigentum oder die Kreation einer einzigen kulturellen Gruppe. Aber man kann mit einiger Gewißheit sagen, daß die amerikanischen Juden einen großen Anteil daran haben. Ebenso sicher kann man sagen, daß – während diese Musik nach ihrer geographischen Herkunft (Downtown, Eastcoast, Westcoast), nach Gattungszugehörigkeit (Jazz, No Wave, Hardcore, Avantgarde), nach ihrer politischen Richtung, ihrer ethnischen oder sozialen Herkunft oder nach Geschlechtern klassifiziert und analysiert wird – das Phänomen dieses wichtigen jüdischen Beitrags auf merkwürdige Weise unsichtbar bleibt… Über welche Musik sprechen wir eigentlich? Die Musik in diesem Programm stammt aus den verschiedensten Genres: Klassik, Neue Musik, Jazz, freie Improvisation, Rock, Hardcore usw. Gibt es irgendeinen ästhetischen ›roten Faden‹ zwischen diesen Gattungen? Warum wurden Juden von dieser Musik angezogen und die Musik von ihnen? Gibt es spezifisch jüdische musikalische oder kulturelle Werte, die allen Musikern gemeinsam sind? Sind diesen Künstlern, von denen viele in keiner Weise religiös sind oder keinen Kontakt mit dem Judentum pflegen, irgendwelche jüdischen Paradigmen in ihrer Arbeit gemeinsam? Da ein Großteil dieser Musik nur in wenigen Fällen Verbindungen zur Klezmermusik hat oder gar zur traditionellen liturgischen Musik, gibt es da verborgene Verbindungen? Muß jüdische Musik per se hebräische Skalen und jüdische Themen verwenden, oder ist jüdische Musik nicht einfach nur die Musik, die von Juden gespielt wird? Bedeutet dies einen Endpunkt jener jüdischen Musik, so wie wir sie kennen, oder einen häretischen Ausblick auf ein neues Kapitel – oder beides zugleich? Wurde dieser immense Anteil an der Entwicklung der neuen Musik vom Wunsch gesteuert, sich in einen Bereich der amerikanischen Kultur (und sei es ethnisch) einzuglie-

dern, oder ist es ein Zeichen der Entfremdung von der eigenen Herkunft
– oder beides? Wenn diese gemeinsamen kulturellen oder musikalischen
Werte existieren, wie haben sie sich in der Musik gezeigt? Inwieweit hat
die traditionelle jüdische Eigenart, die unterdrückten Elemente aus anderen Kulturen zu verteidigen und aufzunehmen, zur Patchworkmusik
beigetragen, die in den 80er Jahren aus New York kam? Ist dieser genia-
le jüdische Hang zur Mythenbildung für die zornigen Mythen-Dekon-
struktivisten des Punk, Hardcore oder deren Vorläufer im Rock (wie Lou
Reed, Iggy Pop oder Neil Young) von Nutzen?
Jüdische Musik und Kunst gedeihen seit über 200 Jahren in New York
und machen diese Stadt zum ältesten kontinuierlichen Zentrum jüdi-
scher Kultur in der westlichen Welt. Ungeachtet dieser Tatsache hat der
zeitgenössische Antisemitismus – und die Furcht vor ihm – anscheinend
zu Besorgnis geführt und eine Gruppenidentität verhindert. Während
über die angebliche jüdische Kontrolle über den amerikanischen mythen-
schaffenden Apparat der Film- und Musikindustrie viel geschrieben
wurde, wird kaum beachtet, daß bekennende Juden von Rollen als sexua-
lisierte Popikonen fast völlig ausgeschlossen werden. Juden, die einen
Anteil an der Entwicklung der Popmusik hatten, änderten fast immer
ihre Identität und ihren Namen (wie Kirk Douglas, Tony Curtis, Bob
Dylan, John Garfield, Michael Landon) oder mußten sich mit der Rolle des Komikers oder des Opfers begnügen.«

Zwar warf Zorns und Ribots Manifest mehr Fragen auf, als es Anworten
gab, trumpfte nicht auf, sondern war durchaus dazu geeignet, nachdenk-
lich zu stimmen. Dennoch wurde es, ebenso wie der Anlaß, zu dem es
verfaßt worden war, von vielen Seiten als Provokation empfunden, sorgte
weniger beim Publikum als vielmehr in der Jazzpresse für Wirbel, und
auch einige der Musiker, die selbst an Zorns Projekt teilgenommen hatten, zeigten sich verstimmt.

Roy Nathanson: »Der Begriff ›radikal‹ bereitet mir Kopfschmerzen.
Aber Zorn ist nun einmal ein unglaublicher Verkäufer *(salesman)*.«[97]

Anthony Coleman: »Es mag Leute geben, die dieses Marketinglabel
für sich in Anspruch nehmen und dann versuchen, der ›Große Jude‹ zu
sein, indem sie dir sagen, wenn du jüdische Musik spielen willst, dann
muß sich das so und so anhören – Klezmer oder Kosher oder was auch
immer. Ich setze mich mit meiner Religion auseinander, aber nicht in der
Art der Klezmer-Leute, sondern als ein Hofnarr, als ein Störenfried.«[98]

Und schließlich distanzierte sich von Zorns Idee einer radikalen jüdischen Musik sogar der Koautor des Münchener Manifests, der Gitarrist Marc Ribot:

> »Ich war durchaus an der Idee einer ›radikal jüdischen‹ Form des Ausdrucks interessiert, denn ich glaubte daran, daß es einen Bereich der Grenzüberschreitung gab, dem man sich zuwandte. Während wir in Deutschland spielten, gab es in den Köpfen einer Reihe von durch und durch assimilierten amerikanisch-jüdischen Musikern diese Grenzüberschreitung, mit dem Ziel, sich selbst durch diese religiöse Bindung zu identifizieren. Die ersten ›radikal jüdischen Musikfeste‹ waren spannend, weil wir selbst, die Spieler, keinerlei Regeln folgten. Dann lernten wir, uns korrekt ›jüdisch‹ zu verhalten. Wir lernten Klezmer-Skalen, von denen die meisten von uns vorher noch nie etwas gehört hatten und die wir kaum von verwandten türkischen Skalen unterscheiden konnten. Viele Musiker präsentierten ›jüdische Musik‹ in einem hybriden Kontext, in dem Klezmer-Skalen, Noise/Avantgarde und Jazzaspekte in rascher Folge einander abwechselten ...
> Während der europäischen Festivaltour kam es soweit, daß ›wirklich jüdisch zu sein‹ gleichgesetzt wurde mit dem Spiel von Klezmer-Skalen und damit, den Deutschen gegenüber unfreundlich aufzutreten, Leuten gegenüber also, die nach meiner Erfahrung zum überwiegenden Teil philosemitisch waren. Mir persönlich erschien das als ein pseudojüdisches Verhalten, an dem ich nicht interessiert bin, im Gegensatz zu einer Befolgung jüdischer Prinzipien. Ich brauche niemanden, der mir meine Einstellungen vorschreibt. Also stieg ich aus. Ich bin kein ›radikaler Jude‹ mehr. Ich bin ein Cowboy, ein Astronaut, ein Eskimo.«[99]

War John Zorn selbst ein »radikaler Jude«? Ging es ihm um die Rekonstruktion kultureller Identität innerhalb einer zu globaler MacDonaldisierung tendierenden Massengesellschaft? Versuchte er einen neuen Keil in die ohnehin schon gespaltene Jazzszene der 90er Jahre zu treiben, um sich selbst umso besser sichtbar zu machen? Ging es ihm darum, ein vermarktbares Label zu schaffen, ein Pendant zur Great Black Music der einstigen Chicagoer Jazzavantgarde? John Zorn zeigte sich von den Vorwürfen des Segregationismus ebenso unbeeindruckt wie von jenen der Geschäftstüchtigkeit. In der folgenden Zeit gründete er die Schallplattenfirma Tzadik Records, auf deren Subserie »Radical Jewish Music« er neben seiner eigenen Musik vor allem die seiner Kollegen von der New Yorker Downtown-Szene herausbrachte. *Tzadik* ist die jiddische Bezeichnung für einen legendären Mann, der aufrecht und wohltätig war und seine guten Taten geheimzuhalten pflegte.

Anfang der 90er Jahre gründete John Zorn sein Bandprojekt *Masada*, besetzt u. a. mit Dave Douglas (Trompete), Greg Cohen (Kontrabaß) und Kenny Wollesen oder Joey Baron (Schlagzeug). Im Covertext zur CD *Masada Live* von 1994 finden sich die folgenden Erläuterungen:

> »Masada war der Name der letzten hebräischen Festung, welche die Römer im 1. Jahrhundert einnahmen, um ihren Herrschaftsbereich zu etablieren. Aber weder das Römische Reich noch das Judentum sahen einer glücklichen Zukunft entgegen.
> Masada ist auch der Name des neuesten Quartetts von John Zorn, mit welchem der Altsaxophonist eine akustische Form des Jazz von kalter Schönheit spielt, gefärbt mit hebräischen und vorderorientalischen Schattierungen. In der Nachfolge von *Kristallnacht* (1992), welches auf musikalische Weise das durch diesen euphemistischen Terminus umschriebene tragische Thema illustriert, ist dies Zorns neuester Beitrag zur Idee einer Radikalen Jüdischen Kultur.«

Die Musik auf dieser CD ist zu allererst einmal geprägt durch das Vorbild des *Ornette Coleman Quartet* der 60er Jahre. Sie ist überwiegend *time*-bezogen und melodisch linear, bei Zorn selbst mit deutlichen Anknüpfungen an Colemans motivische Improvisationsweise. Außerdem ist sie recht virtuos und entwickelt streckenweise eine beträchtliche rhythmische Energie. Wo aber bleibt der Bezug zur »radikalen jüdischen Kultur«? Er steckt offenbar in den thematischen Materialien, die übrigens hebräische Titel tragen und die in ihrer Linienführung zum überwiegenden Teil zwar ebenfalls von Coleman beeinflußt erscheinen, jedoch darüber hinaus (mitunter auf recht plakative Weise) einige Orientalismen aufweisen: ostinate und zum Teil asymmetrische rhythmische Grundierungen im »orientalischen« Stil sowie Skalen, melodische Wendungen und labile Intonationen, wie man sie aus der nahöstlichen Musik und dem Klezmer kennt. Eine mitreißende, jedoch überaus zwiespältige Musik ist dies, deren Widersprüchlichkeit ebensosehr aus dem ihr aufgestülpten Programm resultiert wie aus ihr selbst.

John Zorn ist ohne Frage der prominenteste, einflußreichste und zugleich auch der umstrittenste Vertreter der New Yorker Downtown-Szene der 80er und 90er Jahre. Daß diese Szene sich nicht umstandslos mit ihm und seiner Arbeit identifiziert, versteht sich von selbst. Dazu ist sie zu vielfarbig und wird zu sehr durch die fluktuierenden Interessen ihrer verschiedenen Protagonisten bestimmt, die sich nur selten über längere Zeit auf eine einzige musikalische Ausdrucksform festlegen lassen. Doch vielleicht ist gerade in dieser Hinsicht und in der mitunter schrägen Dialektik seiner Argumentationen John Zorn ein typischer Repräsentant dieser Szene, die davon lebt, Fragen zu stellen, auf die sie selbst keine Antworten weiß.

M-Base: Neues Label,
Musikerkooperative oder Clan?

»M-Base« – wieder so eine Begriffsschöpfung mit dem Charakter eines Markenzeichens, ein einprägsamer Neologismus, dessen Bedeutung hinreichend unscharf erscheint, um der Jazzpresse Anlaß zu Nachfragen, Spekulationen und Deutungen zu liefern.

Steve Coleman, Altsaxophonist und Erfinder des Namens, erläutert (vermutlich zum 80. Mal):

> »M-Base ist ein Begriff, der nur für uns als eine Gruppe etwas bedeutet. ›Base‹ steht für Basis, denn das, worauf wir hinauswollen, ist eine gemeinsame Sprache. ›M‹ steht für Macro, und beides zusammen bedeutet schlicht ›starke Basis‹. Aber ›Base‹ ist auch ein Kürzel für *basic array of structured extemporations* (grundlegende Anordnung strukturierter Improvisationen); und das genau ist es, was die meisten von uns machen: Wir haben alle etwas mit Improvisation zu tun, und die ist normalerweise strukturiert. Wir hoffen allerdings, daß M-Base sich nicht zu einem so eng begrenzten Begriff entwickelt, daß jeder meinen könnte, wir machen bis zu unserem Lebensende nur immer ein und dasselbe. Es wird jedenfalls niemals ein so rigider Terminus werden wie Jazz oder Funk oder Jazzfunk oder Fusion, alles Begriffe, die ich hasse.«[100]

Es geht also um eine Gruppe, die eine gemeinsame Sprache spricht. Jedoch es geht auch um Musik – um eine Musik, die etwas mit strukturierter Improvisation zu tun hat. Aber es geht um keine bestimmte Musik …
Ein zweiter Anlauf zu einer Definition, wiederum von Steve Coleman:

> »Das große Mißverständnis über M-Base war doch, daß man glaubte, damit wäre eine bestimmte Musik gemeint. Dabei war es für uns lediglich eine Auseinandersetzung über Musik, in der rhythmische Konzepte eine fundamentale Rolle spielen. Daß meine Platten M-Base repräsentieren würden – so statisch haben wir nie gedacht. Wenn wir von M-Base sprechen, meinen wir eine Gruppe von Leuten, die einen gemeinsamen Zugang zur Musik und ähnliche Ansichten über die gesellschaftlichen Bedingungen kreativer Musikproduktion haben. Und innerhalb dieser Gruppe gibt es Fluktuation, Bewegung und Entwicklung. Als der *New York Times*-Kritiker Peter Watrous damals von M-Base hörte, kaufte er sich eine Platte von mir und beschrieb meine Musik. Das haben dann Kritiker in der ganzen Welt immer wieder kopiert und weitergeschrieben. Nur der Grundgedanke war falsch, denn: M-Base hatte nie einen Sound. M-Base ist kein Club mit Mitgliedsausweisen. M-Base ist eher eine Straße voller Musik, die man gemeinsam entlanggeht. Wir sprechen darüber, was es zu entdecken gibt, M-Base heißt, den Prozeß der Kreativität offen zu halten. Wir verstehen Musik nicht als Unterhaltung, sondern als Kommunikation. Wir kommunizieren mit dem Publikum über das, was wir erleben, nichts Ausgefallenes oder Eingebildetes, eher Alltagserfahrungen, die wir über das Medium Musik transportieren. Wir machen folglich auch keine nur-politische Musik; manchmal kommentieren wir unhaltbare gesellschaftliche Zustände, manchmal machen wir auch einfach nur Spaß.«[101]

Was auch immer man mit M-Base *genau* gemeint haben mag, das Etikett saß fest und sorgte für Aufmerksamkeit. Identitätsbildung durch Selbstetikettierung scheint ein Vorgang zu sein, der für die Jazzszene der letzten Jahrzehnte zu den »stilbildenden« Merkmalen gehört. Dabei sind all diese Etiketten natürlich keineswegs völlig aus der Luft gegriffen und rein fiktiv, sondern stehen immer auch für eine reale Komponente, bezeichnen etwas Wirkliches, auch wenn dies nicht materiell greifbar, sondern im ideologischen Überbau angesiedelt ist. Auch für M-Base gibt es bei aller Nebelhaftigkeit seiner Konnotationen einen realen Kern.

M-Base ist (oder war) nicht nur ein Phantasieprodukt, sondern ein Stück jazzhistorischer Realität. Dieser wollen wir uns zuwenden.

Die Geschichte von M-Base ist zu einem großen Teil (aber nicht komplett) identisch mit der Geschichte ihres Gründers Steve Coleman. Coleman stammt aus Chicago, wo er an der »schwarzen« South Side aufwuchs und seine ersten prägenden musikalischen Erfahrungen sammelte: Der Saxophonist Von Freeman gehörte dazu, aber auch Maceo Parker, der seinerzeit bei James Brown spielte, und Sonny Stitt, den Coleman als einen direkten Nachfahren Charlie Parkers empfand. Letzterer wurde zum lebenslangen Leitbild Steve Colemans: »Ich war 18 oder 19 Jahre alt. Und ich versuchte, Charlie Parker zu *sein* ... Er gehört, musikalisch gesehen, noch immer zu meinen wichtigsten Einflüssen. Ich versuche nicht, ihn zu kopieren, aber er bleibt in vieler Hinsicht ein Vorbild, denn ich glaube, daß die Typen aus dieser Zeit es verstanden, ein perfektes Gleichgewicht herzustellen zwischen Gefühl und Intellekt und dem Bestreben, sich selbst zu finden.«[102]

Als Coleman Ende der 70er Jahre nach New York übersiedelte, spielte er zunächst in einigen Bigbands und Ensembleprojekten u.a. von Thad Jones/Mel Lewis, Sam Rivers und Cecil Taylor, wurde festes Mitglied im Quintett des Bassisten Dave Holland und gründete die Formation *Five Elements*. Nach dem Konzept seiner Gruppe und der Bezeichnung seiner Musik befragt, antwortet er (wie der Interviewer vermerkt, widerstrebend):

> »Ich nenne meine Musik M-Base, weil ich meine, daß ich allein das Recht habe, ihr einen Namen zu geben. Jazz möchte ich sie jedenfalls nicht nennen. Denn wenn du es mit normalen Leuten auf der Straße zu tun hast und sie fragen dich, was du spielst, und du sagst ›Jazz‹, dann verpassen sie dir sofort ein Image – sei es nun Grover Washington oder King Oliver oder Duke Ellington oder Herbie Hancock. Und keines davon klingt gleich! Ich möchte es nun einmal vermeiden, daß irgend jemand auf die Idee kommt: ›Wow, der spielt wie Wynton Marsalis‹, denn das ist einfach nicht wahr.«[103]

Die Ausdehnung des Bedeutungsspektrums des Labels M-Base über die »private« musikalische Praxis Steve Colemans hinaus und die Verwendung des Begriffes zur Bezeichnung – ja, was denn? – einer »Kooperative«

oder eines »Clans« kam offenbar so zustande, daß sich eine Clique von weltanschaulich ebenso wie musikalisch gleichgesinnten Musikern, die zum überwiegenden Teil in Brooklyn lebten, zusammenfand, um *etwas* gemeinsam auf die Beine zu stellen. Etwas? Eine Gruppe, eine Konzertreihe, einen Schallplattenvertrag, eine gemeinsame Strategie für den Weg zum Erfolg. Damit sie wahrgenommen wurde, damit man über sie schrieb und mit ihr in Kontakt treten konnte, gab sich die Gruppe einen Namen. Warum nicht M-Base?

Greg Osby, neben Coleman einer der maßgeblichen Aktivisten von M-Base, gibt einen Einblick in Motive und Ziele:

> »Ich möchte nicht mit 50 oder 60 noch auf Achse sein müssen, um die Welt abzutouren, weil ich sonst meine Rechnungen nicht bezahlen kann. Wenn ich in dem Alter noch reise, möchte ich das freiwillig tun. Zu viele Jazzmusiker haben ihr Leben auf der Bühne verbracht und die Welt ohne einen Dollar verlassen. Das versuchen wir bei M-Base anders zu machen – wir schulen uns da gegenseitig in Businessfragen. Jede Erfahrung, die einer von uns macht, kommt den anderen zugute. So ein Netzwerk ist heute lebenswichtig, wenn man aus der Geschichte unserer Musik wirklich etwas lernen und nicht die Fehler der Alten nur wiederholen will. Und in New York ist das weiß Gott nicht üblich, daß man Businesserfahrungen untereinander austauscht. Jeder ist da in der Regel auf sich allein gestellt. M-Base macht das anders.«

Auf die Frage, ob er wirklich glaube, daß es einmal möglich sein werde, daß Jazzmusiker in Würde und mit ausreichend Geld ausgestattet altern könnten, antwortet Osby:

> »Ja, aber nur wenn sie in das Studium des Business die gleiche Anstrengung investieren werden wie in ihre Musik. Songs schreiben und Saxophon spielen ist das eine, aber wissen, wie man dafür auch angemessen Geld bekommt, ist halt etwas ganz anderes. Und das Geld dann so zu investieren, daß es für einen arbeitet. Das ist kein Witz! Nur an die Gigs zu denken, die man nächste Woche spielt, aber nicht an all die Gigs, die man später nicht mehr bekommt, und an die Zeiten, wenn keiner mehr deine Platten kauft – das wäre ein großer Fehler. Zu viele Musiker werden high bei ihrem Erfolg in jungen Jahren und bleiben high bis es zu spät ist, nüchtern zu werden. Ich kenne Musiker, die vor kurzem noch

zwanzig Freundinnen hatten, aber heute ihre Miete nicht mehr zahlen
können und in zerfetzten Klamotten rumlaufen. Von den Alten zu lernen, heißt eben auch, sich verdammt nochmal ums Business zu kümmern. Man muß heute nicht erst Alkoholiker oder Junkie werden, nicht
erst fünfmal geschieden sein oder irgendwen mit dem Rest seines Gel-
des abhauen sehen, um zu wissen, daß man das Business ernst nehmen sollte. Das ist wahrlich keine große Message.«[104]

Das Business ernst nehmen – keine große Botschaft, jedoch auch nicht
selbstverständlich für einen Berufsstand, den man jahrzehntelang mit
dem Bild des romantischen Außenseiters assoziierte, der ganz und gar
in seiner Musik aufging, von der Hand in den Mund lebte und sich
den existentiellen Herausforderungen des Alltags nur selten gewachsen
sah.

   Das personelle und musikalische Gravitationszentrum von M-Base
bildete Colemans Gruppe Five Elements mit Cassandra Wilson (Gesang), Gerri Allen (Piano), Graham Haynes (Trompete), Robin Eubanks
(Posaune), Kelvyn Bell (Gitarre), Kevin Bruce Harris (Baß) sowie Mark
Johnson und Marvin Smitty Smith (Schlagzeug). Hinzu kamen – gewissermaßen von außen – u.a. die Trompeter Ralph Alessi und Mark Led-
ford, die Saxophonisten Greg Osby und Ravi Coltrane, die Gitarristen
David Gilmore und Kevin Eubanks, die Pianistin Michele Rosewoman
und die Pianisten Andy Milne und James Weidman, die Bassisten Lon-
nie Plaxico und Reggie Washington und die Schlagzeugerin Terri Lyne
Carrington. Zu Zeiten maximaler Aktivität mag der M-Base-Clan insgesamt aus etwa 25 Personen bestanden haben, mit einem für das Jazzmilieu
relativ hohen Anteil an Frauen. Welches war der gemeinsame Nenner, der
all diese Individualisten miteinander verband?

   Zunächst einmal war M-Base eine rein afroamerikanische Angelegenheit, ein Sachverhalt, der angesichts der ethnisch fraktionierten New
Yorker Jazzszene kaum noch Erstaunen hervorrufen dürfte. M-Base war
schwarz und jung. Fast alle Beteiligten wurden zwischen 1955 und 1960
geboren, waren in der Anfangsphase der Initiative also rund 30 Jahre alt.
So ähnlich wie die *Young Lions*, mag man denken. Von diesen trennte die
M-Base allerdings nicht nur ihr Selbstverständnis, sondern vor allem ihre
musikalische Praxis, die alles andere als retrospektiv, sondern durchaus
gegenwartsbezogen war, nicht puristisch bewahrend auf den Bebop fixiert,

sondern aufgeschlossen auch gegenüber den zeitgenössischen Strömungen afroamerikanischer Popularmusik. Am deutlichsten nachvollziehbar wird dies am Beispiel der Musik Steve Colemans und seiner Gruppe *Five Elements*. Die stilistisch determinierenden Elemente dieser Musik bilden einerseits Colemans eigene Kompositionen, die absolut unverwechselbar sind, andererseits die individuellen musikalischen Charaktere seiner Mitspieler, die allesamt tief in der Jazztradition verwurzelt sind, diese jedoch zugleich transzendieren, indem sie die Ergebnisse der Free Jazz-Ära nicht ausblenden, sondern produktiv umzusetzen verstehen, und zu guter Letzt ein kreativer Umgang mit den Möglichkeiten des Sampling und der elektronischen Klangverarbeitung.

Im Vordergrund der Schreibweise Colemans steht weder die Melodik noch die Harmonik, sondern eindeutig der Rhythmus. Er ist die treibende Kraft dieser Musik und gleichzeitig ihr wichtigstes strukturbildendes Element. In Erscheinung tritt er vor allem in Form von zirkulären und hochgradig komplexen, polymetrischen Patterns, die sich jedoch ungeachtet ihrer internen Komplexität und Asymmetrie durchaus den tanzbaren Charakter von populären Funkyrhythmen bewahren. Überlagert wird diese rhythmische Grundschicht, die nicht zuletzt für den Erfolg der Gruppe die ausschlaggebende ist, durch ein vielfarbiges Spektrum divergierender Stil- und Ausdrucksmittel: Es gibt Anklänge an Rap, Hip Hop und Soul Music; Free Jazz-Improvisationen spielen eine wichtige Rolle, und eine ironisch gewendete Polystilistik, wenn beispielsweise Cassandra Wilson ausgerechnet einen Titel wie *To Perpetuate the Funk* (»Den Funk verewigen«) mit einer glänzenden Belcanto-Introduktion einleitet und auf diese Weise nicht nur der idiomatischen Beliebigkeit der Downtown-Ästhetik einen Seitenhieb verpaßt, sondern beiläufig auch noch auf beeindruckende Weise demonstriert, wie sie die »abendländische Technik« beherrscht.[105]

Insgesamt gesehen ist dies eine sehr intelligente und dabei demonstrativ schwarze Musik; eine Musik, die *hip* ist wie schon lange keine mehr zuvor und die mannigfache stilistische Erfahrungen verarbeitet, ohne ihre afroamerikanische Identität preiszugeben.

Die Einspielungen der Musiker aus dem Kreis von M-Base kamen in den Anfangsjahren – wie kaum anders zu erwarten – vor allem auf europäischen Labels heraus: Minor Music und vor allem die beiden Münchener Firmen Enja und JMT nahmen sich der M-Base-Musik an. Störte ihn das, wurde Coleman gefragt, daß er nach Europa gehen mußte, um seine Musik unter die Leute zu bringen?

>»Es stört mich nicht, ich kann damit umgehen. Ich habe es schließlich niemals anders kennengelernt. Es gibt auch in den Staaten ein paar kleine Firmen, die der Meinung sind, daß sie ähnlich funktionieren wie die in Europa. Aber das stimmt nicht. Die Typen in Europa haben einfach eine andere Form von Integrität. Die machen eine Platte im vollen Bewußtsein, daß sie dabei drauflegen werden, einfach weil die Platte gut ist. Das hängt alles damit zusammen, daß unsere Musik dort als eine Kunstform wahrgenommen wird. Wenn du in den Vereinigten Staaten spielst, besonders wenn du für Schwarze spielst, dann erfüllst du eine Funktion, du bist Teil eines Events. In Europa steht die Musik im Mittelpunkt. Du *selbst* bist der Event.«[106]

Die Blütezeit von M-Base lag in der ersten Hälfte der 90er Jahre. Die internationale (und besonders die französische) Jazzpresse berichtete ausführlich und durchweg positiv über ihre Aktivitäten. Die Mitwirkenden wechselten von kleinen zu großen Schallplattengesellschaften: Steve Coleman zu RCA Novus, einem Ableger von Bertelsmann BMG, Cassandra Wilson und Greg Osby zu Blue Note. Gleichzeitig trennten sich ihre Wege. Gerri Allen vervielfältigte ihre musikalischen Orientierungen in der Zusammenarbeit mit Musikern wie Ornette Coleman, Charlie Haden und Betty Carter. Cassandra Wilson näherte sich in ihren Blue Note-Produktionen dem Geschmack des »großen« Publikums an, ohne dabei vom hohen Standard ihrer Kunst abzurücken. Graham Haynes zog es nach Europa, wo er mit dem portugiesischen Gitarristen Bruno d'Almeida zusammenarbeitete und sich mit afrikanischer Musik auseinandersetzte. Greg Osby begann sich für Rap Poetry zu erwärmen und ging mit seiner *HipHop Street Jazz Band* auf Tour. Und Steve Coleman multiplizierte seine Aktivitäten nicht nur in der Arbeit mit seiner ebenfalls rappenden Gruppe *Metrix* und dem Perkussionsensemble *Mystic Rhythm Society,* sondern darüber hinaus im Management seiner Firma M-Base Concepts, seines eigenen Labels und seines Verlags und in seiner Lehrtätigkeit im Stanford Jazz Workshop Residency Project der kalifornischen Stanford Universität.

Das Kunstwort »M-Base« hat sich dabei unversehens zurückverwandelt von einem jazzsoziologisch relevanten Begriff, der sich auf eine bestimmte *community* im New Yorker Bezirk Brooklyn bezog, in ein individuelles Markenzeichen, das zu allererst mit seinem Erfinder assoziiert wird und erst in der historischen Betrachtungsweise zu soziologischer Bedeutung gelangt.

Die Neue Welle des Free Jazz – Mythos oder Realität?

Im Jahre 2001 erschien ein Buch unter dem Titel *New York Is Now* und dem Untertitel *The New Wave of Free Jazz*[107]. Sein Autor Phil Freeman war als Journalist bis dahin vor allem für Zeitschriften aktiv gewesen, die sich – wie der Titel einer von ihnen ankündigte: *Juggernaut. The Magazine of Extreme Music* – mit »extremer Musik« beschäftigten: Death Metal, Hardcore, Elektronik, Industrial Rock. Freeman hatte versucht, den jugendlichen Lesern dieser und ähnlich orientierter Zeitschriften nahezubringen, daß es eine weitere »extreme« Musik gäbe, die er mit Namen wie Albert Ayler, John Coltrane und Cecil Taylor assoziierte und die er vor dem Vergessenwerden zu bewahren versuchte. Ende der 90er Jahre machte Phil Freeman die für ihn überraschende Entdeckung, daß die Musik, für die er sich stark machte und die er in der Versenkung verschwunden glaubte, am Leben war, daß sie gespielt wurde und daß sie ihre Zuhörer weniger beim traditionellen und durchweg älteren Jazzpublikum fand, sondern vielmehr unter den jugendlichen Anhängern eben jener alternativen Rockmusik, für die er seine Artikel schrieb.

Aber was war das, diese von Freeman so genannte »neue Welle des Free Jazz«? Handelte es sich dabei um ein Revival, vergleichbar mit der Bebop-Renaissance der 70er Jahre oder dem Boom des Neokonservatismus der 80er? Immerhin war schließlich der Free Jazz als Quelle der Inspiration mittlerweile auch schon fast 30 Jahre alt und seine Wiederbelebung somit kaum weniger fragwürdig als die des Bebop oder Hardbop. Zwischen den auf den ersten Blick ähnlich erscheinenden Phänomenen gab es allerdings einige gewichtige Unterschiede.

Der von Freeman so überraschend entdeckte Free Jazz der späten 90er
Jahre war nicht eigentlich etwas neu und künstlich Inszeniertes, sondern
etwas, das am Rande oder im Hintergrund der New Yorker Mainstream-
Jazzszene ständig präsent gewesen war. Es existierte ein Kontinuum der
»freien« Spielweisen des Jazz, das im Free Jazz der 60er Jahre seinen
Anfang nahm, in der Loft Szene der 70er seine Fortsetzung fand, in den
80er Jahren in den Untergrund (und nach Europa) geriet und in den
90ern erneut sichtbar wurde. Diese »neue Welle« des Free Jazz der späten
90er Jahre stand also in einer Tradition, die niemals ganz abriß, die zwar
aus dem Brennpunkt des auf den Neokonservatismus und seine Folgen
konzentrierten Medieninteresses verschwand, die jedoch gleichsam sub-
kutan überlebte. Zu den wichtigsten Protagonisten dieser Traditionslinie
gehörten einige Musiker, die ihre ersten Spielerfahrungen im Rahmen der
Loft-Szene der 70er Jahre gemacht hatten und die auf eine längere Zusammenarbeit mit Cecil Taylor zurückblicken konnten: der Tenorsaxophonist David S. Ware, der Bassist William Parker und der Schlagzeuger
Marc Edwards. Zu ihnen gesellten sich ab Ende der 80er Jahre u.a. der
Trompeter Roy Campbell, der Saxophonist Daniel Carter, die Schlagzeuger Whit Dickey, Rashid Bakr, Guillermo Brown und Susie Ibarra und
der Pianist Matthew Shipp. Der Rückblick des letzteren auf seinen Einstieg in die New Yorker Jazzszene verdient Beachtung:

> »Das einzige, was hier passierte, war Wyntons Sache, dieses neokonser-
> vative Ding, und dann diese weißen Downtown-Avantgardisten, diese
> ganze Zorn- und Post-Zorn-Angelegenheit. Und einem schwarzen Mu-
> siker, der es darauf abgesehen hatte, sein Instrument in seinem eigenen
> Stil zu spielen, dem hörte man erst gar nicht zu. Was sie mitbekamen,
> war lediglich, daß man improvisierte; woraus sie dann schlossen, daß
> man der Cecil Taylor-Schule angehörte. Es kam ihnen überhaupt nicht
> in den Sinn, wirklich zuzuhören und damit festzustellen, daß man ganz
> andere Ideen verfolgte. Also schrieben sie dich einfach nieder. Ich kam
> also in eine politische Umgebung, in der für mich kein Platz vorhanden
> war. Die Howard Mandels und all diese Leute schrieben mich einfach
> nieder, lachten mich aus.«[108]

Die oben genannten Musiker und einige mehr formierten sich im Laufe
der Zeit zu einer Reihe von »festen« Gruppen mit vielfachen personellen

Überschneidungen und – wie üblich – einigen Fluktuationen. Daniel Carter trat mit seiner Gruppe *Test* längere Zeit in einem von der New Yorker U-Bahn-Gesellschaft MUNY geförderten Programm im *underground* (im wörtlichen Sinne!) auf: Die MUNY versorgte die Musiker mit Chips zum Betreten der Subway-Stationen und wies ihnen Plätze zum Spielen zu.[109] David Ware arbeitete in seinem Quartett mit Parker, Shipp und Ibarra; William Parker initiierte die Gruppe *Little Huey Creative Music Orchestra*, die – abhängig vom Anlaß – bis zu 22 Spieler einschließen konnte; Roy Campbell leitete das *Pyramid Trio* mit Parker und wechselnden Schlagzeugern und spielte im frei improvisierenden Quartett *Other Dimensions in Music* (ODIM) gemeinsam mit Carter, Parker und Bakr. Zu den oft und gern gesehenen Gästen des Zirkels gehörten die beiden Wuppertaler Free Jazz-Pioniere Peter Kowald und Peter Brötzmann.

Das Ganze nahm im Laufe der 90er Jahre den Charakter einer eigenständigen, stilistisch fokussierten und alternativen Szene an – alternativ sowohl zum multistilistischen Konzept der Noise-Produzenten und Spieltheoretiker im Unteren Manhattan als auch zu den HipHop-inspirierten Polymetrikern des Brooklyner Musikerclans M-Base. Die jazzmusikalischen Freigeister im Umkreis von David Ware und William Parker konnten kein geographisches Zentrum vorweisen und auch kein werbewirksames Etikett. Gelegentlich waren sie in der Knitting Factory zu Gast, häufiger im Tonic. Sie nahmen ihre Musik für wenig bekannte Independant Labels auf wie Aum Fidelity, No More oder Eremite. Sie funktionierten eher im Untergrund als im Rampenlicht der Medienöffentlichkeit. Sie machten sich dennoch unüberhörbar.

Zu den herausragenden Ereignissen im Kampf um Aufmerksamkeit und Überleben gehörten für den inneren Zirkel New Yorker Free Jazz-Musiker seit vielen Jahren ihre Festivals. Die ersten wurden bereits Mitte der 80er Jahre unter dem Titel »Sound Unity Festival« organisiert. Der deutsche Bassist Peter Kowald, seit längerer Zeit ein »externes« Mitglied der New Yorker Free-Szene, hatte seinen Freund, den aus Dresden stammenden Maler und Freizeitschlagzeuger A.R. Penck, dazu motivieren können, ein Festival zu finanzieren. Es fand Ende Mai 1984 im Cuando Community Center statt und präsentierte rund 100 mehr oder weniger bekannte Musiker, darunter die Schlagzeuger Rashied Ali, Jerome Cooper, Philipp Wilson, Beaver Harris, Andrew Cyrille und Milford Graves,

die Trompeter Don Cherry, Butch Morris, Leo Smith und Bill Dixon, die
Pianisten Fred van Hove, Irène Schweizer und die Saxophonisten Char-
les Gayle, Jimmy Lyons, Charles Tyler, Frank Lowe, Jemeel Moondoc,
Peter Brötzmann, Frank Wright und John Zorn[110]. (Die Brücke zur
Downtown-Szene hatte ebenfalls der umtriebige Peter Kowald gebaut.)
Das Festival wurde ein großer Erfolg.

Dennoch: Nachdem man zwei Jahre später ein zweites Sound Unity
Festival organisiert hatte, wurde es erneut still um die New Yorker Free
Szene. Patricia Nicholson, Tänzerin und Lebensgefährtin William Parkers und selbst eine der maßgeblichen Aktivistinnen dieser Szene, berichtet: »Anfang der 90er schien die Szene abzusterben. Die einzigen Male,
daß die Leute sich trafen und daß so etwas wie ein Gefühl von *community*
aufkam, war, wenn irgendwo eine Beerdigung stattfand. Es war also fast
wörtlich so, daß die Szene ausstarb. Es war wirklich deprimierend. Also
gründete ich das Improvisers' Collective. Und eine Menge Leute kamen
zusammen, die sich jahrelang nicht mehr gesehen hatten.«[111]

Das »Kollektiv der Improvisatoren« begann, regelmäßige Konzerte zu
veranstalten und Open Stage-Sessions zu organisieren. Ab 1994 gab es
erneut Festivals, ab 1996 unter dem Titel »Vision«, unter dem sie noch
heute stattfinden. Dieses erste 1996er Vision Festival, das in der Learning
Alliance, einer Art von Volkshochschule in der Lafayette Street stattfand,
war sogar, trotz größter Zurückhaltung der Medien, auch in ökonomischer Hinsicht ein immenser Erfolg. Inzwischen hat das Vision-Festival
beträchtlich expandiert, läuft über 13 Tage und ist in die Knitting Factory,
das Herz der Downtown-Szene, übergesiedelt – ein Schritt, der offenbar
nicht unproblematisch ist, wie Patricia Nicholson erklärt: »Zorn wurde
fast unser *poster boy*. Die Fotos von ihm waren am meisten gefragt im Zusammenhang mit dem Vision Festival. Das ist schon ärgerlich. Es ist un-
angemessen und ärgerlich.«[112]

Ein anderes Problem in der Zusammenarbeit zwischen der Downtown-Szene und den Free Jazz-Leuten besteht darin, daß die Zuhörer-
schaft offenbar nicht kompatibel ist, was immer dann deutlich wird, wenn
man dem einen Stammpublikum die jeweils andere Musik vorsetzt. Nicholson: »Diese *crossover*-Buchungen laufen nicht immer gut. Wir haben
uns auf Zorns Leute zubewegt. Aber das funktioniert nicht ... Zorns
Leute bringen uns nicht unbedingt ein volles Haus.«[113]

Free Jazz in New York am Ende des 20. Jahrhunderts – ein weiterer
Beleg nicht nur für den stilistischen Pluralismus und für die Fraktionie-
rung der Jazzszene, sondern auch dafür, wie sich vergleichsweise unpopu-
läre jazzmusikalische Erscheinungsformen am Leben halten dank der
Initiative und Energie einzelner, d.h. gegen die Gesetzmäßigkeiten des
Marktes und unabhängig von offizieller Anerkennung und Förderung.

Die neue Welle des Free Jazz? Phil Freeman schließt seine apologe-
tische Abhandlung über die Wiedergeburt des Free Jazz im New York der
90er Jahre mit einem optimistischen Ausblick: »Free Jazz gab es schon vor
meiner Zeit. Und es wird ihn auch weiterhin geben, nicht nur, nachdem
dieses Buch veröffentlicht sein wird, sondern – soweit ich das beurteilen
kann – auch in den kommenden Jahrzehnten. Momentan erfreut er sich
jedenfalls bester Gesundheit. Und sein Publikum wächst – langsam aber
sicher.«[114]

Das Ende des Jazz?

Spekulationen über die Zukunft des Jazz und seine verschiedenen stilistischen Erscheinungsformen erwiesen sich nur selten als stichhaltig. Anzunehmen ist, daß die Vorstellung der »Welle« als einer zyklischen Bewe-
gungsform des Auf und Ab, wie sie im Titel von Freemans Buch anklingt,
der Realität jazzhistorischer Entwicklung ebenso wenig standhält wie die
Idee eines linear voranschreitenden Prozesses. Jedoch nicht dies allein läßt
Freemans optimistische Prognose fragwürdig erscheinen. Schwerer dürfte
die Tatsache wiegen, daß sich auf der von Freeman geschilderten Szene
kaum jüngere Musiker bewegen. Denn anders als die durch die Young
Lions repräsentierte Neuauflage des Bebop ist diese neue Welle des New
Yorker Free Jazz keine Revivalbewegung, die sich auf einen nennenswerten Zustrom junger Musiker stützen kann, sondern – wie gesagt – Teil
eines Kontinuums, das in den freien Spielformen des Jazz der 60er Jahre
seinen Anfang nahm, in der Loft-Szene der 70er seine Fortsetzung fand,
in den 80er Jahren in den Untergrund (und nach Europa) geriet und in
den 90ern erneut sichtbar wurde; eines Kontinuums allerdings mit nahezu
konstantem Personal, das um die Jahrhundertwende im Durchschnitt um

die 50 Jahre alt war. Von diesen standhaften Verfechtern einer wenig po-
pulären Kunst zu erwarten, sie würden deren Existenz für die nächsten
Jahrzehnte garantieren, dürfte – trotz des von Freeman diagnostizierten
Anwachsens des Publikumsinteresses – ein wenig zu viel verlangt sein.

Die Tatsache, daß ich für dieses letzte Kapitel meines Buches eine so
schlichte und offenbar nichtssagende Überschrift wie »Das letzte Kapitel?« gewählt habe, könnte als Verlegenheit interpretiert werden oder als
Ausdruck der Ratlosigkeit eines Autors, dem zu guter Letzt nichts mehr
einfiel. Dem aufmerksamen Leser wird jedoch nicht entgangen sein, daß
diese so lapidar anmutende Überschrift mit einem Fragezeichen versehen
ist. Das Fragezeichen ist das wichtigste daran!

Das letzte Kapitel? War der Jazz eine Musik für ein Jahrhundert?
Eine Musik, die in Zukunft nur noch als Museumskunst gepflegt werden oder als musikpädagogisch betreuter Breitensport weiterleben wird?
Daß diese Musik, genannt Jazz, in ihrer gegenwärtigen Existenzkrise nicht
isoliert dasteht, ist unübersehbar. Symptome der Stagnation, Ratlosigkeit
und Desorientierung gibt es auf analoge Weise zur Zeit nicht nur in den
benachbarten Künsten, sondern ebenso in anderen und möglicherweise
lebenswichtigeren Bereichen des gesellschaftlichen Lebens. In dieser
Hinsicht erweist sich der Jazz einmal mehr als das, was er immer schon
war: als ein Spiegelbild gesellschaftlicher Zustände und Bewegungen,
als ein Gradmesser dessen, was der französische Kunsthistoriker Hippolyte
Taine (1828–1893) einstmals als die »moralische Temperatur« einer Zeit
bezeichnete.

Der Jazz als Reflex des Bestehenden. Doch wie steht es mit seiner anderen, historisch nicht weniger bedeutsamen Funktion, mit seiner Rolle
als der Ausdruck einer Utopie des von den Gesetzmäßigkeiten des Marktes und den Zwängen offiziell verordneter Verhaltensrituale sich befreienden Individuums?

Die Suggestivkraft runder Zahlen vereinfacht nicht nur das Denken,
sie setzt es manchmal auch erst in Gang. Mutmaßungen darüber, daß mit
der Wende zum 21. Jahrhundert oder zum 3. Jahrtausend unserer Zeit-
rechnung Wenden anderer Art – im gesellschaftlichen, politischen oder
künstlerischen Bereich – verbunden seien, finden sich um das Jahr 2000
herum in zahlreichen Abhandlungen unterschiedlichster Fachrichtungen
und Anspruchsniveaus. Auf den Jazz bezogen lautete die Frage zumeist,

ob mit der Jahrhundertwende – und d.h. zugleich: nach seiner nunmehr hundertjährigen Geschichte – deren letztes Kapitel abgeschlossen sei. Und wenn ja, warum? Und wenn nein, wie geht es denn nun weiter?

Wie ich in diesem letzten Kapitel meines Buches deutlich zu machen versucht habe, drängt sich die Frage nach dem Ende des Jazz jedoch keineswegs allein aufgrund der Suggestivkraft einer besonders runden Zahl auf, sondern liegt in der Sache selbst begründet – genauer gesagt: in einer Reihe von Indikatoren, die darauf hindeuten, daß in den letzten beiden Jahrzehnten des 20. Jahrhunderts einiges Grundsätzliches vonstatten gegangen ist, das, wenn schon nicht auf ein Ende des Jazz, so doch auf einen essentiellen Wandel seiner Existenzform hinausläuft.

Das zentrale Problem wurde bereits angesprochen: das Ende eines quasi linear voranschreitenden Entwicklungsprozesses, bei dem sich mit inner musikalischer Folgerichtigkeit ein Stilbereich aus dem vorangegangenen herauslöst und nach einer gewissen Zeit der Reife durch neuartige Gestaltungsmittel überlagert wird, die wiederum zur Entstehung eines weiteren Stilbereichs führen. Dieses in der Vorstellungswelt der »Moderne« begründete Bild eines quasi organisch sich fortsetzenden Entwicklungsprozesses stimmte niemals ganz, denn es gab sowohl Renaissancen und retrospektiv geprägte »Fortschritte« als auch parallel sich vollziehende Entwicklungen mehrerer Stilbereiche zugleich. Die Idee eines linearen Fortschreitens, die trotz alledem bis in die 70er Jahre hinein ihre begrenzte Gültigkeit bewahrte, mußte jedoch spätestens dann komplett zu den Akten gelegt werden, als seit den 80er Jahren und parallel zum Ausbleiben einer neuen und wegweisenden stilistischen Tendenz ein bislang einzigartiger stilistischer Pluralismus die Jazzszene zu prägen begann, bei gleichzeitiger Dominanz traditionsgeleiteter Ausdrucksformen Die Schwierigkeiten, denen man im Umgang mit dem Jazzbegriff seither ausgesetzt ist, resultieren einerseits aus dem Dualismus zwischen einer statischen, in sich abgeschlossenen Stilistik, deren historisch-ästhetisches Gravitationszentrum ein für allemal in der Mitte des 20. Jahrhunderts verankert zu sein scheint und die den Jazzbegriff auf mitunter militante Weise für sich in Anspruch nimmt, sowie andererseits aus einer extrem uneinheitlichen, jedoch insgesamt innovativen und daher dynamischen musikalischen Praxis, in der die traditionellen Ausdrucksmittel des Jazz mitunter zwar nur noch undeutlich erkennbar werden, in der jedoch die für die Ästhetik des Jazz ebenso maßgebliche Tradition der Risikobereitschaft, des Mutes zur Regelverletzung und die Utopie kreativer Selbstverwirklichung unvermindert die Richtung bestimmen.

Bei der Frage nach den Chancen dieser letztgenannten innovativen Branche des Jazz kommt man unweigerlich auf die ökonomischen Fundamente der Jazzszene zu sprechen und auf die Folgen einer wachsenden Kommerzialisierung nahezu jeder geistigen Hervorbringung. Avancierte Kunst mit geringem Marktwert ist in diesem Kontext nicht nur auf die Neugier, Risikobereitschaft und Sensibilität ihres Publikums angewiesen, sondern auch auf die Existenz von gesellschaftlichen Inseln, an deren Ufern geistige Produkte relativ frei von kommerziellen Zwängen produziert und verbreitet werden können. In den Industrienationen Westeuropas sind hierfür gewöhnlich Institutionen zuständig, denen per gesellschaftlicher Übereinkunft ein »kultureller Auftrag« erteilt wurde: die sogenannte »öffentliche Hand« in Gestalt von National-, Regional- und Kommunalregierungen; Institutionen der Vermittlung wie Runfunk- und Fernsehanstalten sowie der Bildung von Volkshochschulen und Akademien. In den USA, wo eine Verpflichtung entsprechender Institutionen zu kulturellen Aufgaben in nennenswertem Maße nicht besteht, werden analoge Funktionen zu einem kleinen Teil noch durch die Universitäten und einige wenige Stiftungen wahrgenommen. Den Rest aber regelt der Markt. Daß unter diesen Bedingungen die Entfaltungsmöglichkeiten kommerziell schwer verwertbarer Musik minimal sind, liegt auf der Hand.

Auf die Bedeutung Europas und Japans für das Überleben der dynamischen Tendenzen des Jazz wurde bereits mehrfach hingewiesen. Europäische und japanische Tonträgerproduktionen, Festivals und Konzerttourneen, vor allem aber auch der jeweilige Schallplattenmarkt sind für die Existenz des amerikanischen Jazz mittlerweile zu so unverzichtbaren Voraussetzungen geworden, daß ohne sie das allerletzte Kapitel einer Sozialgeschichte des Jazz in den USA längst zu schreiben gewesen wäre – ganz abgesehen davon, daß die wichtigen kreativen Impulse des Jazz ohnehin seit geraumer Zeit von Europa ausgehen. Die überwiegend patriotisch gestimmte amerikanische Jazzpublizistik ignoriert diese Erkenntnis, so gut sie kann; mitunter – wie im Fall des streitbaren, jedoch nicht immer sehr treffsicheren Historikers James Lincoln Collier – geht sie auch vehement dagegen an. Die Musiker selbst aber wissen es besser.

Identifiziert man die Geschichte einer Kunst vorrangig mit ihrer internen Entwicklung, dann ist offenbar die Geschichte des amerikanischen Jazz bereits in den 70er Jahren weitgehend zum Stillstand gekommen. Jedoch befassen wir uns in diesem Buch nicht mit der Stilgeschichte des Jazz in den USA, sondern mit seiner Sozialgeschichte. Und die dauert ganz offensichtlich auch über das Ende seiner stilistischen Progression hinaus an.

In Erwägung zu ziehen hat man allerdings, daß der Begriff »Jazz« zur Bezeichnung von dynamisch sich weiterentwickelnden musikalischen Ausdrucksformen schon bald nichts mehr taugen wird. Denn in dem Maße, in dem er durch eine auf die »Tradition« fixierte musikalische Museumskunst mit Beschlag belegt wird, könnte er für innovative Entwicklungen zum falschen Etikett werden und zum lästigen Joch – wenn er es nicht längst schon ist.

Anmerkungen

1 Einleitung

1 MARX, Karl: Zur Kritik der politischen Ökonomie. Erstes Heft. Volksausgabe, Berlin ³1958
2 LUKÁCS, Georg: Einführung in die ästhetischen Schriften von Marx und Engels, in ders.: Probleme der Ästhetik, Werke Band 10, Neuwied 1969, 205–231
3 Ebda.
4 KNEPLER, Georg: Musikgeschichte und Geschichte, in: Beiträge zur Musikwissenschaft 5 (1963), 291–298
5 DAHLHAUS, Carl: Grundlagen der Musikgeschichte, Köln (Gerig) 1977, 187
6 KNEIF, Tibor: Der Gegenstand musiksoziologischer Erkenntnis, in: Archiv für Musikwissenschaft 23 (1966), 213–236
7 WEBER, Max: Methodologische Schriften. Studienausgabe, Frankfurt 1968, 68; vgl. dazu auch DAHLHAUS, Carl: Soziale Gehalte und Funktionen von Musik, in: Funkkolleg Musik, Studienbegleitbrief 9, Tübingen 1978, 37–68
8 WEBER, a.a.O., 43; kursiv im Original
9 DAHLHAUS, Grundlagen, a.a.O., 200

1 New Orleans

1 DAUER, Alfons M.: Jazz – Die magische Musik, Bremen (Schünemann) 1961; ders.: Improvisation. Zur Technik der spontanen Gestaltung im Jazz, in: Jazzforschung 1, Wien 1970, 113–132
2 FOSTER, George G.: New York by gas light (1850), zit. nach SOUTHERN, Eileen (Ed.): Readings in Black American music, New York (Norton) 1971, 129
3 KUHNKE, Klaus, Manfred MILLER und Peter SCHULZE: Geschichte der Pop-Musik, Band 1, Lilienthal/Bremen (Eres Verlag) 1976, 179
4 FEATHER, Leonard: The book of jazz, New York (Horizon Press) 1957
5 FOSTER, Pops: The autobiography of a New Orleans jazzman as told to Tom Stoddard, Berkeley (Univ. of California Press) 1971, 77
6 Zit. nach POLILLO, Arrigo: Jazz – Geschichte und Persönlichkeiten der afroamerikanischen Musik, München (Herbig) 1978, 62
7 HENTOFF, Nat: Jazz in the twenties. Garvin Bushell (Interview), in Martin WILLIAMS (Ed.): Jazz Panorama, London (Crowell-Collier) 1965, 71–90

8 Zit. nach POLILLO, a.a.O., 61
9 COLLIER, James Lincoln: The making of jazz. A comprehensive history, London (McGibbon) 1978; vgl. dazu auch: SCHULLER, Gunther: Early Jazz. Its roots and musical development, New York (Oxford Univ. Press) 1968, 283 f.
10 OSTRANSKY, Leroy: Jazz city. The impact of our cities on the development of jazz, Englewood Cliffs (Prentice-Hall) 1978, 5
11 Ebda
12 STERKX, H.E.: The free Negro in ante-bellum Louisiana, Rutherford (Faileigh Dickinson Univ. Press) 1972, 33
13 DAUER, Jazz – Die magische Musik, a.a.O., 55
14 ROBIN, Charles C.: Voyages dans l'intérieur de la Louisiane, zit. nach: Leonard v. HUBER: New Orleans – A pictorial history, New York (Crown) 1971, 6
15 DAUER, Jazz – Die magische Musik, a.a.O., 56
16 HUBER, a.a.O., 6
17 Ebda., 54
18 DAUER, Jazz – Die magische Musik, a.a.O., 56
19 OSTRANSKY, a.a.O., 26
20 Ebda., 54
21 STERKX, a.a.O., 222
22 DAUER, Jazz – Magische Musik, a.a.O., 57
23 STERKX, a.a.O., 247
24 Ebda., 8
25 Ebda., 237
26 Ebda., 47
27 FOSTER, Pops, a.a.O., 65
28 STERKX, a.a.O., 273 f.
29 GEISS, Imanuel: Die Afro-Amerikaner, Frankfurt (Europäische Verlagsanstalt) 1969, 55 ff.
30 SOUTHERN, Eileen: The music of Black Americans. A history, New York (Norton) 1971, 134
31 KMEN, Henry A.: Music in New Orleans. The formative years 1791–1841, Baton Rouge (Louisiana State Univ. Press) 1966, 58
32 Ebda., 213 ff.
33 Ebda., 10
34 SOUTHERN, a.a.O., 139
35 Ebda., 138
36 RAMSEY, Frederick und Charles E. SMITH: Jazzmen, New York 1939
37 KMEN, Henry A.: The roots of jazz and the dance in Place Congo. A reappraisal, in: Yearbook for the Inter-American Musica Research 8 (1972), 5–16
38 RAMSEY/SMITH, a.a.O
39 KMEN, a.a.O., 5
40 STERKX, a.a.O., 283
41 Vgl. hierzu die statistischen Angaben für das Jahr 1850 bei STERKX, a.a.O., 223

42 Vgl. hierzu insbesondere DAUER, Alfons M.: Der Jazz. Seine Ursprünge und seine Entwicklung, Kassel (Röth) 1958

43 FRAZIER, E. Franklin: Black Bourgeoisie. The rise of a new middle class in the United States, New York (MacMillan) 1968, 100

44 HARRIS, Neil: The artist in American society. The formative years 1790–1860, New York (Braziller) 1966

45 LOMAX, Alan: Mister Jelly Roll, London (Pan Books) 1959, 85 ff.

46 Zit. nach CHILTON, John: Jazz, London (Holder & Stoughton) 1979, 19

47 STEARNS, Marshall: The story of jazz, New York (Oxford Univ. Press) 1956, 53

48 Zit. nach CHILTON, a.a.O., 18 f.

49 FOSTER, Pops, a.a.O., 43

50 SCHAFER, William J.: Brass bands and New Orleans jazz, Baton Rouge (Louisiana State University Press) 1977

51 Ebda., 33

52 Ebda., 15

53 Die bislang umfassendste Abhandlung über Storyville stammt von ROSE, Al: Storyville – New Orleans, Alabama (University of Alabama Press) 1974

54 Vgl. hierzu LEONARD, Neil: Jazz and the white Americans. The acceptance of a new art form, London (Jazz Book Club) 1964; 1. Aufl. Chicago 1962. Besonders aufschlußreich ist in diesem Zusammenhang Kapitel 2: Traditionalist opposition, 29–46

55 So beispielsweise bei ULANOV, Barry: Jazz in Amerika, Berlin (Max Hesse Verlag) 1958

56 SHAPIRO, Nat und Nat HENTOFF: Jazz erzählt. Von New Orleans bis West Coast, München (dtv) 1962, 16

57 Zit. nach CHILTON, a.a.O., 21

58 ROSE, a.a.O., 124

59 KUCZYNSKI, Jürgen: Die Geschichte der Lage der Arbeiter unter dem Kapitalismus, Band 30 (= Darstellung der Lage der Arbeiter in den Vereinigten Staaten von Amerika seit 1898), Berlin (Akademie-Verlag) 1966, 46

60 FOSTER, Pops, a.a.O., 30

61 Ebda., 49 f.

62 SCHAFER, a.a.O., 24

2 Chicago

1 ROSE, Al: Storyville – New Orleans, Alabama 1974, 169

2 OAKLEY, Giles: The devil's music. A history of the Blues, London (BBC) 1976, 83

3 Alle Angaben nach DRAKE, St. Clair und CAYTON, Horace R.: Black Metropolis. A study of Negro life in a northern city, New York (Harper & Row) ²1962

4 OAKLEY, a.a.O., 82

5   OSTRANSKY, Leroy: Jazz City. The impact of our cities on the development of
    jazz, Englewood Cliffs 1978, 89

6   CHILTON, John: Jazz, London 1979, 29

7   Für zwei Regionen liegen sehr lesenswerte Analysen dieses Prozesses vor:
    RUSSELL, Ross: Jazz style in Kansas City and the Southwest, Berkeley (Univer-
    sity of California Press) 1971; und SCHIEDT, Duncan: The jazz state of Indiana,
    Pittsboro 1977

8   HENTOFF, Nat: Jazz in the twenties; vgl. Anm. 7, Kap. 1

9   HENNESSEY, Thomas J.: The black Chicago establishment 1919–1930, in: Jour-
    nal of Jazz Studies 2/1 (1974), 15–45

10 Alle Zitate stammen aus HENNESSEY, a.a.O.

11 Vgl. hierzu DRAKE/CAYTON, a.a.O., 524 f. sowie ROSE, Arnold: The Negro in
    America. A condensed version of Gunnar Myrdal's ›An American Dilemma‹,
    New York (Harper & Row) 1964, 230

12 Vgl. hierzu LEITER, Robert D.: The musicians and Petrillo, New York (Book-
    man) 1953

13 HENNESSEY, a.a.O., 21

14 LAX, John: Chicago's Black jazzmusicians in the twenties. Portrait of an era, in:
    Journal of Jazz Studies 1/2 (1974), 107–127

15 Vgl. hierzu auch MCCARTHY, Albert: Big Band Jazz. The definitive history of
    the origins, progress, influence, and decline of big jazz bands, New York (Berkley
    Publ.)1974

16 JONES, Max und John CHILTON: Louis. The Louis Armstrong story 1900–1971,
    London (Studio Vista) 1971, 212

17 HADLOCK, Richard: Jazz masters of the twenties, New York (Collier books)
    1965, 109

18 SHAW, Artie: The trouble with Cinderella, zit. nach HADLOCK, a.a.O., 123

19 MEZZROW, Mezz: Really the Blues, zit. nach Vladimir SIMOSKOKO: Frank
    Teschemacher. A reappraisal, in: Journal of Jazz Studies 3/1 (1975), 28–53. In
    der deutschen Übersetzung von Ursula von Wiese (Zürich 1956) wurde das
    Marihuana übrigens geflissentlich unterschlagen. Oder konnte man ›gauge‹ nicht
    entziffern?

20 Ebda., 35

21 MEZZROW, Milton Mezz: Jazz-Fieber, Zürich (Arche) 1956, 112

22 Zit. nach LEONARD, Neil: Jazz and the white Americans, London 1964, 59

23 Ebda., 60

24 BECKER, Howard S.: The professional dance musician and his audience, in:
    Amer. Journal of Sociology 57 (1951), 136–144

25 HADLOCK, a.a.O., 111

26 CHILTON, a.a.O., 36

3 New York, New York

1 ERENBERG, Lewis Allan: Urban night life and the decline of Victorianism. New York city's restaurants and cabarets 1890–1918, Ph. D. (History) University of Michigan, 1974, 139–140

2 HUGGINS, Nathan Irving: Einleitung zu ›Harlem on my mind‹ (Hrsg. A. Schoener), New York (Delta) 1979

3 OSTRANSKY, Leroy: Jazz city, Englewood Cliffs 1978, 189

4 Zit. nach OSTRANSKY, a.a.O., 189

5 CRUSE, Harold: The crisis of the Negro intellectual, New York (Morrow) 1967, 50

6 CUNEY-HARE, Maud: Negro musicians and their music, Washington D.C. (Associated Publishers) 1936; Reprint (Da Capo Press) New York 1974, 354

7 Ebda., 356

8 CRUSE, a.a.O., 83 ff.

9 CUNEY-HARE, a.a.O., 145

10 Ebda., 321 f.

11 OSTRANSKY, a.a.O., 179

12 WALTON, Ortiz M.: Music – Black, white and blue, New York (Morrow) 1972, 76

13 SCHULLER, Gunther: Early Jazz, New York 1968, 343

14 STEARNS, Marshall: The story of jazz, New York 1956, 133

15 Vgl. OSTRANSKY, a.a.O., 218

16 DOLAN, Frank: Socialities mix in Harlem club, in: Daily News 1.11.1929, zit. nach SCHOENER, Allon: Harlem on my mind. Cultural capital of Black America 1900–1978, New York (Delta) 1979, 83

17 Angaben nach KUCZYNSKI 1966, 163 f. (vgl. Anm. 59, Kap. 1)

18 SHAW, Arnold: 52nd street. The street of jazz, New York (Da Capo) 1977, 111

19 SUDHALTER, Richard M. und Philip R. EVANS: Bix. Man and legend. New York (Schirmer) 1974

20 Zit. nach CHILTON, John: Jazz, London 1979, 53

21 Vgl. hierzu LEONARD, Neil: Jazz and the white Americans, London 1964

22 Zit. nach LEONARD, a.a.O., 77 f

23 ROUT, Leslie B.: Economics and race in jazz, in: BROWNE, Ray B. et al. (Eds.): Frontiers of American culture, Purdue University Studies 1968, 154–171

24 SUDHALTER/EVANS, a.a.O., 252

25 Zit. nach LEONARD, a.a.O., 79

26 Ebda., 79 f.

27 Zit. nach ROUT, Leslie B.: Economics and race in jazz, a.a.O., 155

28 LEONARD, a.a.O., 84

29 SUDHALTER/EVANS, a.a.O., 371

30 KUCZYNSKI 1966, 163 f. (vgl. Anm. 59, Kap. 1)

31 GOODMAN, Paul und Frank Otto GATELL: USA. An American record, Vol. 2, Hinsdale (Dryden Press) 1972, 462 ff.

32 Ebda., 463
33 DRAKE/CAYTON: Black metropolis, 217 (vgl. Anm. 3, Kap. 2)
34 Ebda., 513
35 New York Post, 27.3.1935, zit. nach SCHOENER, Allon: Harlem on my mind, New York 1979, 135
36 HUGGINS, Nathan Irving, in SCHOENER, a.a.O.
37 Vgl. hierzu FAULKNER, Harold U.: Geschichte der amerikanischen Wirtschaft, Düsseldorf (Econ)1957, 657–675; sowie, aus einer grundsätzlich anderen Perspektive, KUCZYNSKI, 117 ff. (Anm. 59, Kap. 1)
38 Alle Angaben nach KUHNKE/MILLER/SCHULZE, 295 (siehe Anm. 3, Kap. 1)
39 Ebda., 295
40 LEONARD, a.a.O., 95
41 CHILTON, a.a.O., 73
42 Näheres zu diesen heute weitgehend in Vergessenheit geratenen Orchestern bei SIMON, George T.: The big bands, New York (Collier Books) 1974
43 GRAY, George W.: Signing off on the first ten years, in: World's Work, Dezember 1930, 46; zit. nach MOWRY, George E.: The twenties. Fords, flappers and fanatics, Englewood Cliffs (Prentice Hall) 1963, 63
44 Zit. nach LEONARD, a.a.O., 92
45 KUHNKE/MILLER/SCHULZE, 346 f. (siehe Anm. 3, Kap. 1)
46 CHARTERS, Samuel und Leonard KUNSTADT: Jazz. A history of the New York scene, New York (Doubleday) 1963, 262; zit. nach JONES, LeRoi: Blues people, New York (Morrow) 1963, 164
47 Musical Courier XCIX, 14.12.1929; zit. nach KUHNKE/MILLER/SCHULZE, 298 (Anm. 3, Kap. 1)
48 GOODMAN, Benny: The kingdom of swing, New York 1961; zit. nach KUHNKE/MILLER/SCHULZE, a.a.O., 347
49 SHAW, a.a.O., 62
50 Ebda., 60
51 Vgl. hierzu MILLER, Manfred: Die zweite Akkulturation. Ein musiksoziologischer Versuch zur Entstehung des Swing, in: Jazzforschung 1, Wien (Universal Edition) 1969, 148–159
52 DRAKE/CAYTON, 190 (siehe Anm. 3, Kap. 2)
53 Zit. nach DRIGGS, Frank: Andy Kirk's story, in: WILLIAMS, Martin (Ed.): Jazz Panorama, London (Crowell-Collier) 1965, 119–131
54 KUHNKE/MILLER/SCHULZE, 346 ff. (Anm. 3, Kap. 1)
55 GOODMAN, Benny: The kingdom of swing, New York 1946, 241; zit. nach LEONARD, a.a.O., 125
56 MILLER, a.a.O.
57 Zit. nach LEONARD, a.a.O., 151
58 Ebda., 152
59 ROUT, a.a.O., 157
60 Ebda

61 Zit. nach SHAW, a.a.O., 130
62 ROUT, a.a.O., 157
63 Vgl. hierzu RUSSELL, a.a.O.
64 LEONARD, a.a.O., 127
65 DRIGGS, Frank: Don Redman. Jazz composer-arranger, in: WILLIAMS, Martin (Ed.): Jazz Panorama, London 1965, 90–104
66 WELLS, Dicky: The night people. Reminiscences of a jazzman, as told to Stanley Dance, London (Robert Hale) 1971, 57
67 Ebda., 60
68 Ebda., 35 f.
69 Ebda., 19
70 Vgl. u. a. SHAPIRO, Nat und Nat HENTOFF: Jazz erzählt, München 1962

4 Bebop

1 SHAPIRO, Nat und Nat HENTOFF: Jazz erzählt, München 1962, 213 f.
2 ROUT, Leslie B.: Economics and race in jazz, 158 (siehe Anm. 23, Kap. 3)
3 MARX, Karl: Der Achtzehnte Brumaire des Louis Napoléon, in: Marx – Engels, Ausgewählte Schriften 1953, I., 226
4 Zit. nach HENTOFF, Nat: The jazz life, New York (Dial Press)1961, 195
5 SHAPIRO/HENTOFF, a.a.O., 206
6 RUSSELL, Ross: Bird lives! The high life and hard times of Charlie ›Yardbird‹ Parker, London (Quartet Books) 1973, 152
7 KUHNKE/MILLER/SCHULZE: Geschichte der Pop-Musik, 404 (siehe Anm. 3, Kap. 1)
8 KUCZYNSKI, 321 (siehe Anm. 59, Kap. 1)
9 Ebda., 178
10 KUHNKE/MILLER/SCHULZE, a.a.O., 405
11 KUCZYNSKI, a.a.O., 247
12 Zit. nach SCHOENER, Allon: Harlem on my mind, New York 1979, 178
13 ROSE, Arnold: The Negro in America, New York 1964, 137 f.
14 DRAKE/CAYTON: Black metropolis, 94 (siehe Anm. 3, Kap. 2)
15 Ebda., 754
16 Ebda., 744
17 Ebda., 94
18 GEISS, Imanuel: Die Afro-Amerikaner, Frankfurt 1969, 81
19 SHAW, Arnold: 52nd street. The street of jazz, New York (Da Capo Press) 1977, 259
20 Vgl. u.a. KOFSKY, Frank: Black nationalism and the revolution in music, New York (Pathfinder Press) 1970
21 NEWTON, Francis: The jazz scene, London (Jazz Book Club) 1960, 77
22 KOFSKY, a.a.O., 56
23 KUHNKE/MILLER/SCHULZE, a.a.O., 408

24 Zit. nach LEVIN, Robert: The emergence of Jimmy Lyons, in: SINCLAIR, John und Robert LEVIN: Music and politics, New York–Cleveland (World Publishing) 1971, 90
25 Vgl. hierzu KUHNKE/MILLER/SCHULZE, a.a.O., 358 f.
26 LEITER, Robert D.: The musicians and Petrillo, New York 1953, 132–141
27 Ebda., 135
28 KUHNKE/MILLER/SCHULZE, a.a.O., 347
29 Nach KUHNKE/MILLER/SCHULZE, a.a.O., 393
30 LEITER, a.a.O., 137
31 KUHNKE/MILLER/SCHULZE, a.a.O., 394
32 Zu den konkreten Ergebnissen des AFM-Streiks siehe: LEITER, a.a.O., 140 f.
33 Vgl. hierzu JONES, LeRoi: Jazz and the white critic, in: JONES, L. R.: Black music, London 1969, 11–20
34 Ebda., 19
35 PANASSIE, Hugues: Die Geschichte des echten Jazz, Gütersloh (Signum) o. J., 138 f.
36 Ebda., 141
37 Vgl. hierzu HAUSER, Arnold: Soziologie der Kunst, München (Beck) 1974, 419f.
38 GOLDMAN, Eric F.: The crucial decade and after. America 1945–1960, New York (Vintage Books) 1960, 5
39 Ebda., 6
40 Ebda., 25
41 Ebda., 55
42 Ebda., 56
43 SIMON, George T.: The big bands, New York (Collier) 1974, 31
44 Ebda., 32
45 GILLESPIE, Dizzy und Al FRAZER: Dizzy. The autobiography of Dizzy Gillespie, London (Allen) 1980, 158
46 HADLOCK, Dick: The state of Dixieland, in: Jazz Review 2/9 (1959), 6–14
47 HAUSER, a.a.O., 67
48 JONES, LeRoi: Blues people, New York 1963, 199
49 Zit. nach ROSENBLUM, Bob: Chet Baker, in: Coda 157 (September 1977) 6–7
50 Zit. nach JONES, a.a.O., 189
51 ASRIEL, André: Jazz. Analysen und Aspekte, Berlin (Lied der Zeit) 1966, 169 (kursiv von mir)
52 SHAW, a.a.O., 298
53 JONES, a.a.O., 190
54 Vgl. beispielsweise die Fotos in REISNER, Robert G.: Bird. The legend of Charlie Parker, New York (Crown) 1962 und in KEEPNEWS, Orrin und Bill GRAUER, Jr.: A pictorial history of jazz, New York 1955
55 RUSSELL, Bird lives!, a.a.O., 185
56 Vgl. dazu ABRAHAMS, Roger D.: Rapping and capping. Black talk as art, in SZWED, John (Ed.): Black Amerika, New York (Basic Books) 1970, 132–142;

FINESTONE, Harold: Cats, kicks and color, in STEIN, M. et al. (Eds.): Identity and anxiety, New York (Free Press) 1960, 435–448

57 Zit. nach HINDS, Lennox S.: The relevance of the past to the present. A political interpretation, in GOLDSTEIN, Rhoda L. (Ed.): Black life and culture in the United States, New York (Crowell) 1971, 360–380

58 CLARK, Kenneth B.: Schwarzes Getto, Düsseldorf/Wien (Econ) 1967, 278

59 JONES, a.a.O., 188

60 ELLINGTON, Duke: Autobiographie, München 1974, 58

61 Zit. nach LEONARD, 131 (siehe Anm. 21, Kap. 3)

62 Eine beeindruckende Kollektion von drogenbezogenen Jazzstücken findet sich auf der LP ›Reefer Songs‹, erschienen auf Stash-Records ST-100

63 WINNICK, Charles: The use of drugs by jazz musicians, in: Social Problems VII/3 (Winter 1959–60), 240–253

64 Im folgenden halte ich mich an FINESTONE, a.a.O.; CLARK, a.a.O.; KRAMER, Gary: Skyhook. Narcotics and jazz, in: CERULLI, Dom et al. (Eds.): The jazz word, London (Jazz Book Club) 1963, 113–136

65 WINNICK, Charles und Marie NYSWANDER: Psychotherapy of successful musicians who are drug addicts, zit. nach HENTOFF, Nat: The jazz life, New York 1961, 90

66 SHAW, a.a.O., 277

67 Zit. nach WILMER, Valerie: Jazz people, London (Allison & Busby) 1970, 133

68 RODNEY, Red (Interview), in: Jazz Magazine 228 (Dez. 1974), 40–41

69 RUSSELL, Bird lives!, a.a.O., 140 f.

70 Zit. nach HENTOFF, a.a.O., 88 f.

71 Zit. nach WINNICK, a.a.O., 246

72 Zit. nach HENTOFF, a.a.O., 84

73 Ebda., 84 f.

74 The right to work, in: Down Beat, 25. Juni 1959

75 The cabaret cards. Have they killed a man?, in: Down Beat 22.12.1960, 13

76 KRAMER, a.a.O., 133 f.

77 EAGER, Allen (Interview mit Bob Rush), in: Cadence 4/10 (Oktober 1978), 8–13, 19–20

78 New York City repeals infamous cabaret card, in: Down Beat 2.11.1967, 13

79 Vgl. dazu KUHNKE/MILLER/SCHULZE, a.a.O., 401

80 Vgl. hierzu SHAW, a.a.O.

81 SCHÖNFELDER, Karl-Heinz und Karl-Heinz WIRZBERGER: Literatur der USA im Überblick, Frankfurt (Röderberg) 1977

82 LIPTON, Lawrence: The holy barbarians, New York (Messner) 1959, 179 f.

83 REXROTH, Kenneth: Disengagement. The art of the beat generation, in G. FELDMAN und M. GARTENBERG (Eds.): The Beat Generation and the Angry Young Men, New York (Dell) 1959, 351 f.

84 MAILER, Norman: The White Negro, in: Dissent, Sommer 1957

85 KOFSKY, a.a.O., 32

86   KEROUAC, Jack: The subterraneans, New York (Grove) 1958, 106
87   LIPTON, a.a.O.
88   KEROUAC, a.a.O.
89   Vgl. dazu KUHNKE/MILLER/SCHULZE, a.a.O., 410
90   RUSSELL, Bird lives!, a.a.O., 270

5 Cool and Westcoast Jazz

1   MILLER, Manfred: Die zweite Akkulturation (siehe Anm. 51, Kap. 3)
2   WILLIAMS, Martin: Bebop and after. A report, in: HENTOFF, Nat und Albert
     J. MCCARTHY: Jazz, New York (Rinehart) 1959, 287–301
3   FISH, Scott Kevin: Bill Barber. Birth of the cool tuba, in: Jazz Magazine (New
     York) 3/4 (Herbst 1979), 48–50
4   Vgl. hierzu GITLER, Ira: Jazz masters of the forties, New York (Collier) 1966,
     226–261
5   MARSH, Warne (Interview mit Roland Baggenaes), in: Coda Magazine, Dezem-
     ber 1976, 2–5
6   Capitol Jazz Classics, Vol. 1 – 5C 052.80798
7   Covertext zu ›Birth of the Cool‹
8   Vgl. die Doppel-LP ›The Memorable Claude Thornhill‹, Columbia KG 32906/
     07
9   FISH, a.a.O., 49
10   GITLER, a.a.O., 236
11   Ebda., 243
12   Ebda., 235
13   EVANS, Gil (Interview mit Gérard Rouy), in: Jazz Magazine 224 (Juli 1974),
     42–43, 53
14   GITLER, a.a.O., 230
15   GOLDMAN, Eric F.: The crucial decade and after. America 1945–1960, New York
     (Vintage Books) 1960, 215
16   Ebda., 258
17   Ebda., 264 f.
18   FEATHER, Leonard: A fist at the world, in: Down Beat 11.3.1965, 15–18
19   GILLESPIE, Dizzy: Autobiography (siehe Anm. 45, Kap. 4), 250
20   CHILTON, John: Jazz, London 1979, 23
21   GLEASON, Ralph J.: The cool coast, in GLEASON, Ralph (Ed.): Jam Session. An
     anthology of jazz, London (Jazz Book Club) 1961, 187–193
22   BONN, Moritz Julius: Die Kultur der Vereinigten Staaten von Amerika, Berlin
     (Wegweiser-Verlag) 1930, 32
23   GROSSMAN, Loyd: A social history of rock music. From the Greasers to Glitter
     Rock, New York (McKay) 1976
24   Alle Angaben nach KUCZYNSKI, Jürgen: Lage der Arbeiter, 321 (siehe Anm. 59,
     Kap. 1)

25 CURNOW, Bob: Exploring the roots of the Kenton sound, in: Jazz Magazine (New York) 3/4 (Herbst 1979), 69–73

26 KEEPNEWS, Peter: Stan Kenton, in: Jazz Magazine (New York) 3/4 (Herbst 1979), 61–67

27 Ebda., 67

28 GILLESPIE, a.a.O., 338

29 SIDRAN, Ben: Black Talk, New York (Holt-Rinehart-Winston) 1971, 123

30 RÉDA, Jacques: 52–57: Une si jolie petite plage, in: Jazz Magazine 228 (Dezember 1974), 34–38, 68

31 GILLESPIE, a.a.O., 158

32 Zit. nach MCDONOUGH, John: John Hammond. Man for all seasons, in: Down Beat, 4.3.1971, 13–15, 32

33 EAGER, Allen (Interview mit Bob Rush) in: Cadence 4/10 (Oktober 1978), 8–13, 19–20

34 Zit. nach BIRNBAUM, Larry: Al Cohn arranges to make longevity count, in: Down Beat, April 1980, 27–29

35 Vgl. hierzu MEEKER, David: Jazz in the movies. A guide to jazz musicians 1917–1977, London (Talisman Books) 1977

36 TYNAN, John: TV-jazz. For good or ill?, in: Down Beat 11.6.1959, 16–18

37 Zit. nach TYNAN, a.a.O.,17

38 BROOKMEYER, Bob (Interview mit Gudrun ENDRESS), in: Jazz Podium 6/1980, 5–9

39 Zit. nach UNDERWOOD, Lee: Oscar Brasheer. Profile, in: Down Beat 18.12.1975, 42

40 Zit. nach SIDERS, Harvey: Studios. Bread, sweat & ulcers, in: Down Beat, 4.3.1971, 16–17, 33

41 FAULKNER, Robert R.: Hollywood studio musicians. Their work and careers in the recording industry, Chicago/New York (Aldine-Atherton) 1971

42 Ebda., 42

43 TYNAN, a.a.O.,17.

44 HENTOFF, Nat: The jazz life, New York 1961, 51

45 FAULKNER, a.a.O., 182

46 Ebda., 63

47 Ebda.,140

48 Ebda.

49 Ebda., 82

50 Ebda.

51 Ebda.

52 Ebda., 146 f.

53 Ebda., 146

54 ROGERS, Shorty (Interview), in: Down Beat, 5.2.1959, 14–15

55 Zit. nach POLILLO, Arrigo: Jazz. Geschichte und Persönlichkeiten der afroamerikanischen Musik, München 1978, 199 f.

56 KENTON, Stan (Interview), in: Down Beat 28.4.1960

57 Jack Montrose with Bob Gordon, Atlantic 1223

58 Zit. nach KELLY, Fran: Covertext zu ›Chico Hamilton: Spectacular‹, World Pacific 20143

59 Ebda.

60 BROWN, Clifford, in: Down Beat, 4.5.1955, zit. nach CHILTON, John: Jazz, London 1979, 119

61 BERENDT, Joachim E. (Hrsg.): Die Story des Jazz, Stuttgart (Deutsche Verlags-Anstalt) 1975

62 Zit. nach BERENDT, Joachim E.: Variationen über Jazz, München (Nymphen-burger) 1956, 135

63 KELLY, a.a.O.

6 Das Hardbop-Funk-Soul-Syndrom

1 ABRAHAMS, Roger D.: Rapping and capping (siehe Anm. 56, Kap. 4)

2 HANNERZ, Ulf: The notion of ghetto culture, in: SZWED, John (Hrsg.): Black America, New York (Basic Books) 1970, 99–109

3 Aufgenommen auf: DOUGLAS 3; im Vertrieb der Pip-Records, New York

4 KOFSKY, Frank: Black Nationalism and the revolution in music, New York 1970, 44

5 JONES, LeRoi: Blues People, New York 1963, 219

6 GEISS, Imanuel: Die Afro-Amerikaner, Frankfurt 1969, 82

7 In GRANT, Joanne (Hrsg.): Black Protest, New York 1968, zit. nach POLILLO, Arrigo: Jazz, München 1978, 216

8 GOODMAN/GATELL: USA, 597 (siehe Anm. 31, Kap. 3).

9 DRAKE/CAYTON: Black metropolis, XLIII (siehe Anm. 3, Kap. 2).

10 Ebda.

11 Projektgruppe Edition Voltaire: Stokeley Carmichael. Die Dritte Welt, unsere Welt, darin: Materialien zur Soziologie des Gettos, Voltaire Flugschrift 20, Berlin 1969, 33–51

12 Ebda., 34

13 Ebda., 35

14 TYNAN, John: Funkgroovesoulfunkgroove …, in: Down Beat 24.11.1960, 18–19

15 Dave Brubeck Quartet: Southern Scene, CBS 62069

16 Zit. nach HENTOFF, Nat: The jazz life, New York 1961, 69

17 Eine gründliche Darstellung der Geschichte der Bossa Nova gibt Claus SCHREINER: Musica Popular Brasileira, Darmstadt (Tropical Music) 1977, 141–163

18 Ebda., S. 166

7 Free Jazz

1   Zit. nach WILLIAMS, Martin: The jazz tradition, New York (Oxford University Press) 1970, 207

2   Zit. nach GOLDBERG, Joe: Jazz masters of the fifties, New York (MacMillan) 1965, 214

3   Zit. nach FOX, Charles: Covertext zu Albert AYLER: *Ghosts*, Fontana SF JL 925.

4   SHEPP, Archie: An artist speaks bluntly, in: Down Beat 16.12.1965, 11, 42

5   Bei den Ausführungen über die Geschichte der USA in den 60er Jahren stütze ich mich vor allem auf die folgende Literatur: BENNET, Leorne: Confrontation Black and White, Baltimore (Penguin) 1965; FRANKLIN, John Hope und Isidore STARR (Hrsg.): The Negro in 20th century America. A reader on the struggle for civil rights, New York (Vintage Books) 1967; GEISS, Imanuel: Die Afro-Amerikaner, Frankfurt (EVA) 1969; YOUNG, Richard P. (Hrsg.): Roots of rebellion. The evolution of Black politics since world war II, New York (Harper & Row), 19790; GOODMAN, Paul und Frank Otto GATELL: USA. An American record, Vol. 2, Hinsdale (Dryden) 1972; PICHASKE, David: A generation in motion. Popular music and culture in the sixties, New York (Schirmer) 1979

6   Zit. nach FRANKLIN/STARR, a.a.O., 143 ff.

7   Zit. nach BOSKIN, Joseph: The revolt of the urban ghettos, 1964–1967, in: YOUNG, a.a.O., 311

8   GEISS, a.a.O., 179

9   HOLLSTEIN, Walter: Der Untergrund, Neuwied (Luchterhand) 1970, 28

10 Zit. nach WILMER, Valerie: As serious as your life. The story of the new jazz, London (Allison & Busby) 1977, 23

11 HAUSER, Arnold: Soziologie der Kunst, München (Beck) 1974, 570

12 SMITH, Bill: Paul Bley, Interview, in: Coda 166 (1979), 2–8.

13 TAYLOR, Cecil: Interview, taken and transcribed by Bob Rush, in: Cadence, Vol. 4, No. 1 (April 1978), 3–6, 11

14 Zit. nach HENTOFF, Nat: The persistant challenge of Cecil Taylor, in: Down Beat, 25.2.1965, 17–18, 40.

15 SCHMIDT-JOOS, Siegfried: Fortschritt ins Abseits. Zur Situation des Free Jazz, in: Jazz Podium 6/1972, 188–190

16 PLEASANTS, Henry: Serious music and all that jazz. An adventure in music criticism, London (Gollancz) 1969, 154 ff.

17 HAUSER, a.a.O.

18 DEMICHAEL, Don: John Coltrane and Eric Dolphy answer the critics, in: Down Beat, 12.4.1964, 20–23

19 TYNAN, John: Free Jazz; Rezension der gleichnamigen LP von Ornette Coleman, in: Down Beat, Datum unbekannt

20 DEMICHAEL, Don: Rezension von Ornette Colemans *This Is Our Music*, in: Down Beat, 11.5.1961, 25

21 BERTON, Ralph: Besprechung eines Konzertes des *Jazz Composer's Orchestra*, in: Down Beat, 9.9.1965

22 GITLER, Ira: Rezension von Archie Shepps LP *Mama Too Tight*, in: Down Beat, 30.11.67, 30–31

23 HAUSER, a.a.O., 491

24 Ebda., 556

25 Zit. nach RICHMOND, Norman: Archie Shepp (Interview), in: Coda 171 (1978), 7–11

26 SHEPP, Archie: An artist speaks bluntly, in: Down Beat, 16.12.1965, 11,42

27 KOFSKY, Frank: Black nationalism and the revolution in music, New York 1970, 228

28 MORGENSTERN, Dan: Point of contact. A discussion (u.a. mit Cecil Taylor, Archie Shepp, Cannonball Adderley), in: Down Beat Yearbook 1966, 19–30, 110–111

29 Zit. nach DORR-DORYNECK, Diane: Mingus ..., in: D. CERULLI et al. (Eds.): The Jazz Word, London (Jazz Book Club) 1960, 15–18

30 Riverside Records RS-3010

31 Candid 8002

32 GITLER, Ira: Rezension der LP *Straight Ahead* von Abbey Lincoln, in: Down Beat Record Reviews, Vol. VI (o. J.), 229

33 Vgl. die LP *Intercommunal Music*, die der französische Pianist Francois Tusques u.a. mit Sunny Murray und Alan Shorter für SHANDAR einspielte

34 Charles Mingus: *Changes*, Atlantic 1975

35 BRECHT, Bertolt: Schriften zum Theater III, Frankfurt 1963, 304–305

36 EISLER, Hanns: Einiges über die Krise der kapitalistischen Musik und über den Aufbau der sozialistischen Musikkultur (1935), in: Sinn und Form. Sonderheft Hanns Eisler, Berlin 1964, 69–73

37 Auf *New York Is NOW*, Blue Note 84287

38 Auf *A Jackson in Your House*, Metronome 15370

39 GEISS, a.a.O., 159

40 *Olé Coltrane*, Atlantic 1373

41 HADEN, Charles: Covertext zu der LP *Liberation Music*, Impulse, AS 9183

42 Down Beat, 24.3.1966

43 Down Beat, 22.1.1970

44 MORGENSTERN, Dan, in: Down Beat, 19.3.1970

45 Vgl. JAZZ JOURNAL, Mai 1966–Januar 1967

46 Alle Angaben nach MOORE, Richard B.: Africa conscious Harlem, in: ROSE, Peter (Ed.): Americans from Africa, New York 1970, 385–403

47 FRAZIER, E. Franklin: Black bourgeoisie. The rise of a new middle class in the United States, New York 1957

48 Zit. nach BRANDES, Volkhard: Black Brother. Die Bedeutung Afrikas für den Freiheitskampf des schwarzen Amerika, Frankfurt (Melzer), 1971, 184

49 Ebda., 185

50 Ebda., 187

51 Ebda., 205

52 Ebda., 211

53 Ebda., 214

54 GOLDBERG, Joe: Jazz masters of the fifties, New York (MacMillan) 1965, 49

55 Blue Note 4087

56 Zit. nach BRANDES, a.a.O., 122

57 Ebda., 123

58 Ebda., 128

59 Vgl. hierzu JOST, Ekkehard: Free Jazz und die Musik der Dritten Welt, in: Jazzforschung 3/4, Wien 1973, 141–154

60 Impulse 9138

61 BYG Actual 36

62 Zit. nach KAISER, Rolf-Ulrich: Sun Ra. Scharlatan oder Weltverbesserer, in: Jazz Podium 6/1968, 182–184

63 ROSS, Lilian: You dig it, Sir? Newport jazz festival, in: GLEASON, Ralph J. (Ed.): Jam Session. An anthology of jazz, London (Jazz Book Club) 1961, 194–210

64 Zit. nach GOLDBLATT, Burt: Newport jazz festival. The illustrated history, New York (Dial Press) 1977, XVIII

65 Ebda., XXIV

66 Zit. nach HENTOFF, Nat: The jazz life, New York 1961, 107

67 Ebda., 111

68 Vgl. dazu PICHASKE, a.a.O.

69 GOLDBLATT, a.a.O., 86

70 Ebda., 73; sowie HENTOFF, Jazz life, a.a.O., 108

71 MORGENSTERN, Dan: The october revolution, in: Down Beat, 19.11.1964, 19,33

72 GRIFFITH, Pat: Cecil speaks, in: Melody Maker, 3.4.1971, 12

73 HENTOFF, The persistant challenge of Cecil Taylor, a.a.O., 18

74 Zit. nach LEVIN, Robert: The jazz composers' guild. An assertation of dignity, in: Down Beat, 6.5.1965, 17–18

75 Zit. nach GRIFFITH, Pat: Taylor raconte octobre et la suite, in: Jazz Magazine 188 (April 1971), 28–29; bei diesem Interview handelt es sich um eine etwas ausführlichere Version des in Anm. 72 zitierten

76 LEVIN, a.a.O.

77 Zit. nach NOAMES, Jean-Louis: Le système Taylor (Interview mit Cecil T.), in: Jazz Magazine 125 (Dez. 1965), 34–38

78 Zit. nach BACKUS, Rob: Fire Music. A political history of jazz, o. O. (Vanguard Books) 1976, 77

79 Zit. nach FIGI, J. B.: Covertext zu JARMAN, Joseph: *Song For*, Delmark 410

80 JARMAN, Joseph: Covertext zu Delmark 417

81 Zit. nach BACKUS, a.a.O., 77

82 WELLS, Dicky: The night people, London 1971, 11

83   Näheres zur Organisation und zur Musik der Chicagoer Jazz-Avantgarde siehe in JOST, Ekkehard: Free Jazz. Stilkritische Untersuchungen zum Jazz der 60er Jahre, Hofheim (Wolke) 2003

84   Zit. nach Expansion, Souvenir Issue '74–75, 2

85   Down Beat, 15.10.1970, 12

86   Auf: Atlantic SD-3007

87   Zit. nach Down Beat, 21.1.1971, 13

88   HENTOFF, Jazz life, a.a.O., 56

89   HENTOFF, Nat: Whose art form? Jazz at mid-century, in: HENTOFF, Nat und Albert, J. MCCARTHY: Jazz. New perspectives on the history of jazz, New York (Rinehart) 1959, 325–342

90   Ebda., 330

91   Ebda., 332

92   Zur Rolle der Musikerfrau innerhalb der Avantgarde-Szene vergleiche WILMER, Valerie: As serious as your life, London 1977, 189–203

93   Vgl. dazu JOST, Ekkehard: Loft Scene New York City, in: Jazz Podium 9/1977, 10–11

94   Persönliches Interview mit Berger im März 1976 in Woodstock

95   Eines der beeindruckendsten Zeugnisse dieser frühen Prä-Loftszene wurde 1977 in Form der LP *Apartment Sessions* von 1950 veröffentlicht, an denen – als Hauptfigur – Charlie Parker teilnahm.

96   Zit. nach SPELLMAN, A. B.: Four lives in the bebop business, London (McGibbon & Kee) 1967, 8

97   Zit. nach WELBURN, Ron: A conversation with Hamiet Bluiett, in: The Grackle 5, 1979, 11–13

98   Village Voice, 18.7.1977

99   Erschienen auf Douglas 7045–7049

8   Fusion Music and Bebop Revival

1   ZIMMERLE, Dieter: Der breite Vorstoß in den Free Jazz. 12. Deutsches Jazz-festival in Frankfurt, in: Jazz Podium 5/1970, 165–167

2   SCOUT Records 12–13–14

3   Persönliches Interview in New York am 15.3.1976

4   KEEPNEWS, Peter: Why big record companies let jazz down, in: Jazz Magazine (USA),Vol. 4, No. 1 (Winter 1979), 60–64

5   Im folgenden stütze ich mich weitgehend auf meinen Artikel »Zur Ökonomie und Ideologie der sogenannten Fusion Music«, in: Jazzforschung 9, 9–24

6   DENISOFF, R. Serge: The vinyl crap game. The pop record industry, in: Journal of jazz studies, Vol. 1, No. 2 (1974), 3–26

7   LIPPINCOTT, Procter T.: The culture vultures, in: EISEN, Jonathan (Ed.): The age of rock 2. Sights and sounds of the American cultural revolution, New York (Vintage Books) 1970, 124–132

8 DENISOFF, a.a.O.
9 URBANIAK, Michal: Kein Sitz zwischen zwei Stilen, in: Jazz Podium 11/1976, 15–17
10 DENISOFF, a.a.O.
11 KEEPNEWS, a.a.O., 64
12 Ebda.
13 Zit. nach WILMER, Valerie: As serious as your life, London 1977, 229
14 KERSCHBAUMER, Franz: Miles Davis. Stilkritische Untersuchungen zur musikalischen Entwicklung seines Personalstils (= Beiträge zur Jazzforschung 5), Graz (Akad. Druck- und Verlagsanstalt) 1978, 104; vgl. dazu auch COLE, Bill: Miles Davis. A musical biography, New York (Morrow) 1974
15 KEEPNEWS, a.a.O., 61
16 Zit. nach ENDRESS, Gudrun: Circle, in: Jazz Podium 2/1971, 53, 55, 68
17 Ebda., 55
18 Ebda., 68
19 COLE, a.a.O., 106
20 SUBER, Charles: The first chorus, in: Down Beat, 6.6.1974, 6
21 Zit. nach SILVERT, Conrad: The Blackbyrds, in: Down Beat 7.4.1977, 15
22 Zit. nach SMITH, Arnold Jay: Billy Cobham. Percussive ways, commercial means, musical ends, in: Down Beat 4.12.1975, 12
23 ARONOWITZ, Al: Weather Report. The first real supergroup?, in: Melody Maker, 15.5.1971, 35
24 Zit. nach ENDRESS, Gudrun: Glück des Augenblickes – Forever. Gespräch mit Chick Corea, in: Jazz Podium 6/1974, 18–21
25 Zit. nach GORGUES, Maurice: Interview mit John McLaughlin, in: Jazz Magazine (Paris) 226 (1974), 14–17
26 MARMANDE, Francis: Le cas Mahavishnu, in: Jazz Magazine 226 (1974), 14
27 Zit. nach DALLAS, Karl: Evolutionary forces (Interview mit Max Roach), in: Melody Maker, 23.8.1980
28 PICHASKE, David: A generation in motion, New York 1979, 221f.
29 Ebda., 222
30 Zit. nach SCHOENER, Allon: Harlem on my mind. Cultural capital of Black America 1900–1978, New York (Delta) 1979, 265
31 KEEPNEWS, a.a.O., 62
32 HAMILL, Pete: Covertext zu Dexter Gordon *Manhattan Symphony*, CBS 83184 (1978)
33 KEEPNEWS, a.a.O., 63
34 Ebda.
35 STONE, Chuck: ›Roots‹. An electronic orgy in white guilt, in: The Black Scholar, Mai 1977

9 Das letzte Kapitel?

1 Den in diesem Kapitel häufiger verwendeten Begriff der »Unübersichtlichkeit« leihe ich mir von Jürgen Habermas aus, der ihn in den 80er Jahren im Zusammenhang mit der Postmoderne-Diskussion als zentrale Kategorie herausarbeitete. Vgl. J. HABERMAS: Die Neue Unübersichtlichkeit, Frankfurt 1985

2 REEVES, Thomas C.: Twentieth century America. A brief history, New York 2000, 231 ff.

3 Vgl. hierzu JOHNSON, Haynes: Sleepwalking through history. America in the Reagan years, New York 1991; William G. MAYER: The changing American Mind. How and why public American opinion changed between 1960 and 1988, New York 1992

4 JENKINS, Willard: Jazz funding. Do the bucks, in: Jazz Times, März 1996, 46–48, 116–118

5 Vgl. hierzu SALAAM, Kalamu ya: Bird is a turkey!, in: Coda 223 (Dezember 1988), 6–8; Christoph GOELITZ: Bird Lives? Der Soundtrack zum Film ›Bird‹, in: Forum für Musiktexte, Berlin 1989, 18-25

6 O'NEAL, William D.: Independant record deals. Negotiating the differences, in: Down Beat 63/7 (Juli 1996), 62

7 GRONOW, Pekka und Ilpo SAUNIO: An international history of the recording industry, London 1998, 187 ff.

8 STIEFELE, Werner: Produzenten des Jazz. Teil 3: Stefan Winter, in: Jazz Thing 11 (November 1995), 50–51

9 Zit. nach KAMPMANN, Wolf: New York, in: Jazzthetik 2/1996, 11

10 Ebda., 15

11 Zit. nach QUELETTE, Dan: Going for broke. Independant labels shape the terrain of today's jazz scene with a do-it-yourself attitude, in: Down Beat, März 2001, 32–38

12 Ebda., 38

13 MARMANDE, Francis: La grande bouffe, in: Jazz Magazine 384, August 1989, 20 f.

14 Zit. nach MANDEL, Howard: Does anyone go to jazz clubs anymore? In: Jazziz, Oktober 1996, 35–40

15 SUCH, David G.: Avantgarde jazz musicians. Performing out there, Iowa City 1993, 77

16 Zit. nach MANDEL, 204

17 SUCH, a.a.O., 85

18 Vgl. SPIESS, Jürgen: Knitting Factory. New Yorker Avantgarde-Club im Doppelpack, in: Jazz Podium, 8/1995, 30–31

19 Zit. nach »Jazzclub Karlsruhe e.V. Termine – Veranstaltungen – News«, März/April 1990, 24

20 SPIESS, a.a.O.

21 LAKE, Steve: Star Treck. Die Knitting Factory erobert Europa, in: Jazzthetik, Juni 1990, 7–11

22 1994 Jazziz Festival Guide, in: Jazziz, Mai 1994, 79–1001

23 NORRIS, John: Paradise Valley Jazz Party, in: Coda 209 (August 1986), 29

24 Zit. nach TRAVIS, Dempsey J.: An autobiography of black jazz, Chicago 1983, 361 ff.

25 BROECKING, Christian: Der Marsalis-Faktor. Gespräche über afroamerikanische Kultur in den neunziger Jahren, Schaftlach 1995, 149

26 NMZ Oktober 2001, 17

27 BROECKING, a.a.O., 100

28 Ebda., 162

29 Vgl. hierzu JOST, Ekkehard: Europas Jazz 1960–80, Frankfurt 1987, 372–374

30 SOLOTHURNMANN, Jürg: Barre Phillips. Wahrhaftigkeit und inneres Ohr (Interview), in: Jazz Podium 4/1994, 23–28

31 KLEINERT, Georg: Lester Bowie. Unser Laboratorium ist die Bühne (Interview), in: Jazz Podium 12/1992, 21

32 Zit. nach MANDEL, Howard: Future Jazz, New York 1999, 169

33 Zit. nach Jazz Magazine 510 (Dezember 2000), 26

34 Wire 61 (März 1989), 39. Eubanks bezieht sich hier auf seine für JMT eingespielte CD *Different Perspectives*

35 WELSCH, Wolfgang: Unsere postmoderne Moderne, Weinheim 1991

36 Ebda., 16

37 Ebda., 23

38 Jazz Magazine 378, 14

39 Vgl. NISENSON, Eric: Blue. The murder of jazz, New York 1997, 223

40 Zit. nach Jazz Magazine 360, 19

41 MURRAY, Chrissie: Wynton Marsalis, in: Wire 1 (1982), 29

42 BROECKING, a.a.O., 67

43 LEES, Gene: Cats of any color. Jazz, black and white, New York 1995, 225 f.

44 BROECKING, a.a.O., 13 f.

45 Jazz Magazine 410

46 Jazz Magazine 404, 30

47 Wire 20 (10/1985), 29

48 WELSCH, a.a.O., 3

49 Jazz Podium 2/1995, 30

50 BROECKING, a.a.O., 139

51 Ebda., 80

52 Covertext zu Marsalis' CD *Standard Time Vol. 2: Intimacy Calling*

53 Vgl. JOST, Ekkehard: Jazzmusiker. Materialien zur afroamerikanischen Musik, Berlin 1982, darin: Interview mit Stanley Crouch, 72–76

54 NISENSON, a.a.O., 176

55 Zum besseren Verständnis sei angemerkt: Kurt Waldheim war österreichischer Diplomat und Politiker, der Ende der 80er Jahre als Sekretär der UN aufgrund seiner nationalsozialistischen Vergangenheit und der Beteiligung an Kriegsverbrechen im Zweiten Weltkrieg im ehemaligen Jugoslawien in die Schlagzeilen

geriet. Der Vergleich zwischen Miles Davis – und Waldheim gehört zu den erbärmlichsten Verleumdungen, derer sich die ›Jazzkritik‹ je schuldig machte.

56 Dieses und die folgenden Zitate von und über Albert Murray, Stanley Crouch und Wynton Marsalis entnehme ich, falls nicht anders vermerkt, dem bereits mehrfach zitierten Buch von Christian Broecking.

57 Zit. nach Jazz Magazine 301 (Oktober 1981), 36

58 BROECKING a.a.O., 145

59 Jazz Podium 1/1990, 8

60 Wire 34/35 (Dezember 1986)

61 BROECKING a.a.O., 145

62 Jazz Magazine 447 (April 1995), 19

63 Vgl. NANRY, Charles: Jazz and all that sociology, in: Charles NANRY (Hrsg.): American music from Storyville to Woodstock, New Brunswick 1972, 168–186; vgl. hierzu auch Jost: Jazzmusiker, a.a.O.

64 Zit. nach MANDEL, a.a.O., 12

65 CARVER, Reginald und Lenny BERNSTEIN: Jazz Profiles. The spirit of the nineties, New York 1998

66 Zit. nach MANDEL, a.a.O., 11

67 FRASER, Wilmot Alfred: Jazzology. A study of the tradition in which jazz musicians learn to improvise, Ph.D. Dissertation, University of Pennsylvania 1983, 105

68 ENGLERT, Werner und Reinhard STEFAN: Jazz Education in den USA, in: Jazz Podium 11/1988,27, zit. nach MANDEL, a.a.O., 12

69 Vgl. Down Beat Jazz Education Guide 1999, 14

70 SIDRAN, Ben: Black Talk. Schwarze Musik – die andere Kultur im weißen Amerika, Hofheim 1985

71 BROECKING, a.a.O.,

72 Zit. nach NISENSON, a.a.O., 2

73 Zit. nach GERARD, a.a.O., 169

74 Coda Magazine, April 1986

75 BROECKING, a.a.O., 127

76 CHAMBERS, Jack: Milestones II. The music and times of Miles Davis since 1960, Toronto 1985, 318

77 MANDEL, a.a.O., 96

78 Coda Magazine 196 (1984), 11

79 Auf der LP *No Wave*, Moers Music 01072

80 Zit. nach dem Covertext zur LP »Oliver Lake: NTU. Point from which Creation Begins«, Arista AL 1024 (Übersetzung E.J.)

81 Zit. nach dem Covertext der LP *The Ancestors*, Soul Note SN 1061

82 Covertext zur LP *Spillane*, Nonsuch Records 979-172-1

83 Zit. nach Coda 221 (August 1988), 24

84 Ebda.

85 John ZORN, zit. nach Coda Magazine 221 (August 1988)

86   Electra Musician 960844-1. Der Titel der LP ist vermutlich eine Anspielung
     auf Colemans Komposition *Sex Spy* (auf der LP *Soapsuds*, Artist House AH
     9406)
87   Zit. nach Wire 61 (März 1989), 32
88   Wire 63 (April 1989), 50
89   Covertext zu *Spillane*, a.a.O.
90   Interview mit Jean-Yves Le Bec in Jazz Magazine 378 (Januar 1989), 18–19
91   Covertext zur LP *Spillane*, a.a.O.
92   Ebda.
93   Wire 31 (September 1996), 31
94   Zit. nach MANDEL, a.a.O., 172f.
95   In den folgenden Ausführungen beziehe ich mich vor allem auf Harry LACH-
     NERs Beitrag »Marginalisierung als Chance? John Zorns Konzept einer Radical
     Jewish Music« (= Auszüge aus einem unveröffentlichten Manuskript zu einem
     Vortrag bei den »music talks«, Saalfelden, August 1998. Vgl. hierzu auch
     Howard MANDEL: Vibes from the tribe. Jewish identity, music and jazz, in: Jazz
     Times, September 2001, 60–65, 135–138, 145; sowie Peter Nicklas WILSON:
     Radical New Jewish Culture. Polemische Anmerkungen zu einer erfolgreichen
     Inszenierung, in: Neue Zeitschrift für Musik, Mai/Juni 1988, 22,24
96   Zit. nach MANDEL, a.a.O., 136
97   Ebda., 191
98   Ebda., 191
99   Ebda., 191
100 Ebda., 152
101 BROECKING, a.a.O., 123
102 MANDEL, a.a.O., 149
103 Ebda., 151
104 BROECKING, a.a.O., 143
105 Vgl. die LP *World Explosion* (1987), JMT 870 010
106 Zit. nach Wire 41, Juli 1987, 27–29
107 FREEMAN, Phil: New York is now. The new wave of Free Jazz, New York 2001
108 Ebda., 52
109 Ebda., 129
110 Vgl. Coda 196 (1984), 38 und Coda 197 (1984), 29
111 FREEMAN, a.a.O., 148
112 Ebda., 154
113 Ebda., 153
114 Ebda., 201
115 Jazz Magazine 448 (Mai 1995), 28

Register